Nick Hunt • Mit dem Wind

Nick Hunt

MIT DEM WIND

Wanderungen vom Atlantik
bis zum Mittelmeer

*Aus dem Englischen
von Leon Mengden*

btb

Die Originalausgabe erschien 2017
unter dem Titel »Where the Wild Winds Are« bei Nicholas Brealey
Publishing, London. An imprint of John Murray Press
An Hachette UK Company.

 Dieses Buch ist auch als E-Book erhältlich.

MIX
Papier aus verantwor-
tungsvollen Quellen
FSC **FSC® C014889**
www.fsc.org

Verlagsgruppe Random House FSC® N001967

1. Auflage
Copyright © 2017 by Nick Hunt
Copyright © der deutschsprachigen Ausgabe 2019
by btb Verlag in der Verlagsgruppe Random House GmbH,
Neumarkter Straße 28, 81673 München
Covergestaltung: semper smile München,
Covermotiv: © Shutterstock/Sirintra Pumsopa,
Artur Balytskyi, Mary Frost, Natali Zakharova
Karten: Rodney Paull
Satz: Uhl + Massopust, Aalen
Druck und Einband: Pustet, Regensburg
Printed in Germany
ISBN 978-3-442-75844-9

www.btb-verlag.de
www.facebook.com/btbverlag

Für Caroline und Caroline

Schon ist mein Blick am Hügel, dem besonnten,
dem Wege, den ich kaum begann, voran.
So faßt uns das, was wir nicht fassen konnten,
voller Erscheinung, aus der Ferne an –

und wandelt uns, auch wenn wirs nicht erreichen,
in jenes, das wir, kaum es ahnend, sind;
ein Zeichen weht, erwidernd unserm Zeichen …
Wir aber spüren nur den Gegenwind.

»Spaziergang«, Rainer Maria Rilke

Möge dein Weg sich allzeit vor dir ebnen,
Möge der Wind dir stets im Rücken sein …

Anonym

INHALT

PROLOG:
DAVONGEPUSTET

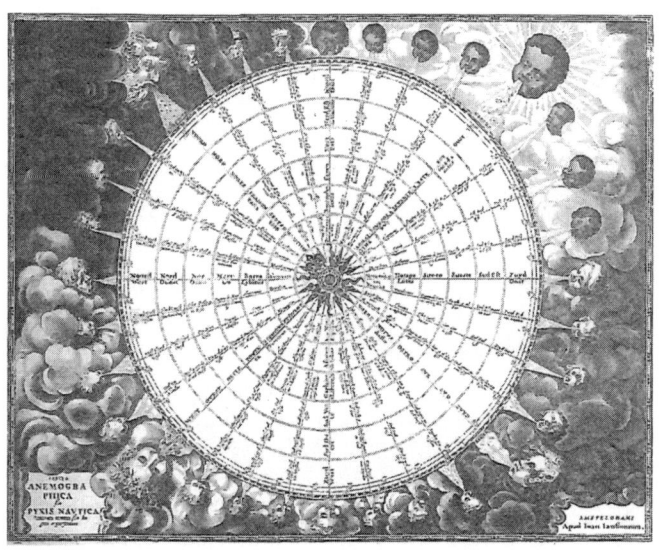

Es war im Jahre 1987, als ich zum ersten Mal um ein Haar vom Wind davongepustet worden wäre. Damals fegte einer der schlimmsten Orkane der vergangenen Jahrhunderte über die Britischen Inseln hinweg. Ich war sechs Jahre alt, und zugetragen hat es sich auf Ynys Enlli, der heiligen Insel vor der nordwalisischen Küste. Dorthin reiste meine Mutter Jahr für Jahr mit mir, um ehrenamtlich für eine lokale Wohltätigkeitsorganisation zu arbeiten – und bei Nacht die Seehunde heulen zu hören. Jedenfalls saßen wir dieses Mal auf der Insel fest, wegen des Sturms hatte das einmal wöchentlich verkehrende Fährboot seinen Betrieb eingestellt. Es gab auf der Insel keinen Laden, und die Lebensmittelvorräte begannen knapp zu werden; besonders lebhaft ist mir in Erinnerung geblieben, wie meine Mutter im fahlen Licht einer Paraffinöllampe mit wenig Geschick einem Hasen das Fell abzog, den der Bauer, bei dem wir wohnten, geschossen hatte, damit wir uns ein Stew zubereiten konnten. Ich weiß auch noch, wie ich mich mit den Händen an der Wand unserer Hütte entlangtastete, wenn ich hinaus in den Hof musste, zum Klohäuschen, und was für eine Heidenangst ich davor hatte, eine Schieferplatte könne vom Dach heruntersausen und mir den

Schädel zertrümmern, wenn ich mich zu weit vom Schutz der Hauswand entfernte. Vor allem aber erinnere ich mich daran, wie ich auf der höchsten Erhebung der Insel stand und der Wind meinen Mantel – der mir mehrere Nummern zu groß war – aufblähte, so dass meine Füße tatsächlich ein Stück weit vom Boden abhoben, bis meine Mutter meine Beine packte und mich zurück auf die Erde holte. Hinterher haben wir dann über die Episode gelacht; sie wurde eine jener Anekdoten, die man sich immer wieder gerne erzählt. Hätte ich tatsächlich davongeblasen werden können, hinaus auf die mit Schaumkämmen gesprenkelte Irische See? Ich bin mir da nicht so sicher, aber irgendwo tief in meinem Inneren schlummerte jahrelang insgeheim der Wunsch, es wäre so gewesen: Ich stellte mir vor, durch die Lüfte nach Irland, Frankreich, Amerika, Island und bis zum Polarkreis getragen zu werden – oder zu einem der anderen wundervollen Orte, die irgendwo auf der Welt auf mich warteten. Und dabei hatte es mich gerade mal eben einen Fuß breit vom Boden abgehoben. Trotzdem wurde ich das Gefühl nicht los, einer ganz besonderen Erfahrung teilhaftig geworden zu sein.

Obwohl der Wind mir dieses Erlebnis beschert hatte, ist aus mir später dann doch weder ein Segelflieger noch ein Windsurfer, kein Drachenflieger und auch kein Windturbineningenieur geworden. Meine sämtlichen Versuche, einen Drachen steigen zu lassen, endeten meist mit einer heillos verhedderten Schnur. Ich bin auch kein Meteorologe geworden, jemand, der das Wetter als eine Wissenschaft begreift – was dieses Buch mehr als deutlich machen dürfte. Stattdessen ist aus mir ein Mensch mit ausgeprägtem Hang zum Reisen geworden, und zwar am liebsten zu Fuß. Diese Art der Fortbewegung erlaubt es einem nicht nur, Pfaden zu folgen, die weder durch Straßen noch durch Eisenbahnschienen vorgegeben sind, sie ermöglicht es einem auch, sich abseits jeglicher Pfade zu bewegen: ungezwungen und staunend die Welt zu betrachten, so weit einen die Füße tragen. Und doch folgt jede Reise einer ganz eigenen Logik, auch wenn man sich dieser zunächst nicht bewusst ist. Der Kern jedes Reisens liegt darin, etwas zu folgen – sei es einer Küstenlinie, der Strecke einer vorzeitlichen Völkerwanderung, einer Handelsroute, einer Grenze oder einfach nur jemandes Fußstapfen. Wenn man in einer Buchhandlung den Blick über die Regale mit Reisebüchern schweifen lässt, kommt es einem vor, als wäre allen Spuren, denen man folgen kann, schon einmal gefolgt worden. Es scheint keine Wege mehr zu geben, die es noch zu beschreiten gilt.

Doch dann entdeckte ich eines Tages eine Karte, wie ich sie noch nie gesehen hatte. Es war eine Landkarte von Europa, überzogen mit bunten Linien und marodierenden Pfeilen, die so aussahen, als würden sie Truppenvorstöße über Grenzen hinweg darstellen, übers Land und übers Meer. Diese Pfeile verbanden Gebiete und Kulturkreise, die in meiner Vorstellung nur wenig miteinander zu tun hatten: Lateineuropa mit den slawischen Regionen, das kontinentaleuropäische Festland mit fernen Küstenstreifen, Nordafrika mit Südeuropa. Und diese geheimnisvollen Korridore trugen Namen, die nicht weniger sehnsuchtsvolles Fernweh erzeugten als die Erwähnung der Seidenstraße oder des Jakobswegs: Mistral, Tramontana,

Föhn, Scirocco, Bora. Einer davon ging sogar vom Norden Englands aus; er trug einen etwas prosaischeren Namen: der *Helm*. Die Karte zeigte die Bewegungsrichtungen an bestimmten Orten vorkommender Winde, die zu gewissen Zeiten des Jahres – normalerweise beim Wechsel von einer Jahreszeit zu anderen, etwa, wenn der Winter dem Frühling weicht – besonders heftig wehen. Und dann las ich, dass diese Winde auf vieles, was sie auf ihrem Wege streifen, Einfluss hätten – von der Architektur bis zur Psyche. Meine Neugier war geweckt. Allein schon die Tatsache, dass diese unsichtbaren Kräfte Namen trugen und nicht bloß über die Himmelsrichtung, aus der sie wehten, definiert waren, verlieh ihnen eine gewisse Erhabenheit, fast schon eine Persönlichkeit. Sie klangen für mich wie jemand, dem man unterwegs begegnen könnte. Diese ungestüm vom Himmel herabschießenden Pfeile zeichneten Routen auf, denen ich folgen könnte, Pfade, die noch nicht beschritten worden waren. Sowie ich besagte Landkarte zu Gesicht bekommen hatte, wusste ich: Ich würde den Winden folgen.

∼

Aber woher kommen die Winde, und wohin gehen sie? Kann überhaupt davon die Rede sein, dass sie »gehen«, in dem Sinne, wie ein Wanderer geht oder wie eine Straße von einem Ort zum anderen? Und wenn sie das können, was geschieht dann mit ihnen, sobald sie ihr Ziel erreicht haben?

Was *ist* eigentlich ein Wind? Doch bevor wir uns diese

Frage stellen, sollten wir vielleicht noch ein etwas grundlegenderes Phänomen klären: Was ist Luft? So peinlich es mir ist, dies zugeben zu müssen: Bevor ich mit der Arbeit an diesem Buch begann, war ich davon ausgegangen – und ich vermute mal, dass viele Menschen das ähnlich sehen –, dass Luft nichts Greifbares ist wie etwa Erde oder Wasser. Ich stellte mir Luft als etwas nicht Vorhandenes vor, ein Nichts, das darauf wartete, mit etwas gefüllt zu werden. Und so wurden mir wahrlich die Augen geöffnet, als ich dahinterkam, dass Luft etwas ganz Eigenständiges ist.

Luft ist ein Gas oder vielmehr ein Gemisch aus Gasen: hauptsächlich Stickstoff und Sauerstoff mit geringen Anteilen von Kohlendioxid, Argon und Wasserdampf. Wie jedes Gas besteht sie aus winzig kleinen Teilchen, den Molekülen – Bausteinen der Materie, die wiederum aus Atomen bestehen. Somit hat Luft also nicht bloß Substanz, sondern auch ein Gewicht – das war meine nächste wichtige Erkenntnis –, und die korrekte Bezeichnung für dieses Gewicht der Luft, die Milliarden von Molekülen, aus denen sie besteht, ist »Luftdruck«. So wie der Wasserdruck am Grunde eines Meeres wegen des gewaltigen Volumens an Flüssigkeit, das auf ihm lastet, höher ist als an seiner Oberfläche, ist auch der Luftdruck in niedrigen Lagen größer, weil hier mehr Moleküle zusammengepresst werden – und in größerer Höhe, wo die Luft durch die geringere Dichte der Moleküle leichter, also dünner wird, entsprechend niedriger. Der Luftdruck hängt auch von der Temperatur ab; bei warmem Wetter dehnt die Luft sich aus und steigt in die Höhe, also sinkt der Luftdruck am Boden; herrscht kühles Wetter, tritt durch die nach unten sinkende Kaltluft der gegenteilige Effekt ein. Wenn benachbarte »Pakete« aus Luft mit unterschiedlichem Luftdruck aufeinanderstoßen, muss ein atmosphärischer Ausgleich geschaffen werden, indem der Wind von Gebieten mit höherem Luftdruck in Gebiete mit niedrigerem Luftdruck strömt, und zwar in einer rotierenden Bewegung. Auf der Nordhalbkugel unserer Erde geschieht diese Bewegung im Uhrzeigersinn; auf der Südhalbkugel ist es andersherum. Dies war meine dritte Erkenntnis.

Zumindest ist das die in unserem Kulturkreis gängige Erklärung. Andere Kulturen haben sich diese Vorgänge anders erklärt und berufen sich dabei auf Überlieferungen, die so vielschichtig und schwer zu durchschauen sind wie die Winde selber. Die alten Griechen wiesen dem Wind einen Platz gleich am Anfang der Zeit zu: Als die Göttin Eurynome, die Mutter aller Dinge, nackt aus dem Ur-Chaos entsprang und das Meer von dem Himmel trennte, setzte ihr ekstatischer Tanz die Luft in Bewegung, wodurch der Nordwind erschaffen wurde, aus dem dann die Schlange Ophion entstand (die in einer späteren Inkarnation wiederum als Boreas, der König der Winde, auftrat). Doch zuvor paarte Eurynome sich mit dem sich geschmeidig schlängelnden Schlangengott aus Wind, um dann später in Gestalt einer Taube das Weltenei zu legen, aus dem alles Leben entschlüpfte.

Wind und Leben: Diese beiden Begriffe sind sprachlich auf grundlegende Weise miteinander verknüpft. In vielen Sprachen gibt es für »Wind«, »Atem« und »Geist« ein und dasselbe Wort. Als Beispiele seien hier nur das hebräische *ruach* und das arabische *ruh* aufgeführt. Dem griechischen

Wort für Wind, *anemos*, entspringt das lateinische *anima*, die »Seele«, die Kraft, die Leben verleiht beziehungsweise Lebewesen Atem einhaucht. Das lateinische *spirare* bedeutet »atmen«, »wehen« oder »hauchen« und liegt dem englischen »Spirit« zugrunde, aus dem wiederum »Respiration«, der medizinische Fachbegriff für den Atemvorgang, abgeleitet ist. Und wie wir von dem Autor und Übersetzer Xan Fielding wissen, gab es bei den Griechen für eine leichte Brise auch die Begriffe *zoogonoi*, »Lebenszeuger«, und *psychotrophoi*, »Seelennährer«. Und die im antiken Athen verehrten mythischen Vorfahren der menschlichen Rasse »waren gleichermaßen Windgeister wie Vorfahren, Atem wie Seelen«.

~

Ich wollte diesen Atemzügen, diesen Seelen, folgen – aber wo sollte ich damit anfangen? In den Zeiten der Antike hätte ein angehender *Wanderer mit den Winden* einen so genannten *Aeromancer* konsultieren können (der englische Begriff setzt sich aus den griechischen Wörtern *aer*, »Luft«, und *manteia*, »Weissagung«, zusammen), oder noch besser gleich einen *Austromancer*, von denen der Erstere so etwas wie ein Wetterfrosch war, während Letzterer (der Begriff ist dem lateinischen *auster*, »Süden«, entlehnt und legt nahe, dass die Leute aus dem Süden besondere Gaben besaßen) durch Beobachtung der Winde Vorhersagen für die Zukunft treffen konnte. Diese Windbeobachtungen wurden anhand von Wolken aus Staub oder Körnern, die in die Luft geworfen wurden, angestellt:

Die Flugbahnen wurden wie Sprachmitteilungen gelesen. In heiligen Wäldern trafen hellenische Seher ihre Weissagungen anhand der Klangrhythmen von mit magischen Stäben geschlagenen und im Wind schwingenden Gongs. Im späteren Christentum wurde solche gotteslästerliche Wahrsagerei als Ketzerei verdammt, wobei sich der mittelalterliche deutsche Theologe Albertus Magnus besonders bei der Bekämpfung der Wissenschaft beziehungsweise der Zauberei der Aeromantie hervortat. Allerdings scheint er die Weissagung der Zukunft mithilfe von Lufterscheinungen mit Nekromantie verwechselt zu haben – einem weitaus finstereren Zeitvertreib.

Mögen unsere Wettervorhersagen heute mithilfe von Satellitenbildern und unglaublich komplizierten Computersimulationen zustande kommen, so ist der Grundgedanke doch der gleiche: Anhand der Beobachtung von Windbewegungen können wir einen Blick in die Zukunft werfen. Unter ästhetischen Gesichtspunkten bietet sich ein wahrer Augenschmaus: Schaut man sich eine Online-Wetterkarte an, blickt man auf eine geradezu psychedelisch anmutende, sich unablässig in Veränderung befindliche Darstellung der Welt, ein sich immerzu verschiebendes Spektrum von purpurnen, grünen, gelben, blauen und orangefarbenen Flächen, durchsetzt mit blauen und roten Pfeilen, die auf Kalt- und Warmfronten hinweisen. Der Wind zeichnet eine Topografie von schwindelerregenden konzentrischen Wirbeln – das sind die Isobaren und Isotachen, kreisende Verbindungslinien zwischen Orten, an denen der gleiche Luftdruck beziehungsweise die gleiche Windgeschwindigkeit herrscht – und *Windpfeilen*, kleinen Fähnchen, deren Neigung Aufschluss über die Windrichtung gibt. Die Windgeschwindigkeit lässt sich an langen und kurzen horizontalen Strichen ablesen, die von der »Fahnenstange« abgehen, wobei ein kurzer Strich fünf Knoten bedeutet und ein langer zehn; addiert ergeben die Striche dann die herrschende Windgeschwindigkeit. Solche grafischen Darstellungen wirbeln durch die Atmosphäre wie zufällig auf einem Blatt verstreute Noten; sie erscheinen wie geheimnisvolle Runenzeichen, ohne das nötige Wissen sind sie nicht zu entziffern. Auf ganz eigene Weise sind sie eine Art Alphabet – so wie der Wind eine Art Stimme ist, die zu uns spricht.

～

Im Sommer 2015, vor meiner ersten *Windwanderung*, begab ich mich in Athen auf die Suche nach einem Bauwerk, den *Turm der Winde*. Dieser Turm wurde vor 2.000 Jahren von dem Astronomen Andronikos von Kyrrhos auf dem Römischen Forum im antiken Athen errichtet. Es handelt sich dabei um ein achteckiges Gebäude aus Marmor in der Höhe eines zweistöckigen Hauses. An jeder der acht Seiten des Turms befindet sich jeweils ein Relief eines der *Anemoi*, der Götter des Windes.

Götter des Windes zu sagen ist vielleicht nicht ganz korrekt, denn damit wird ja angedeutet, dass diese Götter über den Wind herrschten. Für die alten Griechen – und auch für so manch andere Kultur, wie ich bald erfahren sollte – sind die Winde aber ebenso wenig von ihren Göttern zu trennen wie die Kompassrichtung, aus der sie geweht kommen. Xan Fielding bringt dies in seinem *Buch der Winde* auf den Punkt: »Da Wind mit Atem, Atem mit Leben, Leben mit Seele und Seele mit Göttlichkeit gleichgesetzt wurde, überrascht es nicht, dass die Winde als Götter personifiziert wurden wie Götter.« Auf den Reliefs sind die Windgötter als geflügelte Wesen dargestellt; einige von ihnen tragen offene Sandalen, andere sind barfuß; alle fliegen durch die Luft und tragen einen Gegenstand, der ihre Macht symbolisiert. Von Norden kommt Boreas, der mürrische Alte, der Schnee und winterliche Kälte bringt, dargestellt als finster dreinblickende Inkarnation der lüsternen Windschlange Ophion; in den Händen hält er ein Schneckenhorn, in das er hineinbläst, ein Bild für seine brüllende Stimme. Von Süden kommt Notos, der Zerstörer der Ernten. Er hält eine umgedrehte Amphore in den Händen, die Regen bedeutet. Von Osten kommt Euros, der Glücklose, den man mit finsteren Himmeln und Sturm assoziiert. Von Westen kommt der milde gestimmte Zephyros, Namensgeber des linden Westwinds Zephyr. Er bringt Blumen in seinem Umhang; dennoch ist sein Ruf der Sanftmütigkeit durch den heimtückischen Eifersuchtsmord an dem wegen seiner Schönheit verehrten Hyakinthos ein wenig befleckt: Zephyros lenkte während eines Wettkampfs den Diskus so, dass er Hyakinthos am Kopf traf und tötete.

Dies sind die Haupt-Gottheiten, denen die gewöhnlicheren Brüder zur Seite gestellt sind: Skiron vom Nordwesten, der seine mit heißer Asche gefüllte Urne über der Welt ausschüttet, Kaikias aus dem Nordosten, der von seinem Schild Hagelkörner hinunterregnen lässt, Lips aus dem Südwesten, der mit dem Steven eines Schiffes dargestellt ist – das er entweder vor einem Schiffbruch bewahrt oder persönlich ins Verderben geschickt hat. Und schließlich der gänzlich bartlose Apeliotes aus dem Südosten, der Früchte dabeihat wie ein wohlerzogener Gast zu einer Einladung zum Essen.

Auf dem Dach hatte früher einmal die Figur des Meeresgottes Triton gethront, die sich wie eine Wetterfahne drehen konnte und anzeigte, welcher Windgott gerade vorherrschte. Der Turm der Winde war also nicht nur ein heiliger Ort, sondern fungierte gleichzeitig auch als Windrose, also als navigatorisches Orientierungsmittel, wie es vor der Erfindung des Magnetkompasses gebräuchlich war. Die Kreisform der Windrose war durch vom Mittelpunkt ausgehende Teilstriche in vier, acht, sechzehn oder zweiunddreißig Segmente unterteilt und diente über viele Jahrhunderte den Kartografen als Vorbild. Auf mittelalterlichen Weltkarten wurden die wichtigsten Winde als grimmig dreinblickende Fratzen dargestellt, die Windstöße hinausblasen – »Brüllt, Winde, brüllt, dass platzt die Backe«, wie König Lear über die stürmische Heide schreit. Auf besonders kunstvoll gestalteten Karten sieht man bisweilen auch Boreas Eis und Schnee hervorstoßen, den dunkelhäutigen Euros glühende Sonnen und Zephyros Blütenblätter, während »verderbliche« Winde menschliche Schädel auf die Erde hinabregnen lassen.

Aber ikonografisch gesehen waren Windrosen durchaus praktische Hilfsmittel, frühe Versuche, etwas abzubilden, das sich der kartografischen Darstellung zu entziehen schien. »Eine Windrose zähmt den Himmel«, schreibt Alexandra Harris in *Weatherland*: »Jeder Wind hat auf dem Kompass sein ihm eigenes Segment, ein jeder ist akkurat und überschaubar mit einer Liste seiner Namen in den verschiedensten Sprachen versehen, und ein jeder entspringt dem Mund eines pausbäckigen Gesichts. Die Windrose erinnert an eine astronomische Uhr und verleiht dem Seefahrer Zuversicht, dass alles in der Luft wie ein Uhrwerk funktioniert.«

Die heutzutage gebräuchlichen Windrosen folgen diesem Bedürfnis nach geordneten Abläufen und sehen sehr nüchtern aus, plastische Darstellung von Göttern sucht man vergebens. Die grimmigen Puttengesichter gehören ebenso der Vergangenheit an wie die aufgeblasenen Backen; stattdessen werden Windrichtung, -geschwindigkeit und -frequenz mittels computergenerierten Symbolen in hellen, freundlichen Farben dargestellt, die alle Informationen auf einen Blick vermitteln. Und dennoch ähnelt ihr Design im Grunde dem, was ich hier, unweit der Akropolis, vor mir sah – die Ästhetik mag sich gewandelt haben, das Prinzip ist dasselbe geblieben.

Meine Pilgerreise zu diesem Turm war ich mit dem Ziel angetreten, mir Orientierung zu verschaffen. Ich hatte ihn mir als eine Art Epizentrum vorgestellt, von dem aus ich mich auf meine Suche begeben würde. Doch daraus wurde nichts, denn ich fand den Turm von einem drahtgitterbewehrten Baugerüst umgeben vor, und die Gottheiten waren unter einer im Wind flatternden grünen Plane verborgen. Zu meinem Pech war der Turm gerade wegen Restaurierungsarbeiten geschlossen. Eine Informationstafel belehrte mich darüber, dass die antiken Reliefs nicht nur durch die Einschläge aus unzähligen Kriegsjahren, sondern paradoxerweise auch durch den Wind selbst Schaden genommen hatten: Notus war infolge von durch Kohlenmonoxid und freigesetzten Stickstoffverbindungen verschmutzter Luft, die ihm von Süden her um die Nase wehte, beinahe sämtlicher Gesichtszüge verlustig gegangen, während Apeliotes durch hohe Luftfeuchtigkeit von Südosten abzubröckeln begonnen hatte. Wenn also die Götter und die Winde ein- und dasselbe waren, ließ der desolate Zustand des Turms auf einen schleichenden Prozess der Selbsttötung schließen.

Nachdem ich einmal quer durch die Stadt marschiert war, um zu dem Turm zu gelangen, ließ ich es mir nicht nehmen, mich wenigstens einen Moment lang zu seinen Füßen niederzulassen. Es war ein heißer Tag im Juni. In Athen tobte das grelle Leben; über dem Pantheon hing eine pinkfarbene Smogschicht, und das von den Rückspiegeln der vorbeifahrenden Motorroller reflektierte Sonnenlicht stach einem in die Augen. Aber es wehte auch ein linder Wind, so dass ich den Kompass, den ich auf meine Reise mitgenommen hatte, hervorholte, um zu schauen, aus welcher Richtung er kam – von Nordosten, der Domäne von Kaikias. Ich war froh über die kühlende Brise, doch da frischte der Wind auch schon auf, veränderte seine Richtung und wehte nun von Norden – Boreas. Er fuhr durch die Kronen der dunklen Zypressen und sorgte dafür, dass ein Olivenbaum mal die eine – grün leuchtende – und mal die andere – silbrige – Seite seiner Blätter zeigte. Die Touristen kniffen die Augen zusammen, um sich gegen den aufgewirbelten Staub zu schützen; Gräser und Blumen warfen zitternde Schatten. Dann drehte der

Wind erneut, während gleichzeitig von Süden, dem Reich des Notos, ein Gegenwind aufkam. Er war nicht ganz so stark wie sein Widerpart, doch recht beständig; schon begannen die Gräser sich in die andere Richtung zu neigen, und einer im Gestrüpp nach Beute suchenden streunenden Katze fuhr er durch ihr Fell. Schließlich begann die Plane, die den Turm verhüllte, immer heftiger zu flattern und in Wellen zu wogen, was dem Ganzen eine Ausdruckskraft verlieh, die es zuvor nicht besessen hatte – die leblose Hülle erwachte zum Leben.

Mit einem Mal war alles wie verwandelt. Ich konnte die Winde zwar nicht in Stein gehauen betrachten, wie ich es ursprünglich beabsichtigt hatte, aber die Art und Weise, wie die Hülle sich nun bauschte und blähte, jede Bewegung in der Luft minutiös nachvollzog, offenbarte die Antlitze der Götter plastischer, als der Marmor es vermocht hätte. Und dabei ging mir auf, dass ich auf dieselbe Weise, in der die Aeromanten in vorchristlicher Zeit in den Flugbahnen von in die Höhe geworfenen Körnern zu lesen pflegten und die modernen Meteorologen ihre Isotachen und Isobaren studieren, den Wind im wahrsten Sinne des Wortes *sehen* konnte. Nun brauchte ich ihm nur noch zu folgen.

∼

Der Meltemi, der Halny, der Scirocco, der Tramontana, der Levante, die Košava, der Marin: Es gibt in Europa Dutzende von Winden, denen man einen Namen gegeben hat. Doch ich entschied, bloß vier von ihnen zu folgen – im Sinne der sprichwörtlichen vier Winde und der vier Himmelsrichtungen auf dem Kompass. Der Helm würde mich in den Norden Englands führen, über den höchsten Punkt der Pennines hinweg, die als Hügelkette so etwas wie die Wirbelsäule der Insel bilden. Der Bora würde ich von Italien in südöstlicher Richtung die Adriaküste hinunter folgen, durch Slowenien und Kroatien, stets das Gebirge auf der einen und das Meer auf der anderen Seite. Der Föhn sollte mich auf einer sich schlängelnden Wanderung durch die Schweiz und bis ins Herz der Alpen begleiten, in deren Verlauf ich auch das winzige Liechtenstein durchqueren würde. Und mit dem Mistral würde meine Wanderung im Tal der Rhône in Südfrankreich ihren Anfang nehmen, um dann im Mittelmeerraum zu enden, wo sich auch der Ausgangs- und der Endpunkt manch anderer Winde befinden. Diese vier unsichtbaren Pfeile wiesen mir den Weg, den ich auf meiner Landkarte beschreiten wollte, obwohl auch der Jugo, die Tramontana und die Bise mir unterwegs ihre Aufwartung machen würden – neben unzähligen kleineren Lüftchen, die zu unbedeutend waren, als dass man sie je eines Namens gewürdigt hätte. Mir war bewusst, dass ich mich auf eine Reise ins Ungewisse begab, wenn ich dem Wind folgte. Dass ich mich dabei vom Unbekannten an die Hand nehmen und mich ins Unbehauste leiten lassen würde – aufs Geratewohl und nur mit einer vagen Vorstellung davon, wohin mein Weg mich führen könnte. Die Jagd nach etwas Unsichtbarem war auf vielerlei Weise ein donquichottisches Unterfangen, was meiner romantischen Seite entgegenkam.

Nichtsdestotrotz wollte ich mich so gut als möglich vorbereiten. Meine Ausrüstung umfasste einen Rucksack, ein

Zelt – dem Modell mit dem Namen *Zephyrus 2* hatte ich einfach nicht widerstehen können –, einen Schlafsack, ein Paar Wanderstiefel und passende Kleidung für jede Art von Witterung, denn meine Reisen würden mich durch Regen und Nebel, Schnee und Eis, Sturm und Sonnenschein führen. Als Kopfbedeckung wählte ich einen wasserdichten Südwester, den ich mir einmal auf einer norwegischen Fähre gekauft hatte, und als Windschutz eine Fleecejacke. Mein Smartphone würde mich bei Bedarf mit Online-Wettervorhersagen versorgen, doch die zuverlässigsten Informationen würde ich gewiss von den Menschen erhalten, denen ich unterwegs begegnete und deren Kenntnis der örtlichen Windverhältnisse jede Wetterkarte in den Schatten stellte – wobei die Verständigung entweder in einer uns beiden geläufigen Sprache oder notfalls auch nonverbal ablaufen würde. Ebenfalls bei mir hatte ich einen Kompass, den Nachfolger der Windrose, und einen Wollfaden, den ich als provisorische Wetterfahne benutzen konnte; dazu ein Gerät zur Messung der Windgeschwindigkeit: ein Anemometer – von *Anemoi*, dem griechischen Begriff für die Götter des Windes, so dass ich ihn in Gedanken auch meinen »Gott-Meter« nannte.

Meine Wanderungen führten mich von einer einsamen Schutzhütte im nordenglischen Hochmoor zu einer Seitenstraße irgendwo in Triest und zu einem Schrank voller mit Frischluft gefüllter Sprühflaschen. Von einem heulenden Schneesturm in den Gebirgen des Balkans in die felsige Trostlosigkeit von Europas einziger Steppenlandschaft. Es waren Reisen ins Herz des ungezähmten Windes, aber auch in das Herz unwirtlicher Landstriche und in die Herzen der Menschen, die sie bewohnen. Und es waren – zwangsläufig – auch Reisen in mein Ich. »Wir leben in einer »Wetter-Welt«, schreibt der britische Anthropologe Tim Ingold, und das innere mentale Klima wäre oftmals ein Abbild des in der Umwelt herrschenden. Die äußerst unterschiedlichen Eigenschaften der verschiedenen Winde habe ich mal als sehr aufbauend empfunden, mal haben sie mich aber auch zu einem Umdenken inspiriert; und bisweilen haben sie mich in tiefste Verzweiflung gestürzt oder gar in Angst und Schrecken versetzt. Und schließlich wurden daraus – für mich unerwartet – Reisen zu etwas, das ich nur als *Animismus* beschreiben kann, den Glauben an die Beseeltheit der Natur und der Naturkräfte, von der Welt als einem lebenden Ganzen.

Der physische Akt des Gehens war für mein Vorhaben unabdingbar – ebenso für das Schreiben. Um mich noch einmal bei Tim Ingold zu bedienen: Es ist kein Zufall, dass das Wort »wind« im Englischen mehr als nur eine Bedeutung hat: Es kann sich auf die Bewegung der Luft beziehen, oder auch darauf, wie man sich seinen Weg durch die Welt »windet«, sich also auf sich mäandernden Pfaden bewegt, wie es auch der Wind selber tut. Aber vor allem kann man nur zu Fuß den Wind im Rücken fühlen, ins Stolpern oder gar aus dem Gleichgewicht geraten, wenn man hoch droben auf einem Berg unversehens seine Faust im Nacken spürt – oder auch innehalten, um Atem zu schöpfen und dabei seinem Brausen zu lauschen.

HELM

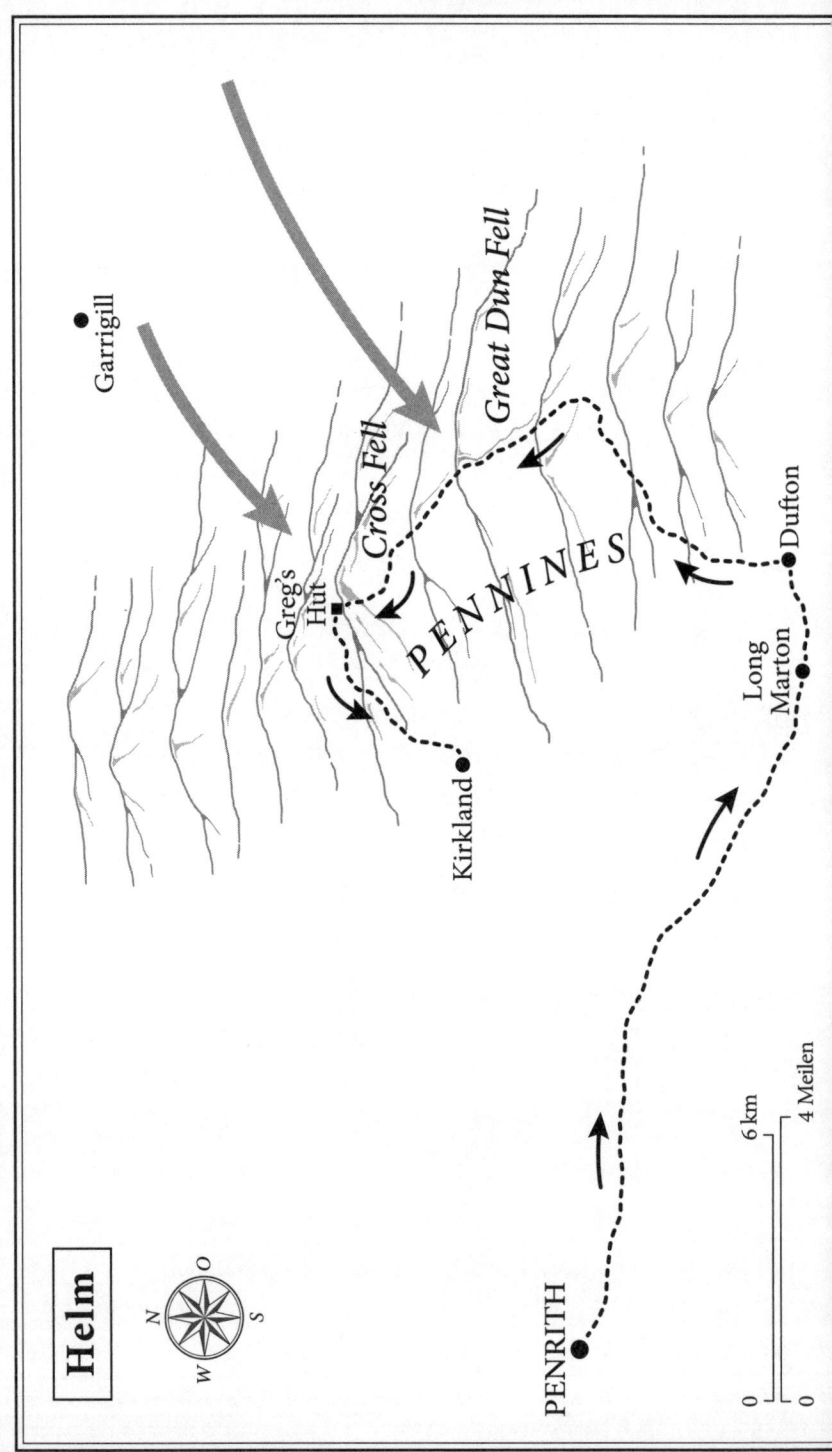

Über das Hochmoor zu wandern und sich dabei
den Wind ins Gesicht wehen zu lassen ist eigentlich ein unbeschreibliches Erlebnis. Nun habe
ich im Prinzip bestimmt nichts gegen windiges
Wetter; nur würde ich nicht unbedingt empfeh-
len, sich für einen solchen Spaziergang einen Tag
auszusuchen, an dem jener Wind bläst, den man
den *Helm* nennt. Man schleppt sich dann, alles
bis oben hin so fest zugeknöpft wie nur möglich,
in gebückter Haltung mühsam hügelan, während
der Wind sich einem mit seiner ungestümen Kraft
entgegenstemmt, manchmal mit einer Geschwindigkeit von achtzig bis einhundert Stundenkilometern, und das selbst an »schönen Tagen« …
und bitterkalt ist es zudem.

Gordon Manley

Von Penrith, wo ich aus dem Zug gestiegen war, erwartete mich bis zu meinem Ziel, der kleinen, tief in die karge
Heidelandschaft der *Northern Pennines* eingebetteten Ge-

meinde Long Marton, ein zwölf Meilen langer Gewaltmarsch. Auf meinem Rücken trug ich Proviant für drei Tage, das Zelt und meinen Campingkocher, so dass mir die Riemen meines Rucksacks bereits in die Schultern schnitten; außerdem taten mir die Füße weh vom harten Pflaster der Straße, aber es war mir wichtig, gleich das erste Stück meines Wegs zu Fuß zurückzulegen – gewissermaßen ein Fanfarenstoß zum Start.

Als ich es schließlich leid war, mich von den überheblich dreinblickenden Fahrern der vorbeibrausenden Autos angaffen zu lassen, wandte ich mich von der vielbefahrenen A6 ab und setzte meine Wanderung auf einer schmaleren, weniger gut ausgebauten Straße mit dem etwas verheißungsvolleren Namen Weatherigg Road fort – vorbei an Bruchsteinmauern und Scharen von Vögeln, die sich auf den angrenzenden Feldern niedergelassen hatten. Vor mir türmte sich die mächtige Wand der Northern Pennines auf – ein graubrauner Walfischrücken mit dem *Cross Fell* als seinem Zenit, dem einsamen Plateau, das als Sprungbrett für den einzigen Wind in Großbritannien dient, der einen Namen trägt.

Wenn die Pennines das »Rückgrat Englands« bilden, das sich über fast 300 Meilen von Derbyshire zur schottischen Grenze erstreckt, so weht der Helm doch nur über einige wenige der »Wirbel« aus Sandstein. Der Helm entsteht, wenn Wind von Nordost im rechten Winkel über den Cross Fell strömt – dem höchsten Punkt der Pennines und gleichzeitig dem höchsten Berg Englands außerhalb des Lake District – und dann mit einer Kraft, die Bäume entwurzelt und Häuser abdeckt, die steilen westlichen

Hänge des Berges hinabstürmt. Er ist jedoch ein durch und durch lokales Phänomen, da er nur etwa ein Dutzend Dörfer im tiefer gelegenen Eden Valley betrifft – und diesem Phänomen wollte ich mit meiner ersten Windwanderung Respekt zollen, indem ich von Long Marton, wo ich übernachten wollte, nach Dufton weiterwanderte, um dann dem *Pennine Way* zum Cross Fell hinauf zu folgen – eine Strecke von insgesamt nur elf Meilen; doch hatte ich vor, mehrere Nächte dort oben zu verbringen, bis die gewünschten Bedingungen eintraten.

Der Cross Fell ist berüchtigt für seine Kargheit und dafür, wie ungeschützt der Wanderer dort oben der Witterung ausgesetzt ist. Cross Fell ist, wie Alfred Wainwright in seinem *Pennine Way Companion* schreibt, »eine bärbeißige Bestie und häufig in mürrischer Stimmung... in jeder Hinsicht von einer nicht zu unterschätzenden Naturgewalt.« Für mich sah der Bergkamm zunächst noch recht friedlich aus, doch sein zweifelhafter Ruf und die Vorahnung dessen, was mich dort erwartete, reichten, um mir eine zugegebenermaßen gar nicht einmal unangenehme Gänsehaut zu machen.

Den Vormittag über hatte ich mich mit den Wetterprognosen beschäftigt – wie jemand, der in einem Haufen Gedärme auf einen Hinweis zu stoßen hofft –, hatte beobachtet, wie der Wind der Vorhersage gemäß von West nach Ost drehte. Danach wollte ich mich den dürftigen Anhaltspunkten zuwenden, die der milchig-fahle, verschwommen marmorierte Himmel von sich preisgab, fand allerdings seinen Code schwer zu entschlüsseln und seine Botschaft nebulös. Das untrüglichste Vorzeichen für einen nahenden Helm ist ein lang gezogenes weißes Wolkenband mit einer glatten Unterseite, das an einem ansonsten wolkenlosen Himmel über dem Berg schwebt. Dieses Phänomen wird *Helm Bar* genannt; da dieses Wolkenband sich quasi schützend über den Berg legt – und damit die Funktion eines Helms erfüllt –, ist daraus vermutlich sein Name entstanden, möglicherweise schon in der Zeit der Einwanderung der Angelsachsen. 1797 beschrieb William Hutchinson, ein reisender Anwalt, dieses Wolkenbild als »furchteinflößende und erhabene Erscheinung, mit einem Stich ins Weiße durch die Strahlen der Sonne, die auf die Oberseite des Wolkenbandes treffen, das auf die tiefer gelegenen Täler eine Düsterheit wirft wie die Schatten der Nacht«.

Während ich voranschritt, behielt ich hoffnungsvoll eine Wolke im Auge, die sich auf besagte Weise zu entwickeln schien, mit jeder Minute furchteinflößender und erhabener wurde, doch zu meiner Enttäuschung behielt sie nicht ihre Form, sondern löste sich vielmehr auf und verschwand im Farbmischmasch des Himmels. Zweimal vernahm ich auch ein Brüllen, von dem ich glaubte, es wäre der aufbrausende Wind, doch auch hier hatte ich mich täuschen lassen: Beim ersten Mal stellte sich heraus, dass das Geräusch von einem Schwerguttransporter auf der A66 herrührte, und beim zweiten Mal hatte es ein schwarzer Bulle auf einer Weide von sich gegeben.

Als ich in Long Marton ankam, waren dort bereits die ersten Fenster erleuchtet. Holzkohlenrauch stieg aus den Schornsteinen der Buntsandsteinhäuser, Oktoberlaub fiel von den Bäumen, in deren Geäst ein Schwarm heiser krächzender Krähen es sich gemütlich machte. Unter einem Blumentopf neben der Tür des alten Bauernhauses, in dem ich ein Bett für die Nacht vorbestellt hatte, lag auch schon der Schlüssel für mich bereit. Schließlich wollte ich am nächsten Morgen frisch und ausgeruht sein, wenn ich mich an die Besteigung des Cross Fell machte. Ich musste zugeben, dass der lange Marsch über die Landstraßen mich mehr mitgenommen hatte, als ich erwartet hätte. Ich hatte total vergessen, wie anstrengend es sein konnte, den ganzen Tag über Asphalt zu laufen. So hatte ich gerade noch die Energie, mir im nahe gelegenen *Masons Arms* ein paar Kohlehydrate und ein Pint zu gönnen, bevor ich ins Bett plumpsen würde.

Im Pub vertiefte ich mich in Berichte über den Helm – so, wie andere Touristen sich einen Führer zu den örtlichen Sehenswürdigkeiten zu Gemüte führen würden. Über die Jahrhunderte haben immer wieder Zeitungen von seinen Heimsuchungen berichtet: 1815 hatte er einen Reiter von seinem Pferd geworfen, 1843 fünfzehn Tage lang ohne Unterlass geheult, 1859 einen Baum entwurzelt, der einen Mann unter sich begrub und ihn dabei tötete – der Unglückliche hinterließ Frau und fünf Kinder –, und 1866 den letzten noch erhaltenen Turm des Haresceugh Castle in der Nähe von Renwick demoliert.

Auffällig viele Überlieferungen stammten von Geistlichen, die dabei viktorianische Ambitionen als Amateurdetektiv mit alttestamentarischer Ehrfurcht verknüpften. So schrieb Reverend William Walton aus dem Dorf Allenheads, der Wind erzeuge »ein lautes Geräusch wie das Grollen fernen Donners, so dass Reisende in dieser Gegend ihm sorgsam aus dem Wege gingen … denn er bringt beträchtliche Gefahren mit sich«. Sein Amtsbruder J. Watson aus Cumrew wusste über die psychischen Auswirkungen zu berichten: »Wenn man ihn vom Morgen über Mittag bis in die Nacht peitschen und brüllen hört, und das über mehrere Tage lang, wirkt sich dies deutlich aufs Gemüt aus … die Geräusche des Windes sind mit denen des Meeres in einem schweren Sturm oder denen in einer großen Baumwollspinnerei bei vollem Einsatz sämtlicher Maschinen verglichen worden.« Das *Ipswich Journal* berichtete vom Fall eines Vikars in Cumberland, der »so schwer von krampfartigen Asthmaanfällen gequält wurde«, dass er sich gezwungen sah, sein Haus aufzugeben, weil dieses sich genau in der Schneise des Windes befand: »Der Helm-Wind hatte seiner Lunge so sehr zugesetzt, dass er sich bei der Darreichung des Abendmahls kaum auf den Beinen halten konnte. An einen Verbleib in seinem Heim war nicht zu denken, so dass er sich auf Anraten seines Arztes eine andere Bleibe suchte … wäre er in seinem Heimatort wohnen geblieben, wäre er unweigerlich eines Tages erstickt.« Manche glaubten, der Helm verursache Rheuma und andere Gebrechen, obwohl Reverend Watson mit herzerfrischendem Gottvertrauen in die Kraft stärkender Lüfte eher zu der Ansicht neigte, der Wind »erquicke die Seele« und »verleihe dem Körper Auftrieb«. Und mit dem Auftrieb für den Körper hatte er gar nicht mal so unrecht: Über die Jahrhunderte hinweg beharrte jeder, den man fragte, darauf, dass der Helm einen Menschen in die Luft zu wirbeln vermochte, Schafe durch die Gegend pustete, als wären sie Wollknäuel, selbst schwere Karren umstoßen und aus Stein erbaute Scheunen zum Einsturz bringen konnte. »Dieser zerstörerische Wind hinterlässt eine Spur der Verwüstung«, wie es die *Leeds Times* ausdrückte.

Als ich das Pub gerade wieder verlassen wollte, hörte ich zufällig zwei Sätze aus dem Stimmengewirr an einem Tisch in der Nähe der Tür heraus: »Das war vielleicht ein Wind gestern, ich dachte, das gibt's doch gar nicht …« »Ja, ja, ist schon 'ne windige Ecke hier oben …« Alle Zeichen standen auf Sturm; gute Omen für einen bösen Wind.

~

Damit ich meine erste Windwanderung zum genau richtigen Zeitpunkt beginnen konnte, hatte ich den Rat von Geoff Monk, einem ehemaligen Mitarbeiter des nationalen meteorologischen Dienstes, eingeholt, der heute einen privaten Wettervorhersagedienst betreibt. Wir trafen uns in dem Café in der Krypta der Kirche St. Martin-in-the-Fields, wenige Schritte vom Trafalgar Square entfernt. In dem fensterlosen Backsteingewölbe, das ein wenig wie ein kirchlicher Luftschutzbunker anmutet, ist man vor jeglichen Einflüssen der Witterung geschützt. Als Erstes fielen mir Geoffs Augen auf – sie waren von dem Blau des Himmels während eines Sturms, und über seine Brauen hatte sich eine leichte Frostschicht gelegt. Für die nächsten zwei Stunden unterhielten wir uns über nichts anderes als über das Wetter.

Es war ein Zusammentreffen von zwei gänzlich verschiedenen Ansätzen, die Welt zu verstehen: kindliches Staunen meinerseits und akribische wissenschaftliche Forschung seinerseits – womit er mich auf den Boden der

Tatsachen zurückbrachte. »Die Grundprinzipien sind einfach«, erklärte er. »Aber ob's einem gefällt oder nicht – was danach kommt, ist alles komplexe Mathematik und Physik.« Auf seinem Laptop ließ er während unseres Gesprächs diverse computeranimierte Schaubilder aus changierenden Farben und sich immerfort verändernden Umrissen erscheinen – die unsichtbare Welt über unseren Köpfen dargestellt in Form von herumschwirrenden Pixeln. Vom ästhetischen Standpunkt gesehen sehr hübsch, aber wie mir das dabei helfen sollte, den Helm zu finden und hinter sein Geheimnis zu kommen, erschien mir noch höchst schleierhaft.

Geoffs Frau Cath schaute ihm über die Schulter. »Für mich sind das alles bloß bunte Farbkleckse«, kommentierte sie mit einem Lächeln und verließ uns dann, um sich die Gemälde in der National Gallery anzusehen.

Geoff zoomte uns in die Northern Pennines, schon konnte man unter den Isobaren und Isotachen, die ihn überlagerten, die Umrisse des Cross Fell erkennen. Er klickte uns in Drei-Stunden-Schritten auf der Zeitebene vorwärts, um mir zu zeigen, wie die fließenden Linien sich während der kommenden Tage dehnen und winden würden, um immer neue Formen zu bilden, wenn unterschiedliche Luftdruckzonen aufeinander trafen. »Können Sie mir folgen?«, fragte er zwischendurch mehrmals. »Gleich kommt nämlich etwas, wo es dann richtig kompliziert wird.« Nicht minder häufig schob er die Bemerkung ein, es gäbe da noch etwas, das auch einer Erklärung bedürfe – worauf er mir die Bedeutung eines weiteren Faktors auf seinem Piktogramm erläuterte, das mich wiederum mit offenem Mund dasitzen ließ. Als wir dann endlich konkret auf den Helm zu sprechen kamen, nahm er unser Teegeschirr zu Hilfe, um mir alles anhand einer Art Strategiespiel zu erklären: »Diese Untertasse ist der Cross Fell, der höchste Punkt eines acht Meilen langen Kamms, in dem es keine Scharten, Sättel oder Pässe gibt, durch die der Wind hindurch könnte.« Dann nahm er einen Teelöffel. »Das hier ist also der Wind …«

Mit Bestecken, Tellern und Tassen als Anschauungsmaterialien blickte ich nach und nach immer mehr durch. Ein Helm kommt auf, wenn gleichmäßige Luftströmungen von Nordosten und Nordnordosten durch die Pennines blockiert werden. Um den Gebirgskamm zu überwinden, werden die Luftströme nach oben abgelenkt und wehen dann auf der gegenüberliegenden Seite wieder hinunter, wobei sie an Kraft zunehmen – etwa so wie eine Flüssigkeit, die eine immer steiler werdende Schräge hinunterrinnt. Das leuchtete mir durchaus ein, aber das war noch nicht alles: Die Krux von alldem war die *Inversion* oberhalb des Bergplateaus, wo die normalen Lufttemperaturen umgekehrt werden, weil es in höheren Lagen nun plötzlich wärmer ist und in Bodennähe dafür kühler, was wiederum dazu führt, dass der Hangabwind auf seinem Weg ins Tal an Tempo zulegt. Es kommt zu einem sogenannten »Hydraulischen Sprung«: Schnell bewegte Luft entlädt sich in eine stehende Luftmasse, was sich in einer atmosphärischen Wellenformation manifestiert, die man »Stehende Welle« nennt. Das wiederum ließ sich mit keiner Teetasse oder Kuchengabel plastisch darstellen. Ich konnte Geoff schon wieder nicht folgen.

»Stellen Sie sich das so vor«, sagte er. »Sie füllen die Badewanne mit Wasser und stecken dann einen Schlauch hinein, aus dem gefärbtes Wasser läuft. Wo dieses gefärbte Wasser in die Wanne strömt, entstehen Turbulenzen.«

»Turbulenzen … also so wie Strudel oder Wirbel?«

»Genau. Der Helm ist wie ein solcher Wirbel, verstehen Sie? Dann ist da allerdings noch etwas, was einer Erklärung bedarf …«

Irgendwann ließen sich all diese Elemente schließlich auf drei entscheidende Faktoren reduzieren: ein beständiger Ost- oder Nordostwind von mindestens Stärke fünf, hoher Luftdruck über den Pennines und ein Temperaturgefälle, das die *Inversion* begünstigt. Mir war klar geworden, dass ich mich nicht auf mein Glück verlassen und einfach blindlings den Aufstieg ins Hochmoor wagen durfte – zum Zeitpunkt meiner Wanderung *mussten* einfach diese Bedingungen herrschen. Geoff konsultierte noch einmal die Wetterkarten auf seinem Monitor, und die verschiedenen Farben und Formen wirbelten umher wie Rauch in einer Kristallkugel. »Im Moment kommt der Wind von Westen, aber ab der nächsten Woche wird sich das ändern, weil dann eine Kaltfront von Nordosten aufzieht. Auch die Luftdruckverhältnisse sehen gut aus. Der Oktober ist so ziemlich der beste Monat im Jahr. Natürlich kann man für das Wetter niemals garantieren – aber es wäre durchaus möglich, dass Sie dann Ihren Wind bekommen.«

Cath kam wieder, um ihren Gatten einzusammeln, so dass mir gerade noch Zeit blieb, ihm eine letzte Frage zu stellen: Was war es, was ihn dazu gebracht hatte, sich diesem komplexen und dabei so interessanten Wissensgebiet zu widmen? »Als Kind war ich immer ein Einzelgänger«, sagte er, nachdem er einen Augenblick lang nachgedacht hatte. »Ich fand nur schwer Kontakt zu Menschen. Aber für das Wetter habe ich mich immer brennend interessiert. Das Wetter war mein Ein und Alles. Immerzu habe ich zum Himmel hochgeschaut ...«

~

Auch ich warf einen Blick hinauf zum Himmel, als ich am nächsten Morgen vor die Tür trat. Eine tief hängende Wolke wirkte wie lieblos an den Himmel gepinselt, irgendwie abstrakt, und es war absolut nichts an ihr, anhand dessen man eine Vorhersage hätte treffen können. Kein lang gezogenes weißes Wolkenband, und erst recht kein Brüllen in der Ferne. Aber ein kalter Wind wehte von Osten und biss an Wange und Ohren ...

Die Dame, die mir so vertrauensvoll ihr Haus überließ, hatte mir auch einen Zettel auf den Küchentisch gelegt, auf dem sie mir riet, für den Fall der Fälle ihre Nachbarn über meine geplante Route zu unterrichten, sollte ich ganz alleine zu einer Wanderung aufbrechen. Diese Nachbarn hießen Anne und Peter Brown und lebten in einem hinter Bäumen versteckten Haus gegenüber dem Pub. Als ich eintrat, hatten sie gerade das Kaminfeuer entfacht, und frischer Kaffee wurde auch schon gekocht. Anne und Peter waren beide Polizeibeamte im Ruhestand und kannten die Gegend wie ihre Westentasche; Peter hatte sein gesamtes Leben in der Region verbracht, und auch sein Vater war schon hier auf dem Land Bobby gewesen. »Er ist auch

45

immer übers Moor gegangen«, erzählte Peter und schob mir einen dampfenden Becher zu. »Nichts konnte ihn dazu bewegen, mal die Hände aus den Taschen zu nehmen, um einen Blick auf die Karte zu werfen. Aber anhand der Windrichtung wusste er immer, wohin sein Weg ihn führte.« Ich fragte Peter, wie es denn so gewesen sei, in der Schneise des Helm aufzuwachsen. »Als Junge hatte ich manchmal das Gefühl, dass der Helm zwei Monate lang ohne jeden Unterlass getost hat. Das stimmte natürlich nicht – aber so erinnert man die Dinge halt, so wie man das Gefühl hat, im Sommer wäre es immer schön sonnig gewesen. Aber der Wind war früher heftiger – heutzutage haben wir milderes Wetter. Es ist schon lange her, dass ich das letzte Mal Eis von der Windschutzscheibe kratzen oder die Garageneinfahrt vom Schnee freischaufeln musste. Da hat sich was geändert.«

Doch beide waren sich darüber einig, dass der Himmel heute vielversprechend aussah. Auch sie selber wollten einen Wanderausflug machen und nahmen mich nur zu gerne mit bis nach Dufton, ein paar Meilen die Straße hinunter. Dort würde ich dann auf den Pennine Way treffen, den berühmten Fernwanderweg, der mich ins Moor hinauf führen würde. Der Ort bestand vorwiegend aus roten Buntsandsteinhäusern, die von der London Lead Company für die Familien der Arbeiter in den Bleiminen gebaut worden waren. Vor zwei Jahrhunderten war die hügelige Moorlandschaft, die heute vorwiegend von Schafen und Vögeln bewohnt wird, noch mitten in den Startlöchern der beginnenden industriellen Revolution und hatte eine vielversprechende Zukunft mit lauter rauchenden Schornsteinen vor sich.

»Ich weiß noch, dass hier einmal ein Gartenlokal war«, bemerkte Anne, als wir durch das Dorf fuhren. »Es war mitten im Sommer, als die Temperatur mit einem Schlag um zwölf Grad sank. Tische und Stühle kollerten über den Rasen, und sämtliche Bäume bogen sich. Es kommt immer dann, wenn man am allerwenigsten damit rechnet.«

»Einmal saß ich oben auf dem *Knock Fell*«, nahm Peter den Faden auf, »als ich plötzlich eine Veränderung in der Luft bemerkte. Ich bin normalerweise niemand, der sich leicht einschüchtern lässt, aber damals habe ich mich sofort flach auf den Boden geworfen. Man kann sich nicht vorstellen, was für ein Druck das war. Ich hatte das Gefühl, als würde ich glatt in die Höhe gesogen werden.«

»Drei Tage so ein Wetter, und man kann schier verrückt werden, oder?«

»So ungefähr.«

Sie zeigten mir das niedrige Gebäude der Methodistenkirche, die eigens errichtet worden war, um den Bergarbeitern Enthaltsamkeit zu predigen. »Man weiß gleich, welche Seite nach Osten zeigt; man sieht's an den Regenrinnen und den Dachpfannen, an denen der Wind alles andere als spurlos vorübergegangen ist.« Dann wies Peter mich noch auf eine weitere, viel ältere Kirche hin, die sich nicht unmittelbar im Dorf befand, sondern sich hinter einem kleinen Wäldchen zu ducken schien, damit man sie nicht sehen konnte. »Wollen Sie wissen, warum man die dahin gebaut hat? Damit sie etwas abseits lag, wenn die *Reivers* kamen. Die Leute aus dem Ort haben dann ihre Frauen und ihr Vieh da drin versteckt.«

»Nein«, korrigierte ihn Anne. »Sie haben ihr Vieh da

47

drin verborgen, und wenn noch Platz war, durften auch die Frauen mit hinein.«

Die beiden begleiteten mich noch bis zum Anfangspunkt des Pennine Way, der sich unauffällig an den etwas abseits gelegenen Cottages vorbeischlängelt und dann in zunehmend unwirtlicheres Terrain führt. Hier verabschiedeten wir uns, und ich nahm auf einem Teppich buttergelber Blätter meinen von knorrigen Haselnusssträuchern gesäumten Weg auf, vorbei an verfallenden Gehöften und Feldern, auf denen sich friedliche Kühe zum Dösen niedergelassen hatten wie Seehunde am Strand.

Mir wollten die *Reivers* nicht aus dem Kopf gehen, die Peter erwähnt hatte: So nannte man die Banditen, von denen dieser Teil des Landes über Hunderte von Jahren heimgesucht wurde. Während eines Großteils seiner Geschichte war die Grafschaft Cumbria Schauplatz von Grenzstreitigkeiten zwischen England und Schottland, obwohl man sich keinem der beiden Königreiche zugehörig fühlte, sondern eine eigene Identität pflegte und früher sogar eine eigene Sprache hatte, und zwar das Kumbrische, das sich aus der keltischen Sprache der Menschen entwickelt hatte, die in vorrömischer Zeit hier gelebt hatten. So gelangte die Region zu dem wunderbaren Beinamen *Debatable Lands*, umstrittenes Land. Da es keine zentralisierte Regierung gab, die Macht ausübte, teilten mächtige Clans wie die Eliots, die Armstrongs, die Grahams und die Musgraves das Land unter sich in Lehnsgüter auf und bestritten ihren Lebensunterhalt durch das gegenseitige Rauben – vom altenglischen *reiven* – und Plündern von Viehbeständen, was Blutfehden nach sich zog, die oft über mehrere Generationen ausgetragen wurden. Jahrhunderte des Räuberns, der Viehdiebstähle, des Vergewaltigens und Mordens haben ihren Niederschlag auch in der Bauweise des Landes gefunden: Wie man seine Scheunen zum Schutz vor dem Wind aus Stein baute, wappnete man sich mit massiven Wachtürmen auch gegen Überfälle. Das nahe gelegene Dorf Milburn soll sogar in Gänze unter Beachtung solcher Prinzipien der Wehrhaftigkeit erbaut worden sein, indem man die Gassen so anlegte, dass man sich zur Abwehr beider Feinde – Mensch und Natur – notfalls verbarrikadieren konnte.

Die *Reivers* entwickelten sich zu einer solchen Landplage, dass der Glasgower Erzbischof Gavin Dunbar 1525 ein wutschnaubendes Pamphlet verfasste, das überall im Lande verbreitet wurde, um es in den Kirchen der schwer geprüften Grenzregion von der Kanzel zu verlesen:

Ich VERFLUCHE ihren Kopf und alle Haare auf ihrem Kopfe; ich VERFLUCHE ihr Gesicht, ihre Augen, ihren Mund, ihre Nase, ihre Zunge, ihre Zähne, ihren Schädel, ihre Schultern, ihre Brust, ihr Herz, ihren Bauch, ihren Rücken, ihre Gebärmutter, ihre Arme, ihre Beine und jeden Teil ihres Körpers, von ihrem Scheitel bis zu den Sohlen ihrer Füße, von vorn bis hinten und von innen wie von außen. Ich VERFLUCHE sie, wenn sie gehen, und ich VERFLUCHE sie, wenn sie reiten; ich VERFLUCHE sie, wenn sie stehen, und ich VERFLUCHE sie, wenn sie sitzen; ich VERFLUCHE sie, wenn sie essen, ich VERFLUCHE sie, wenn sie trinken; ich VERFLUCHE sie, wenn sie auf den Beinen sind, ich VER-

FLUCHE sie, wenn sie schlafen; ich VERFLUCHE sie, wenn sie aufstehen, ich VERFLUCHE sie, wenn sie sich betten; ich VERFLUCHE sie, wenn sie daheim sind, ich VERFLUCHE sie, wenn sie nicht daheim sind; ich VER-FLUCHE sie in ihren Häusern, und ich VERFLUCHE sie, wenn sie weit fort von daheim sind …

Diese höchst unchristliche Tirade umfasst mehr als 1.000 Worte und endet damit, dass die Seelen der *Reivers* ins tiefste Loch der Hölle verwünscht werden, dass ihre Leiber am Galgen enden mögen »und dann von Hunden und Schweinen und anderen wilden Tieren in Stücke gerissen werden, auf dass die ganze Welt mit Abscheu auf sie blicke«. Diese blutrünstige Verwünschung scheint sich jedoch auf die Tatkraft der Betroffenen eher förderlich ausgewirkt zu haben, denn ihr Regime des Terrors dauerte noch fast ein weiteres Jahrhundert fort. Es brauchte erst ein gemeinsames Handeln der beiden Königshäuser, um die *Reivers* wirkungsvoll in ihre Schranken zu weisen: Als nach dem Tod von Elisabeth I., der letzten englischen Königin aus dem Geschlecht der Tudors, das Haus Stuart, das seit Langem schon die schottischen Könige stellte, auch in England die Macht übernahm und Jakob I. – der als Jakob VI. gleichzeitig auch König von Schottland war – 1603 den englischen Thron bestieg, verfasste er eine Proklamation gegen »alle aufrührerischen und liederlichen Personen« und entsandte Truppen in die Region. Die Schonungslosigkeit, mit der dieser Feldzug ausgeführt wurde, übertraf allerdings selbst die der Banditen: Hunderte von Klansmitgliedern wurden enthauptet, ihre Häuser wurden niedergerissen, und prominente Familien wie die Grahams nach Irland verbannt. Die Region wurde in *The Middle Shires*, »die mittlere Grafschaft«, umbenannt und galt nicht mehr als Grenzgebiet, sondern als jüngst befriedete Provinz zwischen zwei versöhnten Königreichen.

Doch diese entbehrungsreiche Zeit fand auch Eingang in die örtliche Folklore. Etwa um diese Zeit des Jahres, im Herbst, läuteten die *Reivers* nämlich ihre Jagdsaison ein – wenn das Vieh noch wohlgenährt vom Sommer war, die Nächte aber langsam länger wurden. Man kann sich leicht vorstellen, wie die Dorfbewohner ängstlich die Ohren spitzten, um möglichst früh auf die verheerende Gewalt, die bald über sie hereinbrechen würde, vorbereitet zu sein. Die Vorstellung von diesen schrecklichen Reitersmännern aus dem Hochland, die über das friedliche Farmland des Eden Valley herfielen, Gehöfte brandschatzten, Männer von ihren Pferden herunterrissen und Schafe und Kühe auseinander trieben, erinnerte an die Gewalt des Windes Helm in Menschengestalt. Dies war der erste Vorgeschmack auf das, was während meiner Wanderungen im Norden Englands ein immer wiederkehrendes Thema sein würde: dass die Highlands schon immer die Heimat wilder Winde und wilder Menschen gewesen waren.

Nachdem er etwa eine Meile weit am Fuße der Bergkette ihrer lang gezogenen Flanke folgt, knickt der Pennine Way dann scharf ab, um in die höheren Lagen der Heide- und Moorlandschaft zu führen. Die üppigen, morastigen Felder weichen in den Hintergrund, und die Landschaft wird zunehmend karger. Ich warf einen Blick auf meine Wanderroute auf der Karte. Die ortsüblichen Namen für

viele der überall darauf verstreut eingezeichneten Natur-
merkmale stammen aus einer Zeit, als dieses Land von
noch viel ärgeren Marodeuren als den *Reivers* besiedelt
war, und sind aus dem Altnordischen abgeleitet – aus *bekr*
wurde das englische *beck* für »Bach«; aus *gil* wurde *gulch*
für »Schlucht«; aus *tjorn* wurde *tarn*, »kleiner Bergsee«;
aus *fors* wurde *force*, »Wasserfall«; aus *fjallr* wurde *fell* –
»Berg« oder »Hügel«, besonders im Moorland – bered-
tes Zeugnis dafür, dass hier einst die Wikinger herrschten.
Viele Menschen in Cumbria sind stolz darauf, Nachfah-
ren der nordischen Eindringlinge zu sein. Im achtzehnten
und neunzehnten Jahrhundert fanden neue Begriffe Eingang in den örtlichen Sprachgebrauch, die sich auf meiner Karte als stillgelegte *quarries*, »Bergwerke«, *shakeholes*,
»Karsttrichter«, *spoil heaps*, »Abraumhalden«, und *shafts*,
»Schächte«, wiederfanden – sämtlich Hinweise darauf, wie
die umliegende Hügellandschaft durch die Bergwerksstol-
len unter meinen Füßen ausgeplündert worden war; Peter
hatte mich vor den Gefahren des teilweise brüchigen Un-
tergrundes gewarnt, und schon stieß ich auf eine Tafel, die
auf eine zu erwartende weitere Verschlechterung der Gegebenheiten hinwies, indem sie den Wanderer ermahnte,
wetterfeste Kleidung bei sich zu tragen, was ich als weiteren Fingerzeig interpretierte, dass ich im Begriff stand,
eine gewisse Grenze zu überschreiten: Ich verließ gerade
das gelobte Eden und begab mich in die Wildnis.

Der Anstieg verlangte mir nun auch mehr Kraft ab,
die Felder wichen endgültig der Moorlandschaft – einer
Landschaft aus in allen Regenbogenfarben schillernden
gesättigten Torfmulden, aus Schilfgräsern, die vor sump-

figem Morast warnten, und Torfmoorflächen, auf denen die Wanderstiefel glucksende, schmatzende Laute von sich gaben. Auch die Schafe wirkten abgehärteter, die weißen Wollknäuel aus der Ebene wurden zunehmend durch schwarzgesichtige Swaledale-Exemplare mit gekrümmten Hörnern und berechnenden Augen verdrängt, die sich nicht von der Stelle rührten und bloß stur meinen Blick erwiderten, wenn ich auf sie zumarschiert kam. Außerdem war es so warm, dass es mir den Schweiß auf die Stirn trieb. Nach drei Stunden hatte ich allerdings einen Zustand freudiger Erregung erreicht, der mir das Gefühl gab, ich könnte für immer so weitermachen – das Geheimnis der ständigen Bewegung, des Perpetuum mobile?

Ich folgte dem Lauf eines *Knock Hush* genannten Flusses auf den höchsten Punkt des *Knock Fell* zu, Heimat des *Knock Old Man*, des »alten Mannes vom Knock«. Dieser *Knock Old Man* ist ein sogenannter *Currick*, ein Grenzmal in Form eines kleinen Turmes aus sorgsam aufeinandergeschichteten Steinen, etwa so groß wie ein Bienenstock. Und neben diesem steinernen Bienenstock saß ein alter Mann in Fleisch und Blut und bereitete gerade Tee auf einem Primuskocher. Der Name dieses Mannes war Jim, er stammte aus Manchester, war von Beruf Fensterputzer und in Wirklichkeit noch gar nicht so alt. Doch Jahrzehnte des Wanderns über das Hochmoor hatten ihm ein entsprechend wettergegerbtes Erscheinungsbild verliehen – und die Art von Redseligkeit, die jenen Menschen eigen ist, die es gewohnt sind, lange Tage mit sich allein zu verbringen. Sein einziger Gefährte war ein gestreifter Bullterrier namens Boston. Es stellte sich bald heraus, dass dieses seltsame Paar das gleiche Ziel hatte wie ich, nämlich die Schutzhütte unterhalb des Cross Fell, wo ich mein Lager aufschlagen wollte, um den Helm zu erwarten. Jim bot mir einen Tee an, aber keiner von uns schlug vor, dass wir uns zusammentun: Es gab eine unausgesprochene Übereinkunft zwischen uns, dass wir beide hergekommen waren, um in Ruhe gelassen zu werden. So wartete ich ab, bis er und sein Hund weitergezogen und nur noch winzige Punkte in der Landschaft waren, um ihnen dann in der gleichen Richtung zu folgen – allerdings auf einem etwas anderen Pfad.

Gegen Nachmittag erreichte ich den *Great Dun Fell*, den zweithöchsten Berg der Pennines mit seiner strategisch bedeutsamen Radar- und Wetterbeobachtungsstation. In seinem Standardwerk *Pennine Way Companion* lässt sich Alfred Wainwright auf herzerfrischend subjektive Art und Weise über diesen Gipfel aus, indem er Hohn und Spott über ihn ausschüttet (»derart verunstaltet, derart entstellt«) – und das mit Worten, die auch dem wütenden Erzbischof Gavin Dunbar zur Ehre gereicht hätten: »Verschandelt wird der Berg durch eine monströse Mixtur von technischen Apparatschaften, von denen vier hohe Masten am störendsten ins Auge fallen. Hinzu kommen Gerätschaften zur Messung der Wind- und Sonnenstunden und weitere groteske Gebilde, die umgeben sind von diversen niedrigen Gebäuden ohne den geringsten architektonischen Reiz … zweifellos der hässlichste unter sämtlichen Bergen.« Ich persönlich fand an der Anlage eigentlich Gefallen, stellte mir die zahllosen Anzeigeinstrumente vor, die sie beherbergt; überragt wird alles von der weißen Radarkuppel, deren Oberfläche in sechseckige Segmente aufgeteilt ist, womit sie an einen riesigen Fußball erinnert; nicht weit davon entfernt stehen weiße Türme in Form von Röhrenpilzen und eine hohe Antenne Wache, so dass das Ganze wirkt wie eine futuristische Moschee. Und tatsächlich vermittelt die Bauweise – fast so, als hätte es jemand geplant – das Gefühl, sich an einer Kultstätte zu befinden. Irgendetwas an diesem Ort, die eigentümliche Verbindung von Wissenschaftlichkeit und der Ästhetik eines Tempels, lenkte meine Gedanken ganz unvermittelt zurück zu dem Turm der Winde. Aus den Tiefen meines Rucksacks kramte ich spontan mein »Gott-Meter« hervor, das Anemometer, das ich mitgenommen hatte, um die Windgeschwindigkeit zu messen, und hielt es in die Höhe. Auf dem digitalen Display flackerten die Zahlen, während sich die Windmühlenflügelchen summend in der Brise drehten.

Das Ergebnis war enttäuschend. Der Wind wehte lustlos mit einer Geschwindigkeit von vier bis fünf Meilen pro Stunde, kaum schneller als normales Gehtempo. Und was noch ärgerlicher war: Als ich meinen Kompass konsultierte, musste ich feststellen, dass er von Süden kam, wo das Tiefland in einem Gemisch von Grün- und Grautönen dumpf dalag. Der kalte Ostwind, den ich benötigte, schien vollkommen eingeschlafen zu sein. Hilfesuchend blickte ich zum Himmel, sah aber bloß einen Dunstschleier.

Ich war nicht der Erste, der an dieser Stelle stand und den Himmel nach Zeichen absuchte. Die erste hiesige Wetterstation – damals lediglich eine einsame Hütte aus Holz – war 1937 von dem Klimatologen Gordon Manley eingerichtet worden, den es in den Norden der Pennines gezogen hatte, weil sich hier »das ausgedehnteste Areal kompromisslos öden Hochlands im gesamten England« befand. Besondere Berühmtheit erlangte Manley für seine Arbeit an der Erstellung des *Central England Temperature Record*, wofür er historische Aufzeichnungen heranzog, um die durchschnittlichen Lufttemperaturen vom siebzehnten bis ins zwanzigste Jahrhundert zu erfassen; eine ähnlich lückenlose Aufzeichnung existiert für keine andere Region auf der Erde. Aber Manleys Lebenswerk ist auch untrennbar mit dem Helm verbunden: Mehr als jeder andere vor ihm wandte er wissenschaftliche Methoden an, um hinter das Geheimnis der Kraft zu kommen, die seine Hütte im Wind erzittern ließ. Er war der Erste, der das Prinzip der »Stehenden Welle« erkannte, einer beim Aufeinandertreffen zweier Luftmassen entstehenden Wellenformation, und leitete daraus die meteorologischen Bedingungen für das Aufkommen eines Helm ab. Da er dazu wiederholt bei Sturm, Eis und Regen den Great Dun Fell besteigen musste, dürfte die Begeisterung, mit der er die hiesigen Wetterverhältnisse erforschte, wohl an Besessenheit gegrenzt haben. So benötigte er im Winter einen Eispickel, um auch nur den Thermometerschrank aufzubekommen, in dem er seine Instrumente verwahrte. Eine Fotografie vom Januar 1939 hätte ebenso gut auch in der Antarktis aufgenommen worden sein können: Die kleine Hütte ist von oben bis unten vereist, und aus dem tiefen Schnee ragen zwei Skier hervor wie Flaggenstöcke.

Obwohl er seine Aufzeichnungen im Jargon des Wissenschaftlers, der er schließlich ja auch war, verfasste, hatte er nichtsdestotrotz ein Faible für bildhafte Sprache, wie man an seiner Beschreibung der Auswirkungen des Helm auf das Eden Valley sieht:

Die Farmersfrau zittert im strahlenden Sonnenschein vor Kälte; sie sieht, wie ihre schweren Decken an der Leine, wo sie zum Trocknen aufgehängt sind, bis in die Horizontale hochgeweht werden und davonzuflattern drohen, wenn der Wind, nachdem er sich einen Augenblick lang zurückgezogen hat, mit einem erneuten Stoß auf sie eindrischt. Der Farmer blickt derweil besorgt zu den Satteldächern der Scheunen hinauf. Dann wandert sein Blick über das staubtrockene Ackerland, die zusammengekauerten Schafe, die verdörrten Weiden und schließlich hinauf zu den verschneiten Hängen.

Diese beiden Vorgehensweisen bei der Wetterbeobachtung – die empirische kombiniert mit der visuellen – verraten uns allerhand über die Ursprünge der Wetterforschung. Im Altertum beruhten die Wettervorhersagen der Babylonier, Inder und Chinesen auf der Beobachtung der Wolken und der Farben des Himmels; auch aus dem Studium des Verhaltens von Tieren wurden Schlüsse gezogen. Theophrast von Eresos, ein Schüler von Aristoteles – der in seiner um 350 v. Chr. verfassten zukunftsweisenden Abhandlung *Meteorologica* den Wind als eine von der Erde ausgehende »trockene Exhalation« bezeichnete –, hat in seiner Schrift *De Signis* natürliche Vorzeichen für bestimmte Wetterverhältnisse zusammengestellt. So bedeutet der Ruf eines über das Meer fliegenden Reihers einen leichten Wind, während ein Hund, der sich auf dem Boden wälzt, ein Anzeichen für Starkwind ist. Bei manchen seiner Beobachtungen liegt klar auf der Hand, was sie uns sagen – ein in Bewegung befindliches Spinnennetz deutet ja naturgemäß auf Wind hin –, während andere eher esoterischer Natur sind: Ist die Spitze der Halbmondsichel leicht gekrümmt, so ist vorwiegend Wind von West zu erwarten; ist es das untere Ende, so kommt der Wind von Süden. Auch die Gewohnheiten des Stachelschweins seien von Bedeutung: »Diese Tiere suchen in der Erde nach Nahrung, wobei sie stets ein Loch in nördlicher und ein weiteres in südlicher Himmelsrichtung graben, wo immer sie auch leben. Wird beim Wühlen eines der Löcher zugeschüttet, so ist Wind aus dieser Richtung zu erwarten; sind beide Löcher zu, weist dies auf Starkwind hin.«

Es ist nicht mehr so recht nachzuvollziehen, wann diese Prinzipien der Naturbeobachtung – die man in späteren Jahrhunderten als schlichte »Wettermärchen« abtat – endgültig durch auf harte Fakten gestützte wissenschaftliche Erkenntnisse verdrängt wurden. Im dreizehnten Jahrhundert übersetzten arabische Gelehrte die Werke des Aristoteles, die in Europa längst dem Vergessen anheimgefallen waren, aus dem Griechischen ins Arabische und ins Lateinische. Während des Mittelalters setzte sich allmählich ein theoretisches Verständnis der Gesetzmäßigkeiten des Wetters durch, zunächst auf philosophischer Ebene, dann zunehmend durch die Anwendung von Messinstrumenten und anderen Hilfsmitteln. Sonnenuhren waren seit mindestens 4.000 Jahren im Gebrauch und spielten in der ägyptischen Astronomie eine wichtige Rolle; Wetterfahnen kannte man schon seit dem Altertum, und sowohl in Nord- als auch in Mittel- und Südamerika benutzte man traditionell Äste als »Wetterstöcke«, um die Luftfeuchtigkeit zu eruieren. (Der Begriff »Knoten« als Maßeinheit für die Geschwindigkeit eines Schiffes – und auch des Windes – entstand daraus, dass man früher ein in bestimmten Abständen mit Knoten versehenes Tau hinter einem Schiff herzog und die Knoten zählte, die beim Abrollen des Taus durch die Hände des Matrosen flutschten, der das Tau hielt – je mehr Knoten, umso schneller fuhr man).

Doch es sollte bis zum fünfzehnten Jahrhundert dauern, dass präziser messende Technologien aufkamen: Leonardo da Vinci entwickelte das erste Hygrometer zur Bestimmung der Luftfeuchtigkeit, die ersten standardisierten Niederschlagsmesser kamen im ersten koreanischen Königreich auf, und der genuesische Universalgelehrte Leon Battista Alberti entwickelte ein Anemometer, das in seiner prinzipiellen Funktionsweise bereits dem ähnelte, das ich in der Hand hielt. Das siebzehnte Jahrhundert bescherte uns das Barometer und Galileo Galileis Thermoskop – Vorläufer unseres Thermometers –, und als das achtzehnte Jahrhundert so richtig Fahrt aufnahm, entwickelten Daniel Gabriel Fahrenheit und Anders Celsius unabhängig voneinander ihre jeweiligen Temperaturskalen – ein Ausdruck des Bestrebens der Aufklärung, die Welt zu ordnen und in Zahlen zu fassen. Basierend auf den Arbeiten des schwedischen Naturforschers Carl von Linné stellte der Londoner Apotheker Luke Howard 1802 eine Nomenklatur zur Klassifikation von Wolkenbildern vor und führte für bestimmte Wolkenkategorien lateinische Namen ein: *Cirrus,*

Stratus, Cumulus und *Nimbus*. Etwa um diese Zeit begann Sir Francis Beaufort mit der Arbeit an der bis heute gültigen Skala der Windstärken:

0: Windstille; Rauch steigt senkrecht empor.

1: Leiser Zug: Windrichtung wird durch abtreibenden Rauch angezeigt, aber nicht durch Windfahnen.

2: Leichte Brise: Wind im Gesicht spürbar, Blätter rascheln, Windfahnen werden bewegt.

3: Schwache Brise: Blätter und kleine Zweige in ständiger Bewegung, Wimpel werden gestreckt.

4: Mäßige Brise: Staub und loses Papier wird aufgeweht, kleinere Äste bewegen sich.

5: Frische Brise: Kleine belaubte Bäume beginnen sich zu neigen; auf Binnengewässern bilden sich Schaumköpfe.

6: Starker Wind: Dicke Äste bewegen sich; hörbares Pfeifen in Telefonleitungen, Schirme nur unter Schwierigkeiten zu benutzen.

7: Steifer Wind: Ganze Bäume in Bewegung; Widerstand beim Gehen gegen den Wind spürbar.

8: Stürmischer Wind: Zweige brechen von Bäumen; erhebliche Behinderung beim Gehen.

9: Sturm: Wird im Binnenland selten erlebt; Bäume werden entwurzelt, beträchtliche Gebäudeschäden.

10: Schwerer Sturm: Leichte Gebäudeschäden; Dachziegel und Schornsteinkappen werden losgeweht.

11: Orkanartiger Sturm: Sehr selten im Binnenland; verbreitet schwere Schäden.

12: Orkan: Schwere Verwüstungen.

Theophrast mochte bereits zweitausend Jahre zuvor ähnliche Beobachtungen gemacht haben, doch erst Beauforts Einführung einer numerischen Skala beförderte ihn geradewegs in die Neuzeit. Die Zeit der kolonialen Expansion brachte einen verstärkten Hang zu Klassifizierung und tabellarischer und kalkulatorischer Erfassung mit sich, womit man wohl so etwas wie Ordnung in die Dinge bringen und sich vom Staub der Vergangenheit befreien wollte: Alles Wissenschaftliche sollte nicht länger durch überkommenen Aberglauben befleckt sein.

Durch moderne Technologien einerseits, aber auch durch ein mit ihnen einhergehendes wissenschaftliches Denken wurden die Lebensgewohnheiten von Reihern und Stachelschweinen ins Reich der Ammenmärchen und des Altweibergeschwätzes verbannt. Lieb gewonnene Sinnsprüche aus vergangenen Zeiten – »Blüht die Eiche vor der Esche, macht der Sommer große Wäsche, blüht die Esche vor der Eiche, macht der Sommer große Bleiche« – mochten zwar für Landwirte und Urlauber schön und gut sein, wurden aber allgemein nicht mehr ernst genommen, und so manche aus der Erfahrung erwachsene Erkenntnis, die Eingang ins Volksgut gefunden hatte, war höchstens noch dafür gut, von kleinen Kindern nachgeplappert zu werden. Und dann erfolgte der Riesensprung ins Weltraumzeitalter, als 1960 der erste experimentelle Wettersatellit ins All geschickt wurde und zum ersten Mal eine Wettervorhersage aufgrund von im Weltraum gesammelten Daten erstellt werden konnte. Man kann sich kaum ein besseres Beispiel für den Distanzierungsprozess vorstellen, auf den die Menschheit sich eingelassen hat: Der Blick von oben auf die von Wind und Wetter gepeitschte Welt, unabhängig von der Witterung, in klinisch sauberer Isolation. Solche Beobachtung meteorologischer Vorgänge aus großer Höhe ist für heutige Wettervorhersagen unverzichtbar – mittlerweile sind über 1.000 Wettersatelliten im Weltraum unterwegs und füttern Hochleistungs-Großrechner mit immer komplexeren Daten – ein Vorgang, der durch stets neue Erkenntnisse in der numerischen Wettervorhersage, der Thermo- und Flüssigkeitsdynamik und nicht zuletzt durch die Chaostheorie ermöglicht wird.

Das alles ist weit entfernt von Gordon Manleys Holzhütte. Ich fragte mich, was wohl aus ihr geworden ist. Möglicherweise wurde sie abgebaut, als man die Wetterbeobachtungsstation errichtet hat – oder der Wind hat sie schlicht und ergreifend davongepustet.

Ich wandte der in der Sonne glänzenden Radarkuppel mitsamt all ihren Sensoren und Antennen den Rücken zu, suchte mir einen bequemen Platz auf dem Gras und baute meinen Campingkocher auf. Es dauerte ein paar Minuten, bis das Wasser kochte, aber schließlich hielt ich mit beiden Händen einen Becher Kaffee umfasst und wartete darauf, dass mein Smartphone ein Netz fand und mich mit der jüngsten Wettervorhersage versorgte. Zahlen bauten sich auf, Isobare wirbelten umher, aber es erschien mir alles fürchterlich abstrakt. Müde schloss ich für eine Weile die Augen. Ich fühlte, wie die Luftströmungen spielerisch über mein Gesicht und meine Hände, über meinen Nacken und über meine Unterarme strichen. Meine rechte Wange wurde ganz kalt, und nach ein paar Minuten war mein Ohr wie taub vor Kälte. Es dauerte einen Augenblick, bis ich begriff: Der Wind hatte gedreht und kam nun von Osten.

~

Die nächsten Stunden verbrachte ich damit, in nördlicher Richtung die sumpfige Hochebene zu überqueren, die den Great Dun Fell, den Little Dun Fell und den Buckel des Cross Fell umfasst. Einzelne Abschnitte des Pennine Way sind mit gewaltigen Granitplatten gepflastert, weil man sonst im schwarzen Morast des die Landschaft beherrschenden Hochmoors einsinken würde. Dazwischen wuchert das Wollgras, dessen wuschelige Köpfe aufleuchten wie blasse Flämmchen. Das Ziel meiner Wanderung begann als hufeisenförmiger Grat vor mir Gestalt anzunehmen; aus der Nähe betrachtet wirkte er noch ausgedehnter und noch karger, eine Wand, deren verwaschene Brauntöne an ihrem westlichen Saum allmählich in schroffen grauen Stein übergingen, um dann einer Flutwelle gleich jäh abzustürzen. Während ich mich den Höhenzug hinauf kämpfte, frischte der Wind auf, der als leichte Brise begonnen hatte, und legte an Tempo zu: fünf Meilen pro Stunde, dann zehn, endlich schneller als ich, in Böen fünfzehn oder gar zwanzig Meilen pro Stunde. Er wehte mal von Ost, mal von Nordost, gelegentlich auch von Nord. Die Wolken verdichteten sich von einer dunstigen Masse zu zwei deutlich erkennbaren Bändern, die eine flaumige weiße Wand über den Hügeln bildeten. Die Luft war von einer plötzlichen Kühle erfüllt, und während ich weiter anstieg, wuchs meine Hoffnung.

Weil ich meine Aufmerksamkeit wohl ebenso sehr auf den Himmel über mir wie auf die Erde zu meinen Füßen konzentrierte, hatte ich gar nicht gemerkt, wie schnell der Aufstieg gegangen war, und schon befand ich mich, ehe ich es recht bemerkte, auf dem höchsten Punkt. Der Cross Fell mag zwar geologisch betrachtet ein Berg sein, kommt einem sonderbarerweise aber gar nicht wie einer vor. Das fängt schon damit an, dass er mit seiner Länge von acht kargen Meilen schwer zu erfassen ist; es gibt so gut wie keine Bäume und auch sonst kaum etwas, woran das Auge sich festhalten könnte, und es gibt auch keinen Gipfel im eigentlichen Sinn, von dem aus es wieder merklich hinuntergeht, bloß eine kaum wahrnehmbar abfallende weite Fläche aus Heide, klumpig-nassem schwarzem Torf und ein paar grauen Steinen hier und dort – die mich an grob zerhackte Fleischklumpen erinnerten, so eigenartig zerklüftet und zerfallen wirkten sie. Bei einer Höhe von 2.930 Fuß – oder 893 Metern – kommt man sich auch eher vor wie auf einer steilen Klippe oberhalb einer einsamen Küste, das Eden Valley unterhalb nur undeutlich wahrnehmbar wie ein Strand bei absoluter Ebbe. Ich drehte mich langsam einmal um mich selbst: Nach allen Seiten erstreckte sich nichts als monotones braunes Moorland; auf seine Art zwar irgendwie majestätisch, aber doch alles andere als schön. Ich begann, die Northern Pennines als die garstige, jeglicher schwärmerischen Romantik abholde Schwester des zwanzig Meilen weiter westlich gelegenen Lake District zu sehen, dessen Bergspitzen ich trotz einiger Nebelschleier in der Ferne erkennen konnte.

William Wordsworth, Samuel Taylor Coleridge, Thomas DeQuincey, Percy Bysshe Shelley, Walter Scott, Alfred Lord Tennyson, Arthur Ransome, Beatrix Potter: Generationen von Schriftstellern und Schriftstellerinnen waren zu den *Lakes* geströmt, um sich von der Anmut der Landschaft inspirieren zu lassen, aber die meisten von ihnen hüllten sich in vielsagendes Schweigen, was den Cross Fell betraf. Als einzige Ausnahme fällt mir der Dichter Simon Armitage ein, der für sein Buch *Walking Home* den gesamten Pennine Way erwanderte – ihn als »Wahrhaft schrecklichen Ort… fluchwürdig und ungeheuer« bezeichnete – und in eine existenzielle Krise geriet, als er sich einmal im Nebel verirrte.

Inmitten dieser Einöde traf ich wieder auf Jim; er hatte gerade einen weiteren Becher Tee zur Hälfte geleert, und nun kauerten er und Boston neben einem ungewöhnlichen architektonischen Gebilde – einem aus Stein gebauten Iglu mit vier langen Auslegern, an deren Enden sich jeweils ein im rechten Winkel daran angebrachter Querbalken befand. Von oben betrachtet dürfte das Ensemble wie ein keltisches Kreuz ausgesehen haben, und der Sinn seiner Konstruktion bestand darin, nach allen Seiten einen Windschutz zu bieten – was ich dankbar annahm, denn die zunehmend heftigeren kalten Windstöße kühlten meine nach Osten gerichtete Gesichtshälfte immer mehr aus. Mein Frieren förderte ein gewisses Umdenken, und mit einem Mal erschien mir der Wind als etwas, dem man aus dem Wege gehen sollte, anstatt ihm hinterherzurennen. Nun schwand langsam das Tageslicht, aber vom Helm nach wie vor keine Spur. Jim und ich tranken einen Tee zusammen, teilten uns ein paar Kekse und setzten dann gemeinsam unseren Marsch fort.

Greg's Hut, eine Schutzhütte auf der anderen Seite des Hügels, war unser Ziel für die Nacht. Sie nistete behaglich auf der windabgewandten Seite einer Abraumhalde, dem letzten Überbleibsel einer längst aufgegebenen Grube. Dabei handelt es sich im Grunde genommen gar nicht bloß um eine Hütte, wie der Name andeutet, sondern um ein aus Stein gebautes, schiefergedecktes Cottage mit zwei separaten Räumen mit jeweils einer Schlafstelle. Ein rußgeschwärzter alter Eisenofen sorgt für Wärme. Als wir dort ankamen, stellten wir allerdings fest, dass uns jemand zuvorgekommen war, ein junger Mann namens Callum, der bereits im Laufe des Tages von Garrigill hochgewandert war – ein gut gelaunter Einzelgänger, der wie Jim seine Wochenenden damit verbrachte, übers Moor zu streifen. »Meine Freunde gehen lieber im Pub einen trinken oder in die Disco«, erzählte er, während Boston an der Tür Posten bezog und Jim eine weitere Kanne Tee aufbrühte. »Aber ich kann diese grell flackernden Lichter nicht ausstehen. Meine Samstagabende verbringe ich lieber hier oben. Hier trifft man immer interessante Leute.« Vor seiner ersten Übernachtung in Greg's Hut hatte er sich im Dunkeln verlaufen, sich bis zu den Knien eingesunken durch den Morast schleppen müssen und war völlig durchgefroren gewesen, »aber dann stand ich plötzlich vor dieser Hütte, und es waren noch glühende Scheite im Feuer; feuchte Stiefelabdrücke führten zur Tür hinaus. Die Leute, die vor mir hier gewesen waren, hatten was zu essen und überhaupt alles dagelassen. Es war wie in einem Märchen.«

Als die Nacht hereinbrach, scharten wir drei uns dicht um den Ofen, legten gehackte Holzscheite nach und genossen gemeinsam die wohlige Wärme. So entwickelte sich zwischen uns eine zwanglose, nur manchmal ein bisschen verkrampfte Kameradschaft. Unsere Gespräche drehten sich fast ausschließlich darum, wie das Wetter würde, wer an der Reihe war, den nächsten Tee zu kochen, und wie es um das Feuer stand – das uns allen sehr am Herzen lag, denn unser Wohlbefinden hing unmittelbar von seinem lodernden Schein und der Heftigkeit seines Prasselns ab.

Um zehn Uhr war es Zeit, zu Bett zu gehen. Mein Zelt erschien mir im Vergleich zu den kahlen Steinwänden als die behaglichere Alternative, denn das Feuer würde über Nacht ausgehen; also mühte ich mich vom Wind geschüttelt im Schein meiner Taschenlampe mit Stangen und Heringen ab. Die ganze Nacht hörte man den Wind in der Dunkelheit rauschen, seine Böen zerrten am Zelt, schüttelten es durch und ließen die Spannleinen schwirren. Bisweilen schlugen sogar die Ecken der Unterlegplane um, auf der ich schlief. Mit der vagen Hoffnung, bei Morgendämmerung vielleicht endlich dem Helm zu begegnen, dämmerte ich in den Schlaf hinüber.

～

Doch als ich erwachte, hatte sich stattdessen eine fette Nebelbank über das Land gewälzt. Man konnte aus ein paar Schritten Entfernung kaum noch die Schutzhütte ausmachen, von den umgebenden Hügeln ganz zu schweigen: Statt meilenweit ins Land konnte man allenfalls noch wenige Meter weit schauen. Die Vögel des Moors gaben quakende Töne von sich wie Frösche, und unter dem Torf gurgelte ein unterirdischer Wasserlauf. Es wehte nicht das kleinste Lüftchen. Ich hatte das Gefühl, als hätte man mir einen Streich gespielt.

In der Schutzhütte saßen Jim und Callum aufrecht in ihren Schlafsäcken und sogen nachdenklich an ihren E-Zigaretten – beide umgeben von einer parfümierten Wasserdampfwolke. Boston lief ungeduldig in der Kammer hin und her, er wollte nichts wie weg von diesem Ort. Es dauerte nicht lange, bis auch meine Reisekameraden kapierten, was der Hund wollte, und jeder machte sich wieder auf seinen Weg, wobei ich merkte, dass sie beide ein wenig besorgt waren, weil ich bei der Hütte zurückblieb. Jim gab mir seine Handynummer, und Callum überließ mir eine Ersatzkartusche für meinen Gaskocher und eine Sägezahnklinge von seinem Taschenmesser, damit ich mir notfalls ein paar Äste zum Anzünden des Feuers abschneiden konnte. »Lass sie einfach da, wenn du fertig bist. Irgendwer wird schon Verwendung dafür haben.« Wir gaben einander die Hand, und dann verschwanden Jim und Callum im Nebel. Nur Boston zögerte noch ein wenig; er sah mich an, als wäre ich etwas, was versehentlich zurückgelassen wurde. Doch dann rief sein Herrchen nach ihm, und schon war auch er außer Sichtweite.

Es war erschreckend still. Die einzigen Geräusche erzeugte ich selbst, indem ich in mehreren übereinander gezogenen Pullovern durch die Hütte schlurfte, mit dem Kochtopf und meinem Teebecher aus Blech herumhantierte und mit den Stiefeln auf den Steinboden trat. Ich war das reinste Nervenbündel. Alle zehn Minuten ging ich nach draußen, um zu schauen, ob sich dort etwas getan hatte – aber ich sah nichts, ich hörte nichts, spürte auch keine Bewegung auf meiner Haut. Es war, als wäre ich meiner Sinneswahrnehmungen beraubt worden, als wäre ich und alles um mich herum dick in Watte eingepackt. Draußen vor der Tür erwarteten mich nur eine undurchdringliche weiße Leere und die endlos weite Stille, die sich über alles gesenkt hatte und mich in Panik zu versetzen drohte, wenn ich ihr zu intensiv lauschte. Ich war hier hergekommen, um mit dem Wind allein zu sein, und weil kein Wind kam, war ich einfach nur allein.

Da saß ich nun im fahlen Licht, das durch das Fenster drang – Fenster: Das war auch wieder so ein uraltes Wort, denn es ging zurück auf das lateinische *fenestra*, »Luke in der Wand«; wobei in diesem Falle das englische Wort »Window« noch interessanter war, da dieses wiederum von dem altnordischen *vindauga* herrührte, »Wind-Auge«. Ich vertrieb mir eine halbe Stunde lang die Zeit damit, in dem Gästebuch zu blättern: »Ein willkommener Unterschlupf vor dem Wind und dem Regen und dem scheußlichen Wetter hier auf dem Cross Fell« lautete ein typischer Eintrag, der sich mit »Sind froh, endlich aus dem Wind raus zu sein« und »Endlich Schutz vor dem schrecklichen Wind« abwechselte. In keiner dieser Eintragungen wurde der Helm namentlich genannt – sei es, um ihn nicht unnötig heraufzubeschwören, oder aber, weil ohnehin niemand außer mir dumm genug sein dürfte, sich hierher zu verirren, wenn der Helm kam.

Aber wer stieg bei solchen Witterungsbedingungen überhaupt hier herauf? Und wenn es einen denn schon einmal hierher verschlagen hatte – wer verweilte dann länger als nötig? Indem ich mich hoch nach oben auf die Abraumhalde wagte und mein Smartphone in die Luft hielt, gelang es mir, die neueste Wettervorhersage zu empfangen. Zu meiner Erleichterung erfuhr ich, dass der Ostwind über Nacht auffrischen und am Nachmittag des folgenden Tages Stärke sechs erreichen würde. Noch lagen also vierundzwanzig Stunden des Wartens vor mir, und das gab mir das Gefühl, als läge ich auf der Lauer.

Um auf eine Belagerung vorbereitet zu sein, überprüfte ich die Holzvorräte und musste dabei feststellen, dass bis auf den letzten Scheit alles verfeuert worden war und mir nur noch Zweige und Splitter blieben, die keine zehn Minuten lang halten würden. Der Gedanke, ich würde die Nacht inmitten der pfeifenden Dunkelheit alleine in dieser Hütte verbringen, war einfach zu grausig, ich brauchte also dringend Brennmaterial. Doch auf dem Moor wuchsen schon seit etlichen Jahrhunderten keine Bäume mehr. Eiserne Äxte hatten sie abgeholzt, und dann hatten die Allgegenwart der Schafe und der Moorboden, in dem alles versickert und nichts Wurzeln schlagen kann, ein Nachwachsen verhindert – von dem Wind hier oben ganz zu schweigen. Lediglich ein paar schwer mitgenommene Kiefern hielten noch draußen vor der Hütte aus – tatsächlich die einzigen Bäume bis zum Horizont. Dank Callums Klinge gelang es mir, ein paar dürre Ästchen abzuschneiden, aber dann bekam ich ein schlechtes Gewissen und konnte einfach nicht weitersägen – die armen Bäume hatten es in dieser gottverlassenen Gegend ohnehin schon schwer genug.

Also suchte ich zunächst die nähere Umgebung der Hütte ab und dehnte meine Suche dann auf das Moor aus, wobei ich einem Drahtzaun folgte, der die eine Seite des Niemandslandes von der anderen trennte. Ich musste wohl schon eine halbe Meile weit gegangen sein, als mir endlich die dicken hölzernen Pfähle auffielen, die alle paar Meter in den Boden getrieben waren. Es würde eine Heidenarbeit bedeuten, einen davon mit der stumpfen Axt, die mit einer Kette an der Tür der Hütte befestigt war, kleinzukriegen, aber der Gedanke, ihn zu handlichen Scheiten zurechtgehackt im Ofenfeuer knistern zu hören, erfüllte mein Herz mit Glückseligkeit. Doch dann meldete sich wieder mein schlechtes Gewissen, das ich einfach nicht ausschalten konnte. Ich dachte an die vor mir liegende Nacht und das Elend, kein Feuer entfachen zu können. Dann musste ich an die Schafe denken, die sich nun verlaufen würden, und an die Leute, die irgendwann dieses Buch lesen würden, und ich entschied mich dagegen, einen der Pfosten aus dem Boden zu zerren – auch wenn es mich einige Überwindung kostete.

Es blieb mir also nichts anderes übrig, als in der Hoffnung im Dorf etwas Brennbares aufzutreiben, die sieben Meilen bis nach Garrigill zu laufen – hin und zurück ein Marsch von ungefähr fünf Stunden. Der Pennine Way verläuft in nordöstlicher Richtung, tief in das Herz des Moors hinein. Es war kurz vor Mittag, als ich mich auf den Weg in die weißgraue, endlose Leere machte, durch Pfützen stark kohlenstoffhaltigen Wassers stapfte, das in kleinen

Sturzbächlein von den durchfeuchteten höheren Lagen des Torfmoors hinunterrann. Überall plätscherten Bäche vor sich hin, die infolge der hohen Luftfeuchtigkeit Hochwasser führten und sich zu einer fließenden Symphonie von wechselnden, mal lauter, mal leiser rauschenden Klängen vereinigten. Abgesehen von dem einen oder anderen Vogel – das grotesk anmutende, fast mechanische Balzen eines Birkhuhns ließ mich kurz zusammenzucken –, war nichts zu hören. Immer wieder tauchten im Nebel mehr oder weniger verschwommen Schafe auf, feuchte Wolle verwob sich mit feuchter Luft. Die Konturen der Landschaft offenbarten sich nur zaghaft und verschwanden zumeist gleich wieder, während die Wolken über mir hin und her zogen, als wären sie auf einem Patrouillenflug. Wie ich später erfuhr, folgte mein Pfad dem alten *Totenweg*, über den früher die Verstorbenen aus Garrigill transportiert worden waren, um in der geweihten Erde des Eden Valley begraben zu werden.

Nachdem ich eine Stunde unterwegs war und die Stille um mich herum mich beinahe so sehr eingelullt hatte, dass ich nur mehr mechanisch einen Fuß vor den anderen setzte, tat sich mit einem Mal etwas: Auf dem unbefestigten Weg kam mir ein Konvoi von militärisch aussehenden Geländewagen mit langen, hin- und herschwingenden Antennen entgegen, die wild entschlossen ihre Motoren aufheulen ließen, um sich durch den Morast zu wühlen. Ich trat beiseite, um sie passieren zu lassen. In den Fahrzeugen saßen aber keine Soldaten, wie ich erwartet hätte, sondern eine nicht mehr ganz nüchterne Truppe rotgesichtiger, in Tweed- und Barbourjacken gekleidete Landjunker mit fla-

chen Mützen, die sich anschickten, mit ein paar Gleichgesinnten der örtlichen Moorhuhnbevölkerung die Hölle
heiß zu machen. Im Vorbeifahren kurbelten sie die Seiten-
scheiben herunter, um lautstarke Kommentare über das
Wetter abzugeben und mir im Befehlston einen schönen
Spaziergang zu wünschen – und dann war der Spuk auch
schon vorüber.

Ein Stückchen weiter lungerte ein Teenager mit einer
Flagge aus zerfetzter Plastikfolie am Rand des Moors
herum, die Kapuze gegen die Kälte über den Kopf gezogen. »Sag dem Typen da drüben, er soll sich auf den Zaun
setzen, wenn das Geballer losgeht, ja, Kumpel? Danke!«,
sagte er und zeigte auf einen anderen Treiber hundert Meter weiter den Weg hinunter. Ihre Aufgabe bestand darin,
die fliehenden Wildhühner zurück in die Reichweite der
Flinten zu treiben, sofern überhaupt welche dem einset-
zenden Bombardement entkommen sein sollten. Der Ak-
zent des Jungen unterschied sich krass von dem affektier-
ten, selbstgefälligen Geschwafel des zu Besuch weilenden
Landadels. Kurz darauf setzte dann auch hinter mir das
vom Nebel gedämpfte Trommelfeuer von Gewehrschüs-
sen ein.

Dies war natürlich ein weiterer Grund dafür, warum
auf dem Moor keine Bäume mehr wuchsen: Die hiesigen Landbesitzer sorgten schon dafür, dass die Landschaft
möglichst kahl blieb und auch keine anderen Lebensfor-
men wie Greifvögel, Füchse oder Wiesel hier heimisch
wurden. Denn man konnte sich eine goldene Nase damit
verdienen, die glücklosen Moorhühner in großem Stile zu
züchten, um sie dann von den Reichen abknallen zu lassen.

Mir fiel wieder ein, was Peter Brown zu mir gesagt hatte: »Als mein Vater noch Bobby war, hatten wir in der Umgebung einhundertundfünf Farmen. Nun gibt's nur noch ein Viertel davon – alles geräumt für die Moorhühner. Mit den Vögeln kann man das große Geld machen.« Während seiner eigenen Polizistentätigkeit hatte Peter häufig damit zu tun gehabt, brütende Wanderfalkenpärchen – eine äußerst gefährdete Vogelart – vor den Jagdaufsehern zu beschützen, die ihnen den Garaus machen wollten. Aber es war stets ein aussichtsloser Kampf gewesen; letzten Endes wurden die meisten Vögel dann doch abgeschossen oder vergiftet – oder man entdeckte ihre Nester und zerstörte sie.

Die Geschichten davon, wie Naturfreunde und Moorhuhnzüchter aneinandergeraten waren, würden Bände füllen, denn Letztere hatten bis zum Jahre 2000, als der *Countryside and Rights of Way Act* – das Gesetz zur Regelung des Wegerechts für Wanderer – verabschiedet wurde, Fremden verbissen den Zugang zum Hochmoorgebiet verwehrt. Der lange Kampf um das Recht, frei in der Natur umherzustreifen, hatte 1932 mit der Massenerstürmung des *Kinder Scout* begonnen, dem höchsten Punkt im Peak District am südlichsten Ende des Pennine Way. Dieses Aufbegehren gilt als eines der erfolgreichsten Beispiele für zivilen Ungehorsam in der Geschichte Großbritanniens. Damals hatten vierhundert konfliktbereite Wanderer, überwiegend aus der Arbeiterjugend von Manchester, sich an einem *wilful trespass*, einem »vorsätzlichen widerrechtlichen Betreten« des Berges beteiligt, sich mit Jagdaufsehern geprügelt und sich damit natürlich strafbar gemacht. Tatsächlich kamen fünf von ihnen daraufhin ins Gefängnis, doch die öffentliche

Meinung war klar auf ihrer Seite, so dass die Protestaktion schließlich zur Verabschiedung eines Gesetzes zur Gründung der ersten Nationalparks in England führte und damit – siebzig Jahre später – indirekt auch zu dem Wegerecht für Wanderer, das ich nun genießen durfte. Der Folksänger Ewan MacColl hat diese Episode in seinem gleichermaßen humorvollen wie auch kämpferischen Song »Manchester Rambler« verewigt, in dem er die Freiheit auf dem Moor als Refugium von der Lohnsklaverei unter der Woche preist. Ich musste dabei an Jim denken, der ja so etwas war wie ein *Manchester Rambler* unserer Tage.

Am Nachmittag hatte der Nebel sich so weit gelichtet, dass man einzelne Fetzen blauen Himmels ausmachen konnte – mit Wolken darin, die so strahlend weiß und flauschig aussahen, als kämen sie geradewegs aus dem Wäschetrockner. Und nun konnte ich zum ersten Mal auch meinen Schatten sehen, der mir den Weg hügelabwärts wies. Mit dem Aufkommen eines leisen Windes begann das Gras zu zittern, als stünde es unter Strom, und als dieser Wind mir übers Gesicht strich, war es, als ob die Hügel und alles auf ihnen aus einer Gummizelle befreit worden wären. Weiter unten kam dann auch schon Garrigill mit seinen akkurat angeordneten grauen Steinhäusern und den sattgrün schimmernden Feldern ringsum in Sicht – ein verlockendes Ziel, sowohl für marodierende Räuberbanden als auch für einen Mann ohne Brennholz. Nach der trüben Suppe, in der ich bis eben noch herumgetappt war, kam es mir beim Abstieg in dieses beschauliche Dorf so vor, als würde ich nach langer Blindheit mein Augenlicht zurückerlangen.

Das *George & Dragon* hatte geschlossen, und als ich den Gemischtwarenladen betrat, in dem auch das Postamt untergebracht war, kam ich mir wie in die fünfziger Jahre zurückversetzt vor. »Brennholz? Nein, so was verkaufen wir nicht. Kerzen? Nein, die führen wir nicht mehr. Feueranzünder? Haben wir im Moment nicht da. Anmachholz? Das geht überhaupt nicht mehr, heutzutage hat doch jeder einen elektrischen Kamin ...« Was augenscheinlich nicht stimmte, da aus mehreren Schornsteinen Rauch in die Höhe stieg, und an den Mauern der Häuser in der Straße lehnten überall einladende Stapel mit Brennholz – aber ich wollte mich auf keine Diskussion einlassen.

Nachdem also im einzigen Laden des Ortes nichts zu holen war, ging ich von Tür zu Tür. Die erste Tür, an die ich klopfte, wurde von einem bärtigen Mann mit zerzaustem Haar geöffnet, von dem ich bald erfuhr, dass es sich um Lionel Playford, von Beruf Künstler, handelte. Besser hätte ich es nicht treffen können: Ohne zu zögern, führte er mich in seinen Hinterhof, wo er haufenweise kaputte Möbel und Bilderrahmen und andere ausrangierte Gegenstände hortete. »Bedienen Sie sich nur. Brennt bestimmt gut, trocknet schließlich schon seit hundert Jahren.« Während ich das Holz in meinen Rucksack stopfte, erzählte ich ihm, was ich auf dem Cross Fell vorhatte. Es hörte sich vielleicht alles etwas sonderbar an – wie ich mich in der Schutzhütte auf die Lauer legen und auf das Einsetzen des Windes warten wollte –, aber es sollte sich herausstellen, dass er selber ein begeisterter Chronist der hiesigen Wetterverhältnisse war. Als er mich fragte, ob ich Lust hätte, mir seine Arbeiten anzusehen, wurde mir im ersten Augenblick leicht mulmig zumute – wenn es nun der letzte Mist war? –, doch binnen Sekunden war ich hin und weg. Die Wände waren voll mit Himmelsstudien, von der Sonne bestrahlten Wolkenstrudeln und stark quellenden Regenwolken, gleichermaßen psychologische Studien wie Wetterbeobachtungen. Er zeigte mir seine Kladden voller mittels schwarzen Torfs aus dem Moor, den er unter seine Farben gemischt hatte, angefertigter Landschaftsskizzen aus den Pennines: eine Farbpalette von Schwarz bis zu Braun- und Ockertönen, Bleistiftzeichnungen der umgebenden Landschaft und mithilfe von verwitterten Steinen hergestellte Drucke, von denen er meinte, sie würden eine Art von Landkarte darstellen. Er hatte tausend Jahre alte Torfklumpen angebohrt, um mumifizierte Pollenproben zu entnehmen, die durch die darin enthaltenen Öle perfekt konserviert worden waren – Zeugen aus den Zeiten, als noch die Wikinger übers Moor zogen und Ackerbau betreibende Angelsachsen hier die großflächige Entwaldung begannen. Und aus einem aus Gras und Moos bestehenden Brei stellte er sein eigenes Papier her. Am allerschönsten aber fand ich die zweidimensionalen Wolkenbilder, die von der Decke hingen und die er aus eben diesem Papier gefertigt hatte. Sie drehten sich in der Raumwärme im Kreis und warfen ihre Schatten auf die Wände: ein inwendiges Wettermodell, das die Verhältnisse draußen widerspiegelte.

Doch obwohl das Wetter eine solche Faszination auf ihn ausübte, hatte er noch nie den Helm erlebt, denn er wohnte auf der »falschen« Seite des Cross Fell, nämlich nach Osten hin und nicht nach Westen. Das veranschaulichte mir, wie begrenzt dieses Phänomen letztlich war.

Lionel verstand seine Arbeit als »Field Work«, praktische Forschungsarbeit, wie sie Wissenschaftler leisten. Die Aufgaben des Künstlers und des Forschers wären im Grunde genommen die gleichen, erklärte er, denn beide wollten der Welt unverarbeitete Informationen entlocken, sei es mit meteorologischen Instrumenten oder mit Kladden, die man vom Wind knicken, vom Regen aufweichen oder mit Matsch vollkleckern ließ, um dann ins Labor oder ins Studio zurückzukehren und die erhaltenen Informationen zu einem Bild zu vervollständigen, den gewonnenen Erkenntnissen und Daten eine Bedeutung zu verleihen. »Das ist doch auch das, was Sie tun«, sagte er. »Ist das nicht der Grund, warum Sie draußen im Moor Ihr Zelt aufgeschlagen haben?« Wir unterhielten uns über eine Stunde lang, was mir sehr zupasskam, denn das war genau die Zeit, die ein Regenguss brauchte, um über dem Dorf sein Mütchen zu kühlen und sich dann wieder zu verziehen und einen strahlend blauen Himmel zurückzulassen – und so überließ auch ich Lionel seiner Arbeit; Garrigill funkelte nur so in der Sonne, und seine Schieferdächer glänzten. Eine regendurchsetzte Wolkenwand zog sich allmählich in Richtung des Great Dun Fell zurück, während ich, den Himmel im Rücken, mit meiner Ladung Holz zur Hütte zurückkehrte.

Die Bilder, die ich in Lionels Studio gesehen hatte, standen in einer langen Tradition von Werken, deren Erschaffer sich vom Wetter hatten inspirieren lassen. In der englischen Malerei denkt man dabei zweifellos sofort an John Constable und William Turner, die etwa um die gleiche Zeit im frühen neunzehnten Jahrhundert gearbeitet haben. Die beiden waren erbitterte Rivalen – Constable tat Turners Werk als »nichts als Dampf und Licht« ab –, vermutlich, weil sie sich in ihren Vorlieben so sehr ähnlich waren. Beide fühlten sich vom Wetter in seinen prächtigsten, wildesten und unzivilisiertesten Erscheinungsformen angezogen, beide teilten den bei den Romantikern so verbreiteten Hang zum Sublimen, dem Hehren, Erhabenen. In der Chemie bedeutet *Sublimation* den unmittelbaren Übergang vom festen in einen gasförmigen Zustand unter Umgehung einer flüssigen Zwischenstufe, und das erscheint mir als eine perfekte Metapher für ein künstlerisches Werk, das sich so obsessiv mit allem Ätherischen in der Natur auseinandersetzt – mit Nebel, Dunst, Dampf, Rauch und vor allem mit Wolken. Constable war fasziniert von der Taxonomie des Luke Howard, der die Wolken ihrer Form entsprechend klassifizierte und ihnen lateinische Namen gab. Er betrachtete den Himmel als wichtigsten Bestandteil, um in der Landschaftsmalerei Stimmungen zu erzeugen. Während seines gesamten Schaffens tat er sich als Chronist des Firmaments mit all seinen wechselnden Launen hervor, notierte Datums- und Zeitangaben mit wissenschaftlicher Genauigkeit und erfand sogar ein neues Wort, *skying*, »himmeln«, um diesen Prozess zu beschreiben.

Turners penible Studien des Lichts – das er als Ausstrahlung göttlicher Macht betrachtete – waren in der Tat Untersuchungen darüber, wie Licht sich durch Wettereinflüsse verändert und entfaltet, sei es in Stürmen auf hoher See oder im berüchtigten Londoner Smog. Sein frühes Werk konzentrierte sich noch sehr auf klassische und historische Szenen, war also den Traditionen der zeitgenössischen Malerei verhaftet, doch bald dominierten Naturerscheinungen seine Leinwand. Sein 1812 entstandenes Meisterwerk *Schneesturm. Hannibal und sein Heer überqueren die Alpen* macht diesen veränderten Schwerpunkt deutlich: Die sich mühsam abkämpfenden Soldaten im Vordergrund sind beinahe irrelevant, wohingegen die aufwallende schwarze Wolke über ihnen, der Schneesturm und der grollende Blick des orangen Auges der Sonne das eigentliche Geschehen – und die eigentliche Bedrohung – in dem Gemälde ausmachen. In den späten Jahren seines Schaffens sehen wir menschliche Wesen – oder auch Schiffe auf dem Meer – zu minimalen Beiläufigkeiten reduziert, sofern sie nicht längst gänzlich verbannt waren; solch sterbliche Nebensächlichkeiten dienten dem Künstler nur als Vorwand, das Wetter malerisch darzustellen. In *Schneesturm. Ein Dampfschiff vor der Hafenmündung* ist das Schiff lediglich mit ein paar hingeworfenen Pinselstrichen angedeutet. Das Wetter ist nicht der Hintergrund, es ist das Motiv: Die Wellen unter dem Schiff und der Himmel darüber vereinigen sich zu einem einzigen Element, einem furchterregenden wirbelnden Ganzen von übermenschlicher Kraft und Größe. Es ist ein ausgesprochen religiöses Gemälde, obwohl sich darin keinerlei Bezug zu Gott findet; heutzutage würden wir eine solche Vision als »ökozentrisch« bezeichnen. Inspiriert war das Bild von einem verheerenden Sturm vor der Küste nahe Harwich: Angeblich soll der berühmte Maler, damals immerhin schon siebenundsechzig Jahre alt, verlangt haben, auf der Brücke des Dampfers festgebunden zu werden, um dem

Sturm bedingungslos ausgesetzt zu sein – wie ein Odysseus des neunzehnten Jahrhunderts; und dann soll Turner dem ungestümen Wind vier volle Stunden lang getrotzt haben. An der Geschichte mag vielleicht nichts Wahres dran sein – möglicherweise ist sie bloß ein Beispiel für Turners Selbst-Mythologisierung –, aber wie bei allen apokryphen Geschichten kommt es auf das an, was sie uns *sagen will*: Turner hat, wie Constable auch, die Mächte des Wetters angebetet.

Jenseits der stürmischen Küsten der Britischen Inseln haben auch andere Künstler sich auf das Wetter als ihr Bildmotiv gestürzt, anstatt es nur als Hintergrund für irgendwas Allzumenschliches oder als Kunstgriff einzusetzen, um dem Ganzen einen Rahmen zu verleihen. Der japanische Grafiker Katsushika Hokusai hat in seinem Bild *Ein Windstoß bei Ejiri* dargestellt, was Wind anrichtet – Blätter und Papiere werden durch die Luft gewirbelt, Kopfbedeckungen müssen – teils vergeblich – festgehalten werden – ebenso wie in seinem berühmtesten Bild, *Die große Welle von Kanagawa*. Impressionisten und Spätimpressionisten, darunter Claude Monet, Paul Cézanne und Pierre-Auguste Renoir – ganz zu schweigen von Vincent van Gogh, dessen mentale Landschaften ich sechs Monate später auf der letzten meiner Windwanderungen durchqueren würde –, ließen sich bei der Darstellung des Wetters von ihrer intuitiven Sinneswahrnehmung leiten, indem sie die Bewegung der Luft in sturmgepeitschten Bäumen, aufgewühlten Himmeln und wirbelnden Wolken einfingen. Der französische Physiologe und Tüftler Étienne-Jules Marey, dessen Erfindung der Einzelbildfotografie der Entwicklung des Mediums Film den Weg ebnete, brachte drei Jahre damit zu, die Muster von Luftbewegungen in Rauchfahnen zu fotografieren. Der australische Künstler Cameron Robbins entwickelte eine Reihe mechanischer »Windzeichenmaschinen«, bei denen ein elastisch aufgehängter, durch Wind und Turbulenzen bewegter mechanischer Arm mit einem daran befestigten Kugelschreiber auf einer mit einem umlaufenden Papierstreifen versehenen rotierenden Trommel feine Strichzeichnungen entstehen lässt; in einer Weiterentwicklung dieses mechanischen Arms kommt LED-Technik zum Einsatz, um vor dem Hintergrund eines dunklen Himmels ein Geflecht wild umeinander wirbelnder Lichtbögen zu erzeugen. Doch die reinste Form solcher völlig von der Erde losgelöster »Windkunst« stellen wohl die *Skyspaces* des Amerikaners James Turrell dar: geschlossene Räume mit einer Sitzbank und einer Öffnung in der Decke – mal rund, mal quadratisch, mal eiförmig –, die einfach nur als Rahmen für die durch sie hindurch sichtbare Troposphäre dient. Der Himmel und die zu beobachtenden Wetterveränderungen sind das eigentliche Kunstwerk. Turner und Constable hätten sicher Gefallen daran gefunden.

Während ich mich mit meinem Rucksack voller Holzscheite schwer beladen wieder den Hügel hinauf schleppte, war es nur natürlich, dass ich keinerlei Gedanken an die Beobachtung des Himmels verschwendete. Aber dann warf ich unwillkürlich doch einen Blick in die Höhe, und was dort, hoch über dem Moor, vor sich ging, ließ mich jäh innehalten. Seit ich von Garrigill aufgebrochen war, hatten die Wolken ein Zauberkunststück vollführt und sich – ohne dass ich dies bemerkt hätte – heimlich zu einem langen, pummeligen Band verdichtet, das sich über die gesamte Länge des Cross Fell erstreckte. Und dieses Wolkenbild entsprach genau der *Helm Bar* genannten Formation, von der ich überall gelesen hatte, dass sie Vorbote eines Sturms wäre: ein lang gezogenes, dichtes Wolkenband, finster grau auf der Unterseite, oben weiß und glatt wie polierter Marmor. Als ich mein Gott-Meter zu Rate zog, sah ich, dass der Wind mit fünfundzwanzig Meilen pro Stunde von Nordosten wehte. Es lag ein Geschmack von Eisen in der Luft. Konnte dies das Aufkommen des Helm ankündigen? Doch während dieser Gedanke noch in meinem Kopf Gestalt annahm, tanzten über mir bereits die ersten Wolken aus der Reihe, quirlten sich in die Höhe und zerfransten sich zu Federwolken und wulstigen, turmförmigen Gebilden mit Blumenkohlköpfen. Binnen Minuten hatte sich die vielversprechende Wolkenstruktur in einzelne Bestandteile aufgelöst, war zerrissen und davongeschwebt und ließ nur noch strähnige Mozzarellastreifen am Himmel zurück. Frustriert sah ich zu, wie die Wolkenkomposition zu einem Abstraktum verkümmerte und es auf der Leinwand des Himmels nichts mehr zu lesen gab.

Als ich mir an diesem Abend einen Schluck Whisky aus meinem Flachmann gönnte, brachte ich einen Toast auf Lionel aus, während die hundert Jahre alten Bilderrahmen laut knisternd auf dem Rost aufloderten und bald eine so intensive Hitze abgaben, dass ich ein Stück vom Ofen wegrücken musste. Mit der Stille des Tagesanfangs war es vorbei; draußen blies der Wind ungezügelt und wild, polterte gegen die Tür und sog den Rauch aus dem Schornstein in gierigen Zügen wie ein durstiger Trinker. In der Morgendämmerung erwachte ich unter einem orangefarbenen Himmel: mein dritter Tag auf dem Moor.

~

Beim Blick nach draußen schien ich auf ein gänzlich anderes Land zu schauen als noch am Morgen zuvor: Keine nebelverhangene Triefnässe, der Himmel war wieder klar, und in den Bäumen hörte man die Vögel. Die Wipfel der höchsten Kiefern zuckten immer wieder in Richtung Westen, als wären sie Wetterfahnen. Ich kochte mir nach Cowboymanier in einem Topf Kaffee – bitter und stark, um das Herz auf Trab zu bringen, dazu ein Mundvoll Porridge –, und als ich gerade vor die Tür treten wollte, wurde diese krachend von draußen aufgestoßen.

Vor mir stand eine fröhliche Frau mit rosigen Backen, die die zwölf Meilen von Kirkland hochgewandert war. »Da oben kann man den Helm hören«, verkündete sie atemlos. »Es ist furchtbar, wie er heult und ächzt. Ich habe richtig Angst bekommen, noch weiter raufzugehen.« Ich war schon dabei, mir die Stiefel anzuziehen, und fummelte an den Schnürsenkeln. »Wissen Sie denn überhaupt, warum man diesen Berg den Cross Fell genannt hat?«, fuhr sie unverdrossen fort, während sie ihre mitgebrachten Sandwiches auspackte. »Früher hieß er *Fiends Fell*. Die Leute glaubten, dass hier oben böse Geister – *Fiends* – lebten, also schickten sie einen Heiligen rauf, damit er den Berg segnet. Er trieb die Teufelsbrut durch Beschwörungen aus, stellte ein Kreuz hin, und sie wurden nie wieder gesehen. Aber ich glaube nicht, dass das lange gehalten hat. Es hört sich immer noch so an, als wäre dieser Ort verflucht ...« Ich aber war schon halb zur Tür hinaus: Diese Geister wollte ich mir nicht entgehen lassen.

Trotz des strahlenden Sonnenscheins sah es hier tatsächlich aus wie in einem Heim böser Geister. Über mir, wo die Wolken unermüdlich am Wirken waren, spielten sich dramatische Szenen ab; scheinbar befanden sich einander entgegengesetzte Wetterfronten in einem erbitterten Widerstreit. Im Norden und Westen streifte eine fransige Masse über die tiefer gelegenen Hänge der Hügel – *Grey Scar, Black Doors, Man at Edge* lauteten ihre Namen auf meiner Karte – und verhüllte den Himmel mit dunstigen Regenschwaden, die sich sogleich wieder auflösten. Hoch über dem Eden Valley zog eine Kolonne lang gezogener, senkrechter Nebelschleier vorüber, während gleichzeitig grandios anzuschauende Büschel von Wolkenstrahlen auf die Berge im Norden des Lake Districts fielen, zwischen denen hell glänzend wie ein Spiegel glänzend der See Ullswater aufblitzte. Von der *Helm Bar* genannten Wolkenformation war zwar nichts zu entdecken, aber die Veränderungen gingen so rasch vonstatten, dass man auf alles gefasst sein musste. Die Swaledale-Schafe nahmen Reißaus vor mir, als ich weiter den Pennine Way entlangstapfte, den langen, leicht in die Irre führenden Weg hinauf, der zum Gipfel führte.

Während ich weiter aufstieg, spukte mir ständig die Frage im Kopf herum, wer wohl jener mysteriöse »Heilige« gewesen sein mochte, von dem die Frau gesprochen hatte.

Meine späteren Nachforschungen ergaben, dass niemand das so genau zu sagen wusste, was ich auch nicht weiter verwunderlich fand. Manchen Quellen zufolge war er ein Bischof; andere sprechen tatsächlich von einem Heiligen; bisweilen heißt es auch, es sei bloß ein Mönch auf Wanderschaft gewesen. Dann stieß ich auf das, was ein weiterer Geistlicher aus dieser Gegend, Reverend Robinson aus Ousby, 1709 zu dem Thema geschrieben hatte:

> Dieser Bergspitze wird nachgesagt, dass in früheren Zeiten böse Geister dort ihr Unwesen trieben und nicht von ihren Heimsuchungen und nächtlichen Escapaden abließen, bis, so heißt es, Sankt Austin dort ein Kreuz errichtete und einen Altar baute, auf welchem er das heilige Abendmahl abhielt, wodurch er die höllischen Unholde bannte und ihrem Spuk ein Ende bereitete. Seit jener Zeit trägt der Berg den Namen Cross-Fell, und bis zum heutigen Tage findet sich dort ein Haufen Steine, der als der Altar auf Cross-Fell bezeichnet wird.

Erst später kam ich dahinter, dass es sich bei St. Austin um die anglisierte Form des Namens des Augustinus von Canterbury handelte, den *Apostel der Angelsachsen*, einen Benediktinermönch, der im Jahre 597 von Rom, wo er als Prior wirkte, auf die Insel geschickt worden war, um bei den heidnischen Angelsachsen zu missionieren. Nachdem er Aethelbert, den König von Kent, und sein Volk christianisiert hatte, gründete er mehrere Bistümer und setzte seine missionarische Arbeit fort, womit er bei den eingesessenen Briten allerdings nicht mehr viel ausrichten konnte, denn die waren bereits Christen. Hat sein Hang zum Evangelisieren ihn auf den Gipfel des Cross Fell geführt? Davon können wir wohl eher nicht ausgehen; bei David Uttley, einem lokalen Neurochirurgen, der 1998 *The Anatomy of the Helm Wind* veröffentlichte, lesen wir zum Beispiel: »Soweit man weiß, ist er in Richtung Norden niemals weiter als bis zu den Cotswolds gekommen, von wo sich immer noch mehrere unabhängige Königreiche zwischen ihm und dem Berg befanden, und wenn man seine diversen sonstigen Verpflichtungen bedenkt, so hatte er wohl genügend anderes um die Ohren, als sich um einen obskuren Wind Gedanken zu machen, der ein dreihundert Meilen weit entferntes heidnisches Land heimsuchte.« Uttley weist darauf hin, dass hier möglicherweise eine Verwechslung mit Paulinus von York vorliegt, einem anderen Missionar aus Rom, der im Jahre 627 im Gefolge der Schwester des Königs von Kent nach Northumbria reiste, wo sie mit dem dortigen König Edwin, einem Heiden, vermählt werden sollte. Nachdem er Edwin und sein Volk getauft hatte, blieb Paulinus fünf Jahre als erster Bischof von York im Norden Englands.

Doch hat er je die Pennines überquert, um die Dämonen zu exorzieren? Wieder deuten alle historischen Erkenntnisse nicht gerade darauf hin, obwohl Uttley es sich nicht verkneifen kann, die Umbenennung des Berges als ein frühes Beispiel für »politische Korrektheit« anzuführen, »wie sie uns als Folge von gut gemeinter, aber viel zu wenig durchdachter Einmischung der EU in unser Alltagsleben oktroyiert wird«. Uttley schließt seinen Exkurs mit der vagen Andeutung, dass es sich bei dem unbekannten

Dämonenaustreiber auch um Ninian von Whithorn gehandelt haben könnte, den Bekehrer der damals im südlichen Schottland lebenden Pikten – dass es also ein Mönch aus der unmittelbaren Umgebung war, der sich der Sache angenommen hat, und nicht ein vom europäischen Festland entsandter Glaubensbote. Doch auch hier ist die Beweislage eher dünn: Ninian dürfte zwar in der Region einigen Einfluss ausgeübt haben, und es sind dort auch mehrere Kirchen nach ihm benannt, aber die wahre Identität jenes heiligen Umbenenners – falls es überhaupt jemals eine solche Person gegeben haben sollte – wird vermutlich niemals enthüllt werden. Welche Wahrheit der Legende auch zugrunde liegen mag – sie ist unter Schichten von Mythen vergraben.

Nachdem ich den Wanderpfad verlassen hatte, ging ich über ebenes Gelände, bis ich den Rand des Plateaus erreichte, wo eine Steilkante jäh ins Eden Valley abfällt. Es war ein schwindelerregender Anblick wie am äußersten Punkt eines Küstensockels, zu dessen Füßen man glimmernden Kies inmitten anderen Gerölls liegen sehen konnte. Dieser steile Abfall ist der Grund für den hydraulischen Sprung, bei dem der Wind, wenn er den steilen Hang hinunter pfeift, natürlich enorm Tempo aufnimmt. Mir wurde einen Augenblick lang gleich noch einmal schwindlig, als ich mir vorstellte, welche Wucht dahintersteckte, wenn er wie eine unsichtbare Flutwelle auf die Steinmauern der Häuser weit unten im Tal prallte. Ich hielt mein Gott-Meter in die Höhe: dreißig Meilen pro Stunde. Noch immer hatte sich die Wolkenformation, die den Helm ankündigte, nicht eingestellt, aber die Kälte ließ inzwischen meine Lippen aufspringen und meine in Fäustlingen steckenden Hände taub werden, während die Krempe des Südwesters auf meinem Kopf mir gegen die Ohren schlug.

Ich wandte mich kurz ab, band mir ein Tuch vor die untere Gesichtshälfte, und schritt dann wieder gegen den Wind zurück gen Osten, die kaum merkliche Steigung zum Gipfel hinauf. Mit dem der Aussicht wenigstens etwas Tiefe verleihenden Steilhang im Rücken lag das Hochmoor wieder einsam und vollkommen verlassen vor mir. Als Reaktion auf diese Leere begann mein Verstand, mir Streiche zu spielen: Die so genannten *Curricks*, einer indischen Pagode ähnelnde turmförmige Grenzmale aus Stein, begannen für mich auszusehen wie ferne Gestalten, die am Horizont erschienen, und ließen das Moor mit einem Male sonderbar bevölkert wirken. Immer, wenn ich einen von ihnen im Augenwinkel erhaschte, beschlich mich das Gefühl, er käme näher und auf mich zu. Doch abgesehen von solchen ein wenig abwegigen Wahrnehmungen war bis zum Horizont nur von pfeifendem Wind durchzogene Leere. Dies erschien mir als ein Ort, an den ein alttestamentarischer Prophet sich begeben könnte, um die Stimme Gottes zu hören und am Himmelszelt nach Antworten zu suchen, weil das Land ihm nichts mehr mitzuteilen hatte.

Was hatte die Frau aus Kirkland gemeint, als sie vom »Heulen« und »Ächzen« des Windes sprach? Als ich nun mutterseelenallein in dieser Leere stand, ging es mir schlagartig auf. In der Luft musste sich etwas verändert haben, denn mit einem Mal tat sich etwas in der klanglichen Landschaft um mich herum: Über das stetige Klatschen des Windes auf meinen Ohren legte sich, einer atmosphärischen Störung gleich, ein unirdisches Flüstern wie von Dutzenden winziger Stimmen, ein hämisches Gebrabbel begleitet von einem hohlen Pfeifen, das an Baumwipfel und Schneckenhäuser denken ließ, komplexe Muster, die in die Luft gewoben wurden, und alles wiederum unterlegt von einem tiefen Klagen, wie dem eines Tieres in größter Not.

Schreit ohne Stimme,
fliegt ohne Schwinge,
beißt ohne Zahn,
murmelt und pfeift –
kein Mund hat's getan.

Dieses Rätsel aus Tolkiens *Der kleine Hobbit* kam mir plötzlich in den Sinn. Die Ähnlichkeit mit gesprochenen Worten war geradezu unheimlich – fast konnte ich einzelne Wörter ausmachen –, und ein- oder zweimal habe ich mich in meiner Paranoia tatsächlich suchend umgeschaut. Kein Wunder, dass die Menschen früher geglaubt hatten, hier würden Dämonen hausen. Die Kakophonie erweckte in mir den Wunsch, Schutz aufzusuchen, und dafür war weit und breit nur eine einzige Möglichkeit in Sicht: Dank des als Fixpunkt für die Landvermessung dienenden Obelisken erkannte ich unweit des Gipfels den Windschutz wieder, wo ich zum ersten Mal mit Jim Tee getrunken hatte, und lenkte hastig meine Schritte dorthin.

»Der Glaube, die Luft beherberge Geister, war bereits

im Altertum weit verbreitet und wurde besonders von Plato und seinen Schülern vertreten«, schreibt der Historiker Lucian Boia (»*The Weather in the Imagination*«). In Platos Kosmologie konnten Geister entweder böse oder gut sein und von eher zweifelhaftem Charakter, worin sie den griechischen Gottheiten glichen, von denen sie entfernt abstammten. Sie agierten als Vermittler zwischen dem Reich der Götter und dem der Menschen, und da die Götter im Himmel lebten und die Menschen auf der Erde, war es naheliegend, dass die Geister den Luftraum dazwischen bevölkerten. Die spätere christliche Theologie behielt den Glauben an Geister bei – ebenso wie die Erkenntnis, dass die Luft ihr natürliches Habitat sei. Lediglich jegliche Tugend und Güte wurden ihnen abgesprochen; Geister wurden zu durch und durch bösen Wesen, die nicht länger Bindeglieder zwischen Gott und Menschen waren, sondern zwischen den Menschen und dem Teufel. In den Schriften des Augustinus von Hippo – eines anderen Augustinus als jenem, der mit Cross Fell in Verbindung gebracht wird – verbindet dieser Platos Vorstellung von den Geistern mit christlichen Denkbildern. »Gott verbannte die rebellischen Engel in die niederen Schichten der Luft«, erklärt Boia. Gefangen zwischen Himmel und Hölle, verweilte die besiegte Schar in der Atmosphäre, der Lufthülle des Erdengestirns, um einen unsystematischen Krieg gegen Gott zu führen, indem sie nun wiederum den Menschen das Leben schwer machten.

Auch Thomas von Aquin, der bedeutendste Theologe des dreizehnten Jahrhunderts, hat, so Boia

… sich damit befasst, dass Geister durch die Lüfte schweben, und kam zu dem Schluss, dass die Existenz von Kreaturen, die sich daran ergötzen, die Menschen zu peinigen, auch die wechselnden Launen des Wetters erklären könnte: »Atmosphärische Störungen und der dauernde Widerstreit von Wasser und Wind waren somit Anzeichen dämonischen Lebens im Gegensatz zu der Klarheit des Himmels. Sie hinderten die Seelen daran, in den Himmel aufzusteigen, und schwebten über der Erde, erpicht darauf, die Menschen zu zerstören.

Es waren aber nicht nur die christlichen Kulturen, die die Vorstellung von einer Atmosphäre voller übernatürlicher Wesen hegten. Im arabischen und frühen islamischen Glauben wurden *djinni*, die »Dschinns«, die ebenso wie die Engel und die Menschen als von Allah erschaffen angesehen wurden, mit den Elementen Luft, Wasser, Erde und Feuer assoziiert. Manche von ihnen glichen Schlangen oder Hunden, andere wiederum zogen ruhelos umher, und wiederum andere verfügten über Flügel, mit denen sie sich in die Lüfte erheben konnten. In seinem Buch *Heaven's Breath: A Natural History of the Wind* (*Atem des Himmels: Eine Naturgeschichte des Windes*) beschreibt der Anthropologe Lyall Watson, wie Kulturen überall auf der Welt Winde und Geister seit jeher als untrennbare Wesenheiten betrachteten (im Sinne der antiken griechischen Götter der Winde, die ja auch die ihnen zugeschriebenen Winde personifizierten) und darauf bedacht waren, die boshaften unter ihnen auszutreiben. Die Inuit schlagen mit Peitschen aus Seegras auf den Wind ein oder schütten Urin ins Feuer, um sich vor seinen Heimsuchungen zu schützen. In Alaska »waren es die Frauen, die den bösen Windgeist mit Stöcken auf das Feuer zu trieben, wo die Männer bereits mit einer Schüssel Wasser warteten, um den Geist im Dampf sichtbar werden zu lassen, und mit einem großen, flachen Stein, um ihn damit zu zerquetschen«. Die Kai, ein indigenes Volk auf Neuguinea, befestigten Speere an den Dächern ihrer Hütten, »um den Bauch des Windes aufzuschlitzen«, und das südafrikanische Volk der Xhosa rief einen priesterlichen Wahrsager, damit der dem Wind einen Zaubertrank ins Auge spuckte, »während er eine Massenkundgebung gemeinschaftlichen Zorns anführte«. In Schottland – fünfzig Meilen nördlich von dem Punkt, an dem ich jetzt gerade bibberte – glaubte man indessen, dass es ein wirksames Abschreckungsmittel gegen den Wind sei, wenn man ihm den linken Schuh entgegenschleuderte.

Die Verknüpfung von Wind und Geistern macht sich auch in der Sprache bemerkbar. Im Englischen ist es nur zu offensichtlich, dass zwischen *gust* (Windstoß) und *ghost* (Geist) sowie zwischen *breeze* (Brise) und *breath* (Atem) ein Zusammenhang besteht, und in Irland waren die *sídhe* – das unsichtbare Elfenvolk, das die Hügel des Landes bewohnt – stets eins mit dem *sídhe gaoithe*, dem »Elfenwind«, der aufkam, um diejenigen Menschen zu bestrafen, die den Elfen nicht den ihnen gebührenden Respekt erwiesen. Der Kulturökologe David Abram geht noch näher auf diese Wechselbeziehung ein, indem er »zivilisierte« Denkmuster auf den Kopf stellt: »Sooft uransässige Bewohner eines Landes über ›die Geister‹ sprechen (und zwar ganz nüchtern und sachlich), gehen wir modernen Menschen – unserer verkümmerten Wahrnehmung der Dinge folgend – irrtümlich davon aus, dass von übernatürlichen Kräften die Rede ist, die mit den tatsächlichen Gegebenheiten auf der Erde nichts zu tun haben.« Es wäre angebrachter, fährt er fort, Geister nicht als Hokuspokus aufzufassen – und auch nicht als den »primitiven« Denkmustern vorwissenschaftlicher Kulturen entsprungen, womit man sie gern leichthin abtut –, sondern vielmehr als einen anderen Begriff für Winde. So wie bei den alten Griechen Winde und Götter verschmolzen, verschmelzen in vielen indigenen Kulturen Winde und Geister. Man könne sie als zwei unterschiedliche Begriffe für ein- und dieselbe elementare Naturgewalt betrachten.

Ich hatte mittlerweile den kreuzförmigen Windschutz erreicht – meine Zuflucht vor den Dämonen. Der Wind brauste von Nordost, also kauerte ich mich in die schützende Beuge des westlichen Arms, machte mich so klein wie möglich und blies meinen Atem auf meine Finger, um sie zu wärmen. Wie auf Kommando verstummten die flüsternden Stimmen augenblicklich, und mit einem Mal war alles still. Doch kaum lugte ich einmal kurz über den Mauerrand, setzten sie auch schon wieder ein.

Da ich den Kopf voller Geister und Dämonen hatte, nahm die kreuzförmige Anlage dieses Windschutzes eine ganz und gar neue Bedeutung an. Augenblicklich kam mir die Erleuchtung, und ich sah die Zusammenhänge klar vor mir: Irgendwann im Dunstschleier der Zeiten hatte der rätselhafte Heilige ein Kreuz aufgestellt und aus einem Haufen Steine einen Altar errichtet, »wodurch er die höl-

lischen Unholde bannte und ihrem Spuk ein Ende bereitete«. Dieser Windschutz war ein Kruzifix, an dem sich
die Luftströme brachen, und er befand sich an genau der
Stelle, an der einst der Altar gestanden haben musste. Der
Totem eines neuen Gottes versuchte, die Kräfte eines alten
zu bannen, dessen ungezähmte, unchristliche Mächte den
Pfarrgemeinden unten im Tal die Hölle heiß machten.
Jener Heilige hatte die Dämonen exorziert, wie der Bischof
die *Reivers* exkommuniziert hatte: »ICH VERFLUCHE sie,
wenn sie daheim sind, ICH VERFLUCHE sie, wenn sie
nicht daheim sind, ICH VERFLUCHE sie in ihren Häusern, ICH VERFLUCHE sie, wenn sie weit fort sind…«

Konnte es sein, dass die frühen Gläubigen gar nicht versucht hatten, Dämonen zu verjagen, sondern vielmehr den
Wind an sich?

∿

Trotz des Schutzes durch das Kreuz war mein Körper inzwischen ziemlich durchgekühlt. Ich richtete mich auf:
Während der wenigen Minuten, die ich mich hinter den
Mauern verborgen hatte, war der Wind von Osten abge-
flaut, und die Hölle hatte Besitz vom Land ergriffen. Der
Horizont war wie weggewischt, und Bodennebel kroch heran. Als ich meinen Weg fortsetzte, begannen die Grenz-
steine einer nach dem anderen aufzuscheinen wie Leucht-
feuer auf See, und schon bald umgab mich ein unwirklich
anmutendes Zwielicht. Feste Gegenstände verflachten zu
Silhouetten, Silhouetten verblichen zu nichts. Der dichte
Dunst waberte um mich herum, als wäre ich mitten in

einem riesigen Kessel, in dem ab und zu Formen vorbei-
schwammen. Doch kein Atemhauch war zu sehen, und
die Wolken lasteten drückend auf allem. Der Pennine Way
war komplett verschwunden, und meinen Kompass hatte
ich in der Hütte gelassen, so dass es mich beinahe eine
Stunde kostete, wieder von dem Hügel hinunter zu gelangen. Aber ich hatte etwas dabei gelernt, und das würde
auch für meine weiteren Wanderungen gelten: Ohne die
Geister, die mir den Weg wiesen, würde ich mich nicht zu-
rechtfinden. Ohne sie wäre ich verloren.

Ich fand die Schutzhütte verlassen vor, und die Dunkelheit senkte sich herab. Ich saß, allein mit meiner Enttäuschung, im flackernden Kerzenschein und sah zu, wie die
letzten Bilderrahmen im Feuer verglühten. Das komplexe
Zusammentreffen aller für die Beobachtung des Helm un-
abdingbaren Faktoren war so zum Greifen nahe gewesen,
dass es schier zum Verzweifeln war. Wenn der Wind doch
nur ein bisschen mehr nach Nord oder Nordost gedreht
hätte, wenn die Windgeschwindigkeit doch nur etwas
konstanter geblieben wäre … Aber sämtliche Vorhersagen
deuteten jetzt auf Wind von Westen hin, das Fenster hatte
sich geschlossen, die Chance war vorbei. Schon bei meinem ersten Wind war es mir nicht gelungen, ihm zu begegnen. Würde ich bei den anderen mehr Glück haben?

Um zehn am nächsten Morgen sammelte Peter Brown
mich unterhalb der Westflanke des Berges auf. Er war von
Kirkland gekommen, um mich die zehn Meilen nach Penrith zu fahren. »Na, wie ist es Ihnen ergangen?«, fragte
er, während der Cross Fell im Rückspiegel immer kleiner
wurde. »Ist nicht gekommen, stimmt's? Machen Sie sich

nichts draus. Wir rufen Sie an, wenn es so weit ist. Sie bekommen von uns eine Nachricht – ›Es ist so weit‹ –, und
dann können Sie sofort in den nächsten Zug rauf nach
Norden springen.« Eine Weile lang schwieg er und konzentrierte sich aufs Fahren. »Er kommt nämlich wieder,
das ist mal sicher!«

BORA

Die *Bora* wütet zweimal die Woche und fünfmal
herrscht ein starker Wind. Ich nenne es ›starker
Wind‹, wenn man unablässig damit beschäftigt ist,
den Hut festzuhalten, und ›Bora‹, wenn man Angst
haben muss, sich den Arm zu brechen.

Stendhal

Die Fahrt von der St Pancras Station in London zum Bahnhof Trieste Centrale dauerte einen Tag und eine Nacht.
Ich musste in Paris und in Venedig umsteigen und teilte
mein Liegewagenabteil mit einem spindeldürren Franzosen und einem molligen italienischen Programmierer.
Die Kommunikation fand in einem etwas unbeholfenen
Mischmasch unserer drei Sprachen statt. Mitten in der
Nacht wachte ich auf und sah, dass die Scheibe außen mit
einer Eisschicht überzogen war, hinter der frosterstarrte
Kiefern vorbeizogen. Ein Blick auf mein Smartphone in-
formierte mich, dass wir gerade die Schweiz durchquer-
ten. Später wechselte der Blick aus dem Fenster dann zu
Weinhängen und Zypressen und rosigem Schnee auf fernen Bergen, und als wir mit der immer höher steigenden

Sonne durch Italien rollten, kam die Schweiz mir wie ein vage erinnerter Traum vor – ein unter Schnee und Dunkelheit vergrabenes Land, von dem man nur weiß, wie es bei Nacht aussieht.

Triest schmiegt sich an der der Balkanhalbinsel – und nicht Italien – zugewandten Seite der Adria in die äußerste nordöstliche Ecke Italiens. Nachdem der Zug den schmalen, an der slowenischen Grenze entlangführenden Korridor passiert hat, der die Stadt wie eine Nabelschnur mit dem italienischen Staatsgebiet verbindet und ohne den Triest eine Exklave auf slowenischem Gebiet bilden würde, erreichte er mit der Abenddämmerung die Außenbezirke. Auf meiner Landkarte sah die Provinz, deren Hauptstadt Triest ist, aus wie etwas, das man einfach zurückgelassen hatte, ein eigentümliches historisches Anhängsel, das nur darauf wartete, von einem pedantischen Kartografen mit einer Abneigung gegen unerledigte Sachen kurzerhand abgeschnitten zu werden. »Triest liegt, einer besiedelten Halbinsel gleich, auf einer von Westeuropa aus ins Adriatische Meer ragenden Landzunge«, schreibt Jan Morris in *Trieste and the Meaning of Nowhere* und zitiert im Weiteren den französischen Schriftsteller François-René de Chateaubriand, der 1806 konstatierte: »Der letzte Atemhauch der Zivilisation verlischt an dieser Küste, wo die Barbarei ihren Anfang nimmt.« Selbst zweihundert Jahre später begleitete mich auf dieser Reise immer noch das mulmige Gefühl, mich auf ein Wagnis einzulassen.

Die letzten dreißig Kilometer der Fahrt verliefen auf einem schmalen Weg zwischen Bergen und Meer: Zu meiner Rechten lag der in der untergehenden Sonne glatt wie

Wachs schimmernde Golf von Triest, während zu meiner Linken das imposante Kalksteinhochland des Karst-Plateaus aufragte, an dessen Fuß Triest liegt. Diese beiden vorherrschenden Charakteristika der Landschaft, das karge Hochland und das badewasserwarme Meer, schaffen die natürlichen Bedingungen für den Wind, den ich suchte.

Triest erwies sich als weiträumiger, als ich erwartet hatte, und kam mir seltsam unitalienisch vor: Es war, als wäre ich in den falschen Zug gestiegen und irgendwo in Mitteleuropa gelandet anstatt im Süden. Im rasch schwindenden Abendlicht erhaschte ich in den Straßen einen ersten Blick auf neoklassizistische Prachtbauten, wie sie auch Wien gut zu Gesicht stehen würden: Straßenbahnen und mit Granitplatten gepflasterte Boulevards, die das ein wenig selbstgefällige bourgeoise Flair verströmten, wie es so typisch für Mitteleuropa ist.

Wenn einem Triest gar nicht italienisch vorkommt, liegt das vor allem daran, dass die Geschichte der Stadt so stark von Österreich geprägt ist: Triest, einstmals strategisch wichtigster Hafen der Habsburgermonarchie und eines der weltweit bedeutendsten Handelszentren, genoss enormen Reichtum, bevor es im bewegten Lauf der Geschichte seinen Status einbüßte. Am Ende des ersten Weltkrieges und mit dem Zusammenbruch der Habsburger Monarchie erfolgte die Annexion durch Italien. Triest verlor seine enge Anbindung an Zentraleuropa. Nach ihrer Machtübernahme setzten die Faschisten unter Mussolini, im Zuge der angestrebten Italienisierung der Provinz mit der Vertreibung und Verfolgung der in Triest ansässigen Slowenen, Deutschsprachigen und Juden dann auch dem traditionell multikulturell geprägten Leben in der Stadt ein Ende. Während des Zweiten Weltkriegs erlebte Triest infolge der Invasion des benachbarten Jugoslawien durch deutsche und italienische Truppen ein kurzes Erwachen aus der Bedeutungslosigkeit. Nach dem Kriegsaustritt Italiens erfolgte 1943 die Besetzung der Region durch die Wehrmacht, doch sofort nach Kriegsende übernahmen die siegreichen jugoslawischen Partisanen Titos das Kommando in der Stadt. Nachdem Triest für kurze Zeit als »Freies Territorium« unter der Hoheit der Vereinten Nationen gegolten hatte, wurde es 1954 quasi nachträglich wieder italienischer Verwaltung unterstellt – wobei Teile seines Hinterlandes im kommunistischen Jugoslawien verblieben. Triest war ausgemergelt, entehrt und finanziell am Ende; seine glorreichen Tage waren endgültig gezählt, und nur seine prächtige Architektur, die Krieg und Besetzung allerdings ebenfalls nicht gänzlich unbeschadet überstanden hatte, zeugte noch von seiner grandiosen Vergangenheit.

Trotz des majestätischen Baustils, der die Straßen beherrscht, offenbarte mir mein erster Gang durch die Stadt die entspannte Atmosphäre und die wohltuende Gemächlichkeit eines kleinen Provinznestes. Als ich einmal nach dem Weg fragen musste, begleitete mich ein liebenswürdiger Ladenbesitzer praktisch die halbe Strecke bis zu meinem Ziel, so dass es am Ende nur noch wenige Schritte zu dem Zimmer waren, das ich in der Via della Pietà reserviert hatte. Nachdem ich dreißig Stunden lang quer durch Europa in Zügen unterwegs gewesen war, reagierte mein

Körper mit einem durch eine Art »Eisenbahnkrankheit« hervorgerufenen schwankenden Gang, und ich ließ mich müde und dankbar auf mein Bett fallen. Die Stadt und ihr Wind konnten bis zum nächsten Morgen warten.

Ich erwachte von dem goldenen Licht der Januarsonne. Draußen war es so kalt, dass man den Atem sehen konnte; die Kinder, die in artigem Gleichschritt ihrer Schule zustrebten, trugen Handschuhe, Schals und Pudelmützen, und selbst die Dackel an ihren Leinen waren mit Mäntelchen geschützt. Die Autos fuhren langsam und hielten bereitwillig an, um Fußgänger vorbeizulassen. Nachdem ich mir im ersten Café, an dem ich vorbeikam, mittels eines Latte Macchiato ins Gedächtnis gerufen hatte, dass ich mich in Italien befand und nicht in irgendeiner mitteleuropäischen Stadt, die es zufällig nach jenseits der Alpen verschlagen hatte, begab ich mich hinunter zum Meer, um mir einen Überblick über die Topografie der Stadt zu verschaffen. Je näher ich dem Hafen kam, desto prächtiger wurden die Häuser – bis ich schließlich vor der riesigen Fläche der Piazza Unità d'Italia stand, von der die Triestiner stolz behaupten, sie wäre der größte aufs Meer hinausgehende öffentliche Platz in Europa. Die eine Seite dieses Platzes wird dominiert von einer prächtigen Fassade mit darin eingelassenen Standbildern, die zunächst an einen Palast denken lässt, sich bei näherem Hinsehen jedoch als der Stammsitz der *Lloyd Triestino*-Reederei – vormals *Österreichischer Lloyd,* mit einer Flotte von mehr als sechzig Schiffen – entpuppt; eine Art Tempel der merkantilen Vergangenheit der Stadt also. Nahe der Kaimauer strecken sich zwei absurd hohe Fahnenmasten mit

Hellebarden an den Spitzen drohend gen Himmel empor. Und in der Mitte des Platzes steht der Brunnen der Vier Kontinente, ein Quartett aus vier weiblichen Statuen, die Europa, Afrika, Asien und Amerika repräsentieren, daneben vier ruhende männliche Figuren, die augenscheinlich die vier Winde darstellen sollen – drei von ihnen bärtig und finster dreinblickend, der Vierte mit finster verschleiertem Gesicht, vielleicht aber auch nur, um sich vor der vom Meer herüberwehenden Gischt zu schützen.

Dies war ein perfekter Ort, um mich ein wenig zu entspannen und mir noch ein paar Gedanken über die vor mir liegende Marschroute zu machen, die wohl ein wenig länger ausfallen würde als meine Wanderung zum Cross Fell. Von Triest aus wollte ich in nördlicher Richtung aufbrechen, die slowenische Grenze überqueren und dann über das karge Karst-Plateau hinüber ins slowenische Küstenland, um mich dann wieder in Richtung Südosten zu wenden, der kroatischen Küste mit ihren Hafenstädten Rijeka und Senj zu folgen. Ich plante, unterwegs den Inseln Rab und Pag einen Besuch abzustatten und mich schließlich in die Höhen des Velebit-Gebirgszuges– Teil des als Dinarische Alpen bezeichneten Küstengebirges, das seinen Schatten auf die Adria wirft – hinauf zu wagen. Das waren insgesamt ein paar hundert Kilometer, und der Wind, hinter dem ich her war, konnte während dieser Reise jederzeit zuschlagen.

Heute war ein absolut windstiller Tag, dennoch stieß ich nach nur ein paar Gehminuten auf etwas, das mir sehr weiterhelfen sollte. An der Stelle, an der die Piazza sich zum Golf von Triest öffnet, erstreckt sich ein steinerner

Pier in das glasklare Wasser – der *Molo Audace*, an dem in früheren Zeiten eine Vielzahl von Segel- und Dampfschiffen festmachten und an dessen Ende ich jetzt meinen Wegweiser entdeckte. Zunächst sah es aus wie ein übergroßer Kompass mit einer bronzenen Rose auf einem Sockel aus weißem Stein, doch dann erwies es sich als eine Windrose, die die wichtigsten mediterranen Winde anzeigt: den nordöstlichen Greco, den südöstlichen Scirocco, den südwestlichen Libeccio und den nordwestlichen Maestro – deren Namen von der *lingua franca* herrühren, der vom Lateinischen abgeleiteten Verkehrssprache der Seeleute des Mittelalters. Solche Windrosen findet man überall von Istanbul bis nach Gibraltar, diese aber verfügte noch über ein zusätzliches Extra, sozusagen in Form eines ungeladenen Gastes: Von Ost-Nordost blies ein etwas einfältig aussehendes Cherubengesicht einen frostigen Windstoß aus – der einzige Wind, dem hier die Ehre einer Darstellung als menschenähnliche Gestalt zuteilgeworden war. Dieses wüste Wesen würde mein Ziel sein: die Bora, das *enfant terrible* der Adria, deren Name sich von Boreas ableitet, dem Gott des Winters mit seinem Bart aus Eis.

~

Die Bora ist ein trockener, eiskalter Wind, der entsteht, wenn kalte Luftmassen von Nordosten hinter dem Karst-Plateau oder auf der kontinentalen Seite der an der Küste entlangführenden Bergkette eingekesselt werden. Herrscht ein entsprechend hoher Luftdruck, strömen diese kalten Luftmassen mit enormer Gewalt durch die wenigen

Gebirgspässe bis hin zur Küste, wo sie in der wärmeren Zone oberhalb des Meeres – die wärmere Luft vom Meer ist leichter und steigt dementsprechend nach oben – auf ein Gebiet mit niedrigerem Luftdruck treffen. Durch den starken Luftdruck- und Temperaturunterschied entstehen orkanartige Böen, die Schiffe zum Sinken und Häuser zum Einsturz bringen, Lastwagen umstürzen lassen, Autobahnen unpassierbar machen, Bäume entwurzeln, Fische aus dem Meer an Land schleudern und alles, was ihnen unterwegs begegnet, mit einer kristallenen Eisschicht überziehen können. Die Reichweite der Bora erstreckt sich über ungefähr achthundert Kilometer die Adria entlang von Italien bis Albanien, wobei bestimmte Regionen stärker in Mitleidenschaft gezogen werden als andere. Diese werden als »Korridore« der Bora bezeichnet, weil sie an den Stellen liegen, an denen die Bora durch Pässe in den Gebirgen gedrückt wird. Rijeka und Senj sind zwei davon, Triest eine weitere.

Und wie man aus der Windrose schließen kann, ist Triest interessanterweise sogar stolz auf diesen Status. Jeder Reiseführer, den ich gelesen habe, jeder Zeitungsartikel und jedes Reiseforum im Internet erwähnte ausnahmslos die Bora als eine Art örtliche Berühmtheit, die gerne neben anderen berühmten Besuchern der Stadt aufgeführt wird: Casanova, Rainer Maria Rilke, Sigmund Freud, Italo Svevo, Stendhal, James Joyce – nur, dass die Bora sich sehr viel wilder aufführt, ein weitaus größeres Spektakel auslöst und mit schöner Regelmäßigkeit wiederkehrt. Es wird viel Aufhebens um die Seile und Ketten gemacht, die früher an windigen Straßenecken gespannt waren, damit die Leute sich an den Tagen der Bora daran festhalten konnten. Inzwischen sind viele davon entfernt worden, weil sie ohnehin regelmäßig Souvenirjägern zum Opfer fallen, und in den Läden werden Fotopostkarten verkauft, die fliegende Hüte, hochgewehte Röcke und sich im Fünfundvierziggradwinkel gegen den Wind stemmende Passanten zeigen. Die Bora ist, wie Jan Morris schreibt, »von fundamentaler Bedeutung für das Triester Selbstverständnis«.

Ich wartete eine ganze Woche, aber die Bora wollte sich nicht einstellen. Es waren milde, ruhige Tage ohne jede Spur von Hektik. Spaziergänger bummelten mit einer traumhaften Sorglosigkeit in den Straßen umher. In meinem Zimmer in der Via della Pietà hörte ich alle paar Stunden die Wettervorhersage und verfolgte die Nachrichten im italienischen Fernsehen. Ansonsten durchstreifte ich die Piazzas und die Boulevards, suchte in Bars das Gespräch mit den Gästen, ging jedem, der sich darauf einließ, auf die Nerven, indem ich ihn oder sie fragte, ob sie etwas von einem aufkommenden Wind gehört hätten. Außerdem absolvierte ich meinen täglichen Pilgergang zu der Windrose auf der Molo Audace, wobei ich mich dem gemächlichen Schritttempo der flanierenden Triester anpasste, die mich daran erinnerten, dass Jan Morris die Stadt einmal als »eine Allegorie der Vorhölle« beschrieben hatte. Irgendwie wirkte jeder hier auf seltsame Weise verloren: Afrikanische Migranten saßen bewegungslos auf den steinernen Bänken am Hafen, alte Männer starrten ins Wasser, und ein einsamer Junge übte auf seiner Trompete ein düsteres Klagelied ein, wobei er unbekümmert immer wieder dieselben Takte wiederholte, als wäre er in einer

Zeitschleife gefangen. »Triest ist verzückt von seiner Melancholie«, wie Jan Morris es wohlwollend notiert:

> In beinahe allem, was im Verlaufe der Jahrhunderte über diese Stadt geschrieben worden ist, wird die Triester Melancholie beschworen. Dabei handelt es sich nicht um eine qualvolle Art von Untröstlichkeit, die Todessehnsucht erweckt (obwohl Triest in der Tat für seine hohe Selbstmordrate berüchtigt ist); meiner Erfahrung nach entspricht dieses Gefühl eher unserem walisischen *hiraeth*, das in einem bittersüßen Sehnen nach etwas zum Ausdruck kommt, von dem wir selber nicht wissen, was es wohl sein soll.

An anderer Stelle bemerkt sie, der Name der Stadt würde lautmalerisch dem französischen Wort *tristesse* entsprechen. Diese Traurigkeit, diese Aura der Wehmut und des Verlorenseins, schien mir in höchst seltsamem Gegensatz zu stehen zu allem, was ich über die Auswirkungen der Bora gehört hatte – dass sie Passanten umwehen, Leuten die Hüte vom Kopf reißen würde –, so dass ich zu dem Schluss kam, die Stadt leide unter einer Art Persönlichkeitsstörung. Kein Wunder, dass die Menschen hier so viel Wind um ihren berühmten Wind machten; sie brauchten diese heftigen, den Kopf freipustenden Windstöße einfach, um sich wieder zum Leben erwecken zu lassen. Wenn ich die grandiosen, aber sinnentleerten Paläste an der Piazza Unità betrachtete – erbaut zu Ehren dessen, was einmal einer der bedeutendsten Handelsplätze der Welt gewesen und nun zu einem abgehalfterten Provinzhafen der nostalgischen Verklärung verkümmert war –, fragte ich mich, ob dieser wilde Wind nicht vielleicht ein gewisses Vakuum füllte.

Da der Wind aber ausblieb, entdeckte ich eine Schatz-höhle. Eines Abends verschlug es mich nämlich zufällig in das auf keinem Stadtplan eingezeichnete *Museo della Bora*. Zuvor hatte eine Männerstimme am Telefon mich zu einer bestimmten Tür in der Via Belpoggio, einer Seitenstraße irgendwo in dem Wirrwarr der engen Gassen unweit des Hafens gelotst: »Ich kann Ihnen eine kuriose Sammlung von kuriosen Dingen zeigen, die alle mit der Bora zu tun haben. Kommen Sie bitte heute Abend um acht.« Es war fast wie ein konspiratives Treffen – eine kuriose Angele-genheit also, was ja auch nur zu gut passte.

Das Museum war im Erdgeschoss eines maroden Apartmentblocks untergebracht. Sein Kurator Rino Lom-bardi, ein energiegeladener Typ mit einer beginnen-den Glatze und dicker Designer-Hornbrille, nahm mich als einen Gleichgesinnten herzlich in Empfang, um mir dann in atemberaubendem Eiltempo seine Schätze vor-zuführen. Das ganze Unterfangen hatte mit einem Gag begonnen, als Lombardi seine *Bora in Scatola* ersonn – eine Bora in einer Konservenbüchse –, dem unzäh-lige Artefakte um das Thema Wind folgen sollten, von einer Bibliothek mit lauter Büchern über Meteorologie bis zu einem Archiv mit Zeitungsausschnitten aus der lokalen Presse: Schwarz-Weiß-Fotos von umgekippten Autos und Straßenbahnen, umherwirbelnden Filzhüten, umgeklappten Schirmen, Polizisten, die alte Damen über Straßen geleiten, die sich in Schlachtfelder voller herumfliegenden Unrats verwandelt hatten. Dazu kamen Windmühlen, Drachen, antike Windmessgeräte, eine in Slowenien erfundene windbetriebene Vorrichtung, die sich *klopotec* nannte und die ein klopfendes Geräusch von sich gab, um damit die Vögel von den Feldern zu vertreiben, eine Sammlung von Schildern, die vor Windböen warnen, und ein Originalseil, wie es früher in den Straßen von Triest zum Schutz vor solchen Böen gespannt wurde. Aber die bei Weitem kuriosesten Ausstellungsstücke (und auch diejenigen, von denen ich besonders angetan war) waren die mehr oder weniger ungeordnet in einer Vitrine ausgestellten rund 150 mit »eingefangenen« Winden gefüllten Behältnisse: glitzernde Flaschen und Fläschchen, Gläser, Blechdosen, Flakons, Flachmänner und Tupperware-Artikel, alle einzeln mit einer Herkunftsangabe versehen: Scirocco aus Rom, Mistral aus der Provence, Tramontana aus der Toskana, ein namenloser, aber zweifellos geweihter Wind aus Lourdes und sogar einer aus Darfur mit einer Prise roten Wüstensands dazu. Jeder, der eine Windprobe beigesteuert hatte, war mit einer Urkunde belohnt worden, die ihn oder sie als *ambasciatore eolico*, als Botschafter des Windes, auswies. Bloß einen Helm hatte Rino Lombardi noch nicht in seiner Sammlung. Ich versprach ihm, dass ich versuchen würde, eine Probe für ihn zu ergattern.

Das war natürlich alles ein ziemlicher Kitsch, aber mythologisch betrachtet konnte man durchaus einen tieferen Sinn darin erkennen – nämlich dass dieser exzentrische italienische Sammler die Rolle eines modernen Aiolos spielte. In der griechischen Mythologie ist Aiolos der Beherrscher der Winde, der die Stürme und die Brisen der Welt mit Ketten gefesselt auf der Insel Aiolia festhält – bis Odysseus auf der Rückfahrt von Troja bei ihm vorbeischaut. Zum Abschied beschenkt Aiolos den berühmten Seefahrer mit einem Ledersack, in dem er die gefangenen Winde eingeschlossen hat – mit Ausnahme des milden Zephyrs, der dafür ausersehen ist, das Schiff sicher nach Hause zu geleiten. Aiolos schärft Odysseus ein, den Sack ja nicht zu öffnen. Doch genau das tut dessen habgierige Mannschaft, weil sie etwas Wertvolles darin vermutet, und löst damit einen Sturm aus, der Odysseus zehn lange Jahre lang von seiner Heimatinsel Ithaka fernhalten wird.

Der Archetypus eines Beherrschers der Winde – ob es sich dabei nun um einen Menschen, einen Gott oder einen Dämonen handelt – ist in vielen antiken Kulturen von Europa bis in den fernen Osten verbreitet und wird oft mit einem Sack oder einem Tuch zur Aufbewahrung der Winde in beiden Händen dargestellt. Eine Theorie besagt, dass der Mythos des Aiolos von den Armeen Alexanders des Großen – der bis zum Indus vorgedrungen war – auf dem Weg über die Seidenstraße gen Osten weitergetragen wurde, wo sich griechische mit buddhistischen Vorstellungen mischten. Dementsprechend fand Aiolos als graeco-buddhistischer Gott Wardo Eingang in den Götterhimmel, woraus sich später die chinesische Gottheit Feng Po entwickelte, und zu guter Letzt der furchteinflößende, grünhäutige Windgott Fujin des japanischen Shintoismus. Es war für mich keine Neuigkeit, dass Gestalten aus der griechischen und der römischen Mythologie Eingang in die Mythologie anderer Völker gefunden haben oder in eine andere Region versetzt wurden: Mythen sind so wanderlustig wie die Winde, von denen sie erzählen.

Indem er über Eurasien hinaus einen noch weiteren Bogen schlägt, verweist Lyall Watson in über die gesamte Welt verstreuten Kulturen, von den Maori bis zu den Maya, auf weitere Windhüter als Teil eines »uralten gemeinschaftlichen Kodex«: »Höhlen, Säcke, Beutel, Körbe, Kalebassen, Kürbisse und Kokosnüsse sind bloß dünn verschleierte Symbole für den Schoß, in dem die Winde darauf warten, in die Welt gesetzt zu werden ... doch handelt es sich bei ihnen nicht um gewöhnliche Kinder, sondern um eine widerspenstige, launenhafte, geradezu unberechenbare Nachkommenschaft, die sich kaum oder gar nicht im Zaume halten lässt.« Ähnlich drückte es auch Signor Lombardi aus, als er mich nach der im Sturmtempo vollbrachten Führung durch sein Museum zur Tür begleitete: »Wind ist Unordnung. In diesem Raum versuche ich, eine Ordnung zu schaffen – eine verrückte Idee. Das wird mir wohl nie gelingen, aber ich bin glücklich damit.«

Und dann fügte er ein wenig nachdenklicher hinzu: »Dies ist ein Museum, das gar nicht existiert. Es ist nicht einfach, etwas zu zeigen, das man nicht sehen kann. Überhaupt nicht einfach. Ich glaube, das werden auch Sie noch feststellen.« Bevor ich ihm noch weitere Fragen stellen konnte, hatte er mir bereits *buon vento*, »guten Wind«, gewünscht, und schon stand ich wieder auf der Straße.

Wenn es allerdings nach den Wettervorhersagen ging, war am Horizont kein *vento* – weder *buon* noch *male* – zu erwarten. Jeder Tag brach mit himmlischer Ruhe und ohne einen Dunstschleier über dem Meer an. Triests berühmtester Besucher befand sich auf einem verlängerten Urlaub, also wachste ich meine Stiefel und packte schon mal meinen Rucksack für die Wanderung über den Karst. Wenn der Wind nicht zum Wanderer kommen wollte, kam der Wanderer eben zum Wind.

Am Tag vor meinem Aufbruch aß ich mit Guy Bristow zu Mittag, einem Engländer, der wenige Kilometer hinter der Grenze in Koper, der slowenischen Partnerstadt Triests, wohnte. Wie Triest verfügt auch Koper über einen Hafen und ist ein für die Region wichtiger Industriestandort. Guy und ich hatten während der vergangenen Monate immer wieder in Kontakt gestanden. Er und seine slowenische Freundin Mara überboten sich geradezu mit wüsten Geschichten über den hiesigen Wind: wie er einmal nahe der Piazza Unità einen türkischen Lastwagen umgeworfen hatte, wobei der Verkehr in beiden Richtungen zum Erliegen kam, oder wie er die Ziegel von ihrem Dach geweht oder ihren Olivenbaum entwurzelt und quer durch den Garten geschleudert hatte. Obwohl das alles ja nicht gerade erbauliche Begebenheiten waren, glühte Maras Gesicht vor Begeisterung, als sie davon erzählte: »Es ist ein gesunder Wind. Er reinigt die Luft, schafft Klarheit, und man fühlt sich wohl bei der Kälte. Den Leuten geht es gleich besser, wenn er kommt. Er erweckt alles zum Leben.«

»Die Menschen hier lieben ihn alle«, fügte Guy hinzu. »Nur uns Ausländern fällt es schwer, sich daran zu gewöhnen. Erzähl ihm mal von deinen Händen.«

Mara schien das peinlich zu sein, sie rieb die Handflächen gegeneinander. »Ich kann den Wind mit meinen Händen vorhersagen. Wenn er kommt, werden meine

Handflächen ganz trocken, weil er so ein trockener Wind ist ...«

»Wie trocken sind sie denn gerade jetzt?«

Sie überlegte kurz. »Ja, sie sind ein bisschen trocken. Ich möchte nichts versprechen. Aber wenn Sie Glück haben, könnten Sie ihn in den nächsten paar Tagen antreffen.«

Von dieser Hoffnung beseelt bestieg ich am nächsten Morgen die altmodische Schmalspurbergbahn, die sich unter enormer Kraftanstrengung an einem Seil zunächst die steilen, eng bebauten Straßen am Nordrand der Stadt und dann eine schier unglaubliche Steigung bis zum Obelisken oben auf dem Karst-Plateau emporwindet. An der schartigen Kante des Plateaus warf ich Hunderte von Metern über dem Meer einen Blick auf Triest – einen Blick wie durch das Auge des Windes. Die Plätze der Stadt lagen in goldenes Licht getaucht, und nicht das leiseste Wellenkräuseln störte die Ruhe des Wassers im Golf. Froh überließ ich die Stadt ihren nostalgischen Träumereien. Weiter südlich, jenseits der Brücken, Kräne und Schornsteine des ausgedehnten Industriegebiets, war an der Stelle, wo Slowenien endet und Kroatien beginnt, undeutlich die Halbinsel Istrien zu erkennen. Und irgendwo in der entgegengesetzten Richtung, weiter die Küste hinauf in Richtung Italien zu – obwohl zu weit entfernt, um es mit bloßem Auge zu erkennen –, stand das Schloss Duino, wo Rilke – so sagt man – von der Bora zu seinen berühmten Elegien inspiriert wurde. Als der Dichter 1912 während eines tosenden Sturms aufs Meer hinausschaute, soll er die Stimme des Windes vernommen und deutlich jene Worte herausgehört haben: »Wer, wenn ich schriee, hörte mich denn aus der Engel Ordnungen? ... Jeder Engel ist schrecklich.«

Es vermag kaum zu verwundern, dass Dichtung sich immer schon gerne vom Wind hat inspirieren lassen – wobei dieses Wort natürlich von dem lateinischen *spirare* abstammt. »Sei du, stolzer Geist, *Mein* Geist! O sei es, stürmevoller Held!«, ruft Shelley beschwörend in seiner *Ode an den Westwind*. Und auch Joyce muss in ähnlicher Weise bewegt gewesen sein, als er 1905 in einem Brief an seinen Bruder die Auswirkungen der Bora schilderte:

Gestern habe ich einen Spaziergang in einem großen Wald außerhalb von Triest unternommen. Der verdammte monotone Sommer ist vorüber und der Regen und die linde Luft erinnern mich an das angenehme (ich meine das ernst) Klima in Irland. Ich hasse diese verdammte blöde Sonne, die die Menschen in Butter verwandelt. Auf einer von hohen Bäumen umgebenen Bank habe ich mich meilenweit von allen anderen Menschen entfernt niedergelassen. Die Bora (das ist der Wind hier in Triest) brauste durch die Baumwipfel. Ich konnte sämtliche Gerüche der Erde riechen und sprach das folgende Gebet ...

O vages Etwas hinter Allem!

Ich murmelte eine ähnliche Beschwörungsformel und wandte mich ins Landesinnere. Die vor mir liegende schnurgerade Straße führte zu einem Vorort namens Villa Opicina und dann weiter zur slowenischen Grenze. Es tat gut, wieder einmal Wanderstiefel zu tragen.

Die Zeichen waren vielversprechend: Sämtliche Sanftheit und Dunstigkeit war in dieser Höhenlage aus der Luft entschwunden, dafür war es deutlich kühler geworden – kalt genug, um sich Fäustlinge zu wünschen. Die Olivenbäume zitterten leise im Wind; halb abgerissene Plakate knatterten an Steinmauern, und die Härchen des Pelzbesatzes am Mantel einer alten Dame sträubten sich, als wäre noch Leben in ihnen. Krägen wurden hochgeschlagen, Mützen tief ins Gesicht gezogen, und alle Leute gingen vornübergebeugt. Ich hielt kurz bei einem Kriegsdenkmal inne, das mit einer blau-weiß-roten Flagge, in deren Mitte ein gelb umrandeter roter Stern als Zeichen des Kommunismus prangte, geschmückt war. Ein erstes Anzeichen dafür, dass ich Westeuropa verließ und das frühere Staatsgebiet Jugoslawiens betrat. Dann setzte ich meinen Marsch in nordöstlicher Richtung fort – geradewegs in den Schlund beziehungsweise den Korridor der Bora hinein.

~

Die Grenze passierte ich beinahe, ohne es zu merken – keine Fahnen oder sonstiges Brimborium, wären da nicht die zweisprachigen Straßenschilder gewesen, auf denen nun oben alles auf Slowenisch stand, während die italienische Entsprechung nach unten gewandert war. Hier wirkte alles ein wenig rustikaler und handgemachter. Waren Villen zu sehen, würde man nun wohl eher von Landhäusern sprechen, mit Brunnen in den Gärten, in denen auch augenscheinlich viel mehr gegraben und gepflanzt wurde.

Auf einen ordentlichen Brennholzvorrat wurde auch deutlich mehr Wert gelegt als auf der italienischen Seite.

Im ersten Dorf, durch das ich kam, wurde ich Zeuge eines merkwürdigen Krippenspiels – obwohl Weihnachten doch schon mehrere Wochen zurücklag: eine mit Gummistiefeln, Arbeitshandschuhen, Schürzen und abgetragenen Stricksachen ausgestattete Gruppe von fast kindsgroßen Marionetten, der Ausdruck in ihren Pappmaché-Gesichtern starr, wie in einem plötzlichen Schockzustand, gab etwas zum Besten. Allerdings standen nicht Jesus, Maria und Joseph im Mittelpunkt, die, umgeben von verschlagen dreinblickenden Schafen, eher am Rande der Szene in einem Unterstand positioniert waren, sondern vielmehr die Hirten und Bauern, gewöhnliche Männer und Frauen, die sich versammelt hatten, um dem Sohn Gottes zu huldigen. Es war eine schlichte Inszenierung, die etwas sehr Ursprüngliches und Naives hatte – die großbürgerliche Grandesse von Triest schien bereits in weite Ferne gerückt.

In diesem Land trug der Wind einen anderen Namen: Als ich die Grenze überschritt, änderte er sich von Bora zu Burja (mit Betonung auf der Endsilbe), und diesen neuen Name sagte ich im Gehen immer wieder vor mich hin – das erste Wort meines slowenischen Vokabulars. Diese linguistische Veränderung passte auch zu dem etwas raueren, irgendwie ungehobelteren Charakter der Landschaft. Während der letzten paar Kilometer war der italienische Hang zum Schnörkelhaften zunehmend in den Hintergrund getreten, und auch in der Sprache hatte mit der typisch slawischen Verschmähung der Vokale eine ähnliche Beschneidung stattgefunden, die sie erdiger klingen ließ. So heißt Triest bei den Slowenen einfach *Trst*, der Prosciutto-Schinken, für den die Region berühmt ist, nennt sich hier *Prsut*, und der Karst, über den ich schritt – und den die Italiener klangvoll *Carso* nennen –, wird zum *Kras*, was natürlich noch besser zur krassen Schroffheit der Gegend passt.

Es gibt den geologischen Begriff *karstig*, mit dem man eine Geländeformation aus Kalk- oder Dolomitstein mit einem durch Aushöhlung entstandenen unterirdischen Kanalsystem bezeichnet. Mein erster Eindruck von dieser Landschaft war gewesen, dass sie wie ausgedörrt wirkte – die kreuz und quer verlaufenden Bruchsteinmauern, die im Wind pfeifende gelbe Gräser einfriedeten, die an den Zweigen toter Eichen zitternden trockenen Blätter, die wie Rumba-Kugeln rasselten. Und dann das fahle, narbige Karstgestein selbst, spärlich bewachsen mit fruchtloser Vegetation, die in unregelmäßigen Formationen aus dem kargen Erdreich hervorbrach, bleich und brüchig wie zu lange im Ofen verbliebene Tonerde. Der Wald zu meiner Rechten und meiner Linken, bestehend aus verkümmerten Eichen und Schwarzkiefern, war während der vergangenen zwei Jahrhunderte angepflanzt worden, um die Auswirkungen der Bora abzumildern – eine von den Österreichern initiierte Domestizierungsaktion, die aber wenig dazu beigetragen hatte, dem Land ein freundlicheres Gepräge zu verleihen. Dies wurde einem auch immer wieder durch die Hinweisschilder der örtlichen Verwaltungsbehörden entlang der Straße vor Augen geführt: Sie zeigten die Silhouette eines vom Wind heftig niedergedrückten Olivenbaums.

In Triest war ich auf eine alte Legende gestoßen, mit der das Entstehen des Karst erklärt wurde. Dabei handelte es sich um eine etwas weitschweifige Nacherzählung des ursprünglichen Aiolos-Mythos, der zufolge der Herr der Winde eine wunderschöne Tochter namens Bora hatte – gewiss eine Schwester der Boreas –, die sich in Tergesteo verliebte, einen der von der Suche nach dem Goldenen Vlies heimgekehrten Argonauten. Als Aiolos das Liebespaar entdeckte, das sich sieben Tage und sieben Nächte lang in einer Höhle verkrochen hatte, erschlug er Tergesteo in seiner Wut. Die Tränen, die Bora daraufhin vergoss, verwandelten sich in Stein und bildeten so das Bruchgestein des Karst. Die getrockneten Tränen der Bora knirschten im Gehen unter meinen Füßen, als ich auf der Spur ihrer Namensvetterin der E61 folgte.

Ich bemerkte einen beständig wehenden kühlen Wind, unaufdringlich, aber doch nicht zu verleugnen. Und obwohl er nie so auffrischte, dass man ihn auch nur annähernd als Starkwind hätte bezeichnen können, war er doch ein Zeichen, dass ich mich nun in einer anderen Klimazone befand. Die Küste lag unter einem milchigen Dunstschleier verborgen, während oben im Hinterland noch eine ganz andere Jahreszeit vorherrschte.

Schon bald verließ ich die Hauptstraße und lenkte meine Schritte gen Norden. Ein einarmiger Mann in einem lilafarbenen Jogginganzug wies mich auf einen zerfurchten Landwirtschaftsweg, von dem er behauptete, er würde in das Dorf Tomaj führen, auf halbem Wege nach Štanjel, wo ich die Nacht verbringen wollte. Ein Schwarm Eichelhäher flog auf, als ich von der gepflasterten Straße herunter in eine Schicht trockenen Laubes trat, und gleichzeitig erhob sich etwas, was mir sehr nach einem Adler aussah, von einem Zaunpfosten und rauschte davon.

Den Rest des Tages wanderte ich durch Eichenwälder, folgte scheinbar aufs Geratewohl gezogenen Bruchsteinmauern und begegnete keinem einzigen Menschen. Nur das krachend zerberstende Eis durchbrach die völlige Stille ringsum, wenn ich mit meinem Stiefel in eine gefrorene Pfütze trat. Von Zeit zu Zeit gab eine kleine Lichtung zwischen den Bäumen den Blick auf die vor mir liegenden Berge frei. In solchen Augenblicken fühlte ich mich an meinen Marsch vom Eden Valley hinauf in die Northern Pennines erinnert – ein geografisches *déjà vu*, das mich beinahe zu der Sinnestäuschung hinriss, ich befände mich wieder auf dem Weg zum Cross Fell. Doch dann erblickte ich Heuschober von einer Machart, wie man sie in England seit über einem Jahrhundert nicht mehr kannte und Weinhänge an Stelle von schlammigen Kuhweiden – und schon war ich wieder ganz in Slowenien und spürte die freudige Erregung, wenn sich neue Horizonte öffnen.

Eine Gemeinsamkeit gab es allerdings zwischen dem umkämpften Gebiet, um das sich zwei Königreiche zankten, und dieser Küstenregion des Balkans: Über weite Strecken ihrer jeweiligen Geschichte waren beide ein von keinerlei Ordnungsmacht in Schach gehaltener Grenzbereich zwischen Zivilisation und Wildnis und von Banditen heimgesucht. Die Konflikte zwischen den Habsburgern – die zwischen dem vierzehnten und dem siebzehnten Jahrhundert in dieser Region ihre österreichische Hausmacht ausübten – und den rivalisierenden Osmanen sowie der

Republik Venedig zogen den Landstrich immer wieder in Mitleidenschaft; hinzu kamen Aufstände der bäuerlichen slawischen Landbevölkerung. Dies führte zu einem Zustand der Gesetzlosigkeit, der noch lange nachdem die Machtverhältnisse in der Region geklärt waren, anhalten sollte. Im Jahre 1777 schilderte ein Reisender in der nahe gelegenen Planina-Hochebene Stapel glühender Holzreste, die ihm unterwegs immer wieder begegneten – »die Überreste der jüngst von den Räubern, die, wie uns berichtet wurde, die benachbarten Wälder unsicher machten, entzündeten Feuer«. Als der Architekt Karl Friedrich Schinkel im Jahre 1802 auf dem Weg nach Italien hier durchreiste, konstatierte er, dass »aus der Türkei und von Istrien immer wieder Banden von Zigeunern und Mamelucken in das Land eindringen, so dass man täglich von Raubüberfällen und Morden hört«. Und selbst 1851 noch warnte das entsprechende *Handbook* des für seine Reisehandbücher berühmten Londoner Verlegers John Murray: »Raubüberfälle auf öffentlichen Straßen kommen zwar nicht mehr so häufig vor wie in der Vergangenheit, sind jedoch auch keineswegs unbekannt, so dass zum Schutz Reisender auf der Fernstraße von Laibach nach Triest Militärposten eingerichtet worden sind.« (Wobei hier natürlich noch der alte deutsche Name für die slowenische Hauptstadt Ljubljana verwendet wird.) Die dereinst grassierende Gesetzlosigkeit hat, ähnlich wie in der Grenzregion von Cumbria, auch im Bauwesen der Region ihre Spuren hinterlassen: Jedes kleine Dorf, das wie eine Insel in einem Meer aus lauter Bäumen auf seiner Anhöhe thront, verfügt über einen weiten Rundumblick über die umgebenden Ländereien, und die Türme der Kirchen stehen in ständigem Sichtkontakt mit denen der Nachbargemeinden. Das verleiht der Gegend einen Ausdruck ständiger Alarmbereitschaft, einer alerten Wachsamkeit, die so gar nicht zu der verschlafenen Stimmung in den Dörfern selber passen wollte. Denn kein Mensch war auf der Straße, nur selten wirbelte ein vorbeifahrendes Auto Staub auf, und die einzige Bewegung, die ich wahrnahm, rührte von den bunt angemalten Windmühlen in Form von Enten und Flugzeugen mit ihren hölzernen Flügeln her: folkloristische Technologie, um sich die Bora nutzbar zu machen.

Auch nach dem Ende des neunzehnten Jahrhunderts hielt kein friedlicheres Leben in der Region Einzug: Während des Zweiten Weltkrieges war Jugoslawien besetzt und der slowenische Landesteil in drei Zonen aufgeteilt, die unter der Hoheit der italienischen Faschisten, der deutschen Nazis und der Ungarn standen. Die Folge war ein schlimmeres Blutvergießen als in sämtlichen vorangegangenen Jahrhunderten des Banditenunwesens zusammen. Auf dem Karst leisteten die kommunistischen Partisanen erbitterten Widerstand gegen die Besatzer, was brutale Vergeltungsmaßnahmen gegen die Zivilbevölkerung in Form von Massenexekutionen, der Zerstörung der slowenischen Dörfer und der Deportation Zehntausender Menschen in Konzentrationslager nach sich zog. Die Partisanen ihrerseits antworteten mit grausamen Rachefeldzügen gegen die Italiener, die als die »Foibe-Massaker« bekannt wurden. Eine *Foiba* ist ein tiefes, trichterförmiges Höhlenloch; im Karst gibt es Hunderte davon, die wie Sieblöcher von der slowenischen Küstenregion bis nach Istrien im porösen Kalkgestein verteilt sind. Und in solchen Löchern kamen auf brutale Weise Tausende italienischer Zivilisten ums Leben – von denen viele bei lebendigem Leibe dort hineingeworfen wurden –, was sich im Rahmen von Säuberungsaktionen, mittels derer Josip Broz Titos neu begründete Föderative Volksrepublik Jugoslawien alte Rechnungen beglich und sich unerwünschter Elemente entledigte, auch noch bis lange in die Zeit nach dem Zweiten Weltkrieg fortsetzte. Bis heute werden Leichen aus solchen längst vergessenen Schächten exhumiert – im Jahre 2005 entdeckte man die Überreste von 130 Opfern. Doch die meisten von ihnen werden wohl für immer verschwunden bleiben; ihre Gebeine sind Bestandteil des Karst und tragen damit – wie Boras getrocknete Tränen – ihren Teil zum Mythos der Region bei.

Im Dorf Kriz sah ich meine ersten *golobica*, »kleine Tauben«: schwere Steine auf den Dächern, die verhindern sollen, dass die Ziegel davongeweht werden. Hier können Wetterforscher den Pfad, den die Bora genommen hat, anhand der Dichte der auf den Dächern verteilten Steine kartografisch erfassen. Zudem haben die Häuser, wie im Eden Valley, an der Nord- und Ostseite dickere Mauern, und selbst die Schornsteine ähneln kleinen Festungen. Ein weiterer Hinweis auf die Präsenz der Bora fand sich im Fenster einer Gastwirtschaft: Dort hing eine Reihe von *Prsut*-Schinken: eine Köstlichkeit, die ihr Aroma der Bora verdankt. Nachdem die Keulen gewaschen sind, werden sie mit Meersalz gepökelt und zum Trocknen in die kühle Luft gehängt, was ihnen ihren unvergleichlichen Wohlgeschmack verleiht und sie für Jahre haltbar macht. Während der Kriege und der Hungersnöte der vergangenen Jahrhunderte muss diese lange Haltbarkeit des Schinkens überlebenswichtig gewesen sein. Als ich kurz innehielt, um meine Fäustlinge abzustreifen, kam mir die ein wenig beunruhigende Erkenntnis, dass meine Hände zum Teil ebenfalls »gereift« waren – die Haut war ganz ausgetrocknet und begann schon aufzuspringen, was sie wie roher Schinken aussehen ließ und mich wiederum hoffnungsvoll an Maras Windprognose erinnerte. Eine Wetterfahne in Form eines Schweinekopfes hatte ihre Schnauze bereits gen Südwesten gedreht. Im Weitergehen versuchte ich, mir meinen Körper nicht als ein Stück an der Luft trocknendes Fleisch vorzustellen.

»Das ist nicht der Burja; noch nicht. Sie werden es gleich merken, wenn sie kommt«, erklärte meine Zimmerwirtin Erika mit leuchtenden Augen, als sie mir mein behagliches Zimmer in einer Pension in Kobdilj zeigte. Als ich nach meiner Wanderung durch die Wälder in diesem kleinen Städtchen ankam, hatte es kurz zuvor gerade einen Temperatursturz gegeben, so dass ich froh war, sogleich eine Herberge zu finden. Als Erika hörte, dass ich zu Fuß gekommen war, geriet sie vor Begeisterung vollkommen aus dem Häuschen und kramte sogleich allerhand Landkarten, Broschüren und Zeitungsausschnitte hervor, um mich mit der Gegend und ihren landschaftlichen und geologischen Gegebenheiten vertraut zu machen, wobei allerdings das meiste davon in deutscher Sprache war. »Burja ist ein gesunder Wind«, betonte sie und wiederholte damit das, was Mara bereits gesagt hatte. »Die Menschen auf dem Kras sind stark. Von dem Wind bekommt man eine dicke Haut.«

Die folgende Nacht war sehr kalt und sehr klar; der Himmel getüpfelt mit auf gespenstische Weise riesig wirkenden Sternen. Im Licht des noch nicht ganz vollen Mondes erklomm ich einen Hügel, um nach Štanjel zu gelangen, der älteren und geschichtsträchtigeren Ortschaft oberhalb von Kobdilj, einem früheren Feudalsitz der Habsburger. Hervorstechendstes Merkmal des Ortes ist eine Kirchturmspitze in Form einer gestreckten Zitrone – gerade so, als wäre sie nach aerodynamischen Gesichtspunkten entworfen; die hiesige Architektur reflektierte die Strömungen der Luft auf ihre Weise. Die Straßen des Dorfes waren wie ausgestorben, die Fensterhöhlen schwarz – Erika hatte erklärt, dass es im Ort nur noch 26 Einwohner gab –, und während ich die kopfsteingepflasterten Gässchen entlangging, unter zusammengestürzten Bögen hindurch und über zerfallene Stufen hinweg, war nichts zu sehen und zu hören, was darauf hinwies, dass hier überhaupt noch jemand lebte. Die zum Schutz gegen osmanische Einfälle erbauten dicken Mauern hatten sich in späteren Jahren offenbar nicht mehr als Befestigung bewährt, denn die Hälfte der Häuser war nur noch Ruinen. Zum Teil ging die Zerstörung des Dorfes auf Bombardierungen seitens der Alliierten zurück, mit denen die Deutschen, die hier ihr Hauptquartier eingerichtet hatten, aus ihrer Stellung vertrieben werden sollten. Zum Teil war sie mit den Auswirkungen der Zeitläufte und der Witterung zu erklären: Die Natur holte sich den Stein, der ihr genommen worden war, zurück. In der Ferne bemerkte ich auf dem von grauen, stufenförmig ins Vipava-Tal hinunterführenden Steilhängen gebildeten Kamm ein kleines blinkendes Licht hoch oben.

Es war die Radar- und Wetterstation auf dem Berg Nanos, etwa einen Tagesmarsch entfernt. Ich stellte mir vor, wie der diensthabende *Aeromancer*, ein Magier in einem purpurnen, mit Halbmonden geschmückten Gewand, emsig Anzeigeinstrumente ablas und Luftdruck- und Temperaturmessungen vornahm. Zu solch märchenhaften Vorstellungen verführt einen eine nur vom Mond beleuchtete Geisterstadt nur allzu leicht.

Der antike griechische Geograf Strabon kannte Nanos als »die letzte Spitze der Alpen«, aber mein Interesse an dem Berg rührte von einem anderen Spitznamen her: Der Kurator des *Museo della Bora* in Triest hatte davon gesprochen, dass der Berg Nanos – neben dem Sneznik, einem südlich gelegeneren, etwas niedrigeren Berg – einer der beiden »Türpfosten der Bora« wäre, über deren Schwelle hinweg der Wind über den Karst wehte. Ich konzentrierte meinen Blick auf das unruhige Lichtlein. Diese Bergspitze war mein nächstes Ziel.

Allerdings noch nicht gleich am nächsten Tag. Beim Aufwachen erwartete mich ein glitzernder, silbriger Morgen, die Weinhänge zitterten in der frostigen Kälte, und die erstarrte Schönheit der Landschaft vertrug sich so vorzüglich mit Erikas herzhaftem Frühstück – Spiegeleier, Schinken, Käse und Brot –, dass ich mich entschloss, noch eine weitere Nacht zu bleiben. So machte ich mich mit einem geliehenen Fahrrad auf, den Karst zu erkunden, folgte ungepflasterten Straßen an steinernen, mit Flechten bewachsenen Mauern entlang, schlug einen mäandernden Bogen zwischen den verstreut liegenden Dörfern Kosovelje, Pliskovica und Krajna. Auch hier rührte sich nichts und niemand auf den Straßen, obwohl aus ein paar Schornsteinen Kaminrauch drang, der aber rasch in die Senken der Landschaft gedrückt wurde und sich dort verflüchtigte. Alles war harsch, knochentrocken. Die Bäume waren verkümmert, ihre Kronen neigten sich gen Süden, als hätten sie Schlagseite. Pockenartig vernarbtes Karstgestein schmückte Torpfosten und Grenzmauern, und die losen Dachziegel waren mit »kleinen Tauben« beschwert. Die heruntergelassenen Fensterläden und das hervorstehende Gebälk der Häuser waren ausgeblichen und voller Sprünge wie Treibholz – obwohl es doch weit und breit kein Meer gab: Der trockene Wind ließ das Holz dörren wie den Schinken.

Doch alles Malerische der Landschaft hielt nur der oberflächlichen Betrachtung stand; im Grunde haftete ihr etwas Trostloses an, und als dann plötzlich auch noch Eisregen einsetzte und Hagelkörner vom Boden hochhüpften, machte ich mich schleunigst auf den Heimweg. Auf meinem klappernden Fahrrad fuhr ich die Straße hinunter und an Reliquienschreinen vorbei, in denen Kerzen brannten; allein die Jungfrau Maria hatte es hinter ihrem rußgeschwärzten Glasfenster warm.

Als ich in der Pension ankam, wollte Erika von mir wissen, ob ich unterwegs jemandem begegnet wäre. Ich erwiderte, dass ich so gut wie keine Menschenseele zu Gesicht bekommen hätte, und sie nickte wissend mit dem Kopf. »Das liegt daran, dass die Leute hier sich nur in ihren Häusern geborgen fühlen. Sie mögen nicht weit fortgehen. Sie bleiben gerne unter sich.«

»Hat das auch mit dem Wind zu tun?«

»Bestimmt! Das meiste hier hat mit dem Wind zu tun.«

Nun erkannte ich nicht nur den Zusammenhang zwischen der beißenden Strenge der Bora und den dicken Mauern der Häuser in den Dörfern, sondern auch den Grund für die Dickhäutigkeit ihrer Bewohner. Der Drang, unabhängig zu sein, mag ebenso wenig verwundern wie der Widerwille, sich auch nur bis ins nächste Dorf zu begeben – von der Welt jenseits dieses Dorfes ganz zu schweigen –, wenn man sich die erstaunliche Anzahl von Dialekten vor Augen führt, die in Slowenien beheimatet sind. Es sind über dreißig, und sie unterscheiden sich teilweise so sehr, dass die Menschen sich untereinander gar nicht verständigen könnten, und das in einem Land von gerade mal zwei Millionen Einwohnern. Diese provinzielle Engstirnigkeit macht sich schon bei den unmittelbaren Nachbarn bemerkbar. So werden die Einwohner von Štanjel von den Bewohnern des Nachbarortes *spagarji* genannt – »die ihre Hosen mit Stricken hochhalten« –, während die ein Stück weiter die Straße hinunter, vielleicht zehn Minuten zu Fuß, lebenden Leute von Kobdilj als *rogovilci* – »die mit den Hörnern« – tituliert werden, weil sie keinem Streit aus dem Wege gehen. Man war gerade eine Tagesetappe von Italien entfernt, und schon machte der Balkan seinem Ruf als Konglomerat aus Kleinstaaten, in denen jeder sein eigenes Süppchen kocht, alle Ehre. Dies galt jedoch ebenso für die dieser Region nachgesagte herzliche Gastfreundschaft, wie Erika sie mir zuteilwerden ließ.

Die Geschichte Sloweniens sowie die seines südlichen Nachbarn Kroatien hat, bedingt durch die Wechselfälle der Weltgeschichte, einen etwas anderen Verlauf genommen als die anderer Balkanstaaten. Während die slawische Bevölkerung von Serbien, Bosnien und Bulgarien mehrere Jahrhunderte lang unter osmanischer Herrschaft lebte, befanden sich weiter westlich Slowenen und Kroaten im Hoheitsgebiet der Habsburger, wodurch sie von ihren linguistischen Brüdern und Schwestern gründlich isoliert waren. Bis ins späte neunzehnte Jahrhundert fungierte die Region als Pufferzone zwischen den beiden Mächten, und als einhundert Jahre später ein weiteres Weltreich auseinanderbrach, die UdSSR, brachte der Zerfall Jugoslawiens manche uralte Kluft wieder zum Vorschein. Während Slobodan Milosevic noch damit beschäftigt war, seinen irredentistischen Traum von einem großserbischen Staat zu verwirklichen, erklärten Slowenien und Kroatien als erste der früheren sozialistischen Republiken 1991 ihre Unabhängigkeit. Danach ereilte die beiden Länder allerdings ein ganz und gar unterschiedliches Schicksal: Während Kroatien von Truppen aus Serbien und Montenegro besetzt und in einen Jahre andauernden, brutalen ethnischen Konflikt gestürzt wurde, in dessen Verlauf seine Wirtschaft zerstört wurde, seine Städte gnadenlos unter Beschuss genommen wurden, Zehntausende Kroaten Opfer von Massenvertreibungen wurden und viele Tausende ihr Leben lassen mussten, erlangte das von Italien und Österreich umschlossene Slowenien mit seinem kaum nennenswerten serbischen Bevölkerungsanteil nach dem sogenannten Zehn-Tage-Krieg tatsächlich seine Unabhängigkeit. Damit blieb der am weitesten westlich gelegenen Region des Balkans zumindest das Schlimmste erspart, während der Krieg im restlichen ehemaligen Jugoslawien zunehmend blutiger wurde, je weiter sich der Konflikt nach Osten und nach Süden ausbreitete – mit den Massenmorden in Bosnien und im Kosovo als traurigem Höhepunkt.

Am Morgen des nächsten Tages hatte es sich noch weiter abgekühlt: Die Blätter waren von einem dicken Raureifpelz überzogen, die Furchen in den Wegen so hart wie Schienen aus Stahl, und an im Schatten liegenden Stellen hingen nadeldünne Eiszapfen an den Steinbrocken. Von Kobdilj aus führte der Weg über einen bewaldeten Hügel und fiel jenseits der Erhebung steil ab, um dem felsigen Kerngebiet des Karsts den Rücken zu kehren und weiter in das Vipava-Tal zu führen. Während meines Abstiegs passierte ich ein Farbenspektrum, das dem sich verändernden Klima entsprechend von zu Eis erstarrt bis zu gemäßigt reichte. Von dem Punkt, an dem die Bäume nicht mehr dem eisig kalten Wind ausgesetzt waren, ging die Farbe ihrer Rinde von frostigem Weiß langsam wieder in ein feuchtes, schmutziges Braun über, und als ich die geschützt liegende Talsohle erreichte, war es, als hätte ich eine unsichtbare Grenze in ein wärmeres Land überquert. Von den Dörfern war zunächst nur der Rauch der Holzkohlefeuer sichtbar, der aus den Schornsteinen stieg. Dann erst erhob sich die Silhouette der Häuser aus dem Bodennebel wie aus einer Lagune. In den Gassen dieser Dörfer erblickte ich mehr Menschen, als ich auf der gesamten Weite des Karst zu Gesicht bekommen hatte: Arbeiter waren dabei, eine Mauer wieder herzurichten, Bauern bearbeiteten die Erde mit Spaten oder schoben wackelige Schubkarren vor sich her, und an die Stelle der »kleinen Tauben« waren vertrocknende Maiskolben getreten, die die Dächer aussehen ließen, als wären sie gelb gestrichen.

Die milde Luft täuschte darüber hinweg, dass das nur noch wenige Kilometer entfernte Städtchen Vipava ein berüchtigter Korridor der Bora war – mit in der Nähe von Ajdovscina gemessenen Windgeschwindigkeiten von mehr als dreihundert Stundenkilometern. Dieser Wind spielte denn auch eine bedeutende Rolle bei einem weiteren, wenn auch sehr viel länger zurückliegenden imperialen Machtkampf, der sich hier zugetragen hat: Das kleine Vipava gilt nämlich als einer der Orte, an denen möglicherweise die Schlacht am *fluvius frigidus*, dem *eisigen Fluss* – auch als Schlacht der Bora bekannt –, stattgefunden hat, die im Jahre 394 zwischen den zwei rivalisierenden Herrschaftsbereichen des römischen Imperiums ausgefochten wurde. Theodosius I., christlicher Kaiser im Osten des Römischen Reiches, kämpfte gegen Eugenius, der als eher mit den antiken Göttern sympathisierender Usurpator seinerseits den Titel eines römischen Kaisers für sich beanspruchte. Dieser Konflikt war mehr als nur ein Bürgerkrieg; der Kampf war ein letztes Aufbäumen des griechisch-römischen Polytheismus gegen den Vormarsch des Monotheismus, das letzte Gefecht des Heidentums gegen die Christianisierung Roms. In den verschiedenen Quellen findet man unterschiedliche Darstellungen dieser Schlacht und ihres Ausgangs. Mal soll die Bora Staubwolken in die Augen der gegen Osten marschierenden Truppen des Eugenius geweht oder ihr Heulen demoralisierend auf die Männer gewirkt haben. Oder es heißt, der Wind habe dafür gesorgt, dass ihre Pfeile in der Luft wie Bumerangs eine Kehrtwende beschrieben und auf sie selber einprasselten, was einen panischen Rückzug zur Folge hatte.

Jedenfalls triumphierte Theodosius; Eugenius wurde hingerichtet und sein Kopf zur Schau gestellt. Dieser Sieg bedeutete nicht nur, dass Rom sich wieder in der Gewalt eines einzigen Herrschers befand – obwohl Theodosius nur wenige Monate darauf starb –, sondern auch, dass die neue Religion sich rasch in ganz Europa verbreitete.

Dies ist nicht das einzige Mal, dass ein Wind den Verlauf der Geschichte beeinflusst hat. Der japanische *Kamikaze*, der »göttliche Wind«, der im Jahre 1281 der angreifenden mongolischen Flotte den Garaus machte, ist hierfür wohl das berühmteste Beispiel. Dann ist da auch noch der *Gregale*, dem nachgesagt wird, er habe der Verbreitung des christlichen Glaubens auf die Sprünge geholfen: Als der Apostel Paulus per Schiff nach Rom überführt werden sollte, um sich dort für seine ketzerischen Glaubensgrundsätze zu verantworten, soll dieser kalte Nordostwind – der in der Bibel Euroklydon genannt wird – vor der Küste Maltas einen Schiffbruch herbeigeführt haben. Paulus gelang die Flucht, so dass er sogleich den römischen Statthalter der Insel bekehren konnte, weswegen Malta in den Augen mancher als das erste christliche Land Europas gilt.

Im Fall der Schlacht am *fluvius frigidus* entbehrt es nicht einer gewissen Ironie, dass der Wind, der den Krieg zugunsten der neuen Religion entscheiden half, ausgerechnet nach einem heidnischen Gott benannt ist. Und indem Boreas den letzten Polytheisten das entscheidende Schnippchen schlug, schnitt er sich quasi ins eigene Fleisch und verbannte sich damit mitsamt seinem übrigen Pantheon in den Papierkorb der Geschichte. Wenn die beiden Heere damals ihre Fronten andersherum abgesteckt hätten – Theodosius von Westen kommend und Eugenius von Osten, mit dem Wind im Rücken –, hätte alles eine komplett andere Wendung nehmen können. Dann bekäme ich in den hiesigen Ortschaften vielleicht weiß getünchte Tempel zu sehen anstatt Kirchen, und Skulpturen von finster dreinblickenden Männern mit Eisklumpen in ihren Bärten stünden in den Schreinen am Straßenrand und nicht die Jungfrau Maria.

Das Tal wurde nach und nach immer breiter, und schon bald stiefelte ich wieder über Landstraßen, die zwischen schachbrettartig angelegten Feldern hindurchführten. Doch das sanfte Flachland währte nicht ewig: Nach knapp zehn Kilometern kam ich um eine Wegbiegung und sah vor mir die mit Schneebändern bedeckte Flanke des Nanos, die sich von Norden nach Süden über das Land wälzte wie eine riesengroße Nacktschnecke – einschließlich zweier in die Höhe schießender Antennen, die zu der dortigen Wetterstation gehörten und am höchsten Punkt des Höhenzuges ihre Blinkzeichen abgaben.

Als ich auf dem Marktplatz, dem *trg*, von Podnanos – was »unterhalb des Nanos« bedeutet – ankam, schlugen die Glocken gerade zur Mittagsstunde. Das Dorf bestand aus soliden Steinhäusern, deren Dächer dicht an dicht mit »kleinen Tauben« belegt waren. In dem ersten Lokal seit drei Tagen, das geöffnet hatte, bestellte ich einen Kaffee und fragte ganz beiläufig nach der Bora – gerade so, als erkundigte ich mich nach dem Wohlergehen eines gemeinsamen Bekannten. »Sie suchen nach Burja?«, sagte die Frau hinter dem Bartresen, die meine Frage nicht sonderlich zu überraschen schien. »Da sind Sie am richtigen Ort, aber sie ist heute nicht da. Burja meidet uns im Moment, ich weiß auch nicht, warum.« Ich wollte wissen, ob sie der Wiederkehr der Bora schon mit Freude entgegensah, und erwartete eigentlich, die übliche Lobeshymne – dass der Wind saubere und gesunde Luft mit sich brächte – zu hören, doch ihre Erwiderung fiel unerwartet heftig aus: »Nicht doch! Sie macht die Häuser kaputt, wirft Lastwagen auf die Seite. Manchmal können wir gar nicht hinaus auf die Straße, und es kann passieren, dass die Schule tagelang geschlossen bleibt. Burja macht uns das Leben sehr schwer – ich wünschte, ich könnte woanders leben.«

Ein kleines Stück die Straße hinunter zweigte ein gekennzeichneter Weg ab, der hinauf auf den Kamm führte. Drei Stunden bis zum Gipfel, hieß es auf dem Schild; meiner Schätzung nach bliebe mir also gerade genug Tageslicht, um auf der anderen Seite des Berges wieder zu dem Dorf Razdrto hinunterzusteigen, wo ein Bett für die Nacht auf mich wartete. Mein Aufstieg führte einen steilen Waldweg hinauf, und das Tal blieb immer weiter unter mir zurück – bloß das sonore Brummen von der nach Italien führenden Autobahn H 4 begleitete mich die ganze Zeit von Westen. Nachdem ich zwei Stunden lang gewandert war, traf ich plötzlich auf Schnee. Damit hatte ich nicht gerechnet – von unten war die weiße Landschaft nicht zu erkennen gewesen, und dementsprechend bereitete mir dieser plötzliche Übergang Sorge, erst recht, als ich die ersten mit ihren verstellbaren Trekkingstöcken, ihrer grellbunten Skibekleidung und dazu sogar noch Schneeschuhen weit besser als ich selbst ausgerüsteten Tourengeher entdeckte, die als kleine Farbpunkte den Hang hinauf unterwegs waren.

Der Saumpfad führte, dem Kamm folgend, in südlicher Richtung dicht am Rande eines steilen Abgrunds entlang, der wie ein Wasserfall ins Tal hinunter stürzte, so dass ich zumindest dieses eine Mal heilfroh darüber war, dass kein Wind wehte. Unterhalb des Gipfels schmiegte sich eine kleine schneebedeckte Kapelle an den Berg, die aussah, als hätte sie die Schultern hochgezogen, um sich gegen die Kälte zu schützen. Hier hielt ich einen Augenblick lang inne, um tief Luft zu holen, ehe ich meinen Weg fortsetzte.

Als ich einen Blick zurück auf die hinter mir liegende Wegstrecke warf, bemerkte ich eine sonderbare Naturerscheinung. Der Himmel war durch eine schnurgerade horizontale Linie in zwei saubere Hälften geteilt, die zwei stark unterschiedliche Farben – einmal ein helles Blau und einmal ein blasses, leicht rosiges Grau – voneinander trennte. Zwei Wanderinnen, die einen enorm großen Hund bei sich führten, sahen meinen erschrockenen Blick und klärten mich darüber auf, um was es sich dabei handelte: Eine von den italienischen Industriestädten aufsteigende Smogglocke war von einem anderen Wind, dem *Jugo*, in Richtung Norden geweht worden.

~

Jugo: Dies war die erste Erwähnung eines Namens, der mich wochenlang verfolgen sollte. Als lokale Variante des Scirocco weht er Warmluft aus Afrika über das Mittelmeer (wobei *jugo* das slawische Wort für »süd« ist; »Jugoslawien« bedeutet dementsprechend also »Südslawien«), und wie es einer Naturgewalt mit einem so weiten geografischen Einflussbereich – er kann sich sogar auf das Klima bis hoch oben im Norden auf den Britischen Inseln auswirken – angemessen ist, trägt der Scirocco viele verschiedene Namen: Südlich des Mittelmeerraumes ist er in Ägypten der Khamsin, in Libyen der Ghibli und in Israel der Sharav; nördlich des Mittelmeeres wird aus ihm in Frankreich der Marin, in Spanien der Leveche und in Katalonien der Xaloc; den Italienern verdankt der Wind das vorderste »c« in seinem Namen. Er startet als trockener Wüstenwind; wenn er Europa erreicht, ist er eher feucht-schwül und so sehr mit Feuchtigkeit gesättigt, dass man ihm nachsagt, er verursache Kopfschmerzen. Zudem ist er berüchtigt für den Saharasand, den er aufwirbelt und über sehr weite Entfernungen mit sich trägt, um ihn dann über nichts Böses ahnenden Städten auszuschütten, wodurch alles mit einer orangefarbenen Staubschicht bedeckt wird. Dazu kommt noch eine ziemlich üble Luftverschmutzung, die sich in der ungesunden Färbung des Himmels bemerkbar macht.

Über die Jahrhunderte hat man diesen Wind mit den vielen Namen mit »blutigem Regen« assoziiert – wenn mit rötlichem Sand vermengter Regen sich vom Himmel ergoss und in Sturzbächen durch die Straßen strömte. Verständlicherweise hat man solche unheimlichen Vorkommnisse gerne als Vorzeichen nahenden Unglücks gesehen – einer Invasion der Wikinger etwa oder einem Ausbruch der Pest oder auch dem vorzeitigen Ableben eines Königs. So notierte der Geschichtsschreiber Gregor von Tours anlässlich des Blutes, das im Jahr 582 über Paris vom Himmel fiel, die Menschen wären »derart befleckt und besudelt, dass sie sich vor Entsetzen die Kleider vom Leibe rissen«, und Xan Fielding schreibt, die Philosophen der Renaissance »identifizierten jeden Kardinalwind nicht nur mit einem Element, sondern auch mit seinem entsprechenden Körpersaft« – und der dementsprechenden Disposition des Menschen: »Boreas mit Erde und schwarzer Galle (Melancholiker), Notos mit Luft und Blut (Sanguiniker), Euros mit Feuer und gelber Galle (Choleriker), Zephyros mit Wasser und Schleim (Phlegmatiker).« Als Avatar des Südens ist Notos (Notus) eine weitere Bezeichnung für den Sand mit sich bringenden Scirocco.

Auf den Schnee von Nanos fiel kein Blut, aber die Farbgebung des Himmels verhieß dennoch nichts Gutes. Es sah aus, als läge eine graue Decke über der Erdatmosphäre, durch die das Land wie mit einem Deckel verschlossen und der Horizont verdunkelt wurde. »Für uns ist es ein Gefühl, als würde man zerquetscht, als würde sich einer einem auf den Kopf setzen«, bemerkte eine der Wanderinnen und stampfte mit dem Fuß auf, um sich den Schnee von ihrem Stiefel abzutreten. »Wenn der Jugo bläst, geht es dir schlecht. Er ist ein sehr ungesunder Wind. Deswegen brauchen wir die Burja – damit sie die schlechte Luft wegweht.«

»Aber was heißt schon ›weg‹?«, warf die andere ein. »Irgendwo muss all das Schlechte doch hin.«

»Die Italiener können es von mir aus wiederhaben! Wir wollen das hier nicht.«

Ich überließ die beiden sich selbst, damit sie die Angelegenheit ausdiskutieren konnten, und setzte meine Kletterpartie zum Gipfel fort. Das plötzliche Aufkommen des Jugo machte mir zu schaffen. Sein bloßer Anblick verursachte ein Gefühl, als ob mein Schädel zusammengedrückt würde. Das Gerede von dem ungesunden Wind – ob nun infolge industrieller Luftverschmutzung oder nicht – erinnerte mich an die seit dem Mittelalter verbreitete Miasmatheorie, der zufolge Epidemien durch den mit der Luft weitergetragenen Gestank sich zersetzender Materie ausgelöst würden. Vor der Entdeckung der Bakterien glaubte man, sämtliche Seuchen von der Cholera bis zur Pest seien auf solche »schlechte Luft« zurückzuführen. Die Bemühungen, diesem unheilbringenden Wind auszuweichen, haben jahrhundertelang die Stadtplanung beeinflusst: In europäischen Städten, in denen vorwiegend Westwind herrschte, wurden üble Gerüche erzeugende Gewerbe wie Gerbereien, Fabriken und Kläranlagen bevorzugt in den Osten der Stadt verlegt, damit die Miasmen vom dicht besiedelten Zentrum fortgetragen würden. Besonders den Jugo beziehungsweise Scirocco betreffend herrschte in Europa stets eine Angst vor dem »miasmatischen und drückenden Südwind voller infektiöser Teilchen«, von dem man meinte, dass er über das Mittelmeer geweht kam – so Vladimir Jankovic, ein kroatischer Wetterforscher, dessen Schriften ich tief unten in meinen Rucksack gestopft mit mir herumtrug. Joseph Browne, ein Epidemiologe des achtzehnten Jahrhunderts, schreibt Jankovic, hätte warme Südwinde als Ursache für die Europa heimsuchenden Seuchen identifiziert, indem er darlegte, dass diese Winde sich mit den fauligen Ausdünstungen der verwesenden animalischen und vegetativen Substanzen der Begräbnisstätten des Nildeltas aufluden, sobald sie über die Wüsten Ägyptens hinwegzogen. »Derart durchtränkt, sandten diese

Winde ihren Pesthauch über die Bewohner des Mittelmeerraumes und ihre Nachbarn im Norden.«

Wenn man Italien an die Stelle Ägyptens setzte und Fabriken an die Stelle von Friedhöfen – und vielleicht auch noch Kohlenmonoxid und Schwefeldioxid an die Stelle der Pest –, dann hatten die beiden Wanderinnen von dem Jugo, dem »ungesunden Wind«, eine ganz ähnliche Meinung: Er war ein Krankheiten übertragendes Miasma, das von den dreckigen Nachbarn im Süden hochgeweht wurde, und es bedurfte einer Gegenattacke von Norden, um den hiesigen Himmel zu reinigen. Ich habe es damals noch nicht wissen können, aber das Hin und Her zwischen dem Jugo und der Bora – dem warmen, feuchten Atemhauch des Südens gegen die kalte, trockene Luft des Nordens – würde während der folgenden Wochen meiner Reise bestimmend sein, indem es mein geistiges Klima ebenso beherrschte wie das der Landschaften, durch die ich kam. In naiver Unkenntnis dieses Umstands kletterte ich weiter.

Der Gipfel war gekrönt mit den Schüsseln und den – dem Weltraumzeitalter gemäß rot und weiß gestrichenen – Türmen einer Rundfunk- und Fernsehsendeanlage, in deren Nachbarschaft die Wetterstation mit ihren eigenen leisen Messungen beschäftigt war. Enttäuscht, weil mein Wunschtraum, hier einen weisen Luftmagier anzutreffen, der mir die Geheimnisse des Windes offenbaren könnte, nun doch nicht in Erfüllung gehen würde – inzwischen war leider alles voll automatisiert –, stapfte ich knirschend durch den kristallartigen Schnee auf den Pfad zu, der auf der anderen Seite des Bergzuges wieder hinunter führte. Es war ein so steiler Abstieg, dass man eine eiserne Kette an der Felswand befestigt hatte, an der die Wanderer sich entlanghangeln konnten. Unterhalb der Baumgrenze kam plötzlich etwas Großes, Schwarzes – es sah aus wie ein riesiger, zottiger Ziegenbock – aus dem Unterholz gestürzt und stob in atemberaubendem Tempo den Abhang hinunter. Das Ganze jagte mir einen solchen Schreck ein, dass ich beinahe vom Pfad abgekommen wäre. Doch schließlich erreichte ich ohne weiteren Zwischenfall das Dorf, das mein Ziel war, und bezog mein Zimmer für die Nacht.

Dies war auch meine letzte Nacht in Slowenien. Meine Wirtin verwöhnte mich mit einem hausgemachten *Rakija* – einem klaren Obstbranntwein, dem Aromen von Walnüssen, Blaubeeren, Kreuzkümmel und noch ein paar weitere Ingredienzien hinzugefügt waren, die ich schon recht bald nicht mehr zusammenbekam, und zog sich dann zurück, damit ich meinen geschundenen Körper an der Wärme eines Lehmofens laben konnte. Am nächsten Morgen marschierte ich die zwölf Kilometer bis in die Stadt Postojna, von wo ein Schnellzug mich wie auf Engelsflügeln gen Süden tragen sollte, der nächsten Etappe meiner Wanderung entgegen.

～

An der slowenisch-kroatischen Grenze wurden die ersten Stacheldrahtzäune errichtet. Es war Anfang 2016, und ich war auf dem Weg nach Süden, während Tausende von Migranten versuchten, in Richtung Norden vorzudringen. Man hatte mich deshalb davor gewarnt, die Grenze zu Fuß zu überqueren. Doch von der Flüchtlingskrise war auf diesen rund siebzig Kilometern nicht viel zu sehen, jedenfalls nicht vom Abteilfenster aus – bloß weit verstreut liegende Dörfer, dicht bewaldete Hügel und jede Menge vom Sturm umgewehter Kiefern, deren Stümpfe sich in die Richtung neigten, in die mein Weg mich führte. Schon bald wurde der stets lächelnde slowenische Fahrkartenkontrolleur mit einem Bart wie ein Philosoph aus dem neunzehnten Jahrhundert durch die weitaus strenger dreinblickenden Gesichter bewaffneter kroatischer Grenzposten abgelöst, die mit ostentativem Argwohn die Pässe durchblätterten. Ein reichlich angeschlagenes Schild – verziert mit einem rotweißen Schachbrettmuster anstatt des viel freundlicher wirkenden slowenischen Wappens mit einem Fluss, Bergen und Sternen darüber – hieß die Reisenden in der *Republika Hrvatska* willkommen – womit aber bestimmt keine Asylsuchenden gemeint waren.

An dieser streng bewachten Grenze fiel mir noch eine weitere, zwar geringfügige, aber dennoch bemerkenswerte Veränderung auf: Die Burja hatte ihr »j« eingebüßt – möglicherweise war es am Stacheldraht hängen geblieben –, so dass aus ihr die Bura wurde. Das war nun schon das dritte Mal innerhalb einer Woche, dass der Wind seinen Namen änderte.

Auf verwahrlosten Rangiergleisen rollte der Zug in Rijeka ein, dem größten Hafen Kroatiens und dem zweiten Schlund der Bora zwischen Triest und Senj. Es war inzwischen dunkel geworden, und mein erster Eindruck von der Stadt bestand darin, dass es hier eine Menge Fast-Food-Läden und Spielsalons mit grell flackernden Neonreklamen zu geben schien, dass dauernd Notfallsirenen heulten und dass auf die rußverschmierten Wände der Unterführungen gesprühte Graffitis die Vorherrschaft der weißen Rasse propagierten. All das erweckte in mir die Sehnsucht, wieder auf dem Berg zu sein und die Stille des Karst um mich zu haben.

Es war ein fast schon unbehaglich milder Abend. Vielleicht war es nur meine Einbildung, aber die kroatischen Männer schienen mich mit ihren Blicken geradezu durchbohren zu wollen, drehten sich auf ihren Hockern nach mir um, wenn ich vorbeiging, und das auf eine Art und Weise, von der ich nicht so recht wusste, ob ich sie als unverhohlen feindselig interpretieren sollte. Ich hatte mir auf der gegenüberliegenden Seite der Stadt ein Zimmer in einer billigen Pension reserviert, die einmal eine elegante Villa gewesen sein musste, bevor sie von Autobahnüberführungen und den Flutlichtern des Industriehafens eingekesselt worden war. Ich ging früh zu Bett, denn ich fühlte mich hier ausgesprochen fehl am Platz.

Während der Nacht hatte sich die Dunstglocke, die vom Gipfel des Nanos zu sehen gewesen war, über die gesamte Küste ausgebreitet und mich eingeholt. Als ich aufwachte, war die Stadt nikotingelb eingefärbt, so weit das Auge reichte. Die Luft war stickig-feucht von der schwülen Wärme des Jugo, der von der Atmosphäre Besitz ergriffen zu haben schien und drückend auf allem lastete; ein Klima, das gemeinhin als *Juzina* bezeichnet wurde, wie ich bald darauf in Erfahrung brachte. Rijeka war erfüllt von schmuddeligen Gestalten, die durch ein Zwielicht geisterten.

Da mir nichts Besseres einfiel, spazierte ich den Korzo hinunter, den breiten, Fußgängern vorbehaltenen Boulevard durch das Zentrum der Altstadt, die mit bunten Karnevalsgirlanden geschmückt war. Durch den Smogschleier der *Juzina* hindurch tauchten immer wieder auf Fahnen und Bannern die leicht verstörenden Gesichtszüge des *Morcic* auf, dem offiziellen Maskottchen der Stadt: ein mit roten Lippen und einem Turban ausgestatteter Mohr, der wohl entweder einen maurischen Sklaven oder einen besiegten schwarzen Soldaten im Dienste der Osmanen darstellte. Seine Ursprünge finden sich in einer alten Legende, der zufolge ein Volksheld einstmals den Befehlshaber einer vor Rijeka aufgestellten osmanischen Belagerungstruppe mit einem Pfeil getötet hatte, während unterdessen Gott glühendes Gestein auf die Angreifer hinunterregnen ließ, wodurch ihnen die Turbane von den Köpfen gerissen wurden und als einziges Überbleibsel auf dem Feld vor der Stadt zurückblieben. Ihre flüchtenden Besitzer wurden unter Steinen begraben, und aus Dankbarkeit wurde der Turban zum Glücksbringer der Stadt erhoben. Andererseits könnte diese Symbolfigur aber auch schlicht und einfach von den Venezianern abgekupfert worden sein, die schon immer ganz wild auf alles »Orientalische« waren.

Ich hatte nicht allzu gut geschlafen, und diese Mohrenkarikatur schien mir im Geiste eine Verbindung mit den von den Stacheldrahtzäunen an den Grenzen des Landes ausgesperrten dunkelhäutigen Migranten einzugehen. Jene Menschen, die von der Türkei und von Nordafrika her kommend, gerade so wie der Jugo als unbekömmlicher Influx aus Richtung Süden gefürchtet wurden. Hier war doch mehr als nur ein Zufall im Spiel, und so überraschte es mich kaum, als ein Kellner, bei dem ich einen Kaffee be-

stellte, eine spitze Bemerkung über den Jugo fallen ließ –
der wäre ein »afrikanischer Wind«, ein unerwünschter
Eindringling von der falschen Seite des Mittelmeeres.

Ein uralter pseudowissenschaftlicher Irrglaube, der im
Verlauf der europäischen Geschichte immer wieder aus
der Versenkung hervorgeholt wurde, besagt, dass die charakteristischen Eigenschaften verschiedener Menschen-
gruppen durch das Klima bestimmt würden, in dem sie
leben. Bei Lucian Boia erfahren wir, dass bereits Hippo-
krates ausführliche Listen solcher klimatischen Determi-
nanten zusammengestellt hatte: »Bergbewohner sind groß
von Statur, beherzt und arbeitsam; jene, die in begrasten
Tälern leben, wo warme Winde wehen, sind eher klein,
stämmig, sehr viel furchtsamer und zeigen wenig Neigung, der Arbeit nachzugehen.« Für Griechen und Römer stellte das Mittelmeerklima natürlich das Maß aller
Dinge dar – die nördlich und südlich davon lebenden Barbaren verdankten ihre brutalen Charakterzüge den extremen Temperaturen ihres Lebensraumes. Ähnlich sahen es
arabische Gelehrte wie zum Beispiel Ibn Khaldrun, dem-
zufolge sich eine Zivilisation nur in einer Klimazone entwickeln konnte, wohingegen die Bewohner der übrigen
Klimazonen der Erde zu einem unkultivierten Dasein verdammt seien. Doch als die kulturelle Dominanz sich gen
Norden verschob, veränderten sich auch die Maßstäbe: So
waren aufgeklärte Denker wie zum Beispiel Robert Burton
und John Arbuthnot, beide von den sturmumtosten Britischen Inseln stammend, fest davon überzeugt, dass Kälte
stimulierend auf den Intellekt wirkte. Arbuthnot entwickelte eine Theorie, nach der die »Fasern« des menschli-

chen Körpers positiv auf Veränderungen des Luftdrucks reagieren, was sich auch positiv auf ihre Energie und ihren Mut auswirke, wogegen in heißeren Klimazonen, in denen ein eher gleichmäßigerer Luftdruck vorherrsche, diese Fasern – ich zitiere wieder Lucian Boia – »eher einem gleichförmigen Muster folgten, was auch die geistige Veranlagung eher gleichförmiger werden ließ. Daraus resultierte ein von Trägheit und Gleichgültigkeit geprägtes Charakterbild mit einer ›Neigung zur Unterwürfigkeit‹«. Die eher tropischen Klimabedingungen des Südens, so glaubte man, seien verantwortlich für alle möglichen Dispositionen, von mangelndem Selbstwertgefühl und Lethargie bis hin zu degenerierten Verhaltensweisen und ungezügelter Leidenschaft.

Dabei kamen mir unwillkürlich wieder die Migranten aus dem Süden in den Sinn, die von Fremdenhassern als arbeitsscheue Schnorrer hingestellt wurden, die selbst vor Terroranschlägen und Vergewaltigungen nicht zurückschreckten. Sollte auf dem Höhepunkt der Flüchtlingskrise und dem damit einhergehenden Wiedererstarken der extremen Rechten in ganz Europa eine Art klimatischer Rassismus am Wirken sein?

Rijeka war ein passender Ort für solche Gedanken, und das nicht nur wegen des Morcic. Kurz nach dem Ersten Weltkrieg, als die Stadt noch unter ihrem italienischen Namen Fiume bekannt war, trug sich hier ein Ereignis zu, das dem Aufkommen des Faschismus Vorschub leistete. Aus Zorn darüber, dass als Ergebnis der Pariser Friedensverhandlungen die Besetzung Rijekas durch die Italiener rückgängig gemacht und Fiume, nun wieder Rijeka, an

Jugoslawien zurückgegeben werden sollte, besetzte eine Gruppe nationalistischer Freischärler unter Führung des Dichters und Kriegshelden Gabriele D'Annunzio die Stadt. Als die italienische Regierung sich weigerte, die Annexion zu unterstützen, erklärte D'Annunzio Fiume zu einem unabhängigen Freistaat, der italienischen *Regentschaft am Quarnero,* und sich selbst als Duce. Er brachte ein radikales politisches Experiment ins Rollen, indem er Korporatismus, Syndikalismus, Nationalismus und andere verirrte Denkmodelle des neunzehnten und zwanzigsten Jahrhunderts applizierte. Die Unabhängigkeit währte allerdings nicht lange: Die Besatzungstruppen gaben sich aufmüpfig, der Kokainmissbrauch lief aus dem Ruder, und so kam es, dass der abtrünnige Freistaat bereits binnen eines Jahres von der italienischen Kriegsmarine unter Beschuss genommen wurde. Die Rebellen mussten abziehen, und D'Annunzio zog sich in eine Villa am Gardasee zurück. Obwohl das Experiment misslungen war, ließ Mussolini, der mit seinem Kampfbund, dem *Fascio di combattimento,* kurze Zeit später in Italien die Macht ergreifen sollte, sich gerne von D'Annunzios Prototyp einer faschistischen Ideologie inklusive ihrer Symbole – den Schwarzhemden, den Aufmärschen bei Fackelschein, dem Titel des »Führers« – inspirieren. D'Annunzio selbst dürfte die weitreichenden Folgen des aufwallenden Nationalismus und seiner rassistischen Begleiterscheinungen wohl kaum vorhergesehen haben: Nur zwei Jahrzehnte später wurden entlang der Küste Konzentrationslager errichtet, und unzählige Leichen verschwanden in den Erdspalten des Karst.

Es ging auf den Nachmittag zu. In dem Versuch, mir

an diesem nebulösen Tag einen etwas klareren Überblick zu verschaffen, erklomm ich die 538 Stufen zu der Festung von Trsat, aber selbst hier oben raubte mir der Dunst jegliche Sicht. Die Inseln der Kvarner-Bucht waren kaum auszumachen, und nur ein paar schemenhaft zu erkennende Handelsschiffe lagen unbewegt in dem vollkommen windstillen Meer. Ich ließ mich zurück hinunter in den Hafen treiben und starrte in das flaschengrüne Wasser, in dem es vor winzig kleinen schwarzen Fischen nur so wimmelte. Die eigentümliche Melancholie einer Docklandschaft ohne Schiffsbewegungen wirkte einschläfernd, so dass ich mehrere Stunden lang einfach hier verweilte, während in meinem Kopf eine ebensolche Leere herrschte wie am Horizont. Mein Denken war getrübt, mein Körper hatte keine Lust, sich zu bewegen. Die einsetzende Dunkelheit verschaffte mir einen Vorwand, mich einfach hängen zu lassen und mich in meinem Zimmer auf mein Bett zu werfen.

Der Wetterbericht sagte für mindestens eine weitere Woche Jugo-Wind voraus. Hier, im zweiten Schlund der Bora, würde ich also eindeutig kein Glück haben. Doch der dritte befand sich einige Tagesmärsche weiter südlich; und so verließ ich Rijeka im ersten Morgenlicht und setzte meine Hoffnungen auf Senj.

Die im Sommer von Touristen aus aller Welt überlaufene kroatische Küste lag in tiefstem Winterschlaf. Die Industrievororte der Stadt wichen allmählich kahlen Hügeln mit der Struktur von krümeligen Keksen, Landzungen aus kahlen grauen Felsen und Dörfern in kleinen Buchten, deren verrammelte Häuser so aussahen, als würde hier schon lange niemand mehr leben. Vom Seebad Crik-venica, in dem nun, außerhalb jeglicher Saison, ebenfalls verschlafene Stille herrschte, folgte ich der Straße: vorbei an Zypressenbäumen und Betonmolen, über die keine einzige Welle spülte, vorbei an leer stehenden weißen Villen, die erst mit der Wiederkehr des Sommers aus ihrem Totenschlaf erwachen würden. Zu meiner Rechten lag die Insel Krk flach auf dem Wasser da wie ein grauer Schatten und verschwand bisweilen ganz und gar. Die *Juzina* trieb ein seltsames Spiel mit der Perspektive: Ankerbojen und Fischerboote schienen auf einer zweidimensionalen Fläche zu schweben, jeder Tiefe und Distanz beraubt, mehr wie auf einem abstrakten Gemälde als in einer Seelandschaft. Nahe eines Dorfes namens Selce endete die Straße plötzlich in einer Bucht, als wäre hier die Welt zu Ende, und ein steiler Wanderpfad führte zu einem Mischwald hinauf. Es herrschte eine geradezu unwirkliche Stille; nichts war zu hören außer einem wehmütigen Pfeifen und dem gleichmäßigen Platschen zweier Ruder, als nach einer Weile ein sich wie in Zeitlupe bewegendes einsames Boot in Sicht kam. Rasch lenkte ich meine Schritte auf das Wäldchen zu, ehe der Fährmann womöglich noch nach mir rief, um mich über den Styx ins Totenreich zu befördern.

Der Pfad führte auf einer schroffen Steinklippe entlang und durch einen Wald aus Eichen und Hainbuchen. Bisweilen entdeckte ich verfallene Mauerreste – letzte Zeugen einer früheren, längst aufgegebenen und unter Unkraut vergrabenen Bewirtschaftung. Dann und wann gab eine Lichtung zwischen den Bäumen den Blick auf das Meer frei, unter dessen glasklarer Oberfläche die grünen

Steine am Ufer so aussahen, als würden sie sich bewegen; doch weiter zum Horizont hin verwischte alles zu einem milchigen Dunst. Ein Kormoran vollführte einen eleganten Tauchgang, und man konnte hören, wie jeder einzelne Tropfen, der dabei aufspritzte, zurück auf die Wasseroberfläche fiel. Ich blieb stehen und sah zu, wie sich konzentrische Kreise bildeten, und da es nichts gab, woran sie sich brachen, konnten sie sich endlos auf der leeren Fläche der See ausdehnen.

Jenseits des Städtchens Novi Vinodolski – ein weiterer Badeort mit den typischen weißen Häusern, der wie seine Nachbarn in einem Zustand der Erstarrung verharrte – trat jedoch eine dramatische Veränderung der Landschaft ein. Zu meiner Linken ragte plötzlich ein gewaltiges Steinmassiv vertikal in die Höhe und setzte sich dann parallel zur Küste in südöstliche Richtung fort: die ersten Ausläufer des Velebit-Gebirgszugs, eines Teils der Dinarischen Alpen, die sich über Bosnien und Herzegowina, Montenegro, Serbien, den Kosovo und Albanien erstrecken, bis sie auf das Pindosgebirge in Nordgriechenland treffen. In meteorologischer Hinsicht erfüllte diese gewaltige natürliche Wallanlage die gleiche Funktion wie der Karst, indem sich Kaltluft von Norden sammelt, bis sie durch niedrigen Luftdruck in Richtung Meer gesogen wird.

Noch waren es rund zwanzig Kilometer bis Senj, und ich musste mich damit abfinden, dass mir nun ein langer, ermüdender Marsch am Rand der E65 entlang bevorstand. Die Aussicht, wieder in höhere Gefilde vordringen zu können, machte mir Mut, denn ich hatte die verschlafene Küste satt. In Richtung Osten zweigte ein Pfad ab, führte vom

Meer fort und verband sich dann mit einer Straße, die mich meiner Karte nach von hinten herum durch das Vorland des Velebit nach Senj führen würde. Der Ausgangspunkt des Wanderweges war durch einen mit roter und weißer Farbe markierten Grenzstein gekennzeichnet, und nachdem ich eine Geröllhalde hinaufgekraxelt war, fand ich mich unversehens in einer völlig anderen Landschaft wieder.

Hier war alles wilder und erhabener als in der Ebene, jedoch kein bisschen weniger öd: eine karge Steinwüste mit fast keinem Grün, rostfarben, verblichen und grau, eine Landschaft ohne jeden Glanz. Ein, zwei, drei Stunden lang quälte ich mich durch widerspenstiges Gestrüpp, passierte nur gelegentlich kleine, mickrige, in einen dichten, staubigen Seidenkokon eingewobene Kiefern – ob es sich dabei um Spinnweben handelte oder um etwas anderes, wollte ich mir lieber gar nicht so genau ansehen. Auf jeden Fall wurde mir zusehends klar, dass ich Senj an diesem Abend nicht mehr erreichen würde. Der Weg war weniger eine zweckbestimmte Wanderroute als vielmehr die vage Andeutung eines Trampelpfades, den ich eine Weile lang völlig aus den Augen verlor, und als ich – eigentlich nur durch Zufall – wieder auf ihn stieß, führte er mich bloß noch bis zu einem verlassenen Friedhof auf einem sandigen Hügel, und dann war Schluss. Das Tageslicht schwand immer mehr, und von der nächsten farbigen Wegmarkierung war nirgendwo eine Spur zu entdecken. Ich schaute nach Westen, wo der trübe Dunst der *Juzina* mit der Schwärze der Nacht verschmolz, und mir ging auf, dass ich nun irgendwo einen Platz würde finden müssen, um mein Lager für die Nacht aufzuschlagen.

Aber es erwies sich als beinahe unmöglich, ein ebenerdiges Stück Grund auszumachen, und als ich endlich einen begrasten Flecken zwischen zwei Bruchsteinhügeln erspähte – gerade groß genug für mein Zelt –, war es bereits fast dunkel. Es dauerte eine Weile, bis ich erkannte, dass ich in den Ruinen einer früheren Festung kampierte. Dieses Bollwerk war allerdings derart dem Erdboden gleichgemacht worden, dass schwer zu sagen war, wo der Befestigungsbau endete und wo die natürlichen Felsbrocken begannen. Es gab weder einen Anhaltspunkt dafür, wie es hier früher einmal ausgesehen hatte, noch dafür, in welchem weit zurückliegenden Krieg – ausgefochten mit Osmanen, Österreichern, Venezianern oder anderen Streithammeln – die Anlage so gründlich zerstört worden war. Einige wenige verbliebene, senkrecht stehende Trümmer verwiesen auf eine längst verschwundene Mauer oder eine Kuhle auf ein freigelegtes Fundament, doch ansonsten sah alles so aus, als wären einfach haufenweise Steinbrocken abgeladen und liegen gelassen worden.

Als ich gerade in den Schlaf hinüberdämmerte, meinte ich plötzlich, spielende Kinder zu hören. Sie vergnügten sich kreischend und kichernd auf einer nahe gelegenen Anhöhe. Der Radau steigerte sich zu einem Geheul, das schließlich zu einem hysterischen Wimmern wurde, um gleich darauf in glucksendes Gelächter umzuschlagen – aber da saß ich bereits kerzengerade in meinem Schlafsack. Das waren keine Kinder. Diese Geräusche hatte ich schon einmal gehört, und zwar ebenfalls hinter dem dünnen Schutz eines Zeltes: Das waren Schakale, die ihr europäisches Verbreitungsgebiet im Laufe der vergangenen fünfzig Jahre erheblich erweitert hatten und nun unbewirtschaftete Landstriche von Slowenien bis in die Türkei für sich beanspruchten. Später in dieser Nacht hörte ich dann noch einmal – zunächst noch etwas näher, dann aus größerer Entfernung –, wie sie das felsige Bergland mit einer Mischung aus ekstatischem Freudengeschrei und lautem Wehklagen erfüllten. So verbrachte ich, umgeben von Schakalen, eine unruhige Nacht in einer Burgruine.

~

Bei Tageslicht war keine Spur von ihnen zu entdecken – und auch sonst nicht viel: Der Jugo hatte das Land fest im Griff; ein undurchdringlicher Nebel verhüllte alles von den Bergen bis zum Meer. Mein trügerischer Pfad verschwand von Zeit zu Zeit einfach im Nichts, während ich mich den Abhang hinuntertastete. Ich war gezwungen, mich immer wieder aufs Neue auf die frustrierende Suche nach dem nächsten roten Markierungszeichen zu machen. Schritt für Schritt kämpfte ich mich schließlich doch zum Endpunkt des Wanderweges in Viniste vor.

Den ganzen Vormittag lang tastete ich mich weiter unsicheren Schrittes durch diese Steinlandschaft, deren Zwielicht nicht nur sämtliche Farben und Geräusche verschluckte, sondern auch die Konturen der Landschaft verschwimmen ließ. Die *Juzina* hockte auf allem und erstickte es. Ab und zu wand sich die Straße durch graue, schweigende Dörfer, deren Häuser zur Hälfte verfallen waren, während bei den übrigen ein davor abgestelltes verbeultes Motorrad oder eine neu angebrachte Regenrinne aus Plastik davon zeugten, dass hier noch jemand sein Dasein fristete. Doch wer auch immer hier noch leben mochte, suchte sich vor der drückenden Luft dieses Tages zu verbergen. Dabei fiel mir wieder Vladimir Jankovic ein, bei dem ich gelesen hatte, dass Menschen, die immerzu schwülheißen Südwinden ausgesetzt seien, nach Ansicht mancher Klimaforscher unausweichlich an körperlicher Schlaffheit sowie an Schweißausbrüchen litten, Frauen an exzessiven Menstruationsblutungen, Kinder oft an Asthma und als Erwachsene überdurchschnittlich oft an Dysenterie und Hämorrhoiden – und dass ihre gereizten Verdauungsorgane ganz allgemein Alkohol schlecht vertrügen. Ich stellte mir vor, dass es in diesen verwahrlosten Ortschaften jede Menge Anwohner gab, die sich mit solchen Symptomen plagten – und wie sie in ihren kleinen, dunklen Zimmern von ihren Gasen drangsaliert wurden und die Tage ihrer Menstruation durchlitten. Dabei erfüllte mich ein Gefühl der Dankbarkeit, dass meine einzigen Beschwerden in einem nagenden Hungergefühl bestanden.

Am Rande einer heruntergekommenen Ansiedlung namens Drinak traf ich auf eine Schafherde. Die Glocken an ihren Hälsen bimmelten, während sie an den zähen Grashalmen zupften. Ihr Schäfer, ein von der Sonne verbrannter, untersetzter Mann mit traurigen Augen, bewarf sie mit Kieselsteinen, damit sie der Straße fernblieben. Ich begrüßte ihn mit *dobar dan*, »Guten Tag«, und war ziemlich überrascht, als er mir in gepflegtem Schulenglisch antwortete: »Seien Sie bitte vorsichtig. Ich habe zehn Hunde bei mir, da oben auf dem Berg. Sie werden nicht freundlich zu Ihnen sein. Wenn die Ihnen Ärger machen, rufen Sie mich.« Und dann fügte er, ein wenig verwundert, hinzu: »Aber was *tun* Sie denn hier?«

Ich sagte ihm, dass ich auf der Suche nach der Bora wäre.

»Ah, *Bura*!«, sagte er und grinste. »In diesem Teil von Kroatien gibt es ein Sprichwort, das lautet: ›Hüte dich vor der Bura von Lika und dem Mädchen mit dem Schnurrbart.‹ *Lika* ist der Name dieser Gegend, sie ist sehr berühmt für ihren Wind. Unsere Bura hier ist sehr stark. Aber jetzt haben wir Jugo.«

»Macht Ihren Tieren das nichts aus?«

»Die Schafe stört das nicht, die haben ein dickes Fell. Aber den Ziegen wird kalt, das mögen sie nicht. Die Hunde – nein, ich glaube nicht. Es sind Lika-Hunde.«

»Und wie steht es mit Ihnen?«

»Ich bin ein Lika-Mann«, sagte er und schlug sich mit der flachen Hand auf die Brust. »Ich merke davon gar nichts. Aber wenn Leute von woanders herkommen, wundern sie sich.«

Ich setzte meinen Weg zur nächsten Ansiedlung fort, die den unappetitlichen Namen *Bile* trug – im englischen das Wort für »Gallensekret« –, und dann weiter nach Vratarusa, wo der Nebel so dicht wurde, dass man ihn beinahe schneiden konnte.

Der Himmel hatte derweil die Farbe von Wasser angenommen, in dem Farbpinsel ausgewaschen worden waren, und es war mit einem Mal auch deutlich kälter geworden. Im Gehen bemerkte ich ein lautes, sich dauernd wiederholendes Geräusch zu meiner Linken: ein schauerliches Zischen und Summen, das mit arithmetischer Genauigkeit wiederholt irgendwo hoch oben in der Luft auftrat, und zwar immer von zwei oder drei Stellen gleichzeitig. Es war mir ein völliges Rätsel, was das sein könnte, und das machte mir ein wenig Angst. Ich trat von der Straße herunter, um es vielleicht besser orten zu können, und fand mich plötzlich von Angesicht zu Angesicht einer Frau gegenüber, die in einem Hof Hühner fütterte. Mein plötzliches Erscheinen aus dem Nebel ließ sie jäh zusammenzucken, doch dann erholte sie sich schnell wieder von dem Schrecken, und als ich ihr erzählte, dass ich unterwegs nach Senj wäre, kramte sie aus einem Schuppen einen Gehstock für mich hervor. Es war ein guter Spazierstock, geschnitzt und lackiert, und ich habe ihn fortan stets bei mir gehabt wie einen Glücksbringer. Als Erstes benutzte ich ihn, um mich auf der Suche nach dem Ursprung des Geräusches im Moor zurechtzufinden, und schon bald ragte vor mir ein Gebilde in die Höhe, das sich als stählerner Turm erwies – und dann kam eine tückisch gebogene Sichel aus der Höhe auf mich niedergesaust, die aber sogleich wieder in der weißen Suppe verschwand, erneut auf mich niedersauste und wieder verschwand, bis ich endlich begriff und mir dabei vorkam wie Don Quichotte auf seinem Ritterzug: Ich schickte mich an, mit einem Windrad zu kämpfen.

Windräder! Die wahre Bedeutung dieser Entdeckung wurde mir erst bewusst, als ich zurück auf die Straße trat und ein kurzes Stück weiter links und rechts von mir Schneereste bemerkte: Die Luft war wieder in Bewegung, strömte kalt an meinen Ohren vorbei, rauschte in einem eisigen Zugwind hinunter auf die Küste zu. Sie strömte über abgeknickte Kiefern hinweg, die für alle Zeiten nach Südwesten hin niedergedrückt waren, manche davon sogar in einem rechten Winkel; und selbst das dicke Gras des Moores war in dieselbe Richtung gebürstet. Ich musste an den Boreas-Mythos denken, wie Xan Fielding ihn geschildert hat: »Bald fiel sein Auge auf die Nymphe Pithys, und als sie sich ihm verweigerte, schleuderte er sie gegen einen Felsen, worauf sie sich in eine Kiefer verwandelte, in einen Baum also, der unter der Gewalt des Nordwinds noch immer Tränen vergießt.« Felsen, Wind und wehklagende Kiefern: Nun wusste ich mich auf dem richtigen Weg. Diese Straße würde unmittelbar durch die Lücke in der Bergkette führen – ich würde direkt aus dem Schlund der Bora nach Senj gespuckt werden.

Aber war dieser eiskalte Luftstrom vielleicht bloß *irgendein* Wind – oder war es der Wind, den ich suchte? »Bura?«, fragte ich die nächsten Menschen, die mir begegneten, zwei alte Damen mit fulminanten Warzen im Gesicht, die neben mit wuchtigen Steinen beschwerten Bienenstöcken in einem Garten saßen. Ihre Antwort, »*Ne*«, war eine Enttäuschung, doch dann beratschlagten sie sich einen Augenblick lang, um schließlich zu verkünden: »*Nedjelja*«, Sonntag. Sie schienen sich dieser Vorhersage unbeirrbar sicher zu sein, und ich fragte mich, woher sie das nur so genau wissen wollten. Ein Stückchen weiter den Hügel hinunter begegnete mir eine dritte bewarzte Dame, die sich vermutlich zu den beiden anderen gesellen wollte. Konnte es sein, dass ich auf einen Zirkel von in der Kunst der Wettervorhersage bewanderten Hexen gestoßen war – etwa solche wie die, die Walter Scott bei seiner Beschreibung der Windhexe von den Orkney Islands vor Augen gehabt hat?

Wir stiegen, auf steilen und unbefestigten Wegen, eine Anhöhe hoch, die sich über der Stadt erhob und die eine prächtige Aussicht bot. Auf dieser Anhöhe lebt ein altes Weib in einer elenden Hütte davon, Winde zu verkaufen. Jeder Kapitän eines Kauffahrers, sei es aus Jux oder in vollem Ernst, gibt der Alten einen Sixpence, und dann macht sie Feuer unter ihrem Kessel, um einen gewogenen Wind zu brauen.

Ein mir gewogener Wind war genau das, was ich brauchte. Ich hätte jeder der drei Alten sechs kroatische Kuna in die Hand drücken sollen. Aber bis Sonntag waren es ja nur noch zwei Tage, und in diesem verheißungsvollen Wissen traf ich in Senj ein.

Ich schloss die kleine Stadt sofort ins Herz. Am Ende eines dicht an dicht mit hohen, schmalen Häusern bebauten Wirrwarrs aus verzweigten Gassen, deren Anlage keinem erkennbaren Muster folgt – um damit, so sagte man mir, dem Wind ein Schnippchen zu schlagen und ihn in die Irre zu führen wie in einem Labyrinth –, traf ich unten am Hafen auf Grüppchen von liebenswürdigen alten Seefahrern in Gummistiefeln und mit Kapitänsmütze auf dem Kopf, die sich Geschichten vom Fischfang erzählten. Wasser klatschte gegen die Kaimauer, und die Möwen kreischten. Mir taten die Füße weh von der langen Wanderung auf den steinigen Wegen, und ich humpelte ein Stück den Pier hinunter, um einen Blick zurück auf den von Wolken verhüllten Gebirgskamm und dessen graue Ausläufer zu werfen, von denen ich gerade herabgestiegen war.

Am Ende des Piers stand ein Leuchtturm, den ich von Fotos kannte: Während der berüchtigten osteuropäischen Kältewelle des Winters 2012, als infolge eines ausgedehnten Hochdruckgebiets über Sibirien polare Kaltluftmassen in die Balkanregion geströmt waren, hatte es Temperaturstürze auf bis zu minus vierzehn Grad gegeben, und im Hafen von Senj ließ die Bora damals fantastische Eisskulpturen entstehen: Der Leuchtturm und die verschnörkelten Laternenpfähle waren mit einer Eiskruste überzogen, von der bizarre Zacken, langen, schmalen Klingen gleich, in nordöstliche Richtung weisend abstanden; und vor dem Hafen waren im Meer glitzernde, sieben Fuß hohe Wellen zu Eis erstarrt.

Diese Bilder wurden von den Medien über die ganze Welt verbreitet, und man war in der Region durchaus stolz auf die unerwartete Berühmtheit. Überhaupt konnte ich während der wenigen Tage, die ich in Senj verbrachte, feststellen, dass – ähnlich wie in Triest – die Bora die Menschen hier nicht nur mit Stolz erfüllte, sondern dass sie sie als einen Teil der Identität ihrer Stadt feierten. So singt etwa der Volksmusiker Kresimir Stanisic: »*Da ni bure, ne bi bilo ni Senja. Da ni Senja, ne bi bilo ni bure.*« (Ohne die Bura gäbe es kein Senj. Gäbe es kein Senj, gäbe es auch keine Bura.)

»Sie weht immer unterschiedlich viele Tage lang«, erklärte Neven, der Wirt der Pension, in der ich abgestiegen war. »Einen, drei, fünf, sieben. Ich weiß nicht, was für eine Wissenschaft dahintersteckt.« Und es gab noch ein weiteres regionales Sprichwort – vielleicht nicht gar so leicht im Gedächtnis zu behalten wie das von dem Mädchen mit dem Schnurrbart, aber für ein Land mit mehr als 1500 Kilometern Küste dafür umso pragmatischer: »Wenn die Bura draußen segelt, bleibt man selbst an Land.«

Während ich tagsüber durch die Straßen von Senj schlenderte, musste ich ständig darüber staunen, wie sehr die Stadt mich an die kleinen Fischerorte in Cornwall erinnerte: die dicken Mauern, die schmalen Gassen, das Kopfsteinpflaster und die verborgenen Treppen, vor allem aber die allgegenwärtige Vergangenheit als Seeräubernest. Auf einem Hügel über der Stadt thronte die vierschrötige Festung Nehaj, deren Name so viel bedeutet wie »keine Furcht vor der Gefahr«. Einstmals war sie Hauptsitz der Uskoken gewesen, einer Gruppe marodierender Seefahrer, die sich hauptsächlich aus Nachkommen von im sechzehnten Jahrhundert aus den osmanisch besetzten Gebieten Bosniens Vertriebenen rekrutierte. Auf ihrem Marsch nach Norden ließen sie sich in Senj nieder, wo sie prompt sämtliche Kirchen zerstörten, um Steine für den Bau ihrer Festung zu bekommen, und bald darauf auch Steuern erhoben. Von Senj aus plünderten sie in Freibeutermanier Schiffe, und auch auf andere Art und Weise terrorisierten sie diese Region der Adria. Die Habsburger, unter deren Hoheit dieser Küstenabschnitt stand, tolerierten die Uskoken nicht nur, sondern unterstützten sie aktiv bei ihrem Treiben, denn sie betrachteten sie als nützliches Bollwerk gegen eine weitere Ausdehnung des Islam. Eingeschworen auf einen strikten Kodex, der ihnen Ehrenhaftigkeit, Tapferkeit und die ewige Bereitschaft zur Rache an ihren

Peinigern abverlangte, lauerten sie zunächst Schiffen der verhassten osmanischen Flotte auf, um dann bald dazu überzugehen, auch die venezianischen Galeeren, die diese oft zu ihrem Schutz begleiteten, anzugreifen. So wurden – neben blutigen Überfällen auf die Inseln Rab und Pag – ganze Schiffsmannschaften abgeschlachtet. »Möge Gott uns vor den Händen von Senj beschützen«, lautete ein zu jener Zeit gängiges Gebet in Venedig. Als die Kunde von ihrem räuberischen Tun sich immer weiter verbreitete und Abenteurer aus ganz Europa anzog, verbreiteten sich Gerüchte, die Uskoken würden Menschenherzen verspeisen und das Blut ihrer Opfer in ihren Brotteig mischen. Im Jahre 1615 wurde es der Republik Venedig schließlich zu viel: Man erklärte den habsburgischen Protektoren der Uskoken kurzerhand den Krieg. Der daraus resultierende Friedensvertrag verlangte die Auflösung der uskokischen Verbände, und zwei Jahre später mussten sie sich wieder auf die Suche nach einer neuen Heimat begeben. Nur die Festung Nehaj zeugt heute noch von ihrer Blütezeit. So wie der Karst und die umstrittenen Hochlandregionen an der schottisch-englischen Grenze war auch Senj jahrhundertelang hauptsächlich für seine Winde und seine Banditen bekannt.

Der Schlüssel zum seeräuberischen Erfolg der Uskoken lag in ihrem außerordentlichen Geschick beim Befahren der tückischen und für ihre extremen Wetterbedingungen berüchtigten Meerenge zwischen dem Festland und der Insel Krk. »Die Uskoken entwickelten eine Technik, mit der sie das ungemütliche Wetter als Schutzschild gegen ihre Feinde nutzen konnten, während sie selbst gelassen hindurch fuhren«, schreibt Rebecca West in *Schwarzes Lamm und grauer Falke*, ihrem klassischen Balkan-Reisetagebuch. »Sie jagten die türkischen Schiffe die Adria rauf und runter, raubten sie aus und versenkten sie. Mit den Jahren wurden sie immer gewitzter.« Schon bald sollte ich mehr darüber erfahren: In einer wenig anheimelnden engen Gasse stieß ich zufällig auf das Städtische Museum, und schon kurze Zeit später wurde ich höflich in ein Hinterzimmer gebeten, in dem bereits eine vampirmäßig gestylte Dame – rabenschwarzes Haar, dick aufgetragene Wimperntusche und eine schwarze Jacke mit Fellbesatz – sowie ein ziemlich verwegen aussehender Herr in einer Lederjacke mich empfingen. Bei der Dame handelte es sich um Blazenka Ljubovic, die Kuratorin des Museums, bei dem Herrn um Damir, einen Angehörigen der Handelsmarine, die mich zu sich an ihren Tisch baten und mir ein Glas *Kuhano Vino* einschenkten, eine Art Glühwein. Damir sprach fließend Englisch und erzählte mir eine Legende aus der Gegend, in der die Uskoken unmittelbar mit der Bora in Verbindung gebracht wurden.

»Wenn die Venezianer sich weigerten, Steuern zu entrichten, pflegten die Uskoken hinauf in die Berge zu gehen und dort in einer versteckten Höhle ein Feuer zu entfachen. Dies löste eine verheerende Bura aus, die die Uskoken als Waffe gegen venezianische und türkische Schiffe einsetzten. Man fragt sich natürlich, wie das funktioniert haben soll, aber die Sache hatte tatsächlich Hand und Fuß. Die Bergregion, Lika, ist im Prinzip ein großer Kessel. In diesem Kessel sammelt sich Kaltluft, und es braucht bloß Wärme, damit diese Kaltluft bergabwärts strömt, und wenn sie damit einmal angefangen hat, gibt es kein Halten mehr. Also beruht die Legende durchaus auf Tatsachen. Und selbst, wenn die Uskoken die Bura nicht im eigentlichen Sinne geschaffen haben, so wussten sie doch, wie sie sie zu ihrem Vorteil nutzen konnten – sie ist ja ein ablandiger Wind, also setzten sie sie als Treibkraft für ihre Schiffe ein, und schon wussten die Venezianer gar nicht, wie ihnen geschah …« Zufrieden nahm er einen Schluck von seinem Wein – er war eben ein Mann vom Fach, der es zu schätzen wusste, wenn jemand geschickt zu navigieren verstand.

Blazenka sagte etwas auf Kroatisch, und Damir übersetzte es für mich. »Sie sagt, heute sei die Lange Nacht der Museen – wir haben die ganze Nacht geöffnet, und es gibt zu essen und zu trinken – *Rakija*. Sie müssen unbedingt nachher wiederkommen.« Man schob mir eine gedruckte Einladung hin und ein weiteres dampfendes Glas.

Als ich gegen zehn Uhr abends wieder beim Museum ankam, wimmelte es dort nur so von Menschen. Platten mit *Prsut* wurden herumgereicht, und auf einem Lehmofen dampfte ein nach Hibiskus duftender Punsch. Es herrschte eine leicht beschwipste Stimmung wie bei einem Straßenfest: Man begrüßte alte Freunde und wuschelte gegenseitig den Kindern durchs Haar. Blazenka war überglücklich, dass auch ich noch einmal vorbeigekommen war, und zitierte sogleich eine Reihe Englisch sprechender Gäste herbei, die mich durch die Nacht begleiten sollten. Unter ihnen war auch ein Mann namens Mislav, der sich um Spenden für ein Bora-Museum nach Vorbild des in Triest bereits bestehenden bemühte – »Warum sollen die Italiener den ganzen Ruhm einstreichen? Unsere Bora ist viel stärker« –, sowie ein im Ruhestand befindlicher Volkswirt, der steif und fest behauptete, der Wind habe an Kraft nachgelassen: »Vor zwanzig, dreißig Jahren war es hier im Winter jeden Tag wie in der Arktis. Jetzt gibt es das immer weniger. Schauen Sie doch nur nach draußen; es ist Januar, und schon blühen die Blumen. Klimawandel, das ist es, deswegen ist der Wind nicht mehr so wie früher.« Ich erkundigte mich, ob irgendjemand der Meinung wäre, die Bora würde sich am Sonntag einstellen – wie es mir vorhergesagt worden war. »Nein, nein«, winkten alle ab, »frühestens nächste Woche. Vielleicht müssen Sie sich dazu auch weiter nach Süden begeben. Hier ist jetzt keine Bora…«

Ein Mann mit Brille machte mit mir einen Rundgang durch das Museum. Er war mit Feuereifer bei der Sache, zeigte mir Amphoren von griechischen und römischen Galeeren, die vor Urzeiten vor Krk Schiffbruch erlitten hatten, und weitere an die Uskoken erinnernde Ausstellungsstücke – rote Wamse und Leibgurte, an denen jede Menge Dolche baumelten – und auch solche, die die sogenannte *Kroatische Nationale Wiedergeburt* betrafen, eine im neunzehnten Jahrhundert von Intellektuellen gegründete Bewegung, die die Grundlagen für die spätere Unabhängigkeit Kroatiens legte.

Und dann waren wir auf unserem Rundgang in der oberen Etage angelangt, wo die Geschichte mit einem Male aufhörte, bloß Geschichte zu sein, und sich erschreckend abrupt in das wirkliche Leben verwandelte. »Das hier war die Front«, erklärte mein Fremdenführer, »gleich auf der anderen Seite des Velebit. Die Tschetniks, die Serben, standen nur noch dreißig Kilometer vor der Stadt.« Er wies auf eine kreuz und quer mit bunten Linien überzogene Landkarte. Mit ihren Konturen und Pfeilen hatte sie eine gewisse Ähnlichkeit mit einer Wetterkarte, doch zeigte sie eine ganz und gar andere Art von Front. »Unsere Soldaten waren oben in den Bergen, im Schnee, und hielten sie in Schach. So ist es ihnen nicht gelungen, Senj einzukreisen, wie sie es mit Dubrovnik gemacht haben. Aber viele von uns sind da oben gestorben.« Er deutete auf eine Wand mit Fotografien von Einwohnern der Stadt, die damals ihr Leben gelassen hatten. Auf den Bildern grinsten die Männer noch in die Kamera und hatten die Arme umeinander gelegt; sie trugen Arbeitskleidung und das Haar so geschnitten, wie es damals in den neunziger Jahren halt Mode war. Alles sah weniger nach einer Kriegergedenkstätte aus als vielmehr nach Bildern aus einem Schulklassenjahrbuch. »Mit dem habe ich schon gespielt, als wir noch Kinder waren … Das war ein Nachbar von mir … In der Schule bin ich mit dem in eine Klasse gegangen. Es war ein furchtbarer Krieg.«

Zwischen 1991 und 1995 – der Phase im Prozess des Auseinanderbrechens des jugoslawischen Staatenbundes, die man in Kroatien als »Heimatkrieg« oder »Serbische Aggression« bezeichnet – wurden zwischen 11.000 und 16.000 kroatische Soldaten und Zivilpersonen für tot oder vermisst erklärt. Die einmarschierende Jugoslawische Volksarmee, überwiegend aus serbischen und montenegrinischen Kräften bestehend, nutzte die gebirgige Topografie des umkämpften Gebietes mit tödlicher Effizienz:

Indem man sich darauf konzentrierte, höher gelegene Landesteile zu okkupieren, konnte man die tiefer liegenden Täler einkreisen und die darin befindlichen Städte mittels Granat- und Heckenschützenfeuer in die Knie zwingen. Auf allen Seiten gab es Gräueltaten – kroatische Einheiten veranstalteten Massaker, begingen Massenvergewaltigungen und führten in Bosnien und Herzegowina ihre eigenen »ethnischen Reinigungen« durch – wobei besonders die Zerstörung der alten Brücke der Stadt Mostar durch kroatische Milizen in schmerzlicher Erinnerung geblieben ist. Die Vergeltungsschläge der Gegenseite standen dem an Grausamkeit und Brutalität um nichts nach. Die fatale Kettenreaktion dieser komplexen, einander gegenseitig bedingenden Konflikte setzte sich fort, bis 1999 die Bombardierung Belgrads durch die NATO die serbischen Truppen zwang, ihren völkermordenden Kampf gegen die Kosovo-Albanier einzustellen.

Die Provinz Kosovo ist heute unabhängig, wie auch Slowenien und Kroatien, doch viele Serben betrachten deren Staatsgebiete nach wie vor als ihr geistiges Heimatland. Es ist typisch für die Balkanregion, dass man dort nicht so leicht vergisst; als Beispiel sei die Schlacht auf dem Amselfeld genannt, bei der 1389 am 15. Juni, dem Namenstag des heiligen Veit, ein serbisches Heer von den Osmanen vernichtend geschlagen wurde, was zu einer Jahrhunderte währenden osmanischen Oberhoheit in der Region führte. Die Schmach dieses historischen Tiefpunkts zieht sich wie ein roter Faden durch das serbische Nationalbewusstsein. Fast 500 Jahre später wählten aufständische serbische Nationalisten genau dieses Datum, um den osmanischen Besatzern den Kampf anzusagen, womit das Ringen um die serbische Unabhängigkeit eingeläutet wurde. An eben diesem Tag ermordete der bosnische Serbe Gavrilo Princip 1914 Erzherzog Franz Ferdinand, den österreich-ungarischen Thronfolger, und stürzte Europa damit unbeabsichtigt in den Ersten Weltkrieg. Im Jahre 1989 schließlich nutzte Milosevic den sechshundertsten Jahrestag besagter Schlacht zu einer berüchtigten Rede, in der er davon sprach, dass die Serben sich auf ein Neues »in Kriegen« befänden und »mit neuen Schlachten konfrontiert« seien – was viele Beobachter als erste Andeutung der blutigen Auseinandersetzungen werteten, die bald ihren Anfang nehmen sollten.

Es gibt übrigens noch einen weiteren Wind in dieser umkämpften Region, der sogar ihren Namen trägt, nämlich die Košava bzw. Kossowa. Dieser Wind entsteht durch extremen Lufthochdruck über Russland, der Kaltluft durch das »Eiserne Tor«, jenes sehr schwer passierbare Tal der Donau nahe der Grenze zwischen Serbien und Rumänien, drückt, wobei eine Art Sogwirkung den Wind dann mit Hurrikangeschwindigkeit weiter den Fluss hinaufjagt, wobei der Eindruck entsteht, die Donau fließe rückwärts. Für einen Wind, dessen Name so sehr mit dem Streben nach serbischer Souveränität verbunden ist, mag es wie eine bittere Ironie erscheinen, dass er häufig auch Belgrad heimsucht wie eine bittere Erinnerung an inzwischen verlorenes Land – ein Teil des roten Fadens, der nicht nur eine Verknüpfung zwischen einzelnen Orten, sondern auch zwischen achthundert Jahre auseinanderliegenden geschichtlichen Ereignissen bildet.

Aber den Porträts der lächelnden jungen Männer an der Wand des Museums war von alldem nichts anzumerken. Ich beobachtete, wie die Besucher, mit beiden Händen ihre Gläser mit Punsch umfassend, zur Tür herein- und wieder hinausstrebten, dabei einen zerbeulten Helm hier und eine Geschosshülse dort etwas näher in Augenschein nahmen und gelegentlich auch vor einem der Porträts stehen blieben und ein paar Worte über das Bild verloren, das jemanden zeigte, den sie einmal persönlich gekannt hatten. Von dem Lärm auf den übrigen Etagen drang nur sehr wenig zu uns herauf. Nach ein paar Minuten nahm mein Führer mich beim Arm und geleitete mich wieder zurück in die unteren Stockwerke. Die mit den Zeitläuften etwas entrückten Kämpfe der Uskoken, Venezianer und Türken gingen einem doch spürbar weniger an die Nieren.

～

Am folgenden Nachmittag wandte ich der See den Rücken zu und setzte, vom Glühwein verkatert, meinen Marsch auf der Straße in die Berge fort.

Der Sonntag war da, nicht jedoch die Bora. Die wetterkundigen Hexen hatten sich geirrt. Die nächste Etappe führte mich in den Velebit-Gebirgszug, der sich mit seiner Flanke dem Wind in den Weg stellt, so dass er ihn sich durch das Einfallstor des *Velebit-Kanals* suchen muss. Vor mir lag ein Aufstieg zu einer *Zavizan* genannten Berghütte, neben der sich – in 1.600 Metern Höhe – die höchstliegende Wetterwarte Kroatiens befindet.

Dies, so dachte ich, wäre ein vielversprechender Ort,

um mich nach Wind zu erkundigen. Diese Wetterstation sei auch bemannt, war mir versichert worden, als die Lange Nacht des Museums sich ihrem Ende zuneigte und die letzten, schon recht bezechten Gäste an den Vitrinen mit den ausgestopften Tieren und ihren abgeknickten Ohren vorbeilatschten. Es gäbe einen fest angestellten Meteorologen, der das ganze Jahr über dort wohne und der auch für die Berghütte zuständig sei, die Wanderern Übernachtungsmöglichkeiten biete. Von da wollte ich auf dem *Premuzic*-Bergwanderweg, der, der Kammlinie des Velebit folgend, auf dem Grat des Bergrückens entlangführte, weiter in südliche Richtung und hoffentlich eine weitere Nacht in einer weiteren Berghütte, *Alan* genannt, verbringen, um anschließend wieder zur Küste hinunterzusteigen und die Fähre nach Rab zu nehmen. Wenn alles gut ging, würde diese Strecke drei Tage in Anspruch nehmen.

Von dem Dorf Gornja Klada aus folgte ich wieder rotweißen Wegmarkierungen, und es dauerte nicht lange, bis ich die Welt des Tieflandes hinter mir gelassen hatte. Der stetig ansteigende Weg führte durch einen dichten Bestand aus Eichen und Kiefern; zwischen losem Geröll machten sich Rehe und Hirsche bemerkbar, deren Geweihe die Äste rascheln ließen. Durch Lücken zwischen den Bäumen hindurch boten sich mir erste Ausblicke auf den Velebit, dessen massiger Körper neben mir nach und nach immer mehr Gestalt annahm, als wäre jemand gerade dabei, ihn aufzublasen – graue Felsflanken mit schwarzen Stellen von den Bäumen, an denen Wolkenfetzen vorbeiflogen. Nachdem ich etwa eine Stunde lang immer höher gestiegen war, erreichte ich eine tief hängende, etwas dichtere Wolkenschicht, was mir das Gefühl gab, in ein gänzlich anderes Reich einzudringen. In einem Licht wie unter einer Wasseroberfläche tastete ich mich weiter bergauf, der Dampf der Nebelschwaden durchfeuchtete den Waldboden wie Regen. Noch ragten kräftige Buchen weit hinauf in die gesättigte Luft, doch die Laubbäume wichen zusehends Kiefern und anderen Nadelbäumen, und hier und dort lagen, gestrandeten Quallen gleich, noch einzelne Schneeklumpen.

Und dann war es, als wäre ein Schalter umgelegt worden, und ich hörte den Wind. Er klang mächtig, furchterregend. Der ganze Berg rauschte wie das Meer; auch die Wipfel gerieten rauschend in Bewegung, wurden geschüttelt und gedroschen, dass ihre obersten Zweige kreischten, als die Bäume sich gegenseitig die Borke vom Stamm rissen. Die Luft war warm, durchtränkt von Feuchtigkeit, und ich hatte das Gefühl, der Wind käme nicht von Norden, sondern vielmehr von über mir, von hinten, von unten, aus allen Richtungen gleichzeitig, entfesselt von einer außer Kontrolle geratenen Thermik und der Topografie dieser Berge. Umgeben von lauten Geräuschen aus allen Richtungen und in sämtlichen Tonlagen erschien das Gefühl nicht übertrieben, der Berg brülle mich in seiner ureigenen Sprache an – wie ich es schon auf dem Cross Fell empfunden hatte. Jede Kiefer, unter der ich hindurchging, hatte ihre eigene Modulation; ihre Nadeln pfiffen in Frequenzen, die sich ganz zart von der ihrer Nachbarin unterschieden. Es gibt sogar einen Fachbegriff dafür, »Psithurismus« – abgeleitet von dem altgriechischen Begriff für das Geräusch im Wind raschelnder Blätter; eine

immergrüne Sprache, die sich wie geflüsterte Worte anhört.

Falls die Bäume mir etwas mitteilen wollten, dachte
ich, dann wäre es: »Steig nicht höher.« Ihre oberen Drittel waren einer enormen Gewalt ausgesetzt, ihre Stämme
krümmten und wanden sich bis in die Wurzeln, und es
würde nicht mehr lange dauern, bis ich aus ihrem Schutz
hinaustrat und das Peitschen des Windes um meine Ohren zu spüren bekam. Etwas unterhalb der Baumgrenze
hielt ich ein wenig entmutigt inne, und als ich gerade darüber nachdachte, ob es nicht doch einfach nur töricht
wäre, meinen Weg fortzusetzen, vernahm ich plötzlich
ein vollkommen anderes Geräusch: Durch den nebeligen
Dunst hörte ich keuchende Atemstöße auf mich zukom-
men. Mein gesamter Körper spannte sich an; jeden Moment glaubte ich, einen wilden Eber vor mir auftauchen
zu sehen, aber durch die Bäume hindurch kam stattdessen ein untersetzter, wettergegerbter Mann um die sechzig mit höchst eiligen Schritten auf mich zugehastet. Er
stieß dabei nicht nur vehement mit seinen Gehstöcken in
die Erde, sondern auch noch in regelmäßigen Abständen
Rotz aus mal dem einen, mal dem anderen Nasenloch aus.
Er riss sich einen seiner Fäustlinge herunter, um mir die
Hand schütteln zu können, und stellte sich als Tomas vor –
ebenfalls auf dem Wege zu der Berghütte. »Wir werden es
nicht einsam haben«, erklärte er. »Hinter mir sind noch
zwanzig Leute. Heute Abend gibt es ein großes Fest, zu
viel Wein. Das sind alles Verrückte, du wirst sie mögen.
Hier auf dem Berg gibt es keine schlechten Menschen.«
Aus einer Feldflasche schenkte er sich einen Schluck Tee

aus frisch gepflücktem Berggras ein, schnallte sich wieder seinen Rucksack um und marschierte weiter, wobei er mir Zeichen gab, ihm zu folgen.

Ich gab mein Bestes, aber er legte ein unbarmherziges Tempo vor, und ich musste mich sehr anstrengen, um seine immer kleiner werdende Gestalt nicht aus den Augen zu verlieren, während wir die letzten Bäume hinter uns ließen und in eine große Weiße eintauchten. Der Pfad verschwand im dichten Schnee, in dem auch ich mit einem Mal knöcheltief steckte, hinter Tomas her glitschte und rutschte und bloß dankbar war, dass ich mich an seinen Fußstapfen orientieren konnte. Hier oben tobte ein namenloser Sturm, und die Sicht wurde immer miserabler; ein weißer Eisnebel verschluckte alles in Sichtweite und ließ mich wie blind dastehen. Indem ich meine ebenfalls in einem Fäustling steckende Hand schützend über meine Augen hielt, gelang es mir, seiner fast mit dem Schnee verschmolzenen Silhouette – und seinen mechanischen Atemstößen – den letzten überfrorenen Steilhang hinauf zu folgen, bis wir endlich bei der Hütte ankamen.

In der Hütte roch es nach Rauch von Holzkohlenfeuer, nach Suppe und nach Schweiß. Die Wände waren mit nationalistischen Plakaten aus dem Krieg gegen die Serben bedeckt; dazu kam ein bunter Mischmasch von Aufklebern, die allesamt stolz davon zeugten, dass irgendein Gipfel bezwungen worden war. Kaum hatten wir die Tür hinter uns zugezogen, pladderte draußen ein wüster Schneeregen los, der in schleimigen Spuren an den Fenstern hinunterlief: Wir hatten gerade noch rechtzeitig die Schutzhütte erreicht, und mir wurde nun klar, dass dies der Grund für seine ungeheure Eile gewesen war. »Die anderen werden nass und durchgefroren sein. Du und ich, wir trinken jetzt Wein.« Aus seinem Rucksack zog er eine Flasche selbst gekelterten Roten – er hatte einen intensiv nussigen Geschmack und war überraschend trinkbar –, ein Stück Käse und einen Laib Kümmelbrot hervor, den seine Tochter gebacken hatte. In diesem Moment steckte ein Bär von einem Mann in einem Holzfällerhemd seinen Kopf zur Tür herein. Es war Ante Vukusic, der hiesige Meteorologe, dessen Aufgabe darin bestand, täglich Schneehöhe, Lufttemperatur, Luftdruck, Luftfeuchtigkeit, Windgeschwindigkeit und noch andere Variablen zu messen und nach Zagreb durchzugeben, damit eine Wettervorhersage erstellt werden konnte. Ich wäre am liebsten gleich mit ihm ins Gespräch gekommen, doch er erwiderte nur mürrisch, er hätte zu tun, müsse die Betten für die bevorstehende Ankunft der Wandergruppe richten. Wir könnten uns dann später unterhalten, murmelte er, schien aber nicht allzu erpicht darauf.

Eine Stunde später war die Hütte kaum wiederzuerkennen. Tomas' Freunde waren gleichzeitig mit einer weiteren, mehrköpfigen Gruppe eingetroffen – insgesamt mögen es so um die vierzig Personen gewesen sein –, und der kleine, mit Holz vertäfelte Raum war im Nu vollgestopft mit polternden Männern mit kahl geschorenen Köpfen und nicht minder lauten Frauen, die allesamt *Rakija* kippten, als gäbe es kein Morgen, und eine unglaubliche Körperwärme ausstrahlten. Mit ernährungswissenschaftlich ausgewogenen Proviantrationen hatten sie auch nichts im Sinn: Wie es sich für echte Bewohner der Balkanregion gehörte, hatten sie neben mehreren Hühnern auch noch säckeweise Zwiebeln und Kartoffeln mit auf den Berg geschleppt, und schon bald mischte sich der Duft eines mit viel Paprika gewürzten Schmortopfes in die Ausdünstungen der über und neben dem Herd trocknenden nassen Kleider und Stiefel, bis die Luft so dick war, dass man sie beinahe schneiden konnte. Auf den Tischen wurden Schafskäse, Gewürzgurken, *Prsut*, Sülzfleisch, Speckstreifen und eine erschreckende Kollektion von Flaschen mit selbst gebranntem Schnaps verteilt. Mich brauchten sie gar nicht erst ausdrücklich einzuladen – ich wurde von ihrer schieren Masse geradezu verschluckt und fand mich eingequetscht zwischen Tomas und einem massigen, weißbärtigen Mann wieder, den alle »Weihnachtsmann« nannten, der sich aber eher aufführte wie ein mittelalterlicher Kriegsherr: Wenn er nicht gerade patriotische Volkslieder schmetterte oder Hühnerschenkel ablutschte, führte er mitten im Festsaal eine Art Siegestanz auf, wobei er mit den Stiefeln auf dem Boden herumtrampelte und gellende Pfiffe ausstieß. Der Meteorologe saß derweil in der Nähe der Tür und wirkte einigermaßen weggetreten. Für ihn, der es gewohnt war, während des Winters vier oder fünf Wochen lang mutterseelenallein hier oben zu verbringen, musste die Invasion von vierzig grölenden Saufköpfen einen ziemlichen Schock bedeuten.

Die Stimmen wurden immer lauter, der *Rakija* immer stärker, und gegen Mitternacht sangen die Überlebenden nostalgische Hymnen aus dem früheren Jugoslawien und schwärmten davon, wie viel besser alles unter dem Kommunismus gewesen war, als Kroaten, Serben, Bosnier, Slowenen, Montenegriner und Mazedonier *ein Volk* gewesen waren. Ein Mann mit Katzenaugen und vorzeitig weiß gewordenem Haar vertrat die Ansicht, dass man sämtliche Politiker – ob links, ob rechts, ob alt, ob jung – an eine Wand stellen und erschießen sollte. »Korruption, Korruption und noch mal Korruption – das ist es, was der Kapitalismus uns gebracht hat.« Dann wechselte er das Thema und wollte von mir wissen, was ich von der aktuellen Flüchtlingskrise hielte, wartete jedoch gar nicht erst meine Antwort ab, sondern gab sofort seine eigene Meinung kund: »Deren Krieg dauert doch nun schon Jahre. Warum haben die Syrer so lange gewartet, ehe sie in Massen zu uns kommen? Weil die muslimischen Führer sie rüberschicken, junge Männer und Frauen, damit sie hier Kinder kriegen. Es ist alles Teil eines Plans, um Europa zu einem muslimischen Kontinent zu machen.« Ich versuchte, dem mit vernünftigen Argumenten zu begegnen – abgesehen von allem anderen wurde einem ja bereits schwindlig, wenn man sich bloß die komplizierte Logistik vorstellte, die ein solches Komplott erfordern würde –, aber natürlich war mein Gesprächspartner rationalen Argumenten gegenüber nicht zugänglich. Man hätte seine haarsträubende Theorie mit einem Lachen abtun können, aber dann fügte er etwas hinzu, was uns wieder auf Kroatiens vom Krieg erschütterte Vergangenheit zurückbrachte und bei dem es mir nicht so leicht fiel, einfach darüber hinwegzugehen: »Als die Serben kamen, um uns unser Land wegzunehmen, sind *wir* nicht davongerannt. *Wir* haben unser Land nicht im Stich gelassen. Wir sind hiergeblieben, um zu kämpfen. Und wir haben gesiegt. Die jungen Männer in Syrien sollten dableiben, um gegen Assad zu kämpfen, sollten dableiben, um gegen den Islamischen Staat zu kämpfen. Deswegen respektiere ich nicht, dass sie herkommen.«

Noch einmal unternahm ich den Versuch, dies mit einem Argument zu entkräften – nach einer gewissen Menge *Rakija* meint man, *allem* etwas entgegensetzen zu müssen –, merkte jedoch noch rechtzeitig, dass ich mich dabei auf unsicheres Terrain begab: Dieser Mann hatte persönlich einen Krieg durchgemacht, wie die meisten anderen im Raum auch, und ich, der ich stets bloß in friedlichen und stabilen Verhältnissen gelebt hatte, war hier derjenige, der besser seinen Mund halten sollte. Im Gegensatz zu mir hatte Migration für ihn den Beigeschmack der Invasion – und die stellte eine existenzielle Bedrohung der Unverletzlichkeit eines staatlichen Territoriums dar, dessen Souveränität – anders als in den meisten westeuropäischen Ländern – auf Ethnizität, also auf Volkszugehörigkeit, beruhte. Obwohl ich also nicht unbedingt mit ihm einer Meinung war, musste ich ihm dennoch zugestehen, dass seine Ansichten auf fundamental andersartigen Lebensumständen beruhten. Wie auch in den übrigen Balkanländern ist die kroatische Identität untrennbar verbunden mit einer kollektiven Erinnerung an jahrhundertelanges, permanentes Bedrohtsein durch Besetzung. An diesen Umstand wurde ich erinnert, als ich mich nach der Bedeutung der Worte erkundigte, die auf die T-Shirts mehrerer der Anwesenden gedruckt waren: *I ja sem Legenda*, »Ich bin Legende«, und zwar über dem Emblem eines stilisierten Hahns. »Als die Türken bei uns eindrangen, hat sich unser Dorf zur Wehr gesetzt, und sie haben versucht, uns auszuhungern«, erzählte man mir. »Monatelang wurde unser Hunger immer größer, und wir verzehrten unsere sämtlichen Vorräte, bis nur noch ein einziger Hahn übrig geblieben war. Doch anstatt ihn zu verspeisen, kam jemand auf die Idee, ihn in eine Kanone zu stopfen und auf das Lager der Türken abzufeuern. Als die Türken das sahen, gaben sie die Belagerung auf. ›Diese Leute haben so viel zu essen, dass sie es sogar als Munition benutzen!‹ Also wurde unser Dorf gerettet, und unsere Nachbarn nennen uns seitdem ›die Gockel‹.«

Plötzlich stimmte wieder ein Chor ein trunkenes Lied an, und damit war unsere Unterhaltung beendet. Krieg, Migration und Invasion waren vergessen, als diejenigen, die sich noch auf den Beinen halten konnten, anfingen zu tanzen – oder vielmehr zu schwanken und zu schaukeln. Sie schlossen einander dabei fest in die Arme und rempelten sich dauernd gegenseitig an. Als der Tanz dann beendet war und alle sich wieder setzten, war eine gänzlich andere Sitzordnung entstanden. Den Mann mit den Katzenaugen sah ich in dieser Nacht nicht wieder und fand mich stattdessen im Gespräch mit einem jungen Seemann von der Insel Vis tief im Süden des Landes, von dem ich gehört hatte, dass er sich für Geschichten über den Wind interessierte. Er erzählte mir, wie die Bora aus dem Norden und der Jugo aus dem Süden ein endloses Tauziehen mit seiner Heimatinsel veranstalteten und damit sowohl für die dortigen Lebensverhältnisse als auch für die der Psyche ihrer Bewohner bestimmend waren. »Bei Jugo hat man das Gefühl, man hätte hohes Fieber; man kann nicht arbeiten, kriegt kaum Luft, kann sich kaum rühren. Es ist ein verrücktes Gefühl. Es tun einem sämtliche Knochen weh, der ganze Körper. Bei Bora ist man zu Eis erstarrt, aber man hat wenigstens noch das Gefühl, am Leben zu sein. Nur die Fischerboote können nicht ausfahren. Die Frauen können vorhersagen, welcher Wind kommt, weil ihr Haar woanders hinfliegt.«

Als es zu weit vorgerückter Stunde um uns herum nicht mehr ganz so laut zuging, erzählte er mir von einer düsteren Legende, der zufolge die Bora durch das kummervolle Seufzen eines schönen Mädchens hervorgerufen wird, das wegen seiner Eitelkeit in die Hölle verdammt ist. »Man dürfe niemals den Wind verfluchen, heißt es, sonst endet man wie sie.« Als Gutenachtgeschichte – oder als mahnende Fabel – war das dann schließlich auch der Schlusspunkt dieses langen Abends.

Ich erwachte reichlich steif auf einer hölzernen Sitzbank inmitten des Tohuwabohus, das von der Party zurückgeblieben war. Der Weihnachtsmann schlief schnarchend auf einem Haufen leerer Flaschen. Als ich hinaus vor die Tür trat, um einen klaren Kopf zu bekommen, traf ich dort den Meteorologen an, der gerade mit seiner Instrumentensammlung befasst war – seinen Niederschlags-, Verdunstungs- und Windstärkenmessern, seinen Totalisatoren und Wetterfahnen, mit denen er Daten sammelte wie ein Imker den Honig aus seinen Bienenstöcken. Still und in sich gekehrt war er emsig bei der Arbeit – mit einer Sorgfalt, die Welten entfernt schien von dem Chaos der vergangenen Nacht. Es erschien mir unangebracht, ihn zu stören.

Nach dem Frühstück – halb aufgelöster Pulverkaffee und ein Rest Hühnerfrikassee – versuchte Tomas es zum dritten oder vierten Male, ihn mit mir ins Gespräch zu bringen, doch er tat sich wiederum schwer damit. Es war unklar, ob der Mann einfach nur schüchtern oder ich ihm irgendwie suspekt war oder ob er – aus was für unerklärlichen Gründen auch immer – persönlich etwas gegen mich hatte: Ich musste mich damit abfinden, dass der Reichtum seines Wissens vor mir verborgen bleiben würde. Während wir Vorbereitungen für unseren Aufbruch trafen, musste ich darüber nachdenken, wie eigentümlich es doch war, dass ausgerechnet der Meteorologe als Einziger nicht über das Wetter reden wollte.

Und die Wetterbedingungen hatten sich über Nacht auch nicht gerade gebessert. Ganz im Gegenteil: Es war draußen eher noch schlimmer geworden. Der höchste Gipfel des Berges war in eine dicke weiße Wolke gehüllt, und heftige Windböen peitschten mir Eisregen ins Gesicht. Der Pfad, den ich nehmen wollte, führte unmittelbar über den Kamm des Gebirgszuges, mitten in den Schneesturm hinein, und Tomas schüttelte den Kopf. »Du wirst den Weg niemals finden. Das ist kein guter Ort, um allein unterwegs zu sein.« Also willigte ich – teils erleichtert, teils ein wenig widerwillig – ein, mit ihm gemeinsam in die tiefer gelegene Welt zurückzukehren.

Die halbe Strecke den Berg hinunter kamen wir jedoch an eine Wegscheide. Hier zweigte ein schmalerer Pfad ab, der weiter an der durch dichte Bewaldung geschützteren Bergflanke entlang zur nächsten Hütte – die mit dem Namen Alan – zu führen schien – eine Route, auf der man etwas weniger den Elementen ausgesetzt war. »Ich werde dich eine halbe Stunde lang begleiten«, meinte Tomas skeptisch. »Wenn es möglich erscheint, kannst du meinetwegen weitergehen; wenn nicht, kehren wir beide um.« Und schon war er in die neue Richtung losgestapft, noch schneller als zuvor, und zwang mich, mein Schritttempo fast zu verdoppeln. Auf diese Weise marschierten wir weit länger als nur eine halbe Stunde. Eine volle Stunde verging, dann waren es zwei, die ich nun schon hinter ihm her keuchte, mich über die Wurzeln auf dem Trampelpfad stolpernd zwischen dick bemoosten Buchen hindurchschlug. Nur ab und an legte Tomas eine kurze Pause ein, um irgendetwas zu bestaunen, was seine Aufmerksamkeit erweckt hatte; eine Ebene etwa, auf der sich früher einmal eine Pferdekoppel befunden hatte, mit Senken für Regenwasser und hohen Steinwällen – Hinweis darauf, dass diese Berge einst die Lebensgrundlage für eine nicht unbeträchtliche Anzahl Menschen gewesen sein mussten. »Die Leute sind hierher gezogen, um vor den Türken, den Venezianern, den Österreichern sicher zu sein«, erklärte Tomas. »Das Leben war hart, aber sie waren frei.« An einigen Stellen war der Boden erst jüngst von Wildschweinen auf der Suche nach Wurzeln aufgewühlt worden. »Hier gibt es auch Wölfe, aber die bekommt man nicht zu sehen – und die Bären sind sowieso bis zum Frühling im Winterschlaf.« Aber lange durften wir nie innehalten, und als Tomas nach zweieinhalb Stunden abrupt stehen blieb, ging mir auf, dass wir bereits den halben Weg bis zur Schutzhütte zurückgelegt haben mussten.

»Hast du Proviant? Wasser?«

»Ja.«

»Streichhölzer, um Feuer zu machen?«

»Ja.«

»Wein?«

»Ääh … nein.«

»Aber du musst Wein dabei haben!« Er drückte mir eine angestoßene Plastikflasche in die Hand. »Das ist für das Ende des Tages. Der Weg ist gut. Du wirst es schaffen.«

Wir schüttelten einander die Hände, und schon hielt ihn nichts mehr – ein paar Sekunden später stand ich ganz allein da. Mir ging auf, dass ich dem wüsten Tempo, das er vorgelegt hatte, einen ordentlichen Vorsprung verdankte. Vielleicht war der Gewaltmarsch auch ein Test meines Durchhaltevermögens gewesen, damit er sah, ob ich fit genug für den Rest des Weges war. Sein Zutrauen in mich erschien mir wie ein Segen und milderte meine nicht unberechtigte Sorge darüber, dass ich nun – wieder auf mich allein gestellt – in diesem tief verschneiten, Respekt einflößenden Wald selbst für mein Schicksal verantwortlich war.

Zwanzig Minuten später endete der Pfad spurlos im Schnee.

Ich wollte es einfach nicht glauben. Je länger ich auf meiner Suche nach einem irgendwo hingeschmierten roten Farbtupfer den Schnee von den Steinen wischte, wobei ich mir allerdings nur vor Kälte schmerzende Finger holte, umso weniger konnte ich es fassen. In der Hoffnung, auch nur den geringsten Hinweis auf einen Weg zu finden, stapfte ich in dem vereisten Unterholz umher, aber vergeblich. Der Weg war wie vom Erdboden verschluckt.

Ich stieß lediglich auf ein Hinweisschild mit dem Wort »Rossi«, der Name einer kleineren Schutzhütte auf halbem Wege zwischen den beiden anderen. Es ging bereits auf den späten Nachmittag zu, die Wolken verdichteten sich und hingen immer tiefer. Außerdem war es viel zu kalt, um lange auf einem Fleck stehen zu bleiben. Mit stark angeschlagener Zuversicht setzte ich meinen Weg bergauf ins Ungewisse fort – eingehüllt von einem graupeligen weißen Niederschlag, der vom Gipfel auf mich niederrieselte und die Bäume nur noch vage als verschwommene Schatten zu meiner Linken und meiner Rechten erkennen ließ. Schon bald musste ich mich wieder auf und ab durch hohen Schnee und unwegsames Gelände kämpfen, so dass mir bisweilen schwindlig wurde, weil ich beinahe keine Luft mehr bekam, und meine Stiefel waren natürlich durch und durch nass. Als ich auf eine tiefe Mulde stieß, versperrten mir vom Wind umgeworfene Bäume den Weg. Sie waren so übereinander gefallen, dass sie eine Art Gittermuster bildeten und ich meinen Rucksack erst durch eine Lücke zwischen zwei Stämmen stopfen musste, ehe ich mich selber hindurchquetschte und meinen Rucksack dabei quasi vor mir herschob. Ein Stück weiter watete ich durch hüfthohe Schneeverwehungen, wobei ich alle naselang vornüber stürzte und bis über die Ellenbogen im Schnee versank, so dass meine Fausthandschuhe bald ebenso durchnässt waren wie meine Stiefel. Wie durch ein Wunder tauchten mit einem Mal wieder Wegmarkierungen auf – auch wenn sie nur wenige Zentimeter aus dem Schnee hervorlugten. Jeder rote Punkt, den ich entdeckte, erschien mir wie ein Rettungsanker – und doch argwöhnte ich, dass der Weg jeden Augenblick wieder im Nichts verschwinden könnte.

Während ich immer höher stieg, ließ ich irgendwann die Baumgrenze, die mir noch etwas Schutz geboten hatte, hinter mir, und die Gegebenheiten wurden zusehends rauer. Auf dem den Elementen ausgesetzten Grat, an genau jener Stelle, vor der man mich gewarnt hatte, bekam ich wieder die Ausläufer des Sturms zu spüren, und von der Schutzhütte war weit und breit noch nichts zu sehen. Dies sei »kein guter Ort, um allein unterwegs zu sein«, hatte Tomas gesagt, dem konnte ich jetzt nur beipflichten. Ich arbeitete mich durch einen Schneesturm aus wild wirbelndem weißen Staub langsam immer weiter vor, während der Wind mir beißend kalte Schleier aus Sprühnebel um die Ohren und in die Augen peitschte und aus allen Richtungen gleichzeitig auf mich eindrosch. Ich bekam das Gefühl, beim besten Willen nicht weiterzukönnen, aber es gab kein Zurück mehr: Es würde sehr bald dunkel werden, und in diesen vereisten Wäldern, durchnässt wie ich war, mein Zelt aufzuschlagen, kam überhaupt nicht infrage. Mir blieb also nichts anderes übrig, als mich weiterzuschleppen, einen Fuß gezielt vor den anderen zu setzen und blind darauf zu vertrauen, dass die bewusste Schutzhütte auch wirklich existierte. Dann, als Erschöpfung und Verzweiflung in panischen Wogen aufzuwallen begannen, tauchten plötzlich die nebelhaften Umrisse eines Daches auf, verschwanden wieder, um gleich darauf erneut hinter einem weißen Schleier aufzuscheinen. Ich presste tatsächlich die Handflächen zu einem Dankesgebet gegeneinander. Ein letzter Moment des Schreckens stand mir noch bevor – als ich dachte, die eiserne Tür wäre verschlossen –, umso größer war meine Freude, als sie aufschwang, um mich einzulassen.

Es war eine einfachere, etwas kompaktere Variante der Hütte auf dem Cross Fell. Es gab nur einen einzigen Raum, der von einem Tisch und zwei Sitzbänken aus derbem Fichtenholz fast vollständig ausgefüllt wurde; daneben führte eine Leiter zu einer Schlafplattform unter den Dachsparren. Außerdem gehörten eine – allerdings zugefrorene – Zisterne hinter dem Haus, ein halbes Dutzend Kerzen, ein paar Decken und vor allem ein Ofen mit etwas Feuerholz zur Ausstattung. Nachdem ich ein Feuer entfacht und mich meiner vom Schnee durchfeuchteten Kleider und Stiefel entledigt hatte, begann ich mich recht wohl zu fühlen. Ich kochte mir einen Kaffee, verspeiste Spaghetti mit Käse und genoss den vorzüglichen Wein, den Tomas mir mitgegeben hatte, als unsere Wege sich trennten. Meine Welt schrumpfte auf das zusammen, was sich innerhalb dieser vier Wände befand. Draußen in der Finsternis schnaubte und tobte der Wind, wollte am liebsten die Tür einrammen, polterte wie ein Berserker gegen die Fensterläden und malträtierte das Dach mit Hammerschlägen. Vor dem Schlafengehen noch einmal vor die Tür zu treten, um sich zu erleichtern, kam einer Selbstverstümmelung gleich – diese Nacht hatte es wirklich auf mich abgesehen. Ich entzündete einen schützenden Kreis von Kerzen um mich herum und kauerte mich in seinem Licht hin.

Nachdem ich die Weinflasche geleert hatte, schlief ich in schwere Decken gehüllt ein. Als ich die Augen wieder öffnete, sah ich als Erstes den Vollmond durch die Nebelschwaden leuchten, und dann, als ich eine Weile später erneut aufwachte, Fetzen eines blau-orangefarbenen Himmels. Ich war überglücklich angesichts dessen, was das bedeutete, und stürzte nach draußen, um einen Blick auf den gegenüberliegenden steilen Hang mit den darauf verstreuten Felsen und Kiefern zu werfen. Binnen Sekunden war die Vision jedoch wieder hinter Wolken verschwunden, wurde mir vor der Nase weggeschnappt, wie um mich zu verhöhnen. Doch was ich gesehen hatte, reichte mir zumindest als Bestätigung, dass dieser Berg erkennbare Hänge hatte, über die man von ihm hinuntersteigen konnte, und dass der blindwütige weiße Sturm endlich am Abflauen war. Ich fegte die Hütte aus, wickelte Plastiktüten um meine Stiefel und trat mit wiedergewonnener Zuversicht hinaus in einen bernsteinfarbenen Dunst.

Ich war auf den *Premuziceva staza* gestoßen, einen ungefähr einen Meter breiten Fernwanderweg aus behauenen Natursteinplatten, der im Velebit-Nationalpark durch den schönsten Teil des Berglandes führt und einen himmelweiten Unterschied zu der mit Hindernissen gespickten Strecke des Vortages darstellte. Obwohl einzelne Abschnitte des Weges, die durch Senken und Vertiefungen führten, unter Schnee begraben lagen und der Untergrund bisweilen vereist war, fiel es doch nicht schwer, ihm zu folgen. An den kahlen Schründen des Bergkamms entlang wand sich der Wanderweg durch lichtes, mit Kiefern bestandenes Gebiet, vorbei an schroffen, vorstehenden Felsspornen – in der Zavizan-Hütte hatte jemand diese Steingebilde als »Hüften« des Berges bezeichnet –, um schließlich wieder in verschneite Wälder hinabzutauchen, in denen kleine Vögel von Ast zu Ast hüpften. Und dann brach die Sonne durch und verwandelte den Schnee in eine kristallen funkelnde Fläche, über die sich in allen Richtungen Tierfährten zogen – die paarzehigen Spuren von Rehen und Wildschweinen neben mehr hundeartigen Pfotenabdrücken, die vielleicht von Wölfen stammten – und die ich bald zertrampeln würde, indem ich meine eigenen schiefen und krummen, tief einsinkenden Stiefelspuren im Schnee hinterließ. Die Buchenstämme schienen im Licht der Sonne zu dampfen, und als die Wolken endlich in dichten gräulichen Büscheln davonstoben wie ausgetriebene böse Mächte, tat sich ein weiter klarer Ausblick auf. Und dann wich der Schnee Strähnen von gelbem Gras, und im Westen erschienen Inseln in einem golden schimmernden Meer, auf dem Schiffe schmale Kielspuren hinter sich herzogen. Es war atemberaubend, wie weit der Blick sich unter dem strahlend blauen Himmel mit einem Male öffnete.

Zwei Stunden später traf ich bei der Alan-Hütte ein, meinem ursprünglichen Ziel vom Vortag, stärkte mich mit einem Kaffee und zog weiter, immer dem Pfad bergabwärts folgend. Nun, da mein Weg mich zu Tal führte, erfüllte mich eine gewisse Wehmut, die verschneiten Wälder mit all ihren Unwegsamkeiten zu verlassen – es war eine kahlere, steinigere Welt, die jetzt zu meinen Füßen lag. Der Pfad wurde plötzlich deutlich abschüssiger und führte zwischen steil aufragenden Zinnen und Kegeln, kleinen Türmchen und Walrücken aus nacktem Kalkstein hindurch. Es war, als würde der Fels in einem letzten Aufbegehren noch einmal aus der Erde hervorbrechen, ehe er in der Adria verschwand. Schon bald fand ich mich zwischen zwei unterschiedlich hohen Kämmen wieder, einer dramatischen, vom Regen ausgewaschenen, gekerbten und gemeißelten Gesteinsaufwölbung, deren Kanten so messerscharf waren, als seien sie mit Beilhieben behauen worden. Die Glut der Sonnenstrahlen wirkte in dieser Enge so konzentriert, als wären sie mittels eines Trichters gebündelt, und es herrschte eine solche Stille, dass mir die Ohren davon klangen. Die knochenförmigen, reptilienhaften Umrisse der baumlosen Inseln unter mir – Rab mit den steilen Felswänden, das kahle Pag und das kleinere Goli Otok – lungerten vor der Küste herum wie Schiffe einer fremden Flotte, lang gestreckt und zum Angriff bereit.

Der Boden, über den ich ging, war so dicht mit Steinen übersät, dass man denken könnte, es hätte Meteoriten vom Himmel geregnet. Als ich wieder die Meereshöhe erreichte, blickte ich mich noch einmal nach dem Velebit um, dieser gewaltigen, Ehrfurcht gebietenden, aus zwei Felswällen bestehenden Barrikade, und überließ mich dann ganz der Betrachtung der Bucht – dies war doch eine mildere Welt.

In dieser Nacht fand ich in der tiefstgelegenen Hütte Kroatiens Unterschlupf, einer ziemlich traurigen Bude mit Blechdach, in deren Garten Zitronenbäume wuchsen. Von hier blickte man auf den verschlafenen Hafen von Jablanc. In dem kleinen Ort lebten nur noch ältere Menschen – und ein Paar struppiger weißer Hunde, die jedes Mal, wenn sie mich erblickten – und sei es auch nur aus weiter Entfernung –, in ein anhaltendes, dumpfes Bellen verfielen.

Ein offenbar schon sehr alter Fischer brauchte eine halbe Stunde, um von der einen Seite des Hafens zur anderen zu schlurfen. Das war dann auch schon das aufregendste Ereignis dieses Abends. Beim Geräusch plätschernder Wellen schlief ich in einer Koje ein, die ich mir mit Mäusen teilte, und am nächsten Morgen folgte ich einem steinigen Pfad zum Hafen Stinica, wo ich gerade rechtzeitig eintraf, um die Fähre zur Insel Rab am Kai festmachen zu sehen.

~

Nun begann die letzte Etappe meiner Reise. Nachdem ich zur höchsten Wetterstation des Landes in die Berge gestiegen war, den Karst und die Küste erwandert und meinen Kopf in einen Schlund der Bora nach dem anderen gesteckt hatte, war ich meinem ersehnten Wind noch immer keinen Schritt näher. Ich hatte bloß über ihn flüstern gehört, Gerüchte vernommen. Die Inseln Rab und Pag boten sich als zwei weitere Zwischenstationen auf meiner Route an, aber – um ganz ehrlich zu sein – ich besuchte sie auch, weil mir nichts Besseres zu tun einfiel. Meine Fährte war … nun, lauwarm; nur blies der Wind in die verkehrte Richtung, und es gab kein Anzeichen dafür, dass er so bald drehen würde.

Meine gedrückte Stimmung passte irgendwie zu der Überquerung dieser Bucht. Der immer kleiner werdende Buckel des Velebit war in wattige Wolken gehüllt, was ihm das zweidimensionale Aussehen einer gemalten Filmkulisse verlieh. Meer und Himmel bemühten sich, ein perfektes Spiegelbild voneinander zu hinterlassen – als wollte keiner von beiden sich besonders hervortun. Die übrigen Passagiere auf der Fähre unterhielten sich in gedämpftem Ton; die Wellen schwappten friedlich. Die gesamte Fahrt beanspruchte weniger Zeit, als es am Abend zuvor den alten Fischer gekostet hatte, einmal den Hafen zu durchqueren. Aber dass ich nun die Berge verließ, um eine Insel aufzusuchen, verlieh mir ein Gefühl, als würde ich ins Exil gehen.

Für viele andere hatte diese Reise allerdings nicht nur das Exil bedeutet, sondern den sicheren Tod. Während des Krieges errichteten die italienischen Faschisten auf der Insel Rab ein Konzentrationslager, in dem sie Slowenen, Kroaten und Juden aus den kurz zuvor besetzten Gebieten internierten; Tausende dieser Gefangenen starben an Krankheiten oder verhungerten. 1943 übernahmen die Deutschen das Lager und transportierten die verbliebenen Juden in die Gaskammern von Auschwitz. Nach dem Krieg wurde das KZ natürlich nicht weiter genutzt, aber die kommunistischen Machthaber unter Tito setzten da wieder an, wo ihre Feinde aus Kriegszeiten aufgehört hatten: Im Jahre 1949 wurde auf der Nachbarinsel Goli Otok – der Name bedeutet übrigens »nackte Insel« – ein Internierungs- und Arbeitslager eingerichtet, in dem während der folgenden vierzig Jahre insgesamt 16.000 politische Gefangene unter grausamsten Bedingungen eingekerkert wurden: Zwangsarbeit und körperliche Züchtigung gehörten zur Tagesordnung, und die eiskalte Bora, der die Gefangenen ausgesetzt waren, verschlimmerte ihr Leiden noch. Hunderte ließen ihr Leben; viele von ihnen wurden von ihren Mitinsassen ermordet. Dies war die dunkle Seite von

Titos Jugoslawien, die das sorgsam gepflegte Image einer menschlicheren, weniger dogmatischen Version des Sowjet-Kommunismus mit seinen Gulags Lügen strafte.

Auf den ersten Blick aus der Ferne erschien mir Rab ebenso trostlos wie seine Vergangenheit. Die Ostseite der Insel erinnerte an eine fahlgelbe Mondlandschaft, in der neben Hochspannungsmasten lediglich noch klobige Reklametafeln für irgendwelche Ferienanlagen einen Blickfang boten. Da ich inzwischen gewisse landschaftliche Anhaltspunkte recht gut zu deuten wusste, ging mir bald auf, dass hier die Bora die Hand im Spiel hatte. So überraschte es mich auch keineswegs, als ich erfuhr, dass es auf Rab früher einen dichten Baumbestand gegeben hatte (ihr ursprünglicher Name, *Arba*, bedeutet »schwarz«, was sich auf die Wälder bezog, mit denen die Insel einst bedeckt war) – bis man alles abholzte, um venezianische Galeeren daraus zu bauen. Nachdem die Bäume verschwunden waren, sorgte der bitterkalte Wind – unterstützt durch gefräßige Schafherden – dafür, dass alles so kahl blieb wie auf Goli Otok. Doch als die Fähre an der Insel vorbeifuhr, stellte ich fest, dass Rab aus zwei Hälften bestand – einer gelben und einer grünen. Während die östliche, der Bora zugewandte Seite unfruchtbar blieb, war die westliche, im Windschatten von Bergen liegende Seite vom satten Grün von Zypressen, Olivenbäumen, Palmen und krummen Steineichen geprägt. Entlang der Küste verbargen sich kleine Dörfer vor dem Wind. Ganz allgemein gewann man den Eindruck, jegliche hiesige Lebensform – ob es sich dabei um Pflanzen, Tiere oder Menschen handelte – würde sich irgendwo hinkauern, wo die Bora nicht an sie herankommt, und sich anstrengen, nur ja nicht ihre Aufmerksamkeit auf sich zu ziehen.

Die wichtigste Stadt der Insel heißt ebenfalls Rab: Eine dicht bebaute Ansiedlung auf einer brüchigen Sandsteinhalbinsel, umgeben von massiven Flutschutzmauern. Ich traf gegen Ende des Tages dort ein, sämtliche Läden waren bereits verriegelt und verrammelt. Die Gassen befanden sich fest in der Hand von Katzen und kleinen Mädchen, die in den schmalen Durchgängen Fahrradrennen veranstalteten. Ich ging durch ein Gewirr von Straßen, in denen sich ein ockerfarben gestrichenes Haus an das nächste reihte, vorbei an romanischen Kirchen und jeder Menge ledriger Agaven, und ließ mich schließlich am *Trg Slobode*, dem Platz der Freiheit, unter einer gewaltigen Steineiche zur Rast nieder. Von der weiß und helllila gestrichenen Kathedrale heißt es, sie beherberge das gekrönte Haupt des heiligen Christopherus, dem Schutzpatron der Insel, der die Stadt im Jahre 1075 vor einem Angriff der Normannen gerettet haben soll, indem er deren Pfeile in der Luft abfing und sie gegen sie selber richtete. Diese Überlieferung ähnelt in auffälliger Weise der Geschichte vom *fluvius frigidus*, also recherchierte ich ein wenig: Die normannischen Schiffe mussten von Süden her gekommen sein, der einzigen Zufahrt zur Stadt; eine von Norden wehende Bora dürfte dem Heiligen also seine Arbeit abgenommen haben.

Als ich mich am nächsten Tag in der Fahrkartenverkaufsstelle am Hafen danach erkundigte, wann Fähren nach Pag gingen, wurde ich allerdings ganz unvermutet an *den anderen Wind* erinnert, dessen Namen ich schon nicht mehr hören konnte: »Für morgen ist Jugo angesagt.

Das kann ein paar Tage anhalten, also verkehrt der Katamaran nicht. Wenn Sie nach Pag wollen, müssen Sie schon heute Abend fahren.« Ein weiteres Mal verwünschte ich alles, was mit Südeuropa zu tun hatte, und befolgte dann den Rat der Frau am Schalter.

Genau nach Fahrplan kam die Fähre majestätisch in den Hafen geglitten. Ich war der einzige Passagier, der an Bord ging, und musste mich auf der Gangway an den Familien vorbeidrängen, die reichlich beladen mit Einkäufen und Vorräten aus Rijeka zurückkehrten. Mit dem letzten Abendlicht legte das Schiff wieder ab, und schon bald passierten wir die schmale lang gezogene Insel – noch kahler und steiniger als Rab –, einer Dolchspitze gleich in der hereinbrechenden Dunkelheit. Vier Jahre zuvor, als während der Kältewelle in Osteuropa der Hafen von Senj eingefroren war, hatte man an diesem Küstenstreifen eine derart stürmische Bora erlebt, dass Fische aus dem Meer geschleudert wurden und – wie ein Vorzeichen der Apokalypse – tot am Strand landeten. An der Brücke, die den südlichen Zipfel der Insel mit dem Festland verbindet, werden regelmäßig Windgeschwindigkeiten von über hundertsechzig Stundenkilometern gemessen, und eine andere Brücke, die über die Meerenge von Maslenica führt, hält mit fast zweihundertfünfzig Stundenkilometern den Rekord in der Region. Doch an einem so windstillen Abend wie diesem kamen mir derartige Berichte wie die reinsten Ammenmärchen vor. Allerdings standen an der Straße von Novalja, wo das Schiff angedockt hatte, nach Pag – der größten Ortschaft der Insel – überall Schilder, die vor starken Windböen warnten.

Als ich im Ort ankam, war es längst dunkel, und überall am Wasser brannten bereits die Lichter. Ich hatte einen Bärenhunger und durchstreifte die menschenleeren Straßen auf der Suche nach etwas Essbarem, aber alle Takeaway-Läden waren bereits in den Winterschlaf gegangen – es war eben keine Saison mehr. Also bestand mein Abendessen aus einer japanischen Miso-Suppe, die ich, auf dem Balkon meiner Pension zusammengekauert, mithilfe meines Campingkochers auf kleiner Flamme warm machte, damit meine Wirtin nichts davon merkte.

Ich hatte erwartet, während der Nacht den Wind von Süden zu hören, aber eine Luftdruckveränderung musste eingetreten sein, denn selbst der angekündigte Jugo blieb aus. Ich erwachte mit schwerem Schädel und einem Anflug von Verzweiflung. Und dann vollbrachte Pag das schier Unmögliche – es wirkte bei Tag noch trostloser als bei Dunkelheit; denn als ich die Augen aufschlug, erwartete mich ein kompromisslos eintöniges, zwischen eine flache Bucht und eine brackige Saline eingequetschtes Kaff – gesäumt von tristen Hügeln mit unbehausten Steinwüstenhängen, die weder Schatten noch Schutz boten.

Ich war vom Vorabend immer noch hungrig und kaufte mir ein Stück *Paski sir*, einen sehr salzigen, auf der Insel hergestellten Käse, der seinen besonderen Geschmack von den Wildkräutern bekommt, die die einheimischen Schafe in Ermangelung üppiger Wiesen fressen. Und natürlich werden diese Kräuter von der Bora kräftig mit Meersalz gewürzt – ein weiteres Lebensmittel also, dessen Qualität vom Wind abhängt, wie beim *Prsut* vom Karst.

Auf diesem Käse kaute ich also lustlos herum, während

ich mich zurück zum Hafen begab. Dabei schmeckte er zugegebenermaßen wirklich gut, bloß Pag selbst war einfach nur bedrückend. Der Hafen wird dominiert von einem hoch aufragenden Salzspeicher – die Produktion von Salz und salzigem Käse zählt zu den wichtigsten Wirtschaftsfaktoren der Insel –, während die umliegenden Hügel von Straßen und Windrädern zerfurcht sind, als wenn sie nicht so schon vernarbt genug wären.

Der Pier lag verlassen da, und so trottete ich gelangweilt bis zum Ende der Kaimauer und blieb dort stehen, denn auch *ich* war verlassen, und zwar von den Winden – von Norden wie von Süden. Ich steckte in einer Flaute.

Der meteorologische Fachbegriff für diese Region lautet übrigens *innertropische Konvergenzzone*; ein anderer Begriff dafür ist die *äquatoriale Tiefdruckrinne*, die entsteht, wenn sich Luftmassen ausdehnen und in der in tropischen Gebieten naturgemäß hohen Strahlungswärme aufsteigen. Eine solche Tiefdruckrinne – wenn auch als »äquatorial« etikettiert – ist jedoch nicht an einen bestimmten Punkt auf der Erde gebunden, sondern vom Stand der Sonne, der Veränderung der Meerestemperaturen und dem Zusammentreffen und Zusammenspiel von Luftmassen in der nördlichen und der südlichen Hemisphäre abhängig: Man spricht auch von einem wandernden *Äquator der Winde*. Niedriger Luftdruck bedeutet stehende, von kaum einem Windchen bewegte Luft, so dass es Segelschiffen passieren konnte, dass ihnen tage- oder gar wochenlang buchstäblich der Wind aus den Segeln genommen wurde. Das Tagebuch eines gewissen J. T. Morris gibt uns Aufschluss darüber, wie es war, im Jahre 1859 auf dem Weg nach Neuseeland auf dem Auswandererschiff *Strathallan* in einer solchen Flautezone festzusitzen:

> Ganzen Tag Windstille. Star an Bord gekommen, und ein Habicht. Um das Schiff mehrere Wale... und eine Totenstille. Heute früh eine Frau gestorben; Seebestattung um halb fünf. Sonniger Morgen. Windstille, halten Ausschau nach Passatwinden... Feucht. Buckley und Tobin handfester Streit. Ganzen Tag Windstille... Windstille. Gestern und heute ganzen Tag ein großes Schiff in Sicht... Immer noch Windstille. Schiff immer noch in Sicht. Sehr heiß. Haifischflossen in Sicht... Zum Frühstück in Butter gebratener Hai. Zur Teestunde in Essig gedünsteter Hai. Ganzen Tag eine sehr leichte Brise. Schiff immer noch in Sicht... Pickles für zwölf Stunden in Arrest. Der 30. Tag, seit wir zuletzt Land gesehen haben... Mrs. Kohns Kind heute früh gestorben. Seebestattung um halb fünf... Ganzer Tag Windstille, die See so glatt wie eine Glasscheibe...

In seinem etwas eigenwilligen spirituellen Traktat *The Doldrums, Christ and the Plantanism* – so jedenfalls der Titel der englischen Ausgabe, wobei anzumerken wäre, dass das vom altenglischen *dol* (= stumpfsinnig) abgeleitete Wort *doldrums* einerseits einen windstillen Zustand – die *Kalmenzone* – bezeichnet, andererseits aber das seelische Befinden, das sich in einer emotionalen Flaute einstellt, wie *Trübsinn* – beschreibt der spanische Philosoph Rogelio Garcia Barcala seine eigenen Erfahrungen: »Die Hitze ist natürlich sehr drückend, das Wasser ist so unbewegt, es herrscht beinahe kein Wind, und der Körper gerät in einen eigenartigen, gänzlich unvertrauten Gefühlszustand... Ein jeder ist sich bewusst, dass etwas Ungewöhnliches uns bedrückt. Es ist nicht die Hitze der Sonne, es ist etwas anderes, eine Art Vakuum...« Nach dieser Erfahrung, schreibt er, sei man »nicht mehr man selbst, sondern jemand anderes«. Doch die wohl berühmteste Schilderung eines durch anhaltende Flaute herbeigeführten Wahnzustandes finden wir bei Samuel Taylor Coleridge, in dessen gleichnamigem Gedicht der alte Matrose (*The Ancient Mariner*) als Strafe dafür, dass er den Albatros tötete, von einer Flaute heimgesucht wird:

Wir lagen Tage, Tage lang;
Kein Lüftchen rings umher!
Wie ein gemaltes Schiff, so träg,
Auf einem gemalten Meer.

Wasser, Wasser überall!
Doch jede Fuge klafft;
Wasser, Wasser überall!
Nur was zu trinken schafft!

Die Tiefe selbst verfaulte:
Gott im Himmel, gib uns Mut!
Schlammtiere krabbeln zahllos rings
Auf schlamm'ger Moderflut.

Doch die Kalmenzonen sind nicht die einzigen windlosen Gebiete des Meeres; im Norden und Süden grenzt die innertropische Konvergenzzone an subtropische Hochdruckgebiete, die als die »Rossbreiten« bekannt sind. Diese Hochdruckgebiete, die entstehen, wenn vom Äquator aufsteigende Luftmassen sich abkühlen und wieder zur Erdoberfläche sinken, erstrecken sich über zwei Breitengrade um die Erde und führen zum Entstehen der großen Wüstengebiete der Welt – der Sahara, der Arabischen Wüste, der Kalahari, der Mojave, der Sonora, der Atacama und der Australischen Wüsten, doch auch zu nahezu windfreien Zonen auf dem Meer, wie etwa dem *Kalmengürtel*. Dass man diese Breitengrade ausgerechnet als »Rossbreiten« (englisch *horse latitudes*) bezeichnet, ist möglicherweise darauf zurückzuführen, dass bei der Überquerung des Atlantik in einer Flaute festsitzende Besatzungen spanischer Schiffe ihre Pferde über Bord warfen, wenn die Wasservorräte zur Neige zu gehen drohten. Diese Vorstellung von toten und ertrinkenden Pferden, die in einem Meer treiben, das so unbewegt ist wie ein Mühlteich, entsprach ungefähr meiner Wahrnehmung von Pag.

Ich blieb lange auf einer Bank am Hafen sitzen und fragte mich, wie es nun weitergehen sollte. Mein Mund war trocken vom Käsekauen, und meine Reiseroute schien in einer windstillen Sackgasse zu enden, aus der kein Weg hinausführte.

Dann sah ich zum ersten Mal seit fünf Tagen meinen Maileingang durch.

»Hallo Nick. Wie geht es dir? Morgen könnten wir Bura haben.« Das war eine Nachricht von Damir, dem Seemann mit der Lederjacke aus dem Museum in Senj. Ich warf einen Blick auf das Datum: Die Mail war gestern gesendet worden. Sofort stürzte ich mich auf die Wettervorhersage meines Smartphones.

~

Damir lag nicht ganz richtig: Für Senj zeigte die App ein wüstes Hin und Her zwischen starkem Wind aus Norden, was mir gelegen kam, und Wind aus Süden, was nicht gut war. Der klassische bipolare Wettstreit zwischen Bora und Jugo. Doch als ich weiter die Küste entlang scrollte, Isotachen und Isobaren kritisch im Auge behaltend, die Striche an den Windpfeilen zusammenzählte und dabei hektisch meinen Daumen über den Bildschirm meines Smartphones bewegte, geriet ich immer mehr in freudige Erregung: Zadar und Sibenik waren vielversprechender, Split sogar noch besser. Kräftige, konstante kalte Winde von Nordost mit Stärken zwischen acht und elf waren angekündigt, in orkanartigen Böen sogar bis zu Stärke zwölf.

Am nächsten Morgen erschien ein gelbes Warnzeichen, das zu Obacht riet und auf das möglicherweise schon bald ein orangefarbenes folgen würde, was bedeutete, dass man sich auf einiges gefasst machen konnte. Es sah ganz danach aus, als käme die Bora nach Split, aber Split lag rund 150 Kilometer weiter südlich. Ich verließ die Seite mit den Wettervorhersagen und wandte mich den Busfahrplänen zu.

Und so entfloh ich denn der salzigen Trostlosigkeit von Pag und war vier Stunden später in Split. Der lange Zug der Dinarischen Alpen mit seinen von den Wolken verschleierten Gipfeln, dessen Ausläufer, die verkarsteten, schrum-

peligen Hänge des Mosor-Gebirges, fast bis an Split heran-
reichen, warf seinen Schatten über die Fahrt entlang der
Küste. Als wir die Berge hinter uns gelassen hatten, fuhren
wir durch Vororte und Industriegebiete, die sich auf dem
schmalen Streifen zwischen Bergen und Meer zusammen-
drängten, während der historische Teil der Stadt unmittelbar an der Adria lag. Split ist eine der ältesten Städte an
der Adriaküste und heute die zweitgrößte Kroatiens. Ursprünglich war die Stadt von Griechen und Römern besiedelt worden, später wurde sie von Awaren und Slawen
überfallen und geplündert. Sie befand sich nacheinander
unter der Regentschaft diverser miteinander im Streit lie-
gender Reiche – der Byzantiner, der Venezianer, der Österreicher, der Franzosen unter Napoleon und der Italiener.
Das Bewusstsein, in der Weltgeschichte doch ein gewisses
Gewicht erlangt zu haben, macht sich durchaus bemerkbar: Ich verspürte in Split eine gewisse Entschlossenheit
und Zielstrebigkeit, die mir nach meinen Besuchen auf
den verschlafenen Inseln gut gefiel.

Der Bus setzte mich in der Nähe des Hafens ab, in dem
nach Schweröl stinkende Fischdampfer neben eleganten
Fährschiffen lagen, die für ernsthafte Seereisen gebaut
waren und nicht nur dafür, an der Küste entlang von Hafen
zu Hafen zu tuckern. Die am Wasser entlangführende Pro-
menade hatte zwar jüngst eine grundlegende Renovierung
über sich ergehen lassen müssen und sah mit ihrem Stadt-
mobiliar im Millenium-Stil, den Palmen und den Straßenlaternen im Industriedesign so aus, als wäre sie geradewegs
dem Reißbrett eines Städteplaners entsprungen, bewahrte
sich aber durch die Einheimischen, die rauchend ihre

Hunde ausführten, die Gruppen von alten Männern, die palavernd zusammenstanden, und die rot angelaufenen Gesichter der Säufer, die sich auf den Parkbänken zankten, glücklicherweise ein gesundes Maß an Bodenständigkeit.

Ich wandte mich vom Meer ab und wieder der Stadt zu, schlenderte an hohen Mauern entlang und durch enge Gassen, unter Torbögen hindurch und an mit Taubenkot bekleckerten Mauerstreben vorbei in der Altstadt umher und genoss es, mich in dem Gewirr der Straßen zu verlieren, die allesamt vom Mittelpunkt der Stadt abgingen, dem Diokletianpalast. Dieser Palast, ein ausladender Komplex von Villen, Tempeln, Innenhöfen, Kasernengebäuden und Umgrenzungsmauern, einstmals errichtet als Altersruhesitz für den römischen Kaiser Diokletian – Geißel der Perser und Sarmaten, Verfolger der Christen, der sich im Alter unter anderem als Kleingärtner betätigte –, wirkte zwar siebzehn Jahrhunderte nach seiner Erbauung noch bemerkenswert intakt, war aber längst von der ihn umgebenden Stadt absorbiert und im Laufe der Jahrhunderte immer wieder durch Anbauten verunstaltet worden. Anhand der abgetretenen Kalksteinplatten am Boden war es nicht mehr leicht zu eruieren, wo der eigentliche Palast anfing und wo er endete; spätere bauliche Erweiterungen klebten an ihm wie parasitäre Wucherungen.

Außerhalb der Stadtmauern traf ich auf einen alten Mann, der – einem abergläubischen Impuls gehorchend – den riesengroßen Zeh an der Bronzestatue des Bischofs Gregor von Nin rieb, der sich im Mittelalter für die Verbreitung der kroatischen Sprache anstatt des Lateinischen starkgemacht hatte. Offenbar haben auch schon viele andere diesem Brauch gefrönt, so dass der Zeh nun glänzte, als wäre er aus purem Gold.

Dieses Ritual soll angeblich Glück bringen, und das hatten wir alle hier vielleicht auch bitter nötig. Oberhalb der Berge ballten sich nämlich vereinzelte Wolken zu bedrohlichen grauen Brocken zusammen, die die gesamte Stadt und selbst das Meer überschatteten. Ich setzte meinen Rundgang fort und fand mich einige Zeit später an eben derselben Stelle wieder. Der Alte war immer noch mit dem Zeh des Bischofs beschäftigt. Und es kam Wind auf.

Ich fand ein gemütliches, geschützt liegendes Zimmer am Fuß des Marjan-Hügels, einer Parkanlage auf der bewaldeten Halbinsel an der westlichen Spitze der Stadt. Als ich einschlief, zitterten bereits die Fensterscheiben, und die Jalousien klapperten wie Zähne aufeinander. Es lag etwas Großes in der Luft, und die Wände des Hauses spürten sein Herannahen.

∼

Da wartet man drei Wochen lang auf eine Bora, und dann kommen gleich zwei auf einmal. Von der ersten erwachte ich um fünf Uhr in der Früh, und sie war – schwarz. Es heulte in den Straßen, und dicke Regentropfen prasselten vom Himmel herunter wie reife Früchte von den Bäumen. Ein paar beherzte Passanten unter Schirmen bemühten sich, voranzukommen. »Bora?«, rief ich dem Erstbesten zu, der aber weitereilte, ohne mich einer Antwort zu würdigen. Der Nächste hob wenigstens den Kopf. »*Crna Bora!*«, brüllte er. »Schwarze Bora!« Das war die seltenere

Form, mit der ich nicht gerechnet hatte. Sie entsteht durch ein zentrales Tiefdruckgebiet in der südlichen Adria, das man Genuatief nennt und das dunkle Wolken mit sich bringt statt eines klaren Himmels. Aber es war letzten Endes gleich, welche Farbe dieser Wind hatte – er war auf jeden Fall stark genug, um mich draußen auf der Straße glatt umzuschmeißen. Ich war noch gar nicht richtig wach, als ich, in regendichte Kleidung gehüllt, hinauswatete. Die Stadt war erfüllt von neuen Geräuschen, die über Nacht Einzug gehalten hatten – dem Schurren und Poltern von Gegenständen, die sich irgendwo losgerissen hatten und nun durch die Straßen kollerten, dem Klimpern der Wanten an den Masten der Segelboote im Yachthafen, den Sturzseen von Wasser, die die Rinnsteine hinunterrauschten. Die Scheibenwischer der im Schneckentempo vorbeifahrenden Autos schlugen blindlings hin und her. Der Wind kam in kurzen, giftigen Böen und fegte erbarmungslos durch die Straßen; wenn man um manche Hausecke kam, war es, als würde man von unsichtbaren Rüpeln geschubst. Als ich die sich in einen Wasserfall verwandelnden Stufen zum Marjan-Hügel emporstieg, musste ich mir gegen herumfliegenden Sand und kleine Steinchen schützend die Hand vors Gesicht halten. Aber ich hatte dennoch nur eines im Sinn: Ich wollte mich den Gewalten des Himmels aussetzen.

Oben auf dem Hügel blickte ich von einer Aussichtsterrasse auf sich im Wind biegende Kiefern hinunter. An einem Fahnenmast knatterte eine mit wild zuckenden Bewegungen auf und ab schlagende kroatische Flagge wie ein völlig außer Kontrolle geratenes, wild prasselndes Feuer.

Als ich auf eine Mauer kletterte, um das Meer sehen zu können, wurde ich sofort wieder heruntergeblasen: Der Wind war zu stark, als dass man sich ihm hätte entgegenstemmen können, zu stark sogar, als dass man seinen Anblick hätte aushalten können. Meine Lippen und meine Augenbrauen waren taub vor Kälte. Aber ich war auf eine naive Art und Weise glücklich.

Dann zog die Schwarze Bora sich zurück, und die Weiße Bora trat an ihre Stelle.

Ich bemerkte den Übergang zuerst durch eine Veränderung des Lichts. Die dunklen Wolken stoben mit einem Male davon und hinterließen eine lichte Klarheit. Dörfer an weit entfernten Küsten, die eben noch gar nicht zu sehen gewesen waren, waren plötzlich bis ins Detail klar zu erkennen. Der Horizont verwandelte sich von einer verschwommenen Linie, die aussah, als wäre sie mit einem Wachsmalstift gezogen, in einen gestochen scharfen Bleistiftstrich. Die Wellen des silbergesprenkelten, leuchtenden Meeres wurden vom Strand weggetrieben wie das Fell eines Tieres, das gegen den Strich gebürstet wird; riesige Katzenpfoten kräuselten die Wasseroberfläche und drückten die Schaumkämme fächerförmig gen Süden.

Als ich mich wieder dem Landesinneren zuwandte, gewahrte ich zu meinem Erschrecken einen schneebedeckten Berg, der vorher nicht dagewesen war und der vor meinen Augen immer größer, immer heller und immer monströser zu werden schien, so dass die Reihen von Wohnblocks zu seinen Füßen wie geschrumpft wirkten. Sollte das etwa Hyperborea sein, das sagenhafte Land, von dem die alten Griechen glaubten, es läge irgendwo »jenseits des Boreas«

weit oben im Norden, ein Idyll vollkommener Unverdorbenheit? Doch als die Vision festere Formen annahm, sah ich, dass es doch nur das Mosor-Gebirge war, gestern noch braun, heute blendend weiß.

Unten in der Stadt waren die ersten Bewohner bereits dabei, den angerichteten Schaden zu inspizieren; andere führten seelenruhig ihre Hunde spazieren, wieder andere hetzten, Tüten mit Hamsterkäufen an die Brust gedrückt, von Laden zu Laden. Arbeiter mit großen Kehrbesen waren dabei, den Schutt wegzuräumen; aufgeregte Taubenschwärme duckten sich flügelschlagend in den Schutz von Mauern. Es herrschte allgemeine Unordnung, eine etwas aufgelöste Stimmung. Zufällig begegnete mir meine Vermieterin, die sich in geradezu überschwänglicher Laune befand: »Das war die Schwarze Bura, nun haben wir die Weiße. Sie sollten heute Nachmittag auf den Berg steigen – wenn die Bura weht, kann man Italien sehen. Nehmen Sie den Bus bis Gornje Sitno und dann immer bergauf...«

Am darauffolgenden Tag schaute ich zu, wie sich im gleißenden Sonnenschein Massen von Menschen durch die Straßen schoben, um dem Beginn des Fastnachtskarnevals beizuwohnen. Kostümierte Kinder – Superhelden, Piraten, Hexen, Soldaten, Punks und Prinzessinnen – zogen in einer Prozession durch die engen Gassen mit ihren abbröckelnden Steinmauern, während Gruppen Schafsmasken tragender Pantomimen mit Hörnern auf den Köpfen und bimmelnden Kuhglocken an den Gürteln, begleitet vom Schnarren der Dudelsäcke aus Ziegenleder, einen bedrückend langsamen Tanz aufführten. Sie stellen die *Zvoncari* dar, zottige Monstermenschen aus dem gebirgigen Hinterland, deren Aufgabe darin besteht, das Nahen des Frühlings zu beschleunigen und böse Geister – zu denen dereinst natürlich auch einfallende Mauren und Türken gehörten – auszutreiben. Um diesen Auftrag zu erfüllen, fielen sie nun stampfend und schnaubend in die zivilisierte Küstenregion ein. Die Stadt erschien mir wie verwandelt, Wohlerzogenheit wich heidnischem Brauchtum, und alle waren voller Leidenschaft dabei – angeregt nicht nur durch die Begeisterung am Wiederbeleben der alten Bräuche, sondern auch durch den Wind.

Für mich galt es aber, hinauf zum Mosor zu gelangen – und zu meiner Verabredung mit der Bora. Ich nahm den Bus in die außerhalb liegenden Vorstädte und die dahinter beginnenden Dinarischen Alpen mit ihren unter Brücken hindurch stürzenden Bergflüssen und den terrassenförmig angelegten Rebhängen. Es war eine weiße neue Welt hier oben.

Gornje Sitno ist das am höchsten gelegene Dorf der Region, und hier endete auch die Straße. Fünfzehn Zentimeter Neuschnee knirschten unter meinen Füßen, als ich mich an den Aufstieg machte. An den Enden meiner Schnürsenkel gefror der Schnee zu kleinen Kügelchen. Der Wind hatte jedes Blatt und jeden Grashalm an der ihm zugewandten Seite mit einer Schneeschicht bedeckt, während er an den Stämmen der Bäume und an den Telegrafenmasten einen weißen Pelzstreifen hinterlassen hatte, der genau nach Nordosten zeigte – wie eine auf einen neuen Pol ausgerichtete Kompassnadel. Die Welt war exakt in zwei Hälften geteilt, und die Demarkationslinie trennte Frühjahr und Winter.

Anfangs war ich noch durch den Steilhang geschützt und konnte die Bora nur hören, aber dann packte sie mich, war auf meiner Haut, ließ mir das Gesicht erfrieren, trieb mir den Schnee in die Augen, so dass meine Wimpern erstarrten und auch mein Bart hart und steif wurde. Ich beging den Fehler, meine Fäustlinge abzustreifen; sofort begannen meine Finger so sehr zu pochen, als hätte ich sie in einer Tür eingeklemmt. Die Kälte verlangsamte meine Schritte, zwang mich, in gebückter Haltung weiterzuschleichen, als würde ich unter Beschuss stehen – oder mich verbeugen.

Der Wind war in meinen Ohren, aber weder blies noch stöhnte er. Er pfiff oder heulte auch nicht – er tat nichts von all dem, was man üblicherweise mit Wind assoziiert. Er war weniger ein Geräusch als vielmehr eine Empfindung, ein namenloses *Etwas*, das den Unterschied zwischen hören und fühlen aufhob. Zum ersten Mal in meinem Leben erfuhr ich ein Geräusch als vitale Kraft – eine Kraft, die in meine Lunge drang und unter meine Haut. Wie ein religiöser Fanatiker schrie ich meine Verzückung in die Welt hinaus.

Die Bora erwiderte mein Brüllen, und dann brach die Hölle los. Ein Windstoß mit einer Geschwindigkeit von an die hundertdreißig Stundenkilometern wirbelte Spiralen aus Pulverschnee auf, einen gefrorenen Nebel, der in der Luft kreiselte wie aufsteigender Rauch, bis er sich in Tornados aus Eis verwandelt hatte, die von Hang zu Hang hüpften, bevor sie sich in Schwaden auflösten. Dieser Vorgang wiederholte sich wieder und wieder vor meinen Augen. Jede weiße Eruption breitete sich aus und verdichtete sich dann wieder zu Wolkenwirbeln, die im rasenden Tempo eines Waldbrandes die Bergflanke hinunterjagten. In jedem noch so flüchtigen Schneeornament zeigte die Bora ihr wahres Gesicht, in jeder Windung, jedem Schnörkel, in den sich drehenden Strudeln und Spiralen. Ich sah das Unsichtbare sichtbar werden, das Formlose Gestalt annehmen.

Was war es, was die Bora mir an diesem gefrorenen Berghang sagen wollte?

Ich konnte ihre Worte nicht verstehen. Ihre Sprache war einfach unergründlich.

FÖHN

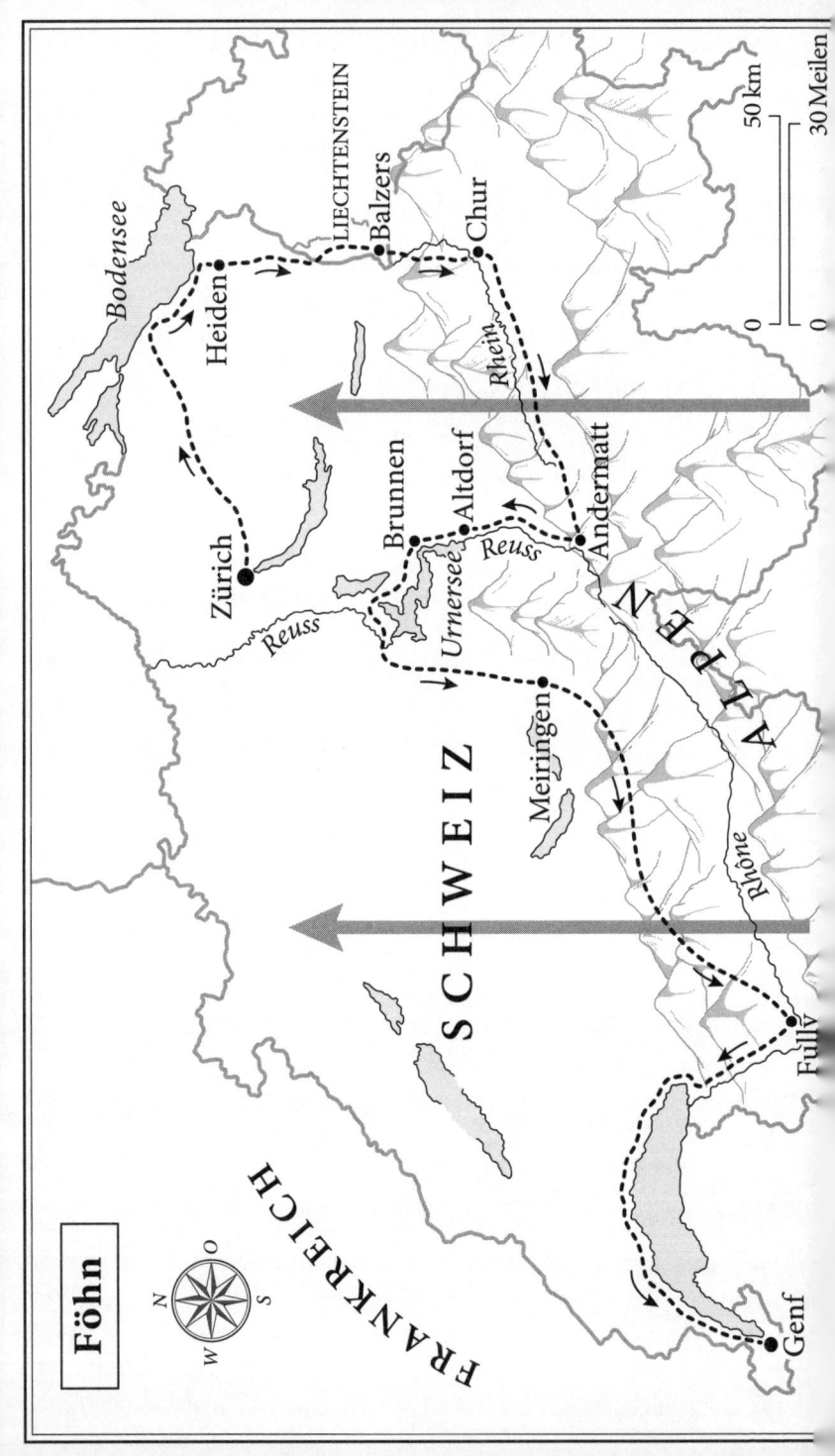

Wenn einer in den Bergen heimisch ist, der kann jahrelang Philosophie oder historia naturalis studieren und mit dem alten Herrgott aufräumen, – wenn er den *Föhn* wieder einmal spürt oder hört eine Laue durchs Holz brechen, so zittert ihm das Herz in der Brust, und er denkt an Gott und ans Sterben.

Hermann Hesse

Als ich die Place de la République überquerte, stand dort ein Mann und bot den Passanten an, sich neben dem Mahnmal für die Opfer des Terroranschlags auf das Bataclan-Theater kostenlos von ihm umarmen zu lassen. Ich ließ mich breitschlagen und von seiner molligen, nach Patchouli-Öl duftenden Wärme umfangen, um danach aber gleich weiter zur Gare de Lyon zu eilen, damit ich meinen Zug nicht verpasste. Paris hatte auf mich einen tristen Eindruck gemacht; die Stadt schien von Menschen bevölkert, die mit versteinerten Gesichtern mürrisch die mit Graffiti besprühten Straßen entlangwanderten. Die Roma schienen hier die Einzigen zu sein, die ein Lächeln im Gesicht trugen.

An dem Ausklapptischchen des Hochgeschwindig-keitszuges TGV versuchte ich zum x-ten Mal, auf einer Landkarte der Schweiz im Maßstab 1:300.000 die Route meiner nächsten Wanderung festzulegen. Doch wieder verwirrte mich die topografische Komplexität dieses Landes, das durch die vielen Täler, die sich wie ein Geflecht von Furchen über sein Antlitz ziehen, und durch die sich nach allen Seiten verzweigenden und aufspaltenden violetten Bergketten seltsam zerrissen wirkte. Die Karte kam mir weniger wie die Planungshilfe für eine Reise vor, vielmehr erschien sie mir wie eine medizinische Darstellung der verschiedenen Hemisphären des Gehirns. Seit Wochen studierte ich diese Karte nun schon, und sie blieb mir nach wie vor ein Rätsel. Mein Zug fuhr nach Zürich – einer Stadt, die ich mir mehr oder weniger zufällig als Ausgangspunkt für meine Alpenwanderung ausgesucht hatte; doch wie es danach weitergehen sollte, war bisher noch ungewiss.

Mein dritter Wind war der Föhn, der beim Übergang vom Winter ins Frühjahr in den Tälern der Alpen vorherrscht. Er ist ein warmer, trockener Fallwind, was bedeutet, dass er der Geländeform folgend abwärts strömt – im Gegensatz zu einem aufwärts strömenden Hang- oder Aufwind –, und er verleiht einer ganzen Gattung von Winden seinen Namen: Weitere »föhn-artige« Winde sind unter anderem der Chinook der Rocky Mountains, die kalifornische Santa Ana, der polnische Halny, der südafrikanische *Bergwind* und sogar der Helm vom Cross Fell – wobei dieser englische Vertreter im Vergleich zu seinen Vettern eher einen Winzling darstellt. Aber der Föhn der

Alpen ist und bleibt das Original – und er ist von allen der berüchtigtste. Als ich den Namen einmal einer Freundin in Hamburg gegenüber erwähnte, sagte sie spontan: »Ach ja, Föhn. Das ist das, weswegen die da unten in Bayern alle nicht ganz richtig im Kopf sind.« Ja, dem Föhn wird nachgesagt, er sei der Grund für Migräneanfälle, Angstzustände, Depressionen bis hin zu Suiziden; auch trage er zu den verheerenden Feuersbrünsten bei, von denen die harzigen Wälder in den Alpen regelmäßig heimgesucht werden – wird aber zugleich auch mit klarem Himmel, warmen Temperaturen und dem Ende des Winters in Verbindung gebracht.

Diesen Übergang von der einen Jahreszeit in die andere beschreibt Hermann Hesse in seinem Bildungsroman *Peter Camenzind*, der die Entwicklung seines Protagonisten, eines jungen Mannes aus einem fiktiven Alpendorf, schildert. Peter Camenzind ist introvertiert und melancholisch veranlagt, doch gelingt es ihm, sich aus den Zwängen der Rückwärtsgewandtheit und Engstirnigkeit seiner dörflichen Umgebung zu befreien, indem er auf der Suche nach Erfahrung und Wissen in die Welt aufbricht. Das Verfolgen seiner geistigen und seelischen Ziele und die eine oder andere gescheiterte Liebesaffäre führen ihn nach Italien – in eine vollkommen andere Welt als die der enthaltsamen Strenge seiner Heimat; und das *Heulen* des Föhns bildet sozusagen den musikalischen Hintergrund für diese Reise:

In Kinderzeiten fürchtete ich den Föhn und hasste ihn sogar. Mit dem Erwachen der Knabenwildheit aber bekam ich ihn lieb, den Empörer, den Ewigjungen, den frechen Streiter und Bringer des Frühlings. Es war so herrlich, wie er voll Leben, Überschwang und Hoffnung seinen wilden Kampf begann, stürmend, lachend und stöhnend, wie er heulend durch die Schluchten hetzte, den Schnee von den Bergen fraß und die zähen alten Föhren mit rauen Händen bog und zum Seufzen brachte… Das ist der Süden, der sich dem spröden, ärmeren Norden immer wieder stürmisch und lodernd an die Brust wirft und den verschneiten Alpendörfern verkündet, dass jetzt an den nahen purpurnen Seen Welschlands schon wieder Primeln, Narzissen und Mandelzweige blühen.

Ich selbst brach Ende März auf, als gerade der Schnee zu tauen anfing, und hoffte, zur richtigen Zeit am richtigen Ort zu sein, um auf den Föhn zu treffen – ich wusste nur noch nicht, *wo*. Während ich die Karte zusammenfaltete, war ich mit meinen Gedanken bei den Worten Hermann Hesses, und ich war zuversichtlich, dass die Route sich schon von selbst ergeben würde, sobald ich nur die ersten Schritte tat.

Bei meiner Ankunft in Zürich war es bereits dunkel. Die Bahnhofshalle empfing mich mit einer Komposition aus matten Silber- und Grautönen über einem blank gebohnerten Boden, von allen Seiten hallten Echos wider. Zwei uniformierte Wachsoldaten mit einem Haarschnitt wie aus den vierziger Jahren saßen rauchend an einer Bar, während ein dritter rennen musste, um seinen Zug noch zu kriegen, wobei er sein Automatikgewehr wie ein sperriges Gepäckstück hoch in die Luft gerichtet hielt. Obwohl für ihre Neutralität gerühmt, ist die Schweiz, in der für körperlich tüchtige männliche Einwohner ausnahmslos Wehrpflicht herrscht, paradoxerweise eines der bestbewaffneten Länder Europas. Ich überquerte den Fluss, um in die Altstadt zu gelangen, und machte an einer Bierhalle mit einer fleischlastigen Speisekarte voller Schnitzel-, Bratwurst- und Rindfleischgerichte Halt, deren Gäste so massig waren wie die Speisen, die sie in sich hineinschaufelten. Als ich mein bestelltes Essen bekam, dachte ich zuerst, es handele sich um ein Versehen: Der Burger erstickte unter einem Spiegelei und schwamm in einer dunkelbraunen Sauce, deren Farbe an Schuhwichse erinnerte. Statt der erwarteten Pommes Frites gab es dazu einen Haufen mit brutzelndem Käse überbackenes Kartoffelhaschee. Allein schon an der Küche merkte man also sofort, dass man sich im deutschsprachigen Teil der Schweiz aufhielt, und damit Welten entfernt von der kulinarischen Klasse der französisch oder italienisch geprägten Regionen... Nachdem ich das schwer verdauliche Essen durchgekaut und hinuntergebracht hatte, fand ich ein Stück weiter in derselben Straße ein Hostel, doch sollte es eine unruhige Nacht werden: Im Schlafsaal trieb nämlich ein dicker Golem mit chronischen Atembeschwerden sein Unwesen, der in dem Bett unter meinem stundenlang nach Luft rang oder japste und dabei zwischenzeitlich zu ersticken drohte. Im ersten grauen Dämmerlicht des Morgens zog ich von dannen, nachdem ich beinahe so schlecht geschlafen hatte wie er.

Zürich erwachte zaghaft zum Leben; doch schon bald

füllten sich die Straßen mit einigermaßen vernünftigen Radfahrern und Geschäftsleuten, deren frische Gesichtsfarbe verriet, dass sie das Wochenende höchstwahrscheinlich mit Skilaufen oder Snowboarden zugebracht hatten. Ich gewann den Eindruck einer gut funktionierenden Stadt mit hoch in den Himmel ragenden, eckigen Kirchtürmen, goldenen Turmuhren, die aussahen, als wären sie Riesenausgaben einer Rolex, und mit einer typisch deutschen Vorliebe für heraldisches Flair: mal ein bronzener Storch, mal der aus Eisen gegossene Kopf eines Hirsches. Dazu jede Menge Löwen, die Schwerter und Palmwedel hielten, und selbst auf die Festmachpoller am Flussufer hatte jemand Augen gemalt, so dass sie sich würdig in dieses Bestiarium einreihten. Doch die Straßen Zürichs waren zu weit von den Bergen entfernt, als dass man die gefürchteten Auswirkungen des Föhns hätte spüren können, also lenkte ich meine Schritte zum Bahnhof zurück und bestieg den ersten Zug in Richtung Osten.

Während meines aus Brezeln bestehenden Frühstücks hatte ich mir einen Plan zurechtgelegt. Ein hilfreicher Kontakt bei MeteoSwiss – dem nationalen Wetterdienst der Schweiz, der seit seiner Gründung im Jahre 1863 sorgfältig sämtliche Wetterdaten sammelt – hatte mir den Tipp gegeben, meine Suche im Alpenrheintal in der Ostschweiz zu beginnen, wo es für die kommende Woche Hinweise auf Föhn gab. Folgte ich dem tief in die Alpen hineinführenden Tal in südlicher Richtung, würde ich auf dem Oberalppass die Berge in Richtung Westen durchqueren und dann dem Fluss Reuß bis in das gleichnamige Tal folgen, für das ebenfalls Föhn angesagt war, und das mich wieder gen

Norden bis zum Vierwaldstättersee führen würde. Mit dieser Strategie – indem ich den Tälern in südlicher, dann in nördlicher und schließlich wieder in südlicher Richtung folgte, könnte ich das Land quasi im Zickzackkurs durchqueren und damit die höheren Gipfellagen vermeiden, in denen zu dieser Jahreszeit Lawinengefahr bestand. In dem komplexen Kartenbild begann sich ein Muster abzuzeichnen, als ich die drei Flüsse ausmachte, an deren Lauf ich mich auf meiner Wanderschaft nach Westen orientieren wollte: den Rhein, die Reuß und die Rhône, eine Alliteration, an der ich Gefallen fand.

Eine halbe Stunde lang zogen gleichförmig aussehende Dörfer und die nichtssagenden Felder des reizlosen Züricher Unterlandes am Fenster vorbei, während der Zug sich dem Bodensee näherte. Diese an die Schweiz, Deutschland und Österreich grenzende gewaltige Wasserfläche ist im Grunde mehr ein riesiges Sammelbecken des Rheins, der nach der ersten Etappe seiner an der Quelle in den Alpen begonnenen Reise hier im Tiefland eine Pause einzulegen scheint, um Kraft für seine rund 800 Kilometer lange Weiterreise bis zur Mündung in der Nordsee zu sammeln.

Als ich in Romanshorn ausstieg, lag der See in weißen Nebel gehüllt da, und die baden-württembergischen Orte auf der deutschen Seite waren im Dunst kaum zu erkennen. Die Windanzeiger bewegten sich kein bisschen, und sämtliche Flaggen hingen schlaff herunter wie Geschirrtücher. Wieder einmal – und das schien jetzt eine Art Leitmotiv zu sein – begann meine Reise an einem gänzlich windstillen Tag.

Ich ging, den freundlichen gelben Schildern mit der

Aufschrift *Wanderweg* folgend, in östlicher Richtung am Seeufer entlang. In der Schweiz gibt es in etwa so viele Wanderwege wie Radwege in den Niederlanden. Der Weg führte mich an Bungalowsiedlungen, Schrebergärten und Wohnwagenplätzen vorbei, auf denen sich um diese Zeit des Jahres natürlich noch nichts tat. So präsentierte sich der Bodensee zur Begrüßung von seiner kleinbürgerlichen Seite – mit artig voneinander abgegrenzten, penibel in Schuss gehaltenen Parzellen, in denen sich Gartenzwerge neben Waldtieren, Putti aus Porzellan und steinernen Buddhas tummelten – die verkitschten Kleinausgaben der heraldischen Grandeur von Zürich.

Mein Mittagessen bestand aus einer Portion Kartoffelsalat in der alten Stadt Arbon, einem bunten Durcheinander aus drei oder vier Stockwerke hohen Fachwerkhäusern mit grünen, blauen und roten Farbtupfern in Form von grellbunt gestreiften Markisen – und einer ausgesprochenen Vorliebe für gotische Schrift. Am Nachmittag kam ich in Rorschach an, von wo es nun etwas höher hinauf gehen sollte.

Auf den Bergausläufern oberhalb der Stadt gab es da und dort einzelne Schneeflächen – Weiß auf Schwarz, wie ein Negativdruck des gleichnamigen Tintenkleckstests. Obwohl ich den ganzen Tag sehr erpicht darauf gewesen war, endlich die Berge zu sehen, bekam ich angesichts dieser ersten Andeutung dessen, was vor mir lag, doch einen kleinen Kloß im Hals. Diese Hänge verkündeten den Beginn der Appenzeller Alpen, die zwischen mir und dem Alpenrheintal lagen.

Nachdem ich eine halbe Stunde lang von Rorschach

aus aufgestiegen war, zeigte sich die Sonne genau in dem Moment, als ich den ersten Schnee erreichte, zum ersten Mal an diesem Tag, und gleichzeitig geriet ich erstmalig ins Schwitzen. Der Weg wand sich durch moosige Wälder, führte dann wieder an unberührten, verschneiten Feldern und Weiden vorbei, auf denen Schafherden ihre Glocken bimmeln ließen – wie in den Alpen schließlich nicht anders zu erwarten. Nun erschienen auf den Hängen auch die ersten Bauernhäuser mit Holzschindeldächern, aus deren Schornsteinen Rauch drang und von denen der ländliche Geruch von Nutztieren und von Dung ausging. Als ich mich umblickte, sah ich, dass die Wolkendecke, die den ganzen Tag über dem See gelegen hatte, sich in einer dichten weißen Welle davonwälzte und damit in der Ferne auch den Blick auf einzelne, auseinander liegende Fragmente von Deutschland freigab, die wie Puzzleteile darauf warteten, zusammengefügt zu werden. Von hier aus folgte ich zwei Stunden lang den sich schlängelnden Linien des Wegs auf und ab, bis ich endlich den Scheitelpunkt des letzten Berges erklommen hatte, von dem aus ich eine vom fahlen Sonnenlicht beschienene Ansammlung von Holzhäusern erblickte – das Dorf Heiden, Ziel meiner ersten Tagesetappe.

Hier hatte ich telefonisch ein Zimmer bestellt und fragte mich durch, bis ich vor einem ziemlich baufälligen *Chalet* stand, an dessen Wänden Reklameschilder von Harley-Davidson angebracht waren und aus dem wüstes Hundegekläff zu mir nach draußen drang. Es war niemand daheim, aber eine Stimme auf dem Anrufbeantworter führte mich zu dem Versteck des Haustürschlüssels und dann durch eine Reihe von Korridoren – »Dann sehen Sie vor sich die Tür zur Küche. Sie dürfen die Küche benutzen. Hinter der nächsten Tür sind die Hunde. Halten Sie sich von den Hunden fern« – zu einem gemütlichen, holzvertäfelten Zimmer mit schweren Wolldecken auf dem Bett und einer Tafel Toblerone als Willkommensgeschenk, die ich auf der Stelle verputzte.

Erschöpft von der knapp fünfundzwanzig Kilometer langen Strecke ließ ich mich aufs Bett fallen und schloss die Augen. Als ich sie wieder öffnete, war es bereits Nacht und beinahe Vollmond. Ich steckte den Kopf zum Fenster hinaus in die frische Luft. Noch immer kein Windhauch.

~

In der Schweiz gibt es zwei Arten von Föhn, und diese Aufteilung versinnbildlicht auch das Gespaltensein des Landes an sich. Die Schweiz ist eine zusammengestoppelte Konföderation von sechsundzwanzig autonomen Kantonen, die ihrerseits wieder in 2.500 Kommunen aufgeteilt sind, von denen jede ziemlich isoliert von ihren Nachbarn funktioniert. Doch die auffälligste Teilung ist topografischer Natur: Europas größtes Gebirge zieht sich mitten durch das Land und trennt es in zwei Hälften, wobei diese Trennung sich nicht nur sprachlich und kulturell auswirkt, sondern auch im Wetter bemerkbar macht. Der Nordföhn strömt vom Norden her die Südseite der Alpen hinunter in das italienischsprachige Tessin, während der Südföhn auf der Nordseite der Alpen von Süden in die den Großteil des Landes ausmachenden deutschsprachigen Regionen, in die dünn besiedelten Täler des Kantons Graubünden – wo Rätoromanisch die Amtssprache ist – und ins Wallis weht, dessen Bevölkerung zum Teil französischsprachig und zum Teil deutschsprachig ist.

Die massive Hochgebirgsschwelle der Alpen bildet eine krasse Wettergrenze – ist in Graubünden beispielsweise der Himmel klar, kann es im Tessin durchaus regnen. Der Föhn lässt sich – ähnlich wie der Helm – durch eine Krone weißer Wolken über den Bergen vorhersagen. Der Wind entsteht durch etwas, das den poetischen Namen »Regenschatten« trägt: Auf der dem Wind abgewandten Leeseite eines Gebirges fällt kaum Niederschlag, während sich auf der gegenüberliegenden Seite Wolken aufhäufen und sich abregnen. Durch das Abregnen, also den Verlust an Feuchtigkeit, ist die Luft, wenn sie auf der anderen Seite wieder hinunterströmt, nicht nur trocken, sondern auch warm. Das wiederum führt zu einem Temperaturanstieg, und diesem Umstand verdankt der Föhn den prächtigen Spitznamen »Schneefresser«. So ein plötzlicher Stoß warmer, trockener Luft kann aber auch sehr gefährlich sein, deshalb hatte ich buchstäblich die Beine in die Hand genommen, als ich über die Berge auf Heiden zu marschierte. Am 7. September 1838 hätte das Zusammentreffen von Föhn und Feuer das Dorf nämlich um ein Haar von der Landkarte ausradiert – ein Datum, das man dort bis heute nicht vergessen hat.

»Sieht aus, als wäre es ein schöner Spätsommertag, nicht wahr? Aber schauen Sie nur, der Rauch.« Das Heimatmuseum öffnete, nachdem ich schon zu früher Morgenstunde auf dem Rathaus mein Ersuchen in holperigem Reiseführerdeutsch vorgebracht und die Dame am Empfang sich meiner erbarmt hatte, extra für mich seine Türen. Es war sogar ein Englisch sprechender Führer für mich herbei telefoniert worden – der sich als wahrer Glücksfall erwies, denn es handelte sich um den Historiker Andres Stehli, der mich als Erstes gleich zu einem gerahmten Bild an der Wand führte.

Auf den ersten Blick schien es sich um eine idyllische Landschaftsszene zu handeln: Das Bild zeigte das Dorf mit seiner Kirchturmspitze und ein paar hübschen Häusern. Doch beim näheren Hinschauen erwiesen sich die bösen Vorzeichen als so überdeutlich wie die Moral einer Lesefibelgeschichte für Kinder. Das blaue Kleid einer Frau wurde in die gleiche Richtung geweht wie der Rauch aus dem Schornstein der Dorfschmiede, aus deren Dach man bei noch näherem Hinschauen Funken sprühen sehen konnte. Das Bild zeigte quasi die »Pudding Lane« – wo der verheerende Brand Londons 1666 seinen Ausgang nahm – von Heiden, und der Südföhn trug das Feuer in Windeseile gen Norden, so dass es sämtliche in dieser Richtung befindlichen Häuser verschlang – binnen weniger Minuten waren 129 Heimstätten vernichtet.

Ein zweites Bild zeigte die gleiche Szenerie einige Stunden später: Eine Trümmerstätte aus verkohlter Erde mit einer niedergebrannten Kirche, an die Stelle der Frau in Blau sind zwei fliehende Mädchen getreten, die ihre Habseligkeiten über dem Kopf trugen. Die Feuersbrunst war so verheerend, dass man ihren Schein sogar noch am fünfzehn Kilometer entfernten jenseitigen Ufer des Bodensees hatte sehen können. Im Museum ist der zerbeulte Helm eines der deutschen Feuerwehrmänner ausgestellt, die mit einem Boot kamen, um zu helfen – jedoch viel zu spät, um noch etwas ausrichten zu können.

»Das ist alles, was übrig geblieben ist«, sagte Herr Stehli und wies durch das Fenster auf ein Haus, das viel älter war als die benachbarten Gebäude. »Der Bürgermeister hatte den Einwohnern damals befohlen, dieses eine Haus vor dem Feuer zu bewahren, koste es, was es wolle, selbst wenn ringsherum alles ein Raub der Flammen würde – es war natürlich *sein* Haus.«

Erstaunlicherweise hat man das Dorf innerhalb von zwei Jahren wieder vollständig aufgebaut, obwohl es danach nicht wiederzuerkennen war. Sämtliche Häuser waren nämlich von ein- und demselben Architekten entworfen worden, so dass sie alle gleich aussahen. Dadurch war Heiden zu einer Besonderheit der Region geworden. Nicht nur, weil es keinerlei bauliche Ähnlichkeit mehr mit den Nachbardörfern aufwies, sondern auch wegen der Weltanschauung, die hinter dem Projekt steckte. Die neuen Häuser waren im Biedermeier-Stil entworfen, der in jener Zeit in Mitteleuropa vorherrschenden Ästhetik, die bürgerliche Werte und ein neues, aufstrebendes Bürgertum repräsentierte. Ein klarer Bruch also mit der ländlichen, von vielerlei Aberglauben geprägten Vergangenheit und ein entschlossener Versuch, Anschluss an das neue, moderne Europa zu finden.

Und so ist Heiden denn als mondäner Erholungsort wiederauferstanden, war nicht länger die Heimat gottesfürchtiger Bauern, sondern Tummelplatz von Hoteliers und Gastronomen, die die gute alte Zeit nur zu gerne hinter sich lassen wollten, um sich in die Belle Époque zu stürzen. Die kleine Eisenbahn, die heute noch nach Rorschach und zurück rattert, beförderte früher einmal die Schönen und Reichen Europas, die sogar noch von Berlin angereist kamen. Ich blätterte in einem Album, dessen verblichene Fotografien Damen mit riesigen Hüten und Herren mit Melonen und Gamaschen zeigten, die in schattigen Gärten ihren Tee tranken. »Und all das nur wegen des Feuers und wegen des Föhns«, sinnierte Herr Stehli. »Es gab uns die Möglichkeit, neue Ideen zu verwirklichen, schuf ein neues Denken. Wenn wir dieses Feuer nicht gehabt hätten, wäre Heiden im neunzehnten Jahrhundert niemals zu solcher Berühmtheit gelangt.«

Aber hatte es nicht noch ein zweites Feuer gegeben, warf ich ein, rund hundert Jahre später? Irgendwo hatte ich etwas darüber gelesen. »Ach ja, das war eine sehr unglückliche Geschichte – das war 1936, bei den Feierlichkeiten zu unserem Nationalfeiertag. Da ist die Kirche ein weiteres Mal bis auf die Grundmauern niedergebrannt – und die kompletten Archive der Gemeinde gleich mit. Aber damals war es nicht der Föhn. Man hat in der Kirche Raclette zubereitet, und dabei ist etwas schiefgegangen.«

»Raclette?«, fragte ich nach. Mir als Engländer sagte das nichts.

»Na, so ähnlich wie Fondue ...«

Als ich Heiden den Rücken kehrte, konnte ich nicht umhin, eine gewisse Ironie darin zu erkennen, dass diese Katastrophen auf so absurde Weise *schweizerisch* gewesen waren: Die erste war auf den Alpenwind zurückzuführen, die zweite auf den landestypischen Brauch, Käse schmelzen zu lassen. Viel später erst wurde mir bewusst, dass es sich bei dem Inferno von Heiden um alles andere als um einen Einzelfall gehandelt hatte. Bald schon konnte ich nicht mehr aufzählen, wie viele weitere Städte und Dörfer, allesamt fast ausnahmslos aus Kiefernholz erbaut, über die Jahre niedergebrannt waren. Und jede einzelne der dazugehörigen Geschichten begann mit den gleichen Worten: »An jenem Tag wehte der Föhn…«

Nachdem ich auch die Ausläufer des Ortes hinter mir gelassen hatte, an Sägemühlen und kleineren Industriebetrieben vorbeimarschiert war, führte der Wanderweg weiter nach Süden in die steil aufsteigenden und ebenso steil wieder abfallenden Berge des Appenzellerlands. Diese zutiefst konservative Region, die sich aus zwei der kleinsten und besonders traditionsverhafteten Schweizer Kantone zusammensetzt, ist bekannt für ihre Eigenwilligkeit. In Appenzell Inerrhoden etwa werden bedeutsame Entscheidungen bei der Landsgemeinde, einer jährlich stattfindenden Bürgerversammlung, mittels Handzeichen getroffen – eine Form der direkten Demokratie, die bis ins Mittelalter zurückreicht. Weniger demokratisch daran war allerdings, dass die Frauen erst 1991 das Stimmrecht erhielten. Das vermittelte mir einen Eindruck, was Heiden durch das Feuer erspart geblieben ist. Von der Aufgeschlossenheit und dem Freigeist des Tieflandes war hier nichts mehr zu spüren; diese steilen Hänge, trügerischen Täler und versteckten Dörfer waren eine vollkommen andere Welt. Die gesamte Landschaft wirkte in sich geschlossen, schwer durchschaubar, als hätte sie etwas zu verbergen. Vom Giebel bis zum Boden mit Holz verschindelte Bauernhäuser und Viehställe hatten Dachtraufen, die fast bis zum Boden reichten, und die Mengen an Brennholz, die an den Wänden aufgestapelt lagen, hatten etwas fast Manisches. In den Fallrohren gurgelte der schmelzende Schnee. Zottige Ziegen mit scheppernden Glocken grasten auf sonnenbeschienenen Grasflächen.

Ein Muster begann sich abzuzeichnen: Die nach Süden gerichteten, nicht nur der Sonne, sondern auch dem gemäßigt warmen Hauch des Föhn ausgesetzten Bergflanken waren schneefrei, während die nach Norden zeigenden Hänge unter einer Schneedecke lagen, so dass mein Anstieg eher in Schwarz-Weiß vor sich ging, dafür aber die schönsten Technicolor-Farben zum Vorschein kamen, wenn es wieder ein Stück tiefer ging – das satt glänzende Grün der frühlingsfrischen, von Veilchen und Primeln garnierten Weiden. Sooft ich die höchste Stelle einer Kuppe erreicht hatte, vollzog sich ein Wechsel von Winter zu Frühjahr.

Was Entfernungen betraf, konnte einen die Topografie leicht zum Narren halten. Was auf der Karte nach einem kurzen Spaziergang aussah, dehnte sich durch die Konturen der Berge in die Länge, denn auf der planen Karte schrumpften die Kilometer wie kodierte Informationen auf einer Platine. Als ich Stunden später einen Blick zurück warf, um zu schauen, wie weit ich schon gekommen war, sah ich zu meiner Bestürzung den Kirchturm von Heiden bloß ein paar Kilometer entfernt hinter mir auf seinem Hügel stehen. Doch im weiteren Verlauf des Nachmittags tat sich vor mir endlich ein unverstellter Blick auf das unter einem blauen, nur leicht diesigen Himmel liegende Alpenrheintal auf – mein Einlasstor zum wahren Hochgebirge.

Als ich das Appenzellerland verließ und meine Wanderung in dem viel größeren Kanton St. Gallen fortsetzte, wurde ich zurück in die Modernität katapultiert. Das sehr breite und völlig ebene Tal bildet mit seinen parallel zum Fluss verlaufenden Autobahnen, Eisenbahnstrecken und Hochspannungsleitungen eine klare Nord-Süd-Achse. Nach dem Labyrinth von Bergen, durch das ich gekommen war, wirkte dieser plötzliche Übergang zur Gradlinigkeit beinahe ein wenig verstörend. Ich folgte einer schnurgeraden Landstraße durch Altstätten, im Grunde nicht mehr als ein – von strengen Geruch verbreitenden Milchviehhöfen umgebenes – Gewerbegebiet. Schließlich kam ich nach Oberriet, wo ich erst am Abend zuvor bei einer sehr entgegenkommenden Gastwirtin eine Übernachtung gebucht hatte. Nomi machte gerade eine Ausbildung zur Bautischlerin und wohnte mit ihrem Vater am Rande des Dorfes. Bei einem aus Lachs und Reis bestehenden Abendessen und einem trockenen Weißwein aus dem Wallis erzählten die beiden mir Geschichten vom Wind.

»Wir sind aus einem eigentlich gar nicht so weit entfernten Dorf hergezogen – aber eben doch so weit oben in den Bergen, dass dort kein Föhn weht. Unsere Nachbarn haben immer gesagt, dass der Wind die Leute unten im Tal ganz närrisch werden lässt. Jetzt, wo wir selbst im Tal leben, werden wir eines Tages vielleicht auch närrisch.«

»Man sagt, er weht entweder drei, sechs, neun oder zwölf Tage. Wenn er also drei Tage geweht hat und am

Morgen des vierten immer noch da ist, weiß man, dass er mindestens noch drei weitere Tage wehen wird.«

»Der Druck ist richtig, richtig schlimm. Die Luft ist dann so trocken, dass mir manchmal die Nase blutet. Nachts kann es extrem warm werden, zwanzig, fünfundzwanzig Grad, so dass man die Bettwäsche durchschwitzt.«

»Wenn man schon immer hier gelebt hat, macht es einem vielleicht gar nicht so viel aus. Für uns aber ist es schwierig; es ist etwas, an das wir uns erst gewöhnen müssen. Andererseits ist dort, wo wir vorher gewohnt haben, um diese Jahreszeit alles noch tief verschneit. Hier unten aber ist das Gras schon grün, und es gibt schon Blumen …«

Als ich am nächsten Morgen aufbrach, gaben mir Vater und Tochter noch eine letzte Perle des Wissens mit auf den Weg: »Die Leute hier nennen den Föhn den ›ältesten Mann vom Rhein‹, denn es gibt ihn in diesem Tal schon länger als irgendjemand sonst.« Das passte gut zu meinem Start in den Tag, denn nach fünfzehn Minuten Fußmarsch befand ich mich auf dem Rheindamm, einem breiten Uferweg, der am Fluss entlangführt. Dabei ging mir eine bemerkenswerte Übereinstimmung durch den Kopf: In Deutschland wird der zweitlängste Fluss Europas liebevoll *Vater Rhein* genannt. Wenn also der Föhn *der älteste Mann vom Rhein* ist, stellt das Zusammentreffen von Fluss und Wind so etwas wie eine Begegnung zweier altehrwürdiger, respektabler Wesen dar, quasi eine Rückbesinnung auf die Zeit, als sie beide noch Götter waren.

Für die Herkunft des Wortes »Föhn« gibt es zwei etymologische Erklärungen. Zum einen könnte es von dem mittelalterlichen *fôn*, »Feuer«, abstammen – das Schicksal von Heiden legt diese Herleitung nahe. Zum anderen könnte es vom althochdeutschen *Fönno* abgeleitet sein, das seine Herkunft Favonius verdankt, dem römischen Gott des Westwindes (im italienischsprachigen Tessin wird dies noch deutlicher, denn der Föhn wird dort *Favonio* genannt). Doch erschien mir diese göttliche Herkunft als nicht ganz schlüssig. Favonius ist die römische Variante des wohlmeinenden griechischen Gottes Zephyros. Wie konnte dann aber ein eher lauer Westwind einem von Norden und Süden wehenden Kollegen seinen Namen verleihen, der dafür berüchtigt war, Kopfschmerzen, Nasenbluten und verheerende Feuersbrünste zu verursachen? Die Antwort auf diese Frage war vielleicht in seiner Wärme zu finden – der Zephyr wird gemeinhin mit dem Kommen des Frühlings assoziiert. Doch irgendwo in den Nebeln der Geschichte musste er seiner Kompassausrichtung verlustig gegangen sein und sich an die Alpenwinde angehängt haben wie eine verlorene Seele, die ein neues Zuhause findet. Es war ein tröstlicher Gedanke, dass der alte Gott des Westwinds seinen Weg über die Berge gefunden hat, um in unseren heutigen Sprachgebrauch Einzug zu halten – wenn auch auf etwas umständliche Art und Weise. Heute jedoch war von ihm nichts zu spüren, kein noch so geringer Windhauch bewegte die Bäume. Also musste ich mich mit einem alten Mann statt mit zweien zufriedengeben.

Dem breit und mächtig seinem Ziel zustrebenden Rhein haftete trotz der vielen Autos, die auf den Schnellstraßen zu beiden Seiten der aus Schotter bestehenden Uferbefestigung vorbeisausten, etwas Mystisches an – was aber wohl auch mit dem weichen, goldenen Morgenlicht zu tun hatte, in das er getaucht war. An seinem östlichen Ufer lag Österreich. Um auch einmal ein anderes Land zu betreten, überquerte ich die Brücke und wanderte eine Weile an den weiten Biegungen des Stroms entlang, vorbei an einem Wald mit dicht von Misteln bewachsenen Bäumen. Mein Aufenthalt in Österreich – während dem ich übrigens keinem einzigen Menschen begegnete – währte allerdings nicht lange, denn schon nach ein paar Kilometern stieß ich auf einen schlichten Grenzstein, der recht bescheiden auf dem Uferdamm stand und in den die Buchstaben FL eingraviert waren. Dieser Stein, den man so leicht übersehen konnte, setzte mich darüber in Kenntnis, dass ich Österreich bereits wieder verlassen und das Fürstentum Liechtenstein betreten hatte.

~

Noch wenige Wochen zuvor hätte ich Schwierigkeiten gehabt, Liechtenstein auf einer Karte zu finden, so versteckt liegt es zwischen Österreich und der Schweiz. Mit seinen 157 Quadratkilometern, die es am östlichen Alpenrheinufer für sich beansprucht, ist es das sechstkleinste Land der Welt. Das Staatsoberhaupt trägt den absurden Titel *Seine Erlauchte Hoheit Landesfürst Hans-Adam II. von und zu Liechtenstein.* Abgesehen davon, dass es durch seine geografische Lage dem Föhn schutzlos ausgesetzt ist, wusste ich über dieses Land lediglich, dass es einen Ruf als Steueroase hat und berühmt-berüchtigt für seine anonymen Nummernkonten ist. Ein attraktiver Ort für korrupte Politiker, Oligarchen, kriminelle Organisationen und alle anderen mit einem Interesse daran, große Geldbeträge zu verbergen. Irgendwie hätte ich erwartet, so etwas wie Monaco oder Andorra vorzufinden, einen internationalen Spielplatz der Reichen und Schönen voller Hotels, Kasinos und Luxusautos, wo man an jeder Ecke auf mit Juwelen behängte und in Nerz gekleidete Steuerflüchtlinge stieß. Ich war gleichermaßen erleichtert und enttäuscht, als ich kaum einen Unterschied zu Österreich feststellen konnte. Der Rhein floss weiter dahin, auf der Autobahn brummte der Verkehr, in den Bäumen krächzten die Krähen, und in der Ferne drehten Traktoren auf mattgrünen Feldern ihre Runden. Ruggell, das erste Dorf hinter der Grenze, erwies sich als typische trübselige Kleinstadt, obwohl die hohen Berge hinter den Häusern einen prächtigen Hintergrund abgaben. Einen Buchhalter mit Dreck am Stecken konnte ich allerdings auch in Ruggell nicht ausmachen. Nachdem ich mehrere Stunden lang durch eine eintönig grünbraune Landschaft flussaufwärts marschiert war, erreichte ich Vaduz, die Hauptstadt des Landes, ohne mir viel davon zu versprechen.

Wieder war es die alpine Kulisse, die für einen spektakulären Anblick sorgte, ein hohes, bewaldetes Massiv mit Schneehauben auf den von Wolken umkränzten Kuppen. Vaduz selbst machte einen ausgesprochen langweiligen Eindruck: eine unscheinbare Hauptstadt in einem unscheinbaren Land. Das extravagante Fußballstadion war umgeben von Bauernhöfen mit jeder Menge Ziegen und matschigen Feldern. Oberhalb der Stadt thronte auf einer Felsterrasse oberhalb des Tals das Schloss, die Residenz Seiner Erlauchten Hoheit. Es sah aber mehr nach einer mittelgroßen Ritterburg aus als nach einem Fürstenpalais. Ratlose chinesische Touristen bummelten durch die in eine Fußgängerzone umgewandelte Hauptstraße der Stadt, als ob sie nicht so recht wüssten, was sie hier denn eigentlich fotografieren sollten, und stöberten denn auch lieber in Touristenläden, die Selfie-Sticks, Schweizer Armeemesser, Kuckucksuhren und Postkarten mit der fürstlichen Familie feilboten, die alle ein bisschen aussahen wie Banker. Vor Geschäften, in denen Uhren von Rolex und Patek Philippe verkauft wurden, hing neben der blau-roten Flagge von Liechtenstein auch die ausschließlich rote der Volksrepublik China. Das ein Stück weiter die Straße hinunter befindliche Museum für moderne Kunst, ein übergroßer Kubus aus schwarz eingefärbtem, matt geschliffenem Zement, hätte auch in Los Angeles oder Abu Dhabi nicht deplatziert gewirkt – abgesehen von der Tatsache, dass jemand einen mit Matsch vollgespritzten Traktor davor abgestellt hatte. Ein Mädchen auf einem gescheckten Pferd ritt vorbei, ohne auch nur ein einziges Mal aufzublicken; ihr Gesicht war in den weißen Schimmer des Displays ihres Smartphones getaucht.

In dieser Nacht schlief ich auf einem Sofa in einem überwiegend von Informatik-Studenten aus Rumänien und Nigeria bewohnten Haus. Sie wirkten alle ein wenig verloren. Vor allem die Nigerianer wurden von den Einheimischen ziemlich herablassend behandelt und schienen nur ungern aus dem Haus zu gehen – und das hatte nichts mit dem Föhn zu tun, denn sie wohnten noch nicht lange genug hier, um den Föhn von irgendeinem anderen Wind unterscheiden zu können. Als sich am Morgen die ersten Busladungen von bald enttäuscht wieder abreisenden Touristen auf den Platz im Zentrum der Stadt schoben, betrat ich die Touristeninformation, um mich zu erkundigen, wie es sich denn hierorts mit dem Föhn verhielte.

»Ich bekomme immer sehr starkes Kopfweh«, sagte die üppige Dame hinter dem Tresen in tadellosem Englisch. »Sie fangen immer einen Tag vor dem Föhn an. Man kann dann nämlich schon den Druck in der Luft spüren. O mein Gott, wie ich das hasse.« Doch dann wurde sie sich wieder ihrer eigentlichen Aufgabe bewusst und überreichte mir eine Broschüre mit dem Titel »Liechtenstein in Zahlen«, in der man Statistiken über die Einnahmen und Ausgaben des Landes nachlesen konnte – eindeutig eine geschickte PR-Aktion, um das Finanzwesen des Fürstentums transparent erscheinen zu lassen. An der Wand war auf zwei riesigen Flachbildschirmen das landestypische Idyll zu bewundern: strahlend lächelnde Bauern in Nationaltracht und ein Film mit Luftaufnahmen von den Alpengipfeln. Es war nicht zu übersehen, welch großzügiger Etat der örtlichen Tourismuswerbung zur Verfügung stand. Als ich Vaduz wieder verließ und mich auf den Rückweg über den Rheindamm machte, wurde mir die zwiespältige Identität des Landes noch einmal besonders deutlich vor Augen geführt: Ein vor einen zweirädrigen Karren gespanntes, sichtlich gebeuteltes Pferd kam am Hauptgeschäft der Kristallglasschmuckkette Swarovski vorbeigeklappert, während von einem unmittelbar an das Gebäude angrenzenden frisch gedüngten Feld Jauchegestank herüberdrang. Dies war augenscheinlich ein Bauernland, dem man die unbequeme Bürde unermesslichen

Reichtums aufgeladen hatte – die Zahl der im Land registrierten international operierenden Firmen war doppelt so hoch wie die der Einwohner –, und ich konnte auf Schritt und Tritt beobachten, wie wenig beides sich zusammenfügte.

Während ich meinen Weg fortsetzte, wurden mir noch zwei weitere Widersprüchlichkeiten bewusst. Im Nacken spürte ich eine eisige Kälte, während mir im Gesicht immer wärmer wurde. Ich blieb etwas verwirrt stehen und stellte zu meinem Erstaunen fest, dass ich zwei einander entgegengesetzten Luftströmungen ausgesetzt war: einem kalten Nordwind von hinten und einem warmen Südwind von vorne, wobei der Letztere widersinnigerweise von den schneebedeckten Berggipfeln in der Ferne herrührte. Sollte dies ein vorauseilender Atemhauch des Föhns sein? Man hatte mir gesagt, dass seiner Ankunft manchmal ein Wind aus der entgegengesetzten Richtung vorausging – eine Provokation, die nicht unbeantwortet bleiben durfte.

Mit jedem Kilometer wurde es schwüler und die Luft zunehmend drückender. Während die Berge näher rückten und sich immer enger um das Tal schlossen, hatte ich mehr und mehr das Gefühl, als marschierte ich geradewegs in einen warmen, klebrigen Schlund hinein.

Die Gemeinde Balzers kündigte sich durch die kantige Burg derer von Gutenberg an, die auf einem runden grünen Hügel hoch über dem Tal thronte. Dahinter erhoben sich wie die Kulisse eines Fantasyfilms steil abstürzende, fichtenbewachsene Hänge neben schroffen Gesteinswänden und zerklüfteten Felsspitzen. Und als die Sonne durch die Wolken brach, verklärte sich dieses Bild unversehens zu einer leuchtenden Vision wie aus einem Traum. Bei einem Mann mit einem zerfurchten, wettergegerbten Gesicht erkundigte ich mich nach dem Weg; er war zweifellos ein Bewohner der ländlichen Bezirke des Landes – obwohl ich hinter der Scheibe eines glänzenden Mercedes, der an uns vorbeirauschte, während er mit mir sprach, sein Ebenbild zu erblicken glaubte. Aber auf jeden Fall zeigte er mir, wie ich zum Alten Pfarrhof gelangte. Dort angekommen, verriet mir der statt einer Flagge an einem Mast wehende Windsack, dass ich hier richtig war. Im Haus fand nämlich eine dem Föhn gewidmete Ausstellung statt.

»Wir sagen immer, der Föhn ist der älteste Bewohner von Liechtenstein. Bei uns in Balzers weht er kräftiger als irgendwo sonst im Land.« Die Kuratoren der Ausstellung, Ruth Allgäuer und Markus Burgmeier, hatten meine Ankunft bereits erwartet und nahmen mich als gleichgesinnten Verehrer der Winde herzlich in Empfang. Sie halfen mir aus meiner Jacke, verstauten meinen Rucksack, drückten mir einen Becher Kaffee in die Hand und begannen dann auch sofort mit mir ihren Rundgang – was mich an mein Erlebnis im Museo della Bora in Triest erinnerte, obwohl die beiden ihre Führung in der für Mitteleuropa typischen Art etwas straffer und effizienter gestalteten. Mit Hunderten von Ausstellungsstücken, die alle etwas mit Wind zu tun hatten und über drei Etagen verteilt waren, bot der Rundgang eine Reise von der Liebe bis zum Hass, indem er das freundliche Gesicht des Föhns ebenso offenbarte wie das grausame. Eine Traubenpresse und eine Maisschälmaschine fungierten als Namensgeber für unseren Wind, und so trug ich *Traubenkocher* und *Maisver-*

golder neben dem *Schneefresser* dann auch gleich in mein Wörterbuch der personifizierenden regionalen Ausdrücke für das Phänomen Föhn ein. Mir stach außerdem besonders ein bizarres Karnevalskostüm ins Auge, mit einer in Form von blauen und weißen Wolken ausgepolsterten geschwellten Brust und einer strahlenden Sonne auf dem Rücken (»Gutes Wetter folgt auf den Föhn«). Es stellte sich heraus, dass es erst wenige Jahre alt war, also ein zeitgenössisches Artefakt. Andere Stücke demonstrierten, wie der Wind Einzug in die Alltagskultur gehalten hat, wie zum Beispiel ein klassischer Haartrockner der Marke Foen, deren Firmenname im deutschsprachigen Raum zum Synonym für das Gerät wurde, wie im Englischen »Hoover« für Staubsauger oder eine Flasche Föhnsturm-Whisky, wobei die Flasche um des Effekts willen auch noch windschief war. Am besten aber gefiel mir der Zeitungsausschnitt, in dem von einem Friseur in Vaduz berichtet wurde, der irgendwann in den siebziger Jahren eine föhnfeste Damenfrisur ersonnen hatte. Und wie für jene Zeit nicht anders zu erwarten, gehörte der Gebrauch von jeder Menge Haarspray unbedingt dazu.

Doch dann kamen wir zu der dunkleren und heimtückischen Seite des Föhns, die sich in der berüchtigten *Föhnkrankheit* manifestiert. In einer Zeitschrift von 1942 war der gute Rat zu lesen, eine föhnkranke Person sei schnellstens aus dem betroffenen Gebiet zu entfernen, dann wäre baldige Genesung gewiss, »ebenso, wie sich eine seekranke Person rasch erholt, sobald sie sich erst wieder an Land befindet«. Zeugnisse aus jüngerer Zeit berichteten von Kopfschmerzen, Reizbarkeit und einer Reihe weiterer Leiden,

darunter Depressionen, Angstzustände und Selbstmord-
gedanken. Eine Zeichnung auf einer deutschen Weltkarte
aus dem siebzehnten Jahrhundert porträtiert den Föhn als
eine gehässige Fratze, die nicht einen Luftstrom ausstößt –
wie es Winde gemeinhin tun –, sondern mehrere Schädel. Dazu wird ihm in altdeutscher Schrift attestiert, er sei
»warm, schädlich und ungesund«; eine andere Karikatur
wiederum stellt ihn als grimmigen Totenkopf dar.

All diese Ausstellungsstücke waren jedoch nur ein Vorgeschmack auf das, was mich in der obersten Etage erwartete, die dem Gedenken an den dreißigsten Jahrestag
der Brandkatastrophe von Balzers gewidmet war. Das Un-
heil schlug 1986 zu, als die schweizerische Armee südlich
der Stadt eine Schießübung veranstalten wollte, während
im Tal ein extrem starker Föhn herrschte. Der Schweizer
Kommandeur schlug die entsprechenden Warnungen in
den Wind und setzte scharfe Munition ein, so dass durch
einen Funken das Unterholz in Brand geriet. Begünstigt
durch den knochentrockenen Fichtenwald trug der Wind
das Feuer schnell nordwärts; zeitgenössische Fotografien
zeigen die Hänge oberhalb der Stadt als eine einzige oran-
gefarbene Feuerwand. Das Feuer kam bis auf fünfzig Meter an die ersten Häuser des Ortes heran, es vernichtete
mehrere Hektar Wald und konnte erst nach Tagen gelöscht
werden. »Das ist der Held unserer Stadt«, erklärte Ruth
und zeigte auf das Foto eines grinsenden jungen Mannes,
der aus einem Hubschrauber herausschaut. David Vogt,
so sein Name, war der einzige Pilot mit der nötigen Flug-
erfahrung bei einem derartig starken Wind und flog mehrere Löscheinsätze, während seine Schweizer Kollegen sich

weigerten, aufzusteigen. »Er stammte von hier aus dem Ort und ist bei uns immer noch eine Berühmtheit. Wo er auch hinkommt – er braucht seine Getränke nie selbst zu bezahlen. Der hingegen«, sie zeigte auf das auf der Titelseite einer alten Ausgabe des Lokalblattes prangende Bild des verantwortlichen Offiziers, »ist der Bösewicht. Er wollte seinen Fehler nicht zugeben, hat sich lange geweigert, sich zu entschuldigen. Wir haben mit den Schweizern seit jeher stets gute Beziehungen gepflegt, aber das hat damals enormen Ärger verursacht. Es gab lange Zeit böses Blut.«

Wir verließen gemeinsam die Ausstellung, und Ruth und Markus begleiteten mich den Hügel hinauf zu der Gutenberg-Burg. Der verbrannte Wald war längst wieder nachgewachsen, so dass nichts mehr an die Katastrophe erinnerte, und die Berghänge schimmerten in sattem Grün. Dann schauten wir nach Süden in die Richtung, in der hinter den Bergen die Schweiz lag. Ruth und Markus wiesen mich auf die abschüssige, trichterförmige Öffnung zwischen den Steilhängen und dem niedrigeren Fläscherberg hin, die die Natur hier geschaffen hatte. Dieser Durchlass bewirkte, dass der Wind wie durch eine enge Röhre geleitet wird und seine Strömung sich intensiviert, so wie bei durch einen Schlauch fließendem Wasser. Ich konnte beinahe vor mir sehen, wie der Föhn ins Tal hinabschoss, immer schneller und immer wärmer werdend, um dann wie eine Flutwelle über die schutzlosen Häuser hereinzubrechen. Aber der vielversprechende Windhauch, den ich am Rheinufer gespürt hatte, war leider verpufft, und vor dem alten Pfarrhof hing der Windsack schlaff herunter. Heute würden keine Totenschädel auf die Stadt niedergehen.

Wir wandten uns der entgegengesetzten Richtung zu, gen Norden, von wo ich gekommen war. Das Tal lag sonnendurchflutet da, und Liechtenstein zeigte sich mir von seiner schönsten Seite. Es herrschte wieder klare Sicht, das Gras leuchtete grün, und die Hänge auf beiden Seiten schimmerten wie Falten werfender Samt. Wir konnten bis zum immerhin acht Kilometer weiter den Rhein hinunter gelegenen Vaduz schauen, wo das Schloss von Hans-Adam II. über der Stadt thronte. »Von hier kann man fast unser gesamtes Land sehen«, verkündete Markus mit unverhohlenem Stolz. Krähen krächzten auf den Türmen der Gutenbergs, als wir entlang terrassenförmig angelegter Rebhänge, die auf die Ankunft des *Traubenkochers* warteten, den Hügel wieder hinunterstiegen.

Meine neuen Freunde winkten mir nach, als ich den Weg auf den Fläscherberg zu einschlug. Es war ein wolkenloser Tag, die Blätter leuchteten in sämtlichen Grüntönen, und von dem Geruch des wilden Knoblauchs in den Wäldern konnte einem richtig schwummrig im Kopf werden. Über die Steine flitzten nervös die ersten Eidechsen. Ich überquerte die Grenze, ohne dass mir dies weiter auffiel, passierte noch einmal das Waldstück, wo die schweizerische Armee ihrem winzigen Nachbarn irrtümlich den Krieg erklärt hatte, und stand schon bald oben auf der Anhöhe, von der ein Torhaus und ein paar Kasernengebäude ihre Schatten auf Liechtenstein warfen, ein Land, dessen Durchwanderung mich lediglich sieben Stunden gekostet hatte.

Weit vor mir, so unerreichbar fern, dass es aussah, als wären sie Gemälde am Firmament, erhoben sich die höchsten und weißesten Alpengipfel, die ich bisher gesehen hatte. Und wie das Aufkeimen einer zaghaften Hoffnung machte sich auch ein von Süd aufkommender Wind bemerkbar, der die Schneeglöckchen mit den Köpfen wackeln ließ. Dann sah ich auch ein braunes Pferd einen kleinen Tanz auf seiner Koppel vollführen; die Bauern sagen, dass Tiere bei Föhn nervös und reizbar werden – auch von Lehrern hört man ja, dass manche Kinder dann völlig außer Rand und Band geraten. Es soll sogar Fälle gegeben haben, in denen ganze Schulen den Unterricht ausfallen lassen mussten.

Meine freudige Erwartung wuchs, doch da geriet der Wind auch schon wieder ins Stocken, wurde schwächer, erstarb. Es war also wieder einmal ein falscher Alarm gewesen, trotzdem ging mir die Erregtheit des Pferds nicht aus dem Sinn. Die Weiden, über die ich ins Tal hinabschritt, waren wie ein akustisches Sammelbecken der Kuhglockenklänge, die mich von allen Seiten mit einer leisen, klimpernden Musik umgaben, so dass ich stehen blieb, um dem Geläut zu lauschen. In früheren Zeiten soll das Sehnen nach diesen liebreizenden und durch und durch schweizerischen Klängen so manchen Söldner, der in fremden Ländern seinen Kriegsdienst tat, ereilt haben, ein Seelenschmerz, eine Art aurales Heimweh, wie es nur die Alpenbewohner kennen. Das erinnerte mich an eine Textstelle von Hermann Hesse – »Wer sie so in seiner Kindheit vernommen hat, dem tönt sie sein Leben lang nach, süß und stark und furchtbar, und ihrem Bann entflieht er nie« – wobei er hier allerdings nicht über Glocken schreibt, sondern über die Stimme des Föhn »mit seinem tieftönigen Gebrause, das der Älpler mit Zittern und Entsetzen hört und nach welchem er in der Fremde mit verzehrendem Heimweh dürstet«.

Es würde bis zum Dunkelwerden nicht mehr lange dauern, aber mich zog es nicht weiter hinunter ins Tal, wo die schwachen Lichter der Städte und Straßen links und rechts des Rheins ein dicht gewobenes Netz menschlicher Zivilisation bildeten. Ich hielt mich lieber an die Höhenlage der Berge und folgte weiter dem Weg durch den Wald. Und ich hätte mir keinen passenderen Ort für meine Wiederbegegnung mit der Schweiz wünschen können: Eine Stunde Fußmarsch, und ich befand mich mitten im Herzen von *Heidiland.* Diese Region der hochgelegenen Weiden und malerischen Dörfer vermarktet sich nämlich als der Originalschauplatz von Johanna Spyris 1881 erschienenen Kinderbuchklassiker *Heidi,* der bis heute gerne gelesen wird und durch die gleichnamige japanische Zeichentrickfilmserie – in der bewusst nichts von dem ausgelassen wird, was man an der Schweiz gemeinhin so entzückend findet – auch einem globalen Publikum zugänglich wurde. Und so schielte die nahe gelegene Gemeinde Oberrofels natürlich auf den Yuan und den Yen, als sie sich in »Heididorf« umbenannte; dementsprechend weisen an der Straße schon Schilder auf den Heidihof hin, wo *das* Heidi aufgewachsen war.

Mein Hunger zwang mich, widerwillig im Heidihof-Hotel einzukehren, einem atemberaubend hässlichen Gebäude, dessen finstere Fassade über einen leeren Parkplatz wachte, wo ich mir zur Musik von Céline Dion und umgeben von lauter Heidi-Souvenirs eine Hühnersuppe zu Gemüte führte – und das Gefühl genießen durfte, in einer Touristenfalle gelandet zu sein. »Lassen Sie die graue Monotonie des Alltags hinter sich«, verkündete einladend die Tischdekoration, »und entdecken Sie die herrlich bunte Welt von Heidi.«

Ich gab mir alle Mühe, obwohl es in Heidis Welt von Minute zu Minute dunkler wurde. Auf der Suche nach einem Platz, wo ich mein Zelt aufschlagen konnte, versuchte ich es auch im Heididorf, wo ich vielleicht in einer nichtssagenden Blockhütte mit einem Bagger davor hätte unterkommen können, aber es war alles wegen Renovierung geschlossen. So wanderte ich einen steilen Waldweg hoch zur Heidi-Alm. Unterwegs kam ich in bestimmten Abständen immer wieder an Schildern vorbei, die auf die Stelle hinwiesen, wo der Geißhirt Peter angeblich die Tränke für seine Ziegen gehabt hatte oder wo Heidis Großvater Alm-Öhi Brennholz gesammelt und wo Heidi selbst die eine oder andere bunte Herrlichkeit bestaunt haben soll. Es war, als hätten die Katholiken unter den Heidi-Vermarktern der Versuchung nicht widerstehen können, eine Imitation des Kreuzwegs Christi mit entsprechenden Andachtsstellen anzulegen. Nachdem ich den ganzen Tag auf den Beinen gewesen war, wurde mir das langsam zu viel, so dass ich schließlich im letzten Dämmerlicht den Heidi-Pilgerpfad verließ und mich ins offene Weideland hinausbegab, wo ich auf einer kleinen Erhebung zwischen zwei Föhren einen Platz für mein Zelt fand. Und dann wurden die Bäume rasch zu schwarzen Silhouetten, das Gras wurde grau, das Alpenrheintal verschwand im Dunkeln, und im Wald sprangen Rehe mit weißem Hinterteil herum, als wären sie dort vom örtlichen Fremdenverkehrsamt ausgesetzt worden.

Das Heidi-Marketing trieb zwar seltsame Blüten, doch als ich dann schließlich das Buch las, stellte ich zu meiner Freude fest, dass auch der Föhn darin durch die Seiten geisterte. »Heidi« ist ebenso ein Lobgesang auf die Schönheiten der Natur wie eine Abenteuergeschichte für Kinder. Das Buch beschreibt die Erlebnisse eines Mädchens während der Sommer- und Wintermonate auf der oberhalb der Stadt Maienfeld gelegenen Alm bei ihrem Großvater, zu dem sie aus der Stadt geschickt worden war. Hier verliebt sie sich Hals über Kopf in die Schönheit und die Wildheit der Berge; geradezu ekstatisch reagiert sie auf das Geräusch der Tannen an windigen Tagen: »Da stand Heidi unten und lauschte hinauf und konnte niemals genug bekommen zu sehen und zu hören, wie das wehte und wogte und rauschte in den Bäumen mit großer Macht.« Die von der Sonne verwöhnten Weiden und der blaue Alpenhimmel – die von den Touristen so heiß geliebte Bilderbuchschweiz – sind Geschenke des »stürmischen Südwinds«, der an der Hütte ihres Großvaters rüttelt und sie umzublasen droht, dennoch aber Heidis Herz mit solcher Glückseligkeit erfüllt, dass sie »ganz fröhlich darüber wurde und unter den Tannen umherhüpfte und sprang, als hätte sie eine unerhörte Freude erlebt«. Heidi lauscht der von den Höhen der Berge zu ihr dringenden »tiefen, geheimnisvollen Stimme« des Windes, der »die Tannen biegt und schüttelt und dabei vor Glück zu schreien scheint«, so dass sie, obwohl sie von ihm herumgeweht wird »wie eine Feder«, nicht anders kann, als in sein Frohlocken mit ihm einzustimmen – was mich an meine eigene freudige Erregung erinnerte, die ich angesichts des tänzelnden Pferdes empfunden hatte. Überhaupt erscheint der Föhn, der von den Bergen heruntergeweht kommt und Sonne, Leben und Blumen als Geschenke mit sich bringt, im Buch in der Funktion eines eher wohlwollenden Gottes:

Heidi war glücklich und froh wie die Vöglein des Himmels und freute sich jeden Tag mehr auf die herannahenden Frühlingstage, da der warme Föhn durch die Tannen brausen und den Schnee wegfegen würde und dann die helle Sonne die blauen und gelben Blümlein hervorlocken und die Tage der Weide kommen würden, die für Heidi das Schönste mit sich brachten, was es auf Erden geben konnte.

Das Licht der frühen Morgendämmerung weckte mich. Ich erwachte zwar mit einem Muskelkater, war aber dennoch ausgeruht und brach gleich weiter in Richtung Süden auf. Die Kirchenglocken läuteten gerade, als ich in Jenins ankam, einem Dorf voller verwitterter Scheunen, aus denen man lautes Schweinegrunzen hörte. Die an die Hausmauern gemalten Weinranken und blaurote Trauben tragenden Weinbauern ließen keinen Zweifel daran, dass es sich hier um ein Weinbaugebiet handelte, über das der Föhn ein Füllhorn an Wärme auszuschütten pflegte. Die Straße führte weiter an Rebhängen vorbei, die sich bis zum Talboden erstreckten, wo man rechtwinklig geschnittene

Felder und die am Rhein entlangführenden Eisenbahnstrecken erkennen konnte, bis ich schließlich in Malans eintraf, einem weiteren Weinbauernort, in dem mir ein Überfluss an Wandverzierungen aus vergoldeten Schmiedearbeiten auffiel. Ein älteres Paar wünschte mir eine *Gueti Reis*, und ich versuchte mit den beiden ins Gespräch zu kommen, wobei mir das *Schwyzerdütsch* allerdings immer wieder einen Strich durch die Rechnung machte. Denn selbst für diejenigen, die das im deutschsprachigen Raum als Norm geltende Hochdeutsch beherrschen, ist es schlichtweg unverständlich. Der Schweizer Dialekt stellte mich ohnehin nach jeder Tageswanderung vor neue Rätsel, denn am Bodensee wurde das *Grüezi* schon wieder vollkommen anders ausgesprochen, als ich es im Rheintal gehört hatte. Als ich den beiden sagte, dass ich auf der Suche nach dem Föhn wäre, setzte der alte Herr eine so verdrießliche Miene auf, dass sich die Zahl seiner Runzeln glatt verdoppelte. Indem er seine Pfeife an seinem Hosenbein ausklopfte, murmelte er nur ein einziges Wort: »Schlecht.« Und dann winkte er mir auch schon zum Abschied, wobei das Lächeln in sein Gesicht zurückkehrte.

Ich stellte immer mehr fest, dass Wanderer in der Schweiz äußerst gerne gesehen waren. Ein kulturelles Erbe, das vor zwei Jahrhunderten seinen Anfang nahm. Damals begannen Scharen von Romantikern, getrieben von der Sehnsucht nach Schönheit und Erhabenheit, in die Berge zu steigen. Beinahe jeder, dem ich begegnete, hatte ein freundliches Wort für mich. Ein Rucksack, ziemlich mitgenommene Wanderstiefel und ein unrasiertes Gesicht – und schon hatte man das Gefühl, die Herzen flögen einem nur so entgegen. Und dank dem System der mit gelben Schildern versehenen Wanderwege, die sich wie Adern über das gesamte Land erstrecken und Städte und Dörfer mit Gletschern und Berggipfeln verbinden, findet man sich als Wanderer manchmal schon fast zu leicht zurecht. Geradezu als wäre es eine Form von Mogeln, sich so sehr bei der Hand nehmen zu lassen. Meine heutige Tagesetappe hatte mich knapp fünfundzwanzig Kilometer weit geführt, während derer ich auf meinem Weg durch mit Schlüsselblumen und Enzian gesprenkelte Wälder den Schornsteinen der weiter talwärts angesiedelten Industriebetriebe sorgsam ausgewichen und praktisch keinem Auto begegnet war – bis dann schließlich bei meinem Abstieg in das sich ausbreitende Gebiet der Stadt Chur doch kein Weg mehr daran vorbeiführte.

～

Der Hauptort des Kantons Graubünden – im Französischen Grisons genannt, Grigioni auf Italienisch und Grischun auf Rätoromanisch und, wie gerne behauptet wird, die älteste Stadt der Schweiz – liegt an dem Ellenbogen, an dem das Alpenrheintal in südwestliche Richtung abbiegt, tiefer in die Berge hinein, wo Vater Rheins Quelle entspringt. Hier endet aber eben auch die von Norden nach Süden führende Strecke, auf der ich dem Föhn zu begegnen gehofft hatte, und so ging ich mit einem gewissen Gefühl der Verzagtheit durch die Straßen der Stadt. Der strahlend helle Himmel über Heidis Welt war Wolken und einem Dauerregen gewichen, der beharrlich auf das dunkel glänzende Pflaster prasselte. Läden, Cafés und Bars zogen bereits allesamt ihre Jalousien herunter, doch zum Glück war mir eine Übernachtungsmöglichkeit unweit des Stadtzentrums angeboten worden, und so machte ich mich, vor Regen triefend, auf den Weg dorthin.

Es war ein hübsches Holzhaus, das von Urs und Daniel bewohnt wurde, zwei etwas verkatert wirkenden Mittvierzigern, die, nachdem sie beide sowohl in der Ehe als auch im Beruf gescheitert waren, nun einer Art gemeinschaftlichen Hippiedaseins wie in längst vergangenen Zeiten frönten. Sie nahmen mich ohne viel Aufhebens herzlich bei sich auf, boten mir eine heiße Dusche an und entkorkten anschließend eine Flasche von dem Urs' Familie gehörenden Weingut, was unser angeregtes Gespräch sogleich auf den *Traubenkocher* brachte. »Ich liebe den Föhn«, erklärte Urs, der eine Zigarette nach der anderen rauchte, während er den Schmortopf umrührte. »Weinbauern benutzen die *Oechslegrad*-Skala, um den Zuckergehalt im Wein zu messen, und ein Tag Föhn bedeutet ein Grad – das kann man genau nachmessen. Wenn wir einen lausigen Sommer haben, lässt eine Woche Föhn die Trauben trocknen, was verhindert, dass sie Schimmel ansetzen, also brauchen wir keine Pestizide. In dieser Gegend wird seit der Römerzeit Weinbau betrieben, als das restliche Land nur von Ziegen und ihren Hirten bewohnt war. Man könnte also behaupten, dass erst der Föhn dieses Tal zu dem gemacht hat, was es heute ist.«

Die beiden waren wirklich unterhaltsame Gastgeber. Den Abend verbrachten wir hauptsächlich mit dem Probieren von Weinen – Urs bestand darauf, dass meine diesbezüglichen Recherchen verschiedene Jahrgänge einschlossen –, und er endete mit polnischem Wodka und grölendem Gelächter. Ich konnte mein Glück kaum fassen, als ich später meine E-Mails checkte und nicht nur eine, sondern gleich zwei Nachrichten von den beiden exzellenten Schweizer Meteorologen vorfand, denen ich mit meiner Bitte um Informationen bezüglich eines möglicherweise bevorstehenden »Föhnereignisses« in den Ohren gelegen hatte – Patrick Hächler und Daniel Gerstgrasser. Die zwei standen meinem Projekt sehr aufgeschlossen gegenüber. Die jüngsten Messungen von MeteoSwiss wiesen ein positives Druckgefälle zwischen Zürich und Lugano aus, so dass die daraus resultierende Luftströmung über die Alpen im hundert Kilometer weiter westlich gelegenen Reußtal zwischen der Stadt Erstfeld und dem Urnersee, einem Teil des Vierwaldstättersees, günstige Bedingungen schaffen könnte. Das würde eine Reise per Zug erforderlich machen, denn da ich nun den Rhein bis ins Herz der Alpen *hinauf*gewandert war, konnte ich von hier aus nirgendwo mehr hin, ohne dabei sehr hohe Berge überwinden zu müssen – deren Pässe tief verschneit waren. Die über den Graubünden mit dem Kanton Uri verbindenden Oberalppass führende Straße würde noch zwei Monate lang gesperrt bleiben, und auch die Fernwanderwege waren unter Eis begraben, so dass als einzige Lebensader die Bahn blieb.

Am nächsten Morgen glaubte ich, in einer völlig anderen Stadt aufgewacht zu sein. Die Wolken zogen sich von den Bergen zurück und offenbarten dabei wie von Zauberhand einen Gipfel nach dem anderen. Die Häuser sahen alle aus wie frisch gestrichen, und die goldene Kuppel der Kirche erstrahlte in geradezu frevlerischer Pracht. Im hellen Tageslicht blühte Chur so richtig auf: An mehreren Marktständen wurden Schinken, frische Ravioli und wachsumhüllte Käselaibe feilgeboten, auf allen Plätzen drängten sich schwatzende Menschenmassen, und die Kathedrale war mit grünen Zweigen und gelben und weißen Girlanden geschmückt. Ich spitzte die Ohren und hoffte, aus dem gutturalen Schnarren des Schweizerdeutsch etwas in Rätoromanisch herauszuhören, denn meine Gastgeber hatten mir erzählt, dass man in den Straßen Churs mit etwas Glück auf diese Sprache treffen könnte. Neben Deutsch, Französisch und Italienisch ist Rätoromanisch eine der vier offiziellen Landessprachen der Schweiz. Es handelt sich dabei um eine Tochtersprache des Lateinischen, wie es in der ehemaligen römischen Provinz Raetia gesprochen wurde. Das Rätoromanische ist eine eigenwillige Mischung aus Italienisch und Deutsch; auch heute wird es noch von Zehntausenden beherrscht, hauptsächlich in den abgelegenen Tälern im Süden Graubündens. Hier wird der Föhn *Favuogn* genannt – doch damit erschöpft sich meine Kenntnis des Rätoromanischen bereits. Und ich bekam auch nicht mehr von dieser Sprache zu hören; stattdessen geriet ich plötzlich mitten in eine indische Hochzeitsgesellschaft, in der alle wild auf Hindi durcheinanderredeten und deren Saris und Goldschmuck mir so leuchtend grell in den Augen stachen, dass ich gar nicht hingucken mochte.

Am Bahnhof bestieg ich den Zug; mit jedem Rütteln und Schütteln des Waggons schmolz die sonst zu Fuß zurückzulegende Distanz immer mehr zusammen. Die Strecke führte durch das sich verengende Tal am Ufer des Vorderrheins entlang, vorbei an glatten Felswänden und dann wieder an steilen, mit bretterverschalten Scheunen und grauen Kühen getüpfelten Weiden.

Mit einem Mal zogen sich erste Schneestreifen durch die Berglandschaft. In Disentis (auf Rätoromanisch Mustér) stieg ich in einen anderen Zug, der sich die extreme Steigung zum Oberalppass hinaufschleppte, um von dort in einen langen Tunnel einzutauchen. Als der Zug am anderen Ende wieder ans Tageslicht kam, setzte sofort eine geradezu panische Sucherei nach Sonnenbrillen ein, denn beim Blick auf die strahlend weißen Schneeflächen jenseits des Abteilfensters blendete es dermaßen, dass es in den Augen wehtat, und das so unvermittelt, als wäre man jäh aus tiefstem Schlaf gerissen worden.

Beim nächsten Halt erfüllte den Wagon das Getrampel von Skistiefeln und Geklapper von Skistöcken, als eine Gruppe von mit Schutzhelmen und Skibrillen ausgestatteten Männern und Frauen sich hineindrängte. In Oberalp stiegen sie allesamt wieder aus, und ich ließ mich mit ihnen hinausdrängen. Auf dem Bahnsteig hatte sich eine feste Schneedecke gebildet, auf der ich mich den Elementen ausgesetzt fühlte wie ein Tiefseetaucher ohne seine Pressluftflasche. Es war für mich eine höchst ungewöhnliche Erfahrung, plötzlich mehr als 2.000 Meter über dem Meeresspiegel auf dieser Passhöhe zu stehen. Bei der Intensität des Lichts – ich bin nie ein Freund von Sonnenbrillen gewesen und hatte dementsprechend nichts, womit ich meine Augen hätte schützen können – brauchte ich eine Weile, bis ich verstand, was hier los war. Als ich halbwegs wieder sehen konnte, erkannte ich winzig kleine Fleckchen, die unerschrocken beängstigend steile Pisten hinunterdonnerten, und daneben Skilifte, die neue Gäste in einen unermesslich blauen Himmel hinaufbeförderten. Nachdem ich mich unter größten Schwierigkeiten zu Fuß den Hügel hochgekämpft hatte, fand ich dort zwei Restaurants mit schneebedeckten Dächern und einer *Après-Ski*-Atmosphäre vor, in der sich sonnenbadende Skiläufer mit Pudelmützen auf den Köpfen auf gestreiften Liegestühlen fläzten. Kinder, die gerade so alt waren, dass sie gehen konnten, flitzten auf Skiern vorbei, die nicht länger als meine Arme waren – Miniaturausgaben ihrer Eltern in identischem Outfit. Mich – der ich noch nie in einem Wintersportort gewesen war – machte das alles ganz kirre. Als ich einen Hang zu einem aus jungfräulichem Schnee herausragenden, frei stehenden Steinkreuz emporkraxelte, sank ich bei jedem Schritt bis zu den Knien ein, und als ich oben angekommen den Ausblick genießen wollte, musste ich meine Augen beinahe augenblicklich wieder fest zukneifen. Das war dann also mein erster richtiger Blick auf die Alpen.

～

Europas größter Gebirgszug erstreckt sich über mehr als 1.200 Kilometer Gesamtlänge und verbindet – oder, wenn man so will, trennt – Slowenien, Österreich, Deutschland, Liechtenstein, die Schweiz, Italien, Monaco und Frankreich und bildet damit das Rückgrat des Kontinents, zugleich aber auch eine Trennlinie zwischen Norden und Süden. Über Hunderte von Kilometern haben diese Berge einen profunden Einfluss auf Klima und Wetter, zwingen Warmluft in höhere atmosphärische Schichten, wo sie sich abkühlt und dann ihre Feuchtigkeit in Form von Regen, Graupel, Hagel oder Schnee in die Gletscher und Ströme abgibt, die die Oberläufe der wichtigsten Flüsse Europas bilden – des Rheins, der Rhône, der Donau und ihrer unzähligen Nebenflüsse. Wie der Föhn haben auch die Alpen ihren Namen an andere ausgeliehen: Als »alpin« bezeichnet man zum Beispiel das Hochgebirgsklima von den Anden bis zum Himalaja, von Afrika bis Australien; auch die Dinarischen Alpen, die ich in Kroatien bestiegen hatte, verdanken ihren Namen den Alpen.

Von meinem Aussichtspunkt konnte ich genau die beiden Hälften der Schweiz ausmachen: die im Zickzack verlaufende Demarkationslinie zwischen dem Südföhn im Norden und dem Nordföhn im Süden, die das entscheidende Wechselspiel zwischen Schichten sich verändernden Luftdrucks bedingt. Diese gewaltige Erhebung, von Gletschern durchzogen, vom Schnee gepudert, ist die Quelle und der Ursprung für das Phänomen Föhn.

Und sie markierte den Punkt, an dem ich die Hälfte meines Reiseprojekts hinter mir hatte. Weit oben im Norden, jenseits von Land und Meer, trieb sich der Helm herum; im Osten die Bora, im Westen der Mistral. Und in den Tälern nördlich und südlich von mir wartete der Föhn immer noch darauf, zum Leben erweckt zu werden: An einem klaren Tag bildete dieser alpine Kamm sozusagen den Ruhepol dazwischen. Dass ich mich jetzt auf dem

Meridian zwischen zwei europäischen Hemisphären befand, brachte mir einen weiteren Wind in den Sinn: den Tramontana. Er hatte ursprünglich nicht zu den Winden gehört, deren Pfad ich zu folgen plante, denn man kann ihn in der einen oder anderen Erscheinungsform fast überall antreffen. Auf seiner Reise von Norden nach Süden überquert er die Iberische Halbinsel, Frankreich, Italien, Korsika, Sardinien, Sizilien und den Balkan, strömt von Mitteleuropa bis in den Mittelmeerraum. Sein wohlklingender Name leitet sich von dem lateinischen *transmontanus* ab, was »der von jenseits der Berge kommt« bedeutet, und besagte Berge hatte ich nun gerade unter meinen Stiefeln. In Zeiten der Antike galten die Alpen nicht bloß als Grenze des Römischen Reiches, sondern auch der Zivilisation an sich – alles, was von jenseits ihrer Gipfel herrührte, galt als fremdartig und barbarisch. In der Vorstellung der städtischen Toga-Träger mit ihrer geistigen Bildung und ihren Gesetzessammlungen war der kalte Wind aus dem Norden gleichzusetzen mit den wilden germanischen, keltischen und skythischen Stämmen, die sich anders kleideten, andere Götter verehrten – und die eines Tages tatsächlich zum Niedergang Roms führen würden.

Der Tramontana hat, was seine Auswirkungen betrifft, tatsächlich etwas Barbarisches an sich: Bis in die heutigen Tage wird ihm vorgeworfen, die Menschen in den Wahn zu treiben – wie es ja auch dem Föhn nachgesagt wird. Gabriel García Márquez hat eine Kurzgeschichte nach ihm benannt, in der er beschreibt, wie eine Familie sich vor dem »gnadenlos zähen Landwind« zu schützen sucht, der »Keime des Wahnsinns in sich trägt« und der

»ohne Pause, ohne Linderung, mit einer Intensität und einer Gewalttätigkeit, die etwas Übernatürliches hatten« weht. Die Geschichte endet damit, dass einer der Charaktere sich erhängt und ein anderer durch den Sprung in einen Abgrund den Tod findet. »*Le vent qui vient à travers la montagne me rendra fou*« – »Der Wind, der über die Berge kommt, macht mich noch verrückt«, lautet der Refrain von Victor Hugos Gedicht »Gastibelza«, das von Georges Brassens später zu einem Chanson vertont wurde. Die Dichterin Elizabeth Barrett Browning, die sich 1859 während des italienischen Unabhängigkeitskriegs in Italien aufhielt, schrieb in einem Brief, sie würde den Winter in Rom verbringen, da sie es für weniger riskant hielte, »sich den Gewehren der Revolution (und auch deren kleinen Dolchen) auszusetzen als irgendeinem Tramontana«.

Wenn es über den Tramontana als von Norden kommende Macht (und das mit der Verlässlichkeit eines Kompasses) doch etwas Versöhnliches zu sagen gibt, dann betrifft es das Gebiet der Navigation. Der Wind mag einen zwar um den Verstand bringen, hilft einem aber auch dabei, sich zu orientieren. Diese sonderbare Dichotomie hat auch schon früh Eingang in die Sprache gefunden; so lesen wir bei Molière, jemand habe »seinen Tramontana verloren«, fände sich nicht mehr zurecht; und auch in den Texten von Brassens taucht die alte Redensart auf: »*J'ai perdu la tramontane en perdant Margot*«, singt er in einem anderen Chanson: »Ich habe meinen Tramontana verloren, als ich Margot verlor.«

Bis ich den Föhn fand, fehlte auch mir mein Tramontana. Doch zumindest hatte ich nun sein Wirkungsgebiet durchmessen: nach Westen in Richtung Andermatt, in nördlicher Richtung das Reußtal hinunter. Bevor ich mich wieder auf den Weg machte, hielt ich mich noch einen Augenblick lang bei dem Steinkreuz auf, versuchte, die Unermesslichkeit der von Skispuren zerwühlten weißen Welt zu erfassen, die sich vor mir ausdehnte, so weit das Auge reichte – doch es gelang mir nicht einmal annähernd. Sooft ich meine Blickrichtung änderte, versetzte mich das alles aufs Neue in Erstaunen. Während mein Blick über die unendliche Weite wanderte, wurde mir klar, dass ich es nie würde begreifen können, dass ich mich für alle Zeiten in diesen Anblick versenken konnte und doch nie einem Verständnis dessen, was da vor mir lag, nahekommen würde. Manche Dinge sind einfach so mächtig, dass sie sich jeglicher Begrifflichkeit entziehen; diese Berge zählten dazu. Aber es schien mir auch durchaus angemessen, mich angesichts der Heimstatt der Götter ein wenig in Demut zu üben.

Mit gedämpften Erwartungen bestieg ich wieder den Zug, fuhr aber dann doch nur bis zum nächsten Haltepunkt, denn hier erhaschte ich einen Blick auf eines jener gelben Schilder, die mir die Möglichkeit wiesen, erneut einen Wanderweg zu nehmen. Da die Hänge noch vereist waren, erwies sich dieser Weg jedoch als eine Art Querfeldein-Skipfad, und auf dem Abstieg nach Andermatt wurde ich in einem fort von vorbeisausenden Gestalten überholt. An den Hängen, auf denen etwas weniger Skiverkehr herrschte, packte ich mich rücklings auf meinen Rucksack und rodelte mit meinem Behelfsschlitten talwärts. Nachdem ich so eine Stunde lang abwechselnd gewandert und geschliddert war, hatte ich den Abstieg von 700 Metern geschafft und wieder festen Grund unter und schneebedeckte Dachfirste über mir.

Die uralte Gemeinde Andermatt befindet sich an der Kreuzung mehrerer bedeutender Handelswege; hier treffen die Alpenpässe von Norden nach Süden und von Osten nach Westen aufeinander, so dass der Ort einen natürlichen Übergangspunkt von der einen Seite der Berge auf die andere bietet. Scharen von Skiläufern schleppten ihre schwere Ausrüstung durch die Straßen, als wären sie eine Armee von Besatzern, und so zog ich es vor, wiederum einen Zug zu nehmen, um von diesen grellbunten Horden wegzukommen, und ins obere Reußtal zu fahren.

In Göschenen war für mich Endstation. Ich befand mich nun unterhalb der Schneegrenze und hatte bis zum Urnersee, der allerdings vorerst noch hinter den Talhängen verborgen lag, einen eis- und schneefreien Weg vor mir. An der Schöllenenschlucht überquerte ich auf der berühmten Teufelsbrücke die Reuß. Die Brücke soll vom Teufel höchstpersönlich im Tausch gegen die erste Seele, die sie zu beschreiten wagte, erbaut worden sein. Als die Bewohner des Berges Satan ein Schnippchen schlagen wollten, indem sie eine Ziege über die Brücke schickten anstatt eines Menschen, geriet Satan so in Rage, dass er sich einen Felsbrocken griff, um die Brücke damit zum Einsturz zu bringen, wurde aber durch die Intervention eines Heiligen daran gehindert. Dieser Heilige zwang den Teufel, den Fels in der Nähe von Göschenen abzulegen, wo er sich auch heute noch befindet, wenn auch nicht an der gleichen Stelle – er ist auf öffentlichen Druck hin verschoben worden, um seiner Sprengung beim Bau der ins Tessin führenden Autobahn zu entgehen. Nun teilt sich die Autobahn das Tal mit anderen Straßen, Eisenbahnschienen und dem reißenden Fluss. Diese Verbindungslinien sahen aus, als würden sie sich auf ihrem Weg durch den schmalen Durchlass kurvenreich umeinander herumschlängeln, hier in einem Tunnel verschwinden und dort über ein hohes Viadukt führen, während mein schmaler Wanderpfad um dieses Gewimmel herum führte. Obwohl ich natürlich nichts davon sehen konnte, befanden sich tief unter meinen Füßen vergraben noch weitere Verkehrsrouten: Hier bahnten sich der Gotthard-Eisenbahntunnel und der Gotthard-Straßentunnel ihren Weg durch den Fels, während die Arbeiten an einem dritten Tunnel, der mit seinen 57 Kilometern der längste Tunnel der Welt sein würde, schon kurz vor der Vollendung standen. Diese Verkehrsadern verbinden den Norden der Schweiz mit dem Süden und die deutschsprachigen mit den italienischsprachigen Kantonen und ersetzen die gefährlichen Gebirgspässe, die einst zu Pferde oder mit dem Eselskarren überquert werden mussten, durch eine hochtechnisierte Infrastruktur für unsere schnelllebige Zeit. Eines Tages in ferner Zukunft werden die Menschen vielleicht vor jenen in die Berge getriebenen Löchern stehen und sich sagen, dass das nur das Werk des Teufels gewesen sein kann.

Als ich im Dorf Wassen ankam, lag die Schöllenenschlucht bereits in tiefem Schatten. Der liegen gebliebene Firnschnee auf den Gipfeln hatte etwas ungesund Wächsernes, nur einzelne Stellen schimmerten noch wie Fettflecken auf einer Tischdecke – der Schneefresser und der Frühling gingen wärmend zu Werke. Nach und nach wurde das Tal immer flacher. An den Hängen sah man heruntergekommene Bauernhöfe, die meisten davon verlassen: Das dunkle Holz faulte, und die Dächer hatten zu viele Winter erlebt, um noch standhalten zu können. Die Dörfer hier waren zwar klein, aber solide – respektable Bastionen des Bürgertums, fest entschlossen, sich mit trotziger Renitenz gegen die Riesenhaftigkeit dessen, was sie umgab, zu behaupten. Hier im Tal verlangsamte die Reuß ihren Strom; in ihrem steinigen Bett konnte man die Kiesel knirschen hören. Im schwindenden Licht folgte ich ihrem Ufer und gelangte so in den Weiler Erstfeld.

Ich hatte schon vorab angerufen und mir ein Bett reserviert, in das ich mich früh schlafen legte. Durch das Fenster konnte ich die Berge in der Dunkelheit wie Perlen schimmern sehen, so, als würden sie von innen her ihr eigenes Licht erzeugen. Und dann erschienen am bläulichschwarzen Nachthimmel auch schon die ersten strahlend hell über den Bergspitzen leuchtenden Sterne. Am Morgen war die in Richtung Norden flatternde Fahne des Kantons Uri, ein stilisierter Stierkopf mit herausgestreckter roter Zunge auf gelbem Grund, das Erste, was ich sah. Aber weil ich noch halb verschlafen war, dauerte es einen Moment, bis ich begriff, was das zu bedeuten hatte.

Im Haus spürte man überall einen eigentümlichen Druck, die Luft fühlte sich an, als wolle sie sich aufblähen. Als ich nach draußen trat, kam der Wind in ungleichmäßigen Böen von den Bergen geweht, schwach zwar, aber doch merklich. Es war recht warm, dennoch lag eine eigenartige Kühle in der Luft, die mir ein unangenehmes

Gefühl auf der Haut verursachte. Trockenes Laub stob mit einem scharrenden Geräusch wie die Krallen laufender Hunde die Straße hinunter.

Es war Ostersonntag, und von der Kirche am Fluss hörte man die Glocken läuten. Ein alter Mann mit buschigen Augenbrauen war gerade auf dem Weg dorthin, und als ich in die Luft zeigte und »Föhn?« rief, antwortete er gut gelaunt mit »*Jo, jo*«, um dann sogleich ins Englische überzugehen: »Er kommt runter, runter, pfffft!«, und dabei holte er mit dem Arm zu einer dramatischen Geste aus; »aber das ist nur so ein Kleiner, der hält nicht lange an.«

Ich wollte sogleich zu einem Erkundungsgang aufbrechen, aber der Mann sollte recht behalten. Als ich mich gerade an die lauwarme Brise von Süden gewöhnt hatte, setzte der Nordwind mit einem anhaltenden Strom kühlerer Luft zu einem Gegenangriff an, stoppte damit den Vormarsch des Föhn und trieb ihn zurück in die Scheide des Hochtals, aus der er gekommen war. Und nachdem er erst einmal bezwungen war, kehrte er so schnell nicht wieder. Schon bald war eine einsame Lentikulariswolke, wie sie typisch für Föhn ist, der einzig verbliebene Hinweis auf seine Stippvisite, während ich mich bis in den späten Vormittag hinein einem rauen Gegenwind entgegenstemmen musste. Und doch wurde meine Enttäuschung von einem Zustand freudiger Erregung wettgemacht. Es war zwar nur ein kurzer Besuch gewesen; dennoch hatte er bewiesen, dass ich am richtigen Ort war, so dass Tabellen mit Luftdruckwerten und von Messstationen generierte Wettervorhersagen mit einem Mal nicht mehr bloß theoretische Abstraktionen darstellten, sondern Indikatoren von etwas waren, das ich auf meiner Haut gespürt hatte. Und so flüchtig es auch gewesen sein mochte – es war der untrügliche Beweis dafür, dass ich dem Föhn tatsächlich begegnet war.

~

Nun brauchte ich nur noch einen Ort, an dem ich auf seine Rückkehr warten konnte – was laut Wetterbericht in vier Tagen der Fall sein sollte, dann wurde auch eine länger anhaltende, ausgeprägtere Föhnlage erwartet. Doch die Kosten für mein Logis begannen an meinen Finanzen zu zehren, und so machte ich mich am Nachmittag auf den Weg zu einem am Urnersee gelegenen Zeltplatz. Es war ein Fußmarsch von knapp zehn Kilometern, während dem ich unablässig den Himmel im Auge behielt, denn der Besuch des Föhn hatte die unvermeidliche Gegenreaktion hervorgerufen. Als ich die ersten Häuser von Altdorf erreichte, einer am Osthang des Tals in sicherem Abstand von den Geräuschen der N2 gelegenen Gemeinde, hatte der Nordwind bereits für erhöhte Luftfeuchtigkeit gesorgt, und der bis dahin noch klare Himmel fing an, sich zu beziehen. Über dem See bündelten sich Regenwolken, und die Berge schwollen purpurfarben an wie Früchte, die jeden Augenblick zu platzen drohten. Ich beeilte mich, schnell durch die Stadt zu kommen, ließ die Kirchen und die kopfsteingepflasterten Gassen hinter mir, folgte dann weiter dem sich zwischen großen und kleinen Gärten entlangwindenden Pfad unter Eisenbahnbrücken hindurch und über Kanäle hinweg, immer in der Hoffnung, noch mein Zelt aufschlagen zu können, ehe die Wolken ihren Regen über mir ausschütteten.

Ich schaffte es nicht. Als ich den See erreichte, klatschten bereits die Regentropfen auf die graugrüne Fläche, und darüber hingen die Wolken wie Papiertüten, deren Böden herausgefallen waren. Der Urnersee ist im Grunde nur ein länglicher, appendixartiger Anhang des viel größeren Vierwaldstättersees und befindet sich an der Stelle, an der die engen Steilwände der Alpen sich nach beiden Seiten öffnen. Diese Weite hatte etwas Befreiendes. Ich stand im Regen am Schiffsanleger und schaute zu, wie die bunten Fahnen der einzelnen Schweizer Kantone mit ihren vielfältigen heraldischen Symbolen – Stierköpfe, Bären, Steinböcke, Schlüssel, Krummstäbe, Wandermönche, Adler und Sterne – von den nassen Böen durchgerüttelt wurden. Aber sie wiesen nun nach Süden und nicht mehr nach Norden. Das Hafenstädtchen Flüelen, im Grunde nicht viel mehr als ein am See gelegener Vorort des oberhalb befindlichen Altdorf, verfügte immerhin über ein paar Hotels, eine Marina, in der an sämtlichen Masten die Wanten klapperten, und zwei miteinander wetteifernde Kirchen, die auf den Zifferblättern ihrer Türme zwei unterschiedliche Uhrzeiten anzeigten – beide falsch. Und es gab den Campingplatz am Seeufer, wo ich im Regen mein Zelt aufschlug, woran niemand etwas zu finden schien bis auf einen Mann, der aus den Sanitäranlagen kam, während ich mich gerade mit Heringen und Stangen abmühte, und ob dieses Anblicks in schallendes Gelächter ausbrach, ehe er sich in sein Luxuswohnmobil zurückzog. Ich lag in der engen Gruft meines Zeltes, während draußen der Regen immer mehr zunahm,

konnte mich nicht rühren, ohne an die Zeltwände zu stoßen, und verwünschte den Kerl im Geiste. So fingen die
vier Tage des Wartens an.

Die Nacht war lang und kalt. Der Regen hielt bis zum
Morgen an. Ich stand am Kiesstrand des Sees und schaute
hinüber zu den steil abfallenden Felsen auf der gegenüberliegenden Seite, den von dunklen Kiefern bewachsenen
Bergen, den Schneestreifen, den dunstigen weißen Wolken. Alles war gedämpft, verhalten, als würde es auf etwas
warten – doch der Föhn schien noch Welten entfernt, ein
Traum von Wärme und klarem Himmel, der am Morgen
zuvor zerplatzt war. Als ich meine Schritte zurück in Richtung Flüelen lenkte, kostete es mich einige Anstrengung,
die Hoffnung auf seine Rückkehr nicht aufzugeben. Jede
Art von Wetter bürdet sich uns mit solch absoluter Unab-
dingbarkeit auf, dass man sich nicht vorstellen kann, dass
es auch anders sein könnte.

Dennoch, es gab gewisse unterschwellige Symbole. Als
ich an ein paar festgemachten Booten vorbeiging, erkannte
ich schlagartig, dass die angerostete Skulptur, die den Steg
schmückte – das gen Süden gerichtete Profil einer Frau,
deren welliges Haar in die entgegengesetzte Richtung geweht wird –, den Föhn darstellen sollte: seine in Metall gegossene Bewegung. Und im Wartesaal des Flüeler Bahn-
hofs, wo ich eingekehrt war, um mich mit Hefegebäck
aufzuheitern, entdeckte ich ein Wandgemälde mit dem
Titel *Föhnwacht*, auf dem zwei Feuerwehrmänner mit
einem Signalhorn aus Messing zu sehen sind. Aufgabe dieser Männer war es gewesen, in Zeiten des Föhns durch die
Straßen zu patrouillieren. Diese Föhnwächter hatten so-

gar das Recht, in Häuser einzudringen und Kaminfeuer zu löschen; Zigarettenrauchen war ohnehin bei Strafe verboten. So gemahnt das Wandbild daran, dass das Unglück jederzeit zuschlagen kann. Doch die größte Entdeckung dieses Vormittages machte ich in Altdorf, dem Hauptort des Kantons Uri: Irgendwo in der Grauzone zwischen Historie und Mythos hatte der Föhn indirekt zur Geburt der Schweiz geführt.

Im kopfsteingepflasterten Stadtkern entdeckte ich vor der bunt bemalten Fassade eines Turms ein Standbild des Schweizer Nationalhelden. Die Füße in heruntergekrempelten Socken steckend nahm er eine stolze Pose ein, breitschultrig, muskulös und mit einem gelockten Bart, die Armbrust als sein Markenzeichen über der Schulter, die eine Hand schützend um ein Kind gelegt – vermutlich sein Sohn. Ich hatte natürlich schon einmal den Namen dieses Helden gehört, wusste aber so gut wie nichts über seine Geschichte. Um ganz ehrlich zu sein: Ich hatte sie nicht einmal mit der Schweiz in Verbindung gebracht und nichts davon geahnt, dass seine Heldentaten den Dreh- und Angelpunkt der Sage von der Entstehung der Schweiz darstellten und dass auch der Föhn bei der Entstehung dieser Nationallegende kräftig mitgemischt hatte.

Die Geschichte geht auf das frühe vierzehnte Jahrhundert zurück, als große Teile des heutigen Schweizer Staatsgebietes noch aus einem Sammelsurium von bäuerlichen Kantonen bestanden, deren »Ewiger Bund« sich aber dem Joch der österreichischen Habsburger beugen musste, der imperialen Supermacht jener Tage. Dem heutigen Kanton Uri kam damals eine große strategische Bedeutung zu, denn das Reußtal bildete den Zugang zum erst unlängst passierbar gemachten Gotthardpass als Durchgang in das jenseits der Alpen gelegene Gebiet der italienischen Kleinstaaten. Im Lauf der Geschichte hatte man sich allerdings an ein recht hohes Maß der Eigenständigkeit gewöhnt, so dass die hier lebenden Menschen in etwa so unbeugsam und eigensinnig waren, wie man es dem finster dreinblickenden Stier auf ihrer Fahne nach erwarten dürfte. Ein tyrannischer Landvogt namens Gessler versuchte jedoch, die braven Bürger von Altdorf zu gängeln, indem er seinen Hut auf eine hohe Stange neben der Dorflinde hängte und verlangte, dass jeder, der über den Platz kam, sich vor diesem verbeugte. Einer dieser Passanten, ein Mann namens Wilhelm Tell – manchen Überlieferungen zufolge ein einfacher Bauer aus der Gegend, anderen zufolge wiederum ein Verschwörer gegen die Habsburger –, verweigerte dies als guter Patriot und wurde in Haft genommen. Der Landvogt, dem nicht verborgen geblieben war, wie gut Tell mit der Armbrust umzugehen wusste, wollte an ihm ein grausames Exempel statuieren, indem er ihm die nun fällige Todesstrafe nur erlassen wollte, wenn es Tell gelang, aus hundert Schritten Entfernung einen Apfel vom Kopf seines Sohnes Walter zu schießen.

Wilhelm Tell holte zwei Pfeile aus seinem Köcher und traf den Apfel zielsicher mit dem ersten. Als man von ihm wissen wollte, was es mit dem zweiten Pfeil für eine Bewandtnis hatte, antwortete er, dass dieser für Gesslers Herz bestimmt gewesen wäre, falls der erste Schuss sein Ziel verfehlt hätte. Eine solche Aussage galt natürlich als Hochverrat; Tell wurde zu lebenslanger Haft verurteilt. Als man ihn jedoch über den See zum Kerker in Küsnacht bringen wollte, brach ein heftiger Sturm los, der einen gewaltigen Wellengang auslöste, in dem das Boot zu sinken drohte. Tell gelang es, seine angsterfüllten Bewacher zu überreden, ihm die Fesseln zu lösen, damit er das Steuer übernehmen konnte. An Land angekommen, glückte ihm eine dramatische Flucht, indem er einfach über Bord sprang und im Wald verschwand. Hier legte er sich auf die Lauer nach Gessler, von dem er wusste, dass er kommen würde, um nach ihm zu suchen, fiel aus dem Hinterhalt über den verhassten Landvogt her, als dieser vorbeigeritten kam, und tötete ihn. Mit dieser Tat löste er ein Aufbegehren der Landbevölkerung aus, dem sich auch die benachbarten Kantone anschlossen, so dass es schließlich gelang, die Österreicher zu vertreiben. Nach diesem Sieg fuhr Tell damit fort, andernorts für die gerechte Sache zu kämpfen, kam aber später im reißenden Schächenbach ums Leben, als er – wie konnte es auch anders sein – versuchte, ein ertrinkendes Kind zu retten.

Man kann mit ziemlicher Sicherheit davon ausgehen, dass an dieser Legende nichts Wahres dran ist. Dazu hat sie zu viel Ähnlichkeit mit einer früheren, aus Skandinavien überlieferten Sage, in der der dänische Held Palnatoki ebenfalls gezwungen wird, einen Apfel vom Kopf seines Sohnes zu schießen, und tatsächlich finden sich fast überall in Europa ähnliche Legenden. Das hält jedoch das Dorf Bürglen, eine hübsche Ortschaft mit zahlreichen Fachwerkbauten, nur ein kurzes Stück weiter talaufwärts gelegen, nicht davon ab, sich als Geburtsort von Wilhelm Tell auszugeben. Ich schritt eine Reihe ehrfurchtsvoll gestalteter Schautafeln ab, auf denen die Geschichte Stück für Stück erzählt wird, auch wieder eindeutig in der Art von Stationen eines Kreuzwegs, bis ich mich vor einem weiteren Denkmal für unseren Helden wiederfand – dieses Mal in den Kantonsfarben Gelb und Schwarz gehalten. Ein Fresko von Wilhelm Tell versehen mit dem Motto *Gott und Freiheit* schmückt auch die Kirche von Bürglen, und nicht weit davon entfernt sind in der Tellskapelle weitere Fresken zu besichtigen, auf denen die wichtigsten Stationen der Geschichte dargestellt sind. Schutzpatron von Bürglen ist sinnigerweise der wie ein Nadelkissen von Pfeilen durchbohrte Märtyrer Sebastian – ein ähnliches Schicksal wäre wohl auch dem jungen Walter Tell beschieden gewesen, wenn sein Vater danebengetroffen hätte.

Am allermeisten aber machte mich eine gewisse Frömmelei betroffen, die die Legende offenbarte. Dies war alles andere als eine lehrreiche Geschichte für Kinder; obwohl die Tell-Sage in der kaltblütigen Ermordung seines Widersachers – höchstwahrscheinlich ein gläubiger Katholik wie er selbst – ihren Höhepunkt hat, wird Wilhelm Tell quasi als Schutzheiliger der Schweiz verehrt. Doch ob es ihn nun tatsächlich gegeben hat oder nicht, diese Region stellte tatsächlich das Epizentrum des Aufbegehrens gegen die habsburgische Macht dar, mit dem der Kampf um die Unabhängigkeit der Schweiz begann, und hier ist auch der Ort, an dem Legende in wahre Geschichte übergeht. Etwa fünfzehn Kilometer nördlich von der Stelle, an der ich jetzt stand, befindet sich am Westufer des Urnersees eine Bergwiese, die als *Rütliwiese* bekannt ist. Sie wird als der Ort verehrt, an dem im vierzehnten Jahrhundert die drei Kantone Uri, Schwyz und Unterwalden sich zu einem Bund zusammenschlossen und diese Union mit dem berühmten Rütlischwur besiegelten– der Nukleus der Schweiz als Staatengebilde. Danach erweiterte sich die anti-habsburgische Allianz rasch, indem ihr Städte wie Luzern, Zürich und Bern beitraten, und im Jahre 1386 gelang es einer verwegenen, überwiegend aus Bauern bestehenden Armee, den habsburgischen Truppen eine schwere Niederlage beizubringen, als diese versuchten, die Macht im Lande wieder an sich zu reißen – der Beginn der bis heute verbissen verteidigten schweizerischen Unabhängigkeit. Die Verbündeten nannten sich fortan *Eidgenossenschaft* und führten ihren Kampf fort, indem sie sich siegreich gegen die Burgunder und die Schwaben durchsetzten. Sie überquerten die Alpen, um den Herzögen von Mailand das italienischsprachige Tessin abzuringen und sich über die folgenden Jahrhunderte einen Namen als Söldner zu machen, indem sie während der auf die Reformation folgenden religiösen Konflikte und im Dreißigjährigen Krieg praktisch für jede Seite in den Kampf zogen. So kam es, dass der Vatikan als Leibwächter des Papstes ebenfalls Eidgenossen verpflichtete; eine Tradition, die bis heute ungebrochen ist. Vom Urnersee bis zum Heiligen Stuhl – man hat es weit gebracht seit einem einfachen Bauernaufstand.

Vor diesem historischen Hintergrund ist es dann doch nachvollziehbar, wieso Wilhelm Tell als Sinnbild couragierten Widerstands, als Geißel der Tyrannei mythologisiert wurde. Noch Jahrhunderte nach dem Rütlischwur befruchteten sich die Mythen gegenseitig, indem dessen Protagonisten, die Abgesandten der drei Urkantone, nämlich Walter Fürst, Werner Stauffacher und Arnold von Melchtal, als die »Drei Tells« wieder zum Leben erweckt wurden; später adoptierten ländliche Rebellen, die sich gegen die neuen Unterdrücker der Landbesitzerkaste zur Wehr setzten, diesen Namen. Auch im *Tellenlied* lebt die Geschichte weiter und wird in den traditionellen Freilichtspielen dieses Namens, die seit dem Mittelalter alljährlich stattfinden, immer aufs Neue erzählt. Als sich während des achtzehnten und neunzehnten Jahrhunderts nationalistische Strömungen in Europa breitmachten, gewann sie neuerlich an Aktualität. So veröffentlichte Friedrich Schiller 1804 sein gleichnamiges Drama um den Volkshelden und trug damit – obwohl er selbst ja Deutscher war – mehr zur Verbreitung dieses Mythos bei als jeder Schweizer. Schillers fiktive Version des Rütlischwurs, fünf Jahrhunderte nach dem tatsächlichen Geschehen entstanden, ist die heute verbreitetste:

Wir wollen sein ein einzig Volk von Brüdern,
in keiner Not uns trennen und Gefahr.
Wir wollen frei sein, wie die Väter waren,
eher den Tod, als in der Knechtschaft leben.
Wir wollen trauen auf den höchsten Gott
Und uns nicht fürchten vor der Macht der Menschen.

In der Folge hat Schiller dann auch Rossini inspiriert, der aus der Geschichte eine Oper machte – und damit eine gewisse Ouvertüre zu einem der bekanntesten Musikstücke der Welt. Spätere Versuche, den Mythos doch noch infrage zu stellen, riefen die Nationalisten auf die Barrikaden. In

Altdorf fanden öffentliche Bücherverbrennungen statt, und ein Historiker wurde sogar in effigie auf der Rütliwiese verbrannt. Es ist kein Zufall, dass das Ganze an das grenzte, was wir heute als religiösen Fanatismus bezeichnen würden. Nach kaum mehr als einer halben Stunde Aufenthalt in Bürglen war mir klar, dass ich mich in einem Wallfahrtsort befand. Die Denkmäler, die Wandmalereien und die Tellskapellen waren die Devotionalien des Personenkults, der um Wilhelm Tell getrieben wird.

Aber was war denn nun mit dem Föhn? Dieser Aspekt der Geschichte offenbarte sich erst am nächsten Tag, als ich nach einer weiteren unkomfortablen und dazu noch verregneten Nacht in meinem Zelt am See entlang zu einer Stelle wanderte, die *Tellsplatte* genannt wird. Hier stieß ich neuerlich auf ein Beispiel für die inbrünstige Anbetung Tells, bei der die Grenzen zwischen Ehrfürchtigkeit und Lachhaftigkeit zu verschwimmen drohten. Unmittelbar neben dem Ufer befindet sich eine weitere Tellskapelle mit einem spitzen, ziegelgedeckten Türmchen, deren Inneres ebenfalls romantisierende Fresken schmücken, die die bekannte Sage illustrieren, während gleich daneben ein übergroßes Glockenspiel die Wilhelm-Tell-Ouvertüre mit der schwungvollen Unbeschwertheit eines Speiseeisverkaufswagens herunterleiert. Die Kapelle war an genau dieser Stelle erbaut worden, weil hier der Held an Land gesprungen sein soll, nachdem er seine Bewacher überredet hatte, ihm das Ruder zu überlassen, da allein er, der aus der Gegend um den See stammte, die örtlichen Windverhältnisse kannte und dementsprechend zu navigieren verstand – eine ähnliche Episode wie die mit dem Hubschrauberpiloten aus Balzers also. Und besagter Wind war natürlich der Föhn: Ein Deus ex Machina aus den Alpen, der entscheidend in das Ringen um die schweizerische Unabhängigkeit eingegriffen hat.

Während ich nur wenige Schritte vom Wasser entfernt auf den Stufen der Kapelle stand, las ich noch einmal die E-Mail durch, die ich von Hans Richner bekommen hatte, einem Schweizer Physiker und Meteorologen, der sich seit mehr als vierzig Jahren mit dem Phänomen Föhn befasst: »Es existiert ein hochinteressantes Satellitenbild von einem Föhn über dem Urnersee, das beweist, dass der Wind sich an der Stelle, an der Tell entkommen ist, jedoch nur minimal auswirkt.« Es war kein stürmischer Tag, aber ich konnte an dem groben Kräuselmuster der Wasseroberfläche erkennen, dass der Wind von Norden kam. Im Bereich um die Tellsplatte herum jedoch spiegelten sich deutlich graue Wolken, die über einen weißen Himmel zogen. Diese Entdeckung stimmte mich dann doch froh: So übertrieben oder verfälscht die Legende um Wilhelm Tell auch sein mochte – zumindest was die natürlichen Gegebenheiten betraf, war sie stimmig. Der Mythos von der Erschaffung der Schweiz als Staat beruhte nicht bloß auf der Kunst des Armbrustschießens, sondern auch auf genauer Kenntnis der örtlichen Gegebenheiten ihres nationalen Winds.

Zur Feier dieser Erkenntnis packte ich mein Zelt zusammen und kehrte dem elenden Campingplatz den Rücken. Zwei Tage musste ich in der Gegend noch ausharren, aber ich war die Feuchtigkeit und die Kälte leid. So hatte ich in aller Eile eine Suche im Internet gestartet, bei der ich ein Gästehaus auftat, das ich mir leisten konnte. Der einzige Haken an der Sache war die Lage, nämlich fast 1500 Meter hoch in den Bergen unmittelbar oberhalb von Altdorf. Man konnte dort nur mit der Seilbahn an der Ostflanke des Tals hingelangen, und schon bald schwebte ich in atemberaubendem Tempo über Kiefernwälder, Weiden und weiße Ziegen hinweg, während die Hausdächer und die Straßen zu kleinen Punkten und Strichen am Fuß des Tals schrumpften. Andere schienen an dieser Art der Fortbewegung nichts Außergewöhnliches zu finden, was ich irgendwie beruhigend fand. Mit mir in der Gondel saß ein gelangweiltes Schulmädchen, das von unserer Pendelfahrt derart unbeeindruckt war, dass es nicht ein einziges Mal aus dem Fenster schaute, während ich mit der Nase an der Scheibe klebte und mir gleichzeitig das Herz bis zum Hals schlug. Auf halbem Wege nach oben gingen meine vom Höhenflug zugefallenen Ohren mit einem Knacken wieder auf, als das Mädchen zwischendurch an einer Bedarfshaltestelle ausstieg und mit dem Fahrrad zu irgendeinem fernen Berghof davonradelte. Dann knackte es wieder im Ohr, und ich sauste weiter über die weiße Landschaft. Mit einem letzten besorgniserregenden Rucken bremste die Gondel ihre Fahrt ab und kam in der Station des winzigen Fleckens Eggberge zum Stillstand. Als ich meinen Fuß in den Schnee setzte, schwirrte mir von dem Höhenunterschied der Kopf.

Meine Unterkunft bestand aus einer sehr schönen Blockhütte mit rot und weiß karierten Vorhängen und einem Ofen mit einem bullernden Feuer darin. In Empfang genommen wurde ich von zwei Hunden in der Größe von Wüstenrennmäusen und ihrem Besitzer, Leonhard, der nur Schwyzerdütsch sprach, mir eine Gersten-suppe mit Huhn anbot, mich mit ernster, aber nicht unfreundlicher Miene musterte, während ich sie aß, und mir dann den Schlüssel zum Dachbodenraum mit zwölf freien Matratzen und zusammengerollten Decken aus Schweizer Armeebeständen gab. In diesem Raubvogelhorst wartete ich dann, bis der Wind kam.

Am darauffolgenden Morgen wurde ich von den spitzen Bergkuppen der Schwyzer Alpen begrüßt – dem Rossstock, dem Hagelstock, dem Diepen und der Alp Schön Chulm. Der breit getretene Schnee in und um Eggberge hatte die Konsistenz von feuchtem Zucker; es war noch zu kalt, um ihn zum Schmelzen zu bringen, und zu warm, als dass er eine feste Decke bilden könnte. Das erschwerte das Gehen, doch sowie man erst einmal die Häuser hinter sich gelassen hatte, lag der Schnee da wie ausgestäubtes Mehl – so trocken, dass die Stiefel bei jedem Schritt ein knirschendes Geräusch machten. So verbrachte ich den Tag damit, in einem auf den Föhn wartenden Winterwunderland umherzuwandern. Es gab einen Pfad, der mitten durch den Kiefernwald führte. Um die Stämme der Bäume hatte sich verwehter Schnee angehäuft, und an den Ufern der Bäche hingen Eiszapfen von den gefrorenen Böschungen. Mir begegnete kein Mensch bis auf eine Skiläuferin, die so geschwind und geräuschlos an mir vorbeihuschte, als wäre sie eine Elfe, die aus einem anderen Reich zu Besuch kam. Jenseits der Bäume erstreckte sich ein Meer aus weißen Bergspitzen, mal in helles Licht getaucht, mal in dunkle Schattierungen. Weit in der Ferne waren in einer wie in die Landschaft gemeißelten Senke winzig kleine

Chalets zu sehen, vom Schnee wie mit Filz bezogen. Ich watete einen steilen Hügel hinauf, an dessen höchstem Punkt eine Jesusgestalt aus Holz am Kreuz hing, das Leidensgesicht vom Wind abgewandt. Dann ging es wieder jäh zurück hinab ins Tal, in den tieferen Schnee. Ich folgte den unterschiedlichsten Spuren – Füchsen, Rehen, Vögeln, Skiern und den gespreizten Klauen von Schneeschuhen –, sackte mal tief in den Schnee ein, drohte mal das Gleichgewicht zu verlieren und vornüberzufallen. Einmal fiel ich tatsächlich hin und versank der Länge nach im Schnee, aber ich kämpfte mich weiter voran, bis ich schließlich in einen Zustand euphorischer Erschöpfung verfiel.

Der Schnee hatte so vollständig Besitz von dem Land ergriffen, dass es undenkbar schien, dies alles könne schon bald verschwunden sein, dass Blumen und grasende Tiere auf die verlassenen Hänge zurückkehren würden. Aber als ich mich wieder Eggberge näherte, kam tatsächlich Wind auf, der die Wolken wie mit einem Bulldozer vom Himmel schob und eine strahlende Helligkeit hinterließ, so klar wie ein tropisches Meer.

Der Mann, der die Seilbahn bediente, trank gerade Schnaps mit Leonhard. »Sie wollen doch hoffentlich nicht so bald wieder nach unten, oder? Morgen haben wir einen sehr schönen Föhn. Wenn er kommt, verkehrt keine Bahn. Fürchte, dass Sie dann zu Fuß gehen müssen.« Noch während er sprach, bewahrheiteten sich seine Worte: Draußen vor dem Fenster prügelte der Wind auf die Kiefern ein, dass es sich anhörte, als würden alte Zeitungen zerrissen, und die Grimasse des Stiers auf der Kantonsfahne schüttelte sich, als hätte sie einen epileptischen Anfall.

Ich ging früh zu Bett; erschöpft vom Tag und von einem erwartungsfrohen Gefühl erfüllt wie am Weihnachtsabend. Trotz der Müdigkeit in meinen Knochen schlief ich unruhig und wachte immer wieder auf.

»Wenn der Föhn nahe ist«, schreibt Hesse, »spüren ihn viele Stunden voraus Männer und Weiber, Berge, Wild und Vieh … Es gibt nichts Seltsameres und Köstlicheres als das süße Föhnfieber, das in der Föhnzeit die Menschen der Bergländer und namentlich die Frauen überfällt, den Schlaf raubt und alle Sinne streichelnd reizt.« So erging es auch mir: Das Föhnfieber hatte mich gepackt. Die ganze Nacht lauschte ich, wie es im Dach pochte und stöhnte, wie die Balken sich unter dem Druck bogen und streckten. Eine ein- und wieder aussetzende Stoßwelle von Seufzern, die ich am eigenen Leib zu spüren meinte. Eine Etage tiefer kläfften die winzig kleinen Hunde, und ich stellte mir vor, wie Leonhard mit seinem nach Schnaps riechenden Atem im Bett lag und im Stockdunkeln sorgenvoll die Stirn runzelte. Der gesamte Berg war von Unruhe ergriffen – er holte immer wieder tief Luft und bebte leise, weil auch er keinen Schlaf finden konnte. Ich erwachte kurz nach der Morgendämmerung von einem hohlen Donnern und einem Licht, das Kopfschmerzen verursachte. Mein Warten war nicht vergebens gewesen. Der Schneefresser war zurückgekehrt.

~

Als ich vor die Tür trat, war es, als würde ich in ein warmes, stürmisches Meer getaucht. Das komplexe Gefüge der Hänge kanalisierte den Föhn, lenkte ihn ab und stellte sich ihm dann wieder in den Weg, so dass seine nordwärts gerichtete Bewegung durcheinander geriet und sich in miteinander kollidierende Strömungen aufteilte, die hektisch gegeneinander anrannten. Im einen Moment stand ich noch völlig unbewegt da und wurde im nächsten schon mit einer erschreckenden Wucht, der ich kaum einen Widerstand entgegenzusetzen vermochte, nach vorn geworfen.

Die Seilbahn hatte ihren Betrieb eingestellt und wartete hinter dem Portal ihrer Bergstation auf günstigeres Wetter, nur das endlose, wimmernde Sirren der zitternden Stahldrähte erfüllte die Luft. So blieb mir nur ein dreistündiger Marsch den Berg hinunter, wenn ich zum See wollte. Aus dem Wald war ein konstantes Rauschen zu hören. Mit jeder Bö bogen sich die Kiefern, als wären sie aus Gummi. Und als die Welt unten im Tal allmählich näher kam, sah es aus, als wären mehrere Schichten, unter denen sie gelegen hatte, abgetragen worden, damit sie zum ersten Mal ihr wahres Antlitz zeigen konnte.

Doch auch die umgebenden Berge schienen mit einem Male näher gerückt. Sie waren voller Tippex-weißer Schneetupfer, die jeden Spalt und jede Rille übernatürlich grell leuchten ließen. Die Dächer von Altdorf waren bald so genau zu erkennen, als würde man durch ein Teleskop schauen: Jeder Schornstein, jedes Türmchen, jeder Dachziegel erschien in so perfekter Scharfeinstellung, dass ich das sonderbare Gefühl bekam, ein hyperscharfes computergeneriertes Bild vor mir zu haben. Beim Abstieg in den winddurchtosten Ort gewann das Bild mit jedem Schritt noch mehr an Schärfe. Spontan erwachte in mir der Wunsch, kurz innezuhalten und meinen Hesse aus dem Rucksack zu fischen, denn er beschrieb mit seinen Worten so treffend, was ich jetzt gerade vor mir sah:

Zugleich rückt die ganze Landschaft ängstlich nah zusammen. Auf Gipfeln, die sonst in entrückter Ferne brüteten, kann man jetzt die Felsen zählen, und von Dörfern, die sonst nur als braune Flecken im Weiten lagen, unterscheidet man Dächer, Giebel und Fenster. Alles rückte zusammen, Berge, Matten und Häuser, wie eine furchtsame Herde.

Altdorf schien durch die Sonne und den Wind wie ausgewechselt, nichts erinnerte mehr an den regenverhangenen Ort, den ich verlassen hatte. Die Temperatur war um zehn Grad nach oben geschnellt, und es wehten warme Winde durch die Straßen, die die Hemdsärmel im Schwatz begriffener älterer Männer flattern und das Wasser von sonst ganz friedlichen Springbrunnen in die Gegend spritzen ließen. Loses Laub wirbelte nur so über den Asphalt, und über den Ladentüren schaukelten die Insignien der Geschäfte, die gusseisernen Schlüssel, Kronen und Brezeln, wie verrückt hin und her. An den Krempen der Trachtenhüte vibrierten die Fasanenfedern.

Nun, da ich den Wind gefunden hatte, musste ich ihm folgen, und dafür gab es nur eine einzige Richtung: Blüten, Blätter, Abfall, Staub und Plastiktüten flogen alle gen Norden, und die Kleidungsstücke an den Wäscheleinen hatten sich in Windfahnen verwandelt. Ich ließ mich von dieser panischen Flucht bis zurück nach Flüelen und an den See mitreißen, wo das Wasser eine völlig unnatürliche Blaufärbung angenommen hatte, in die sich einzelne helle Lichteffekte wie von Magnesiumpulver mischten. Die Schaumkämme sahen aus wie die Mähnen weißer Pferde, die weiter draußen auf dem See in gleichmäßigen Abständen vorbeizogen – Kavalleriedivisionen in steter Bewegung. Am Anleger saß ein alter Mann, schaute ebenfalls den Wellen zu und sonnte sich im warmen Wind.

Diese entfesselte Energie überwältigte meine Sinne, ließ mich wie trunken davon werden. Ich fühlte die Hand des Föhns, mit der er mir Mut zusprach, auf meinem Rücken, und so flog ich nur so mit ihm dahin, unter den Felsen von Ober Axen hindurch in einen Tunnel im Stein, in dem die Luft wie durch einen Trichter blies, so dass ich in einen unbeholfenen Laufschritt wechseln musste. Schon war ich wieder bei der Kapelle am Seeufer und der Tellsplatte. Und an dieser Stelle war von den Schaumkämmen, mit denen der übrige See bedeckt war, tatsächlich wieder nichts zu sehen: Die Wasseroberfläche war glatt wie ein Spiegel. Ein weiteres Mal erwies sich, dass also doch etwas dran war an der Legende. An diesem Punkt, an dem der Armbrustschütze sich durch einen Sprung aus der Gefangenschaft befreit und damit Eingang in sieben Jahrhunderte erzählter Landesgeschichte gefunden hatte, verweilte ich ein paar Minuten, aß einen Apfel aus meiner Umhängetasche und schenkte seinen Knust dem See.

Schon bald darauf wurde der schwarze Bulle des Kantons Uri durch ein weißes Kreuz auf rotem Grund ersetzt; ich befand mich nun im Kanton Schwyz, dem die Schweiz nicht nur ihre Nationalfahne, sondern auch ihren Namen zu verdanken hat.

Bei Sisikon führte der Pfad steil den Berg hinauf. Während ich mich hoch über dem See mühsam emporarbeitete, konnte ich einen letzten Blick auf das Reußtal werfen; nach Süden hin hatten sich die Wolken über den Alpen aufgehäuft wie Schneewehen und luden ihre nasse Last über den Piazzas des Tessins ab. Unterhalb des mit Geröll bedeckten Steilhangs führte eine Schotterstraße vorbei, an deren Rand Schilder auf Deutsch und Französisch vor herabstürzenden Steinen warnten: *Nicht stehen bleiben! Ne pas s'arrêter!* Ich folgte ihrem Rat tunlichst und hielt mich nicht weiter auf, denn ich konnte mir gut vorstellen, dass ein Föhn in Sturmstärke der perfekte Auslöser für Erdrutsche wäre. An der Wand einer Scheune warnte ein weiteres Schild vor Gefahren: *Kein Feuer bei Föhnwind! Pas de feu en cas de Foehn!* Die dringlichen Ausrufezeichen erschienen mir keineswegs unangebracht, überall um mich herum braute sich etwas Dramatisches zusammen – im See, in den Bäumen, im Gras, unter den Vögeln, in den Bergen, am Himmel, im Licht –, und die Intensität all dessen wurde zunehmend erdrückender. Völlig entkräftet und ausgezehrt von den Anstrengungen meiner Wanderung erreichte ich mein Ziel. Meine Kehle war von der Wärme wie ausgedörrt, und meine Lippen waren aufgesprungen, selbst meine Haut war ganz rau, und meine Hände fühlten sich an, als hätte der Wind sie mit Sandstrahl bearbeitet.

Brunnen, seit jeher ein bekannter Ferienort, befindet sich genau gegenüber dem scharfen Rechtsknick, mit dem der wesentlich größere Vierwaldstättersee mit seinen tentakelartig nach allen Seiten ausgestreckten Ausläufern in den Urnersee übergeht. Ich war über Weiden mit grauen Alpenkühen, die dem Sturm stoisch ihre Hinterteile entgegenhielten, heruntergestiegen und fand mich plötzlich umgeben von grandiosen Hotelbauten, die mit ihren Balkonen und ihren klassizistischen Fassaden die Atmosphäre mondäner Badeorte des neunzehnten Jahrhunderts heraufbeschworen – es fehlte nicht einmal die Reihe windgebeugter Palmen davor. All das war charakteristisch für das hiesige, vom Föhn erwärmte und allseits – von William Turner bis zum übergeschnappten König Ludwig II. von Bayern – geschätzte Mikroklima. Ist es wirklich nur Zufall, dass ausgerechnet diese beiden Persönlichkeiten – der berühmte Maler der Stimmungen des Wetters und der depressiv-romantisch veranlagte Monarch, dessen krankhafte Sucht, ständig neue Schlösser bauen zu lassen, beinahe sein Königreich in den Bankrott getrieben hätte – an den Gestaden dieses Sees verweilt hatten? Turner hat hier in den vierziger Jahren des achtzehnten Jahrhunderts mehrere Landschaftsbilder geschaffen, während Ludwig es genossen haben soll, sich in Begleitung von Musikern, die ihm auf ihren riesigen Alphörnern ein Ständchen brachten, auf dem See umherrudern zu lassen.

Am Hafen wurde mir selbst auch so etwas wie ein Ständchen zuteil. Alle paar Meter schwappten kleine, mit einem Schaumrand umgebene Inselchen aus durchweichtem Laub, abgerissenen Zweigen und Plastikmüll in gleichbleibendem Rhythmus an die Kaimauer, während das Knattern der Fahnen und das manische Klappern der Wanten an ihren Masten und noch andere metallisch ächzende Misstöne eine Kakofonie erzeugten, die einen glatt auf die Palme bringen konnte. Wenn zwischen den einzelnen Böen einmal eine kurze Ruhepause eintrat, vernahm man eine etwas weniger aufdringliche Tonskala: In den offenen Enden von eisernen Gerüststangen spielte der Wind wie auf einer Panflöte.

Am Ende einer breiten Einfahrt war extra ein *Föhnhafen* angelegt worden, in dem eine Flotte hin- und herschaukelnder Boote Schutz gesucht hatte, und auch allerlei Wasservögel hatten hier Asyl gefunden, die Köpfe zwischen die glatt anliegenden Federn gesteckt. Mit unerbittlicher Ausdauer klatschten die Wellen an die Mauer und tauchten den Kai in eine Wolke aus Gischt. Aber der Föhn taugte auch für aufregende Ferienerlebnisse: Manche Familien rannten kichernd und kreischend vor dem Spritzwasser davon, während andere sich wild entschlossen mitten hineinstellten und nur die Kinderkarren vom See abgewandt ausrichteten, damit wenigstens ihre Kleinen ein wenig geschützt waren. Eine Gang von Motorradfreaks in Lederjacken ließ die langen Haare im feuchten Wind wehen, bis sie von einer Monsterwelle von Kopf bis Fuß durchnässt wurden und den Rückzug antreten mussten. Andere, einander wildfremde Besucher amüsierten sich wiederum in kindlicher Freude köstlich über die Dusche, die sie alle gemeinsam abbekamen.

So war ich denn umgeben von lauter Geistesverwandten, die meine Freude an Naturgewalten teilten, doch ich hielt mich ein wenig abseits von ihnen. Es war ein langer Weg bis hierher gewesen, und ich wollte diesen Augenblick ganz für mich allein auskosten.

Weiter draußen auf dem See trieben die tosenden Wellen Sprühnebel vor sich her, der aussah, als würde ein wehender Gazevorhang über dem Wasser tänzeln. Ab und zu löste sich daraus eine wirbelnde Säule, die am Horizont entlang zu springen schien, bevor sie in einen Nebelschleier zerfloss und dabei ephemerische Zeichen bildete, die sich schon im Moment ihres Entstehens wieder auflösten. Im kroatischen Bergland hatte ich den Wind schon einmal solche Runen in den Schnee zeichnen sehen, und so verharrte ich lange angesichts dieses Schauspiels, um sein Skript zu entschlüsseln: Tatsächlich beschrieb diese wilde Kalligrafie mein Glücksgefühl besser, als ich es mit meinen eigenen Worten je vermocht hätte. Als ich mich wieder dem Landesinneren zuwandte, schmerzte mir das Gesicht – so sehr hatte ich angesichts meines Glücks grinsen müssen.

An diesem Abend fand ich ungefähr anderthalb Kilometer von der Stadt entfernt auf einer Ebene oberhalb des Sees eine Stelle, an der ich mein Zelt aufschlagen konnte, und zwar so, dass es unmittelbar in der Bahn des Föhns stand. Ich hämmerte die Heringe tief in die Erde, und obwohl die Wände zitterten wie Wackelpudding, überstand es die Nacht unversehrt.

Es war ein trüber Morgen; die Vögel zwitscherten, als wollten sie sich selber Mut zusprechen. Der See lag vollkommen still da, und alle Wörter waren von seiner Oberfläche verschwunden.

∼

Als ich nach Brunnen zurückkam, hing eine schlaffe, erschöpfte Atmosphäre über dem Ort. Die Menschen unterhielten sich mit gedämpften Stimmen, sämtliche Farben hatten ihren Glanz verloren. Es herrschte Katerstimmung wie nach einer langen, wilden Nacht, als hätte man sich gründlich übernommen und müsste nun erst einmal, ein wenig peinlich berührt, zu sich selber zurückfinden.

Nach dem atemberaubenden Nervenkitzel des Vortages, als ich das Gefühl hatte, die Welt neu zu entdecken, musste auch ich mich erst mit der Enttäuschung abfinden, dass nun der Alltag wieder eingekehrt war. Es reichte mir nicht, einmal davon gekostet zu haben, ich war wie süchtig danach, ich wollte mehr. Nach der jüngsten Wettervorhersage und den Auskünften meiner Verbündeten bei MeteoSwiss hatte der Wind nach Westen gedreht. Nachdem er sich über dem Urnersee ausgetobt hatte, schien der Föhn nun im Haslital, einem weiteren Nord-Süd-Tal, das quer durch die Zentralalpen schnitt, seine Kräfte neu zu bündeln.

Durch das Zugfenster sah ich mit einem Auge die Landschaft vorbeiziehen, Seen, Berge, Städtchen mit hohen Kirchtürmen: Ich kehrte dem Kanton Schwyz den Rücken und begab mich weiter ins Berner Oberland. Das andere Auge war auf das Display meines Smartphones geheftet, auf dem die auf- und absteigenden Liniendiagramme zur Anzeige des Luftdrucks aussahen wie die Gipfel, Talsenken und Plateaus abstrakter Bergketten. Es war wohl ein Symptom meiner Manie: Diese virtuellen Auf- und Abstiege bildeten für mich mehr die Realität ab als die draußen vorbeirauschende Welt.

Besessenheit, Sucht, Hochstimmung – indem ich mich in der gesamten Schweiz an die Fersen eines Windes heftete, katapultierte ich mich in jene spezielle Kategorie von Wetterfans, die als »Sturmjäger« bekannt sind. Als typisch nordamerikanische, und auch typisch männliche, Aktivität bietet sich die Sturmjagd überall dort an, wo es weite, offene Flächen und billiges Benzin gibt: eine stark oktanhaltige, hoch motorisierte Variante meiner eigenen Windwanderungen. Die Anhänger dieser Freizeitbeschäftigung legen auf der Jagd nach Hurrikanen und Tornados Tausende von Kilometern zurück und filmen ihre Abenteuer dabei oft mit auf dem Armaturenbrett befestigten Kameras. Die Hohe Schule der Sturmjagd, *Core punching* genannt, besteht darin, ganz bewusst in den »Kern«, also das Auge, eines Sturmes hinein- und auf der anderen Seite wieder hinauszufahren.

Dieses Phänomen nahm im Jahre 1956 seinen Anfang, als ein Highschool-Absolvent namens David Hoadley, der »Vater der Sturmjäger«, begann, sich obsessiv mit Extremwetterlagen zu beschäftigen, nachdem er die Schäden mitansehen musste, die ein Sturm in seiner Heimatstadt in North Dakota angerichtet hatte. Immer wieder setzte er sich hinter das Steuer seines Autos, um Gewittern nachzujagen, und das zu allen Jahreszeiten und bis in die benachbarten Bundesstaaten hinein. Hoadley führte genau Buch über seine Beobachtungen und wurde so als Autodidakt zum Meteorologen. Während des nächsten halben Jahrhunderts erlebte er mehr als zweihundert Tornados hautnah mit und legte dabei eine geschätzte Dreiviertelmillion Meilen kreuz und quer über die *Tornado Alley* –

jene weite Fläche von Ebenen und Prärien, die sich von Kanada bis hinunter nach Texas erstreckt – zurück. Und nebenher brachte er eine Zeitschrift heraus, um weitere Anhänger für sein Hobby zu gewinnen. Einer seiner Gefolgsleute, Tim Marshall, überlebte siebzehn Orkane, darunter Katrina (2005) und Ike (2008); andere Pioniere der Sturmjagd kamen nicht so glimpflich davon: An einem schicksalsträchtigen Tag im Jahr 2013 fand ein langjähriger Sturmjäger namens Tim Samaras den Tod, als der Orkan El Reno – der unberechenbarste seit Beginn der Sturmaufzeichnungen – gänzlich unerwartet plötzlich drehte, den Wagen, in dem Samaras unterwegs war, in die Höhe hob und ihn eine halbe Meile weit die Straße entlangschleuderte, auch Samaras' Sohn Paul und sein Kollege Carl Young kamen ums Leben. Als die Polizei am Ort des Geschehens eintraf, fand man bloß noch ein zertrümmertes Wrack vor, das lediglich anhand einer Radkappe als Auto identifiziert werden konnte.

Marshall und Samaras haben stets betont, ihre Faszination für Wirbelstürme rühre von Kindheitserlebnissen her – als hätte sich das in früher Jugend ausgelöste Hochgefühl in ihre Gehirne gebrannt. Marshall hat das Thema nicht mehr losgelassen, seit der Tornado von Oak Lawn in Illinois 1967 drei Verwaltungsbezirke heimgesucht und dabei 58 Todesopfer gefordert hatte, darunter auch Klassenkameraden aus seiner Schule. Samaras wiederum wurde vom Tornado-Virus infiziert, als er im Alter von sechs Jahren den Film *Der Zauberer von Oz* sah. »Ich habe das Gefühl, dass wir uns gar nicht mehr in Kansas befinden«, sagt das Mädchen Dorothy in dem Film, nachdem der Sturm sie ins Zauberland entführt hat, und schon bald begibt sie sich auf der legendären *Yellow Brick Road* auf den Weg zu neuen Abenteuern. Vermutlich hat auch mich meine erste Begegnung mit einem Sturm, der mich glattweg vom Boden hob, in ähnlicher Weise geprägt. Und als ich jetzt die schneebedeckten Gipfel draußen betrachtete, konnte auch ich mir sicher sein, mich nicht in Kansas zu befinden.

An diesem Abend traf ich in Meiringen ein, im Herzen des Haslital, und machte mich auf zu meiner Pension am anderen Ufer der Aare. Aber ich hätte mich ebenso gut in Dorothys Zauberland befinden können: Ich stand vor einem Haus in Form einer Kuckucksuhr aus dunklem, glänzendem Holz mit jeder Menge Blumenkästen an den Balkonen, dessen resolute Besitzerin mir sogleich einen Humpen Bier und einen Teller mit gebratenem Lammfleisch hinstellte. Irritierenderweise hörte man während des Essens, wie sich im Nebenzimmer ihr Ehemann laut würgend übergab, und als er schließlich mit zitternden Händen und ganz grün im Gesicht erschien, schickte sie ihn unverzüglich ins Bett, woraufhin ich auch seine Portion verzehren durfte.

»Morgen kommt der Föhn«, sagte sie und sah dabei alles andere als glücklich aus. »Ich glaube, das wird schlimm diesmal. Wenn wir Föhn haben, versuche ich mich auf die Dinge zu konzentrieren, die im Haus erledigt werden müssen, aber ich bin mit dem Kopf nicht richtig dabei. Ich kann dann nicht klar denken, mache mir dauernd irgendwelche Sorgen, und wenn man zu schlafen versucht, ist es richtig furchtbar. Immer macht irgendwas Krach, irgendwas schlägt gegen die Wände, als wollte es bei uns eindringen ...« Und dann kam sie so unvermittelt auf etwas ganz anderes zu sprechen, dass ich es im allerersten Augenblick gar nicht merkte. Denn sie blieb im Prinzip bei ihrem Thema, den störenden Faktoren, die das friedliche Leben im Tal beeinträchtigen, als sie dazu überging, über die Flüchtlingsströme herzuziehen: »Das macht mir Angst. Wir sollten die bei uns nicht dulden. Unsere Kultur ist nicht für die geschaffen, auch für die nicht, die gar nicht als Flüchtlinge hier sind. Wenn ich eine Anfrage wegen eines Zimmers bekomme und der Name sich arabisch anhört, sage ich immer gleich, dass wir ausgebucht sind.« Sie musste gemerkt haben, dass mir das gegen den Strich ging, denn sie versuchte sogleich, ein Stück zurückzurudern: »Ich sage das natürlich immer sehr höflich; man will ja niemanden vor den Kopf stoßen. Aber die normalen Gäste könnten sich an denen stören. Ich weiß ja, dass da Krieg herrscht, und es tut mir auch leid für sie, aber die sollten trotzdem nicht herkommen. Warum bleiben die nicht da, wo sie hingehören?«

Mit einem Mal fühlte ich mich sehr unbehaglich. Es war eine Situation, wie ich sie leider schon wiederholt erlebt hatte – der Augenblick, in dem man merkt, dass jemand, der oder die einen herzlich in seinem oder in ihrem Haus aufgenommen hat, hartherzige, engstirnige oder einfach nur dumme Ansichten vertritt. Das erinnerte mich an den Mann mit den Katzenaugen, der glaubte, die Flüchtlingskrise wäre auf eine Verschwörung zur Islamisierung Europas zurückzuführen, doch jetzt gab es keinen Zustand der Trunkenheit, der mich abstumpfte. Ich bemühte mich, ihr meine Sicht der Dinge darzulegen, aber es hatte wenig Zweck. Sie regte sich nur auf, versuchte abwechselnd, ihre

Äußerungen zu rechtfertigen oder möglichst alles, was sie gesagt hatte, zurückzunehmen, und so endete das Abendessen mit einem peinlichen Austausch von Plattitüden. Ich war ein wenig deprimiert, als ich zu Bett ging, und wünschte mir, das Gespräch hätte nie stattgefunden. Das war eben die provinzielle Seite der Festung Schweiz.

Ausgerechnet an den schönsten Plätzen trifft man leider immer wieder auf eine tief verwurzelte Intoleranz: Der morgendliche Blick von meinem Balkon auf das von in bläulichen Schatten liegenden Bergen umgebene Tal und den Sprühnebel eines die Bergwand hinunterdonnernden Wasserfalls sah aus wie ein romantisches Gemälde. Die Sonne schien strahlend hell vom Himmel, die Luft war erfüllt vom Klang der Kuhglocken, und im Windhauch wiegten die Wildblumen ihre Köpfe. Das Frühstück nahmen wir in Waffenstillstandsstimmung ein, beide versuchten wir sorgsam, die Themen des Vorabends zu vermeiden. Und als ich mich verabschiedete, blieb sie noch lange auf dem Balkon stehen und winkte mir nach. In ein paar Stunden würde ihr Bilderbuchheim unter heftiger Belagerung stehen: Ich stellte mir vor, wie sie in ihren vier Wänden nicht zur Ruhe kam und ihr Ehemann immer noch unpässlich im Bett lag, während die Fenster in ihren Rahmen erzitterten und die Blumen aus ihren Kästen gerissen wurden.

Die Invasionsmacht aus dem Süden war erst zum Nachmittag angekündigt, also nahm ich mir im Städtchen noch ein wenig Zeit, ehe ich meine Wanderung talaufwärts fortsetzte. Meiringen ist für zwei Dinge berühmt, nämlich als Geburtsort des Baisers, in der Schweiz *Meringue* genannt, und als der Ort, an dem Sherlock Holmes den Tod fand, als er, mit seinem Widersacher, dem schurkischen Moriarty ringend, in Arthur Conan Doyles Kurzgeschichte »Das letzte Problem« den Reichenbachfall hinunterstürzt. Meiringen schlägt reichlich Kapital aus dieser fiktiven Abrechnung, und schon bald hatte ich sowohl das Sherlock Holmes-Hotel als auch die Sherlock Holmes-Lounge, das Sherlock Holmes-Museum und die ihm gewidmete Bronzeplastik gesehen. Diese zeigt den Meisterdetektiv – der natürlich auch Ehrenbürger der Stadt ist –, wie er, die Pfeife in der Hand und die typische Mütze auf dem Kopf, auf einem Fels hockt und kombiniert. Die prächtig altmodischen Hotels durchweht immer noch ein Rest vom Geist der Gentlemen der englischen Literaturszene, die hier in vergangenen Zeiten ihre Winter verbrachten, um sich von der Natur inspirieren zu lassen, und sich schon den ganzen Tag auf das abendliche Glas Schnaps am prasselnden Kaminfeuer freuten. Mit meinem unrasierten Gesicht kam ich mir wie eine etwas verwahrloste Version jener Herren vor.

Ich kaufte mir das unvermeidliche Baiser und verzehrte es, während ich durch den historischen Teil der Stadt schlenderte, dessen Häuser von den Feuersbrünsten der Jahre 1879 und 1891, beide durch Föhn ausgelöst, verschont geblieben waren. Angesichts der Häufigkeit solcher Brände verwunderte es allerdings, dass im gesamten Land überhaupt noch Häuser aus Holz erhalten waren. Der dritte Grund, aus dem sich Meiringen etwas auf sich einbilden kann, besteht übrigens darin, dass es die letzte Stadt in der Schweiz war, die ihre *Föhnwacht* abschaffte – jene Staatsbediensteten, die in den Straßen patrouillierten, um Feuer zu löschen und Zigaretten zu konfiszieren. Diese Wachtruppe hatte sich hier bis in die neunziger Jahre des vorigen Jahrhunderts gehalten, als man ihre Aufgaben endlich der regulären Feuerwehr übertrug. Als ich an der Feuerwache vorbeikam, sah ich die Brandwächter wie schläfrige Kater in der Sonne dösen – vermutlich in Erwartung eines langen Tagwerks.

Ich wischte mir Baiserkrümel aus dem Bart und folgte einem Pfad, der parallel zum Verlauf der mir entgegenfließenden Aare an der Ostseite des Tals durch einen Mischwald führte, begleitet von wilden Bergbächen und Wasserfällen, die aussahen, als würden sie vor Wut schäumen. Es war schon beinahe Mittag, als ich merkte, dass es immer wärmer wurde, so dass ich einen Moment lang stehen bleiben musste, um meine Jacke auszuziehen. Doch bereits wenig später musste ich schon wieder eine Pause einlegen, um in ein dünneres Hemd zu wechseln. Es war mit einem Male ein drückendes, beengendes Gefühl in der Luft, und es wurde auch zunehmend schwieriger, tief durchzuatmen. Als ich endlich die höchste Stelle erreicht hatte und in die gähnende Weite vor mir schauen konnte, sah ich in der Ferne auch mein nächstes Ziel, das Dorf Innertkirchen unterhalb grauer, von Eisadern durchzogener Gipfel. Und genau in diesem Moment begannen die Bäume um mich herum sich zu biegen. Von allen Seiten war ein beunruhigendes Knacken zu hören. Instinktiv spannte mein ganzer Körper sich an, doch ehe meine Füße festen Halt gefunden hatten, warf mich eine von den Bergen kommende stürmische Druckwelle mehrere Schritte nach hinten. Der

Wind fuhr mit einer solchen Wucht in das Blattwerk der Bäume, dass die nackten Stämme entblößt wurden und es schien, als würden die Äste aus schierer Verzweiflung um sich schlagen. Was mich da beinahe umgeworfen hatte, war stark und muskulös, fast so, als könne man es berühren. Doch als es zu seinem zweiten Hieb ausholte, war ich bereit – mit vorgebeugtem Oberkörper warf ich mich ihm entgegen und tauchte hinein wie in einen reißenden Strom.

Es konnte keinen Zweifel geben: Der Föhn war eingetroffen, und zwar mit schweizerischer Pünktlichkeit, und er war es, der nun das Sagen hatte. Schon jetzt kam mir der älteste Mann des Haslitals kräftiger vor als der älteste Mann von Altdorf.

Innertkirchen ist ein eher nüchterner Ort, bestehend aus vereinzelten Höfen und einer Reihe halb fertig gebauter Chalets, die sich wahllos am Ufer der Aare verteilten. Man bekam hier sogleich das Gefühl, am Ende der Welt angekommen zu sein, was auch voll und ganz zutraf, denn hier war der Endhaltepunkt der eingleisigen Schmalspurbahn in Richtung Norden. An den übrigen drei Seiten war der Ort von steilen Felswänden eingeschlossen, und im Hintergrund schoben sich die Steilhänge der Alpen wie Kulissenelemente voreinander. Einen Tagesmarsch in südlicher Richtung entfernt befand sich der Grimselpass, der ins frankophone Wallis führte, doch der war noch für mindestens einen weiteren Monat unpassierbar. Somit steckte ich in Innertkirchen in einer natürlichen Sackgasse, und das Gefühl der Ausweglosigkeit, das einen an diesem Ort beschlich, beraubte mich jeglichen Mutes –

von den rein physischen Strapazen, die es bereitete, überhaupt bei solchen Wetterbedingungen unterwegs zu sein, ganz zu schweigen. Der Föhn kam jetzt nicht mehr in einzelnen Böen, sondern war in ein unablässiges Wutschnauben übergegangen, wie ein kontinuierliches weißes Rauschen, das aus der schmalen Schlucht zwischen den vor mir liegenden Wänden toste. In dem durch die topografischen Gegebenheiten kanalisierten Wind kam es mir vor, als hätte die Luft sich verflüssigt und ich würde gegen den Strom schwimmen. In diesem Aufruhr der Elemente hatte ich meine liebe Not, mich zu einem am Fluss gelegenen Zeltplatz durchzuschlagen, wo ich lautstark an der erstbesten Tür pochte.

»Sind Sie sicher, dass Sie das wirklich wollen?«, rief die Dame, die den Platz führte, als ich meine Absicht kundtat. »Es ist ein bisschen … ein bisschen *windig*.« Doch als ich darauf beharrte, schien es ihr gar nicht so unrecht zu sein. Offenbar entsprach ich für sie sämtlichen Stereotypen eines englischen Exzentrikers – und sie wies auf einen bedauernswerten Birnbaum, der auf einer Weide kräftig durchgeschüttelt wurde. »Sie können dort Ihr Zelt aufstellen. Falls der Wind alles umreißt, können Sie in der Picknickhütte Schutz suchen.«

»*Was* umreißt? Das Zelt oder den Baum?«

»Vielleicht beides!« Aus sicherer Entfernung sah sie zu, wie ich versuchte, mein etwas vollmundig angekündigtes Vorhaben in die Tat umzusetzen, und mit dem sich immer wieder aufblähenden Überdach rang, um es endlich zum Gehorsam zu zwingen. Doch sooft ich es auf der einen Seite gerade befestigt hatte, bauschte es sich auf der anderen auch schon wieder vehement auf und zappelte sich los wie ein aufgescheuchter Teufelsrochen. Hering für Hering bekam ich seine Fluchtversuche schließlich zunehmend in den Griff, bis es fest im Boden verankert war. Der Föhn rammte in die ihm zugewandte Seite und wollte es am liebsten gleich wieder in die Lüfte reißen. Sollte er es doch versuchen.

»Ja, er weht heute sehr stark«, sagte meine Platzwärterin, nachdem wir uns auf die windgeschützte Seite ihres Hauses geflüchtet hatten. »Im Urbachtal ist es vielleicht sogar noch schlimmer.« Sie zeigte nach Westen, wo ein Seitental von dem unseren abging.

»Wie komme ich dorthin?«

»Einfach der Straße nach. Aber verlassen Sie nicht die ausgeschilderten Wege. Es besteht Lawinengefahr.«

Mich gegen die Windböen stemmend folgte ich der Serpentinenstraße die Anhöhe hinauf und hielt beim Luftholen die Hände trichterförmig vor den Mund. Dieser Föhn fühlte sich vollkommen anders an als der, den ich zwei Tage zuvor erlebt hatte: Die Luft war stickig, legte sich schwer auf die Lunge. Fast so, als würde sie einem aus dem Auspuffrohr eines Autos warm ins Gesicht geblasen, was eine Art Vakuumeffekt erzeugte, so dass ich gezwungen war, bei jedem Atemzug den Kopf zur Seite zu drehen. Also holte ich wie eine Amphibie immer nur stoßweise Luft. Unter meiner Kleidung war ich in Schweiß gebadet. Ich fühlte mich schwer und unbeholfen und etwas benommen im Kopf, als ich den Zugang zum Urbachtal erreichte.

Vor mir wand sich das Tal zwischen schroffen Felswänden hindurch bis zu einem Punkt, an dem vor lauter Eis und Schnee nichts mehr weiterging und man wie in einer Falle saß. Im Dörfchen Unterstock war ein Mann mit einer Zipfelmütze auf dem Kopf gerade damit beschäftigt, einer Kuh mit etwas, das aussah wie eine Kreissäge, die zusammengebundenen Hufe zu bearbeiten. Ihm zumindest schien der Föhn nichts auszumachen. Zwei Hunde kamen durch eine Pforte gelaufen und hefteten sich knurrend an meine Fersen; gleichzeitig bemerkte ich, wie ein paar stiernackige Bauern in Militärparkas mir angesichts meines Auftauchens in ihrem Dorf rasch den Rücken zukehrten. Es herrschte eine Atmosphäre des In-sich-Gekehrtseins, in der ich mich ausgesprochen unwillkommen fühlte. Wie unendlich weit entfernt kam mir jetzt der Touristenkitsch von Meiringen vor! Dies war eine urtümliche, ungeschminkte Seite der Schweiz, wie ich sie bisher noch nicht erlebt hatte. Eine Seite, deren rauer, ländlicher Alltag eigenartig hinterwäldlerische Charakterzüge hervorbrachte und in der jegliche ästhetisierenden Erwägungen fehl am Platze waren. Auch dem Tal selbst war dies anzusehen: Die Schönheit der Gesteinsformationen und die kargen, gezackten Gipfel verdankten ihre Existenz den wüsten Naturgewalten, die sie geformt, den Gletschern, die unerbittlich den Stein gespalten hatten. Die an den Bergwänden hinabstürzenden Wasserfälle – ich zählte mehr als ein Dutzend davon, die wie langes weißes Haar aussahen, das sich an die Felsen schmiegte und sich im Fallen in einen Nebel auflöste – waren das Ergebnis der Schneeschmelze und des Übergangs vom Winter zum Frühjahr. Der Föhn, der mich knebelte, war hingegen ein Werk der Berge, die natürliche Folge von Luftdruckveränderungen zwischen Norden und Süden.

Von diesem Punkt an begleitete mich ein zunehmend ominöses Gefühl, während ich immer weiter dem Ende der Sackgasse zustrebte, in die das Tal mündete. Die wenigen Gehöfte entlang der Straße, schlichte Gebäude ohne jeden überflüssigen Zierrat, wirkten – falls sie denn nicht ohnehin längst verlassen waren– abweisend, hielten sich von ihren Nachbarn wohlweislich fern und schienen stets auf der Hut voreinander. Die breite Sohle des Tals teilten sie sich nur mit enormen Brocken von Gletschergestein, die ein früheres, kälteres Zeitalter in den Tagen seines Untergangs hier hinterlassen hat. Nachdem ich begann, gezielt darauf zu achten, entdeckte ich überall weitere Wasserfälle, die wie Schlangen an den Felswänden hintergeglitten kamen und den Stein aussehen ließen, als stecke er voller sich windendem Leben. Sobald sie sich der Schneefallgrenze näherten, endete jede dieser Kaskaden auf der stumpfen Spitze einer schmutziggrauen Eispyramide von der Größe eines einstöckigen Hauses – geisterhafte Repliken der Scheunen, auf die sie ihren Schatten warfen. Hier endete die Straße im Schnee. Ich folgte den Fußstapfen der Wanderer, die vor mir hier gegangen waren, immer weiter hinauf ins Nirgendwo.

Ein Windstoß traf mich unversehens, es folgte eine Sekunde der Stille und dann ein vollends anderes Geräusch: ein dumpfes Grollen von hoch über mir, das ich nicht bloß hörte, sondern auch körperlich spürte. Mein Blick schoss Hunderte von Metern an der Felswand hoch und blieb an einer weißen, auf mich zurollenden Schneewalze hängen. Ein Wasserfall in Zeitlupe, der sich schäumend von einem Felsvorsprung zum nächsten stürzte und auf seinem Wege

immer breiter wurde. Dann ertönte ein tiefes, explosions-
artiges Knirschen, dem eine weitere Kaskade folgte, die ich
im gleichen Moment auf mich niederstürzen sah, in dem
sich in meinem Kopf das Wort »Lawine« formte. Doch
noch während ich dies registrierte, verpuffte das Ganze
mit einem Zischen und ließ auf dem dunklen Gestein eine
Spur zurück, die wie verschüttetes Mehl aussah.

Dass um Haaresbreite eine Eislawine auf mich niedergegangen wäre, war das Werk des Schneefressers, der sich
hier als Lawinenbaumeister betätigt hatte. Der Wind kann
in den Alpen zu einer tödlichen Gefahr werden, wenn er
zu breiten Schneeablagerungen an Kämmen und Steilhängen führt. Die Gefahr einer solchen von »Triebschnee«
ausgelösten »Schneebrettlawine« ist gegeben, wenn oben
auf einem Grat eine solche vom Wind zusammengetra-
gene Menge von Schnee liegt und sich dort zu einem
Überhang, dem »Schneebrett«, verfestigt. Dann braucht
es bloß eine geringe Vibration – durch eine etwas stärkere
Bö etwa oder einen an die falsche Stelle gesetzten Schritt.
Im Zweifelsfall reicht schon ein Niesen – und die gesamte
Masse bekommt ein Übergewicht und stürzt ab. Da solche
Schneebrettlawinen nicht aus frisch gefallenem, lockerem
Pulverschnee bestehen, sondern die festere Konsistenz von
Packschnee haben, sammelt sich beim Absturz zunehmend mehr Schnee an, so dass die Schneebrettlawine eine
potenziell sehr viel größere Zerstörungskraft entwickelt,
da sie ein Gewicht von unzähligen Tonnen und das Tempo
eines Hochgeschwindigkeitszugs erreichen kann. Sie vermag hektarweise Wald unter sich zu begraben und auch
sonst alles, was ihr in den Weg kommt. Jedes Jahr lassen

Dutzende von Wintersportlern infolge von Schneebrettlawinen ihr Leben, und manchmal fordern Katastrophen
besonderen Ausmaßes extrem viele Opfer: 1999 waren im
österreichischen Skiort Galtür 31 Tote zu beklagen, und im
Winter 1950/51 – der mit einem traurigen Rekord von 649
registrierten Lawinenereignissen als »Lawinenwinter« in
die Geschichte eingegangen ist – stieg die Zahl der Toten
erstmals in die Hunderte, und Tausende von Häusern wurden zerstört. In Andermatt gingen seinerzeit sechs Lawinen binnen einer einzigen Stunde nieder. Kommen also
ins Rutschen geratener Schnee und der Föhn – der im
Zweifelsfalle stark genug ist, um Seilbahnen zum Absturz
und Gebirgsbahnen zum Entgleisen zu bringen – zusammen, birgt der Frühling in den Bergen so manche tödliche
Gefahren.

Die Romantiker konnten sich natürlich für Lawinen
begeistern: In seinem berühmten Gemälde *Schneesturm*
stellt Turner dar, wie bei der Überquerung der Alpen eine
Lawine auf Hannibals Heer mit seinen Elefanten nieder-
kracht – vermutlich nicht weit von dort, wo ich jetzt stand.
Nachdem ich den Entschluss gefasst hatte, meinen Weg
nicht fortzusetzen, stärkte ich mich zunächst mit einer
Flasche Bier, etwas Brot und einem Stück Gruyère-Käse
und verbrachte dann ganz im Sinne der Romantiker einen
traumhaften Nachmittag damit, eine Lawine nach der
anderen dabei zu beobachten, wie sie einen der zahlreichen Berghänge, die ich wie in einer gewaltigen Arena vor
mir im Blick hatte, hinunterdonnerte. Dabei kam es bisweilen zu einer Kettenreaktion, wenn der Wind Schnee-
brocken von der Größe eines erwachsenen Menschen

losbrach, die dann auf jungfräulichen Eishängen explodierten – als ob er mit aller Macht versuchte, sämtliche Spuren des Winters auszulöschen. Es war ein Spektakel wie für die Götter geschaffen. Als ich endlich aufbrach, hatte ich den Föhn im Rücken, der mich wie ein übernatürlicher Begleiter zu meinem Zeltplatz zurückdirigierte – ich fühlte mich Welten entfernt von *Meringues* und vom Sherlock Holmes-Hotel.

Wider alle Erwartungen stand mein Zelt noch, aber an Nachtruhe war nicht zu denken. Das Geheul des Windes war ohrenbetäubend, und alle paar Sekunden wehte die Unterlegplane hoch, als wollte sie mich abwerfen. Gegen Mitternacht erwachte ich von einem Albtraum, in dem eine Bande Verrückter mit den Füßen gegen die dünnen Zeltwände trat, und nach weiteren Stunden in einem halb wachen Dämmerzustand, aus dem ich immer wieder wie in Schweiß getaucht hochschreckte, gab ich mich geschlagen und floh in den Schutz der Picknickhütte. Doch selbst hier fand ich keinen sicheren Unterschlupf, denn meine Peiniger umringten mein Versteck sogleich und machten sich daran, im Schutz der kurzen noch verbliebenen Dunkelheit sämtliche Nägel der Wandverschalung loszurütteln.

Bei Morgendämmerung war der Föhn weiterhin unvermindert am Werk und richtete gerade ein Chaos unter den Bäumen an. Sein Tosen wollte für keinen Moment innehalten. Ein Kontingent grenzenloser Energie schien entfesselt worden zu sein, eine Reaktionskette ohne Ende. Irgendwann während der letzten zwölf Stunden musste in meinem Kopf ein Schalter umgelegt worden sein – ich fand jedenfalls keinen Gefallen mehr an alldem. Ich war einen weiten Weg gekommen, um diesen Wind zu finden. Doch nun hatte ich, am ganzen Körper vor Schweiß klebend und völlig übernächtigt, nur den einen dringenden Wunsch – dass er aufhören möge.

Ich wollte, dass er aufhörte, während ich mein Zelt zusammenrollte und dabei nach Atem rang. Ich wollte, dass er aufhörte, als er mich bei jedem einzelnen Schritt schubste, am Weitergehen hinderte oder ansonsten mit mir machte, was er wollte. Alles, was ich tat, ließ er zu einer Anstrengung werden, zu der mir die Kraft fehlte. Selbst, als ich beim Verlassen des Dorfes sah, wie ein Wasserfall bergauf geblasen wurde, senkrecht nach oben floss, wollte ich, dass das aufhörte, denn der Anblick war mir zuwider – es war *einfach nicht richtig so*. Ich schleppte mich nur noch dahin, meine sämtlichen Muskeln schmerzten, und ich konnte nur mit Mühe und mit Verzögerung einen Gedanken fassen. Es waren nur ein paar Kilometer bis zurück nach Meiringen – eine Distanz, die ich am Tag zuvor noch zurückgelegt hatte, ohne mit der Wimper zu zucken. Doch nun kam sie mir wie eine grausame Prüfung vor, und als ich mich den steilen, bewaldeten Hang hinaufmühte, musste ich Dutzende von Pausen einlegen, weil ich kaum noch Luft bekam und außerdem ein mir ganz und gar fremdes Gefühl der Verzweiflung hinunterwürgen musste.

»Ich flatterte wie ein Segel im Wind. Mein Magen zog sich zusammen; meine Augen brannten, meine Lippen sprangen auf, und meine Haut trocknete aus, bis ich sie kaum noch als meine empfand«, schrieb Albert Camus darüber, wie es war, einem anderen trockenen Wind ausgesetzt zu sein. »… stundenlang vom Wind gepeitscht und geschüttelt, betäubt und ermattet, ging mir das Gefühl für die Oberfläche, die meinen Leib zusammenhielt, verloren. Der Wind hatte mich geschliffen wie Flut und Ebbe den Kiesel und hatte mich bis zur nackten Seele verbraucht… Nie habe ich in einem solchen Maße beides zugleich, meine eigene Auflösung und mein Vorhandensein in der Welt, empfunden.« Er schrieb dies zwar über Algerien und nicht über die Alpen und meinte wahrscheinlich auch den Chili, die dortige Variante des Scirocco, doch ich empfand dieselben existenziellen Gefühle wie er: vom Wind geschliffen, bis zur Seele verbraucht. Der Föhn schien nicht um meinen Körper herum zu wehen, sondern bis unter meine Haut – was ich nicht bloß als unangenehm aufdringlich empfand; es war, als wollte er sich meiner ganz und gar bemächtigen.

Als Nächstes wollte ich mit dem Zug durch die Berge ins Wallis fahren, wo in einem weiteren Föhntal, dem der Rhône, das letzte Stück meiner Wanderung auf mich wartete. Doch als ich endlich wieder in Meiringen war, wollte ich nichts anderes tun als mich hinlegen und schlafen.

Aber es ging mir immer noch nicht besser, als ich den Zug bestieg, und auch die stundenlange Hochgeschwindigkeitsfahrt, die den Rest des Tages in Anspruch nahm, brachte keine Erquickung. Ich fuhr von Meiringen nach Interlaken und von Interlaken nach Grindelwald, wo ich noch einen kleinen Umweg einlegte, um das Dreifachgestirn des Bergpanoramas von Eiger, Mönch und Jungfrau zu sehen. Ein Erlebnis, das mir allerdings von Souvenirläden voller Kuhglocken und Schweizer Uhren und von

Restaurants, in denen es Speisekarten auf Englisch, Japanisch und Koreanisch gab, vergällt wurde. Von Grindelwald ging es nach Spiez, von Spiez nach Visp und von Visp nach Martigny: Der Föhn hatte die Schweiz komplett in seiner Gewalt; auf jedem Bahnsteig umfingen mich die immer gleichen warmen Böen aus dem Süden, so zäh und klebrig, dass ich meinte, sie praktisch mit meinen Fingern umfassen und zerdrücken zu können. Nach der entschleunigten Fortbewegungsform des Gehens, bei der man immer wusste, woran man war, wirkte die Zugfahrt verstörend. Nur der badewasserwarme Wind sagte mir, dass ich in der gewünschten Richtung unterwegs war. Mir kam es die ganze Fahrt über so vor, als würde jemand wie wild an einer Kurbel drehen, um die Trommel einer altmodischen Rummelplatzattraktion rotieren und damit einen Wirbel von ausgeschnittenen Landschaftsbildern vorbeifliegen zu lassen – Berge aus Pappe, gemalte Seen, aus Streichhölzern gebaute Berghütten. Ich wollte nicht, dass sich etwas verändert, hatte zunehmend Angst davor; aus irgendwelchen Gründen bereitete allein schon der Gedanke, die folkloristischen deutschsprachigen Kantone der Ostschweiz gegen die frankophone Welt der Westschweiz einzutauschen, mir ein höchst unbehagliches Gefühl.

Und dieses Unbehagen wuchs stetig. Als ich in westlicher Richtung durch das Rhônetal fuhr und mit einem Mal in einem anderen Sprachgebiet landete, so dass ich statt Ortsnamen wie Gampel-Steg, Turtmann oder Salgesch nun Sierre, Chalais oder Ardon las und schließlich an dem winzigen Haltepunkt von Charrat-Fully ausstieg, stand ich kurz vor einem Nervenzusammenbruch.

Auch die Veränderung der Landschaft wirkte verstörend: Keine dunklen, nach Harz duftenden Wälder mehr, keine mit Wildblumen gespickten grünen Matten; das Wallis ist die trockenste Region der Schweiz, und um mich herum erhoben sich ausgedörrte Hänge, karge Weinberge und Bergweiden voller Steingeröll – eine Farbpalette vertrockneter Braunschattierungen. Der typische Baustil war nicht mehr geprägt von Holzhäusern mit beinahe bis auf die Erde reichenden Schindeldächern, sondern von in anämischen Gelbtönen gestrichenen rechteckigen Wohnblöcken. Alles wirkte farblos und verblichen. Es gab Schilder in französischer Sprache, ein zu grelles Sonnenlicht und eine Weide mit ungepflegten Eseln. Als ich die Straße in Richtung Fully hinaufstolperte, wo man mir ein Bett für die Nacht angeboten hatte, stach mir noch einmal die Hässlichkeit der Weinhänge ins Auge – Reihen um Reihen verkümmerter Rebstöcke, denen man beim Stutzen die grässlichsten Verkrüppelungen zugefügt hatte; und das erweckte in mir die Sehnsucht, wieder einmal Kuhglocken läuten zu hören. Als ich die verschmutzte Rhône überquerte, war ich so erschöpft, dass ich kaum noch laufen konnte, und der Föhn donnerte immer noch durch das Tal. Mir war hundeelend zumute.

Wenigstens meine Übernachtungsmöglichkeit bot mir so etwas wie eine Zuflucht: Ich nächtigte bei einer doppelseitig gelähmten Buddhistin in einem mit safranfarbenen Decken drapierten Apartment mit Mandalas an den Wänden, warmen, goldenen Lichtschimmer verbreitenden Schreinen und einem Labrador, der speziell darauf abgerichtet war, durch Bellen Hilfe herbeizurufen, falls sein

Frauchen stürzen sollte. Ihre gesamte Familie lebte in der unmittelbaren Umgebung und arbeitete auf den trockenen Weinbergen. Als ich ihr erzählte, dass ich durch Graubünden, Uri und die Berner Alpen gewandert war, zog sie die Stirn kraus. »Ich kenne diesen Teil der Schweiz nicht. Wir haben nicht viel mit den deutschsprachigen Kantonen zu schaffen.« Diese Worte bestätigten mir, dass ich in einer anderen Schweiz angekommen war. Die Landschaft, die Kultur und auch die Menschen hatten sich verändert, nur der Föhn war als einzige Konstante geblieben.

Trotz der Gastfreundschaft meiner Vermieterin besserte sich meine Stimmung nicht. Nachdem sie zu Bett gegangen war, ließ ich mich auf das Sofa fallen. Ein Gefühl der Unruhe, das ich nicht näher zu benennen wusste, nagte an mir, ein Gefühl, dass irgendwie irgendwas total danebengegangen war. Ich dachte an den Teil der Reise, der mir noch bevorstand, und empfand dabei nichts als Überdruss. Ich wollte schlicht und ergreifend keine Schulterschmerzen mehr vom Rucksacktragen und keine wunden Füße mehr in meinen Wanderstiefeln. Ich hatte die Nase voll davon, ständig unterwegs zu sein, dauernd Leute kennenzulernen und mich dann wieder von ihnen verabschieden zu müssen. Ich hatte die Nase auch voll von den Bergen, den Tälern, dem Licht; ich hatte die Nase voll vom Wind. Aber vor allem hatte ich die Nase voll von mir selbst. Was zum Teufel war bloß mit mir los? Ich war so weit gereist, um dem Föhn zu begegnen, und nun, da ich gefunden hatte, wonach ich suchte – oder war es umgekehrt, hatte der Föhn *mich* gefunden? –, fühlte ich mich einfach erbärmlich.

Und dann ging mir ein Licht auf: Es *sollte* ganz einfach so sein, dass ich mich dermaßen mies fühlte.

~

Beklemmungen, Reizbarkeit, Depressionen, Lethargie, Erschöpfungszustände. Alles Symptome der Föhnkrankheit. Es lag glasklar auf der Hand. Während der vergangenen drei Wochen war mir eine Anekdote nach der anderen über unruhige Tiere und unbändige Schulkinder erzählt worden – neben düstereren Äußerungen über Wahnsinn und Psychosen. Unzählige Male hatte ich mir Klagen über Kopfschmerzen und Schlaflosigkeit anhören müssen, hatte diese alte deutsche Karte mit der Fratze gesehen, die Totenköpfe ausspie – und doch nie die Möglichkeit in Betracht gezogen, dass ich selbst auch einmal davon betroffen sein könnte.

Sowohl der klassische Föhn der Alpen als auch andere föhnartige Winde, die anderswo auf der Welt vorkommen, werden mit ähnlichen psychischen Beschwerden in Verbindung gebracht. In ihrem Essay »Los Angeles Notebook« beschreibt Joan Didion die Auswirkungen des Santa Ana, eines kalifornischen Vetters des Föhns, der auch »Teufelswind« genannt wird und von der Sierra Nevada zur Pazifikküste weht:

Es liegt an diesem Nachmittag über Los Angeles eine gewisse Unruhe in der Luft, eine ungewöhnliche, leicht spannungsgeladene Stille, und das bedeutet, dass noch am selben Abend der *Santa Ana* einsetzen wird, ein trockenheißer Wind von Nordwesten, der durch die Cajon- und San Gorgonio-Gebirgspässe geheult kommt, entlang der Route 66 Sandstürme aufwirbelt und sowohl die Berge als auch die Nerven bis an den Siedepunkt bringt. Ein paar Tage lang werden wir nun Rauch aus den Canyons aufsteigen sehen und des Nachts die Feuerwehrsirenen hören … Mit dem Santa Ana zu leben bedeutet, sich – ob nun bewusst oder unbewusst – ein zutiefst mechanistisches Verständnis des menschlichen Verhaltens anzueignen.

Als ich seinerzeit gerade nach Los Angeles gezogen war und an einem abgelegenen Strandabschnitt lebte, erzählte man mir, dass die Indianer sich ins Meer warfen, wenn der böse Wind kam. Daran musste ich jetzt wieder denken, und ich konnte auch verstehen, warum sie das taten.

Allgemein herrscht die Überzeugung, dass die Mordrate ansteigt, wenn der Teufelswind weht – was natürlich auch für Selbstmorde, Feuersbrünste und andere schwere Unglücksfälle gilt. »An Abenden wie diesem«, schreibt Raymond Chandler, »endet jede Saufrunde mit einer Keilerei. Sanftmütige Hausfrauen tasten prüfend über die Schneide des Tranchiermessers und studieren die Hälse ihrer Männer. Schlechthin ist alles möglich.«

Es kursieren massenweise solcher Geschichten über den Föhn, und viele der Menschen, denen ich begegnet bin, hatten auch Zahlen vorzuweisen, um ihre Theorien zu untermauern. Diese Statistiken fielen allerdings – je nachdem, wer sie bemühte – ziemlich unterschiedlich aus, so wie es beim Nacherzählen von Seemannsgarn der Fall ist: In manchen Gegenden wurde mir berichtet, die Anzahl der Gewaltverbrechen und Verkehrsunfälle nehme um die Hälfte zu – oder eben auch nur um ein Drittel; in anderen Regionen hieß es, die Zahl der Arztbesuche steige bei Föhn um zwanzig Prozent oder dreißig Prozent oder gar um fünfzig Prozent an. Diese deutlich voneinander abweichenden Zahlen wurden mir manchmal sogar unter dem Siegel der Verschwiegenheit anvertraut. Doch schien niemand so recht zu wissen, wo sie eigentlich herkamen; eine mehrfach erwähnte Studie einer Münchner Universität, der zufolge die Selbstmordrate um zehn Prozent anstiege, ließ sich nirgendwo verifizieren. Gerne wurde mir auch immer wieder versichert, dass in gewissen Kantonen der Schweiz Föhn schon von jeher vor Gericht als strafmildernder Faktor gelte. Wenn also ein Angeklagter überzeugend genug vorbrachte, der Wind hätte ihn zu seiner Tat getrieben – dass seine Auswirkungen ihn also nervlich so stark belastet hätten, dass eine vorübergehende Bewusstseinstrübung eingetreten sei –, hatte er gute Aussichten auf Milde von Seiten der Richter. Ich habe dies so oft gehört, dass ich irgendwann gar nicht mehr mitzählen konnte, und zwar in allen Teilen des Landes. Doch auch in diesem Fall war man sonderbarerweise stets verlegen, wenn es um Belege für diese Behauptung ging. Markus Burgmeier, dessen Ausstellung ich in Liechtenstein besucht hatte, war zufällig auf das Protokoll einer Gerichtsverhandlung im Jahr 2007 gestoßen. Verhandelt wurde ein Fall, bei dem ein ausländischer Mitbürger wiederholt seiner Frau gegenüber gewalttätig geworden war, was der Beschuldigte dem Föhn zuschrieb: »Der Angeklagte … hat sich in Liechtenstein nie recht zu Hause gefühlt und sich beständig verächtlich über das Land und seine Bewohner geäußert. Im Verlaufe ihrer Ehe hat sich die Klägerin zunehmend von dem Beklagten bedroht gefühlt … zum Beispiel, wenn Letzterer wegen der Föhnluft Kopfschmerzen bekam.« Doch diese Entschuldigung reichte nicht für eine mildere Strafe. Diese juristische Anekdote war vielleicht nur wenig mehr als ein populärer Mythos; doch wie alle Mythen enthält auch dieser bestimmt ein Körnchen Wahrheit.

Aber welche wissenschaftlichen Erkenntnisse gibt es tatsächlich über die Verbindung zwischen Wind und Geisteszustand? Die Biometeorologie – die Wissenschaft von der Erforschung der Einflüsse atmosphärischer Gegebenheiten auf Lebewesen – setzt eher auf methodische Beobachtungen, anstatt sich auf das Minenfeld der statistischen Erhebung zu begeben, und es ist natürlich sowieso immer ein verzwicktes Unterfangen, solche Auswirkungen beweisen zu wollen. Menschliche Wesen sind eben komplexe Systeme, es ist schier unmöglich, den einen Faktor von dem anderen zu trennen. Es lässt sich zwar immer leicht eine Korrelation herstellen, aber selten eine Kausalität. Allerdings gibt es jede Menge Theorien, beginnend mit erhöhten Ozonwerten, die das Atmen erschweren und panische Erstickungsgefühle hervorrufen können, bis hin zu Luftdruckschwankungen und sogenannten Sferics – dem Auftreten elektromagnetischer Wellen durch atmosphärische Entladungen, die sowohl mit trockenen Winden als auch mit Blitzeinschlägen in Verbindung gebracht werden. Lyall Watson ist der Meinung, dass durch Wind hervorgerufene Stresszustände eine klassische Alarmreaktion auslösen, bei der im Körper verstärkt Adrenalin ausgeschüttet wird:

> Der Stoffwechsel beschleunigt sich, durch die Erweiterung der Blutgefäße steigert sich die Herzfrequenz, während die Hautmuskulatur kontrahiert; die Pupillen sind erweitert, und das Haar zeigt die verstörende Neigung, zu Berge zu stehen, was ein nervöses Prickeln verursacht. Dies ist eine willkommene und nützliche Reaktion auf einen Notfallzustand, ein erster Schritt dazu, dass der Körper sich in Kampfbereitschaft versetzt; wenn aber diese Zustände von einem Wecker ausgelöst werden, der nicht zu klingeln aufhört, oder von einem Wind, der über mehrere Stunden oder sogar Tage weht, wird unser System einem großen Stress ausgesetzt.

Eine andere Theorie geht auf der Ebene der Atome an die Erforschung der Föhnsymptome heran: Während der fünfziger und sechziger Jahre des vorigen Jahrhunderts untersuchten israelische Wissenschaftler die Auswirkungen des Sharav – das hebräische Wort für den Khamsin, einen trockenen Wüstenwind – auf den Organismus. Jeder dritte der diesem Wind ausgesetzten Menschen litt nachweislich unter den Auswirkungen. Dabei wurden im Blut von als wetterfühlig eingestuften Probanden erhöhte Serotoninwerte festgestellt. Während Serotonin gemeinhin mit Glückszuständen assoziiert wird, kann eine erhöhte Absonderung dieses »Glückshormons« auch schädliche Wirkungen haben: Vor allem junge Menschen klagten über Migräne, Übelkeitsgefühle und Reizbarkeit, während ältere Personen schnell ermüdeten oder zu depressiven Reaktionen neigten. Eine Überproduktion dieses Hormons wurde ihrerseits wiederum auf eine erhöhte Konzentration positiver Ionen zurückgeführt.

Ionen sind Atome mit entweder positiver oder negativer elektrischer Ladung. Ein Atom wird zu einem positiven Ion, wenn ihm ein Elektron entzogen wird, und zu einem negativen Ion, wenn es eines dazugewinnt. Elektronen können durch Reibung von Sauerstoffmolekülen gegeneinander während Perioden atmosphärischer Störungen aus dem Atomverband herausgelöst werden. Nun mag es verwirrend anmuten, dass negativ geladene Ionen mit positiven Stimmungen und positiv geladen Ionen mit negativen Stimmungen in Verbindung gebracht werden. Erstere kommen in besonders großen Mengen in Regen und in laufendem Wasser vor, was wohl mit ein Grund dafür ist, dass die Menschen sich zu Wasserfällen und zu Flüssen hingezogen fühlen, während die Letzteren von elektrischen Geräten wie Radio und Fernsehen, Stromleitungen, Klimaanlagen – und von starken, trockenen Winden erzeugt werden. Und so schließt Joan Didions Essay denn auch mit den Worten: »Auf jeden Fall sind die positiven Ionen da, und ein Überfluss an positiven Ionen macht die Menschen unglücklich, um es mal ganz einfach auszudrücken. Viel mechanistischer als das kann es nicht mehr werden.«

Ob man nun alles auf fiese Atome oder Atemnot oder einfach nur auf Befindlichkeiten zurückführen wollte, auf welch lästige Art und Weise der Maisvergolder mir auch immer zugesetzt haben mochte, ich war letztlich zutiefst

erleichtert darüber, dass es für meinen Stimmungsum-
schwung wohl einen Grund gab. Ich hatte den klassischen
Irrtum begangen, davon auszugehen, dass ich von dem,
was zu beobachten ich gekommen war, unberührt bleiben
würde, und diese Erkenntnis war demütigend. Im goldenen Schimmer des Schreins in der Zimmerecke ließ ich
mich in den Schlaf hinüberdämmern, während ich mir
wünschte, dass der Buddha in seiner liebreichen Güte den
boshaft summenden Ionen – mikroskopisch kleinen Ver-
sionen jener bösartigen deutschen Totenschädel – entge-
genwirken möge. Am nächsten Morgen waren am freundlich blauen Himmel bloß ein paar weiße Federwolken zu
sehen, und meine Wirtin fütterte ihren Hasen gerade mit
Knuspermüsli. Als ich vor die Tür trat, hatte ich endlich
wieder einen klaren Kopf, und die Berge um uns herum
sahen mit einem Male nicht mehr gar so trostlos aus.

Der Föhn war über Nacht verschwunden und meine
Föhnkrankheit mit ihm. Noch am Abend zuvor hatte
ich eine grundlose Antipathie meiner Umgebung gegenüber empfunden. Nun löste all das Französische um mich
herum ein unerwartetes Glücksgefühl in mir aus. Ich spazierte am Rathaus vorbei, kaufte mir in einer Patisserie
ein Croissant und sprach binnen dreißig Sekunden mehr
Französisch, als ich an Schweizerdeutsch innerhalb von
drei Wochen zustande gebracht hatte. Danach schlenderte
ich den von Pappeln gesäumten Spazierweg am rechten
Rhôneufer entlang und stellte fest, dass auch die Weinberge ihre Scheußlichkeit verloren hatten. Das Wallis erschien mir als ein neuer Anfang voller ungeahnter Möglichkeiten.

Dies war die letzte Phase meiner Reise durch die Schweiz, mein letztes vom Föhn heimgesuchtes Tal. Ich war rheinaufwärts ins Land gekommen, also erschien es mir naheliegend, es rhôneabwärts wieder zu verlassen. Die Rhône durchfließt den Genfer See, ehe sie ihren Weg durch Frankreich bis zu ihrer Mündung ins Mittelmeer fortsetzt, und dieser Fluss sollte mich zu meinem letzten Wind führen: Ich würde der Rhône durch die gesamte Provence folgen, immer auf der Spur des Mistral, dem das letzte Kapitel dieses Buches gewidmet ist. Das Wallis wäre also die Region, in der die eine Wanderung endet und die nächste ihren Anfang nimmt – ein perfektes Schnittmengendiagramm der Schweiz und Frankreichs, ein Palimpsest zweier Kulturen. Als der Strom eine Nordwestbiegung nahm, an der in der Ferne zu erkennenden Burgruine von Martigny vorbei, überquerte ich noch eine weitere Grenze, mit der ich gar nicht gerechnet hatte: Eine frostige Bö kam mit einem Male von Norden durch das Tal gerast und schnitt wie ein Dolchstoß durch die vom Föhn erwärmte Luft.

»*Quel vent?*«, fragte ich eine Joggerin. »Was für ein Wind ist das?« Ich war es mittlerweile gewöhnt, solche Fragen zu stellen. »*C'est le Bise*«, rief sie mir zu, als wäre das das Normalste auf der Welt. Die Bise also! Den Namen hatte ich schon einmal gehört. Unerbittlich kalt sei sie, wird ihr nachgesagt. Dabei ist *bise* ironischerweise das französische Wort für *Kuss*, worüber sich die Besucher der Stadt Genf – wo der Wind dafür berüchtigt ist, im Winter um den Genfer See herum alles blitzschnell gefrieren zu lassen – seit Jahrhunderten lustig machen. Ich hatte allerdings nicht geahnt, dass der Wind sich noch so weit nach Osten verirren konnte. Ein am Ufer aufgestelltes Schild mit einem Windsack darauf warnte vor diesen einander entgegengesetzten Mächten, dem eisigen Wind von Norden und dem schwülen Wind von Süden, die hier wie zu einer Schlacht aufeinandertrafen. Ich wusste es zu diesem Zeitpunkt zwar noch nicht, doch dies war der Augenblick, in dem ich vom Föhn und seinen positiven Ionen Abschied nahm.

~

Seit Tagen war es zum ersten Mal angenehm kühl. Ich folgte dem Pfad flussabwärts. In einer Nordwest-Biegung verengte sich das Tal und mit ihm der Fluss, als wäre er mittels Zugbändern eingeschnürt worden. Nachdem ich endlich die arg verhunzten Rebstöcke hinter mir gelassen hatte, standen die Hänge voller blühender Bäume – eine Explosion von weißen Tupfern, als wären Lawinen aus Blüten niedergegangen. Ich kam an Bauernhäusern vorbei, deren Schindeln sich mit letzter Not schief und krumm an die Dächer klammerten, an Windrädern und Hochspannungsmasten; sah braune und weiße Kühe mit prallvollen Eutern, die förmlich zu platzen drohten. Meine Energie war zurückgekehrt, und ich flog praktisch nur so durch die Dörfer Vernayaz, Dorénaz und Collonges, wo als lautmalerische Einlage gerade die Mittagsglocken läuteten. Dann ließ ich den smaragdgrünen Fluss weit unter mir zurück, als ich auf einen Trampelpfad wechselte, der durch einen Wald unterhalb überhängender Felsen führte und an dessen Rändern Löwenzahn und wilder Raps blühten, die wie kleine, flackernde Flämmchen aussahen. Jenseits der Bäume erstreckten sich mit weißen Gänseblümchen und blauer Vergissmeinnicht gesprenkelte Wiesen, auf denen Ziegen sich vor Hütten mit geschlossenen Fensterläden zufrieden mampfend an Kleeblättern gütlich taten. Schließlich gelangte ich zurück auf eine asphaltierte Straße, die mich über viele Kurven und Kehren hinunter nach Saint-Maurice führte.

In diesem alten Klosterstädtchen musste ich mich wiederholt daran gemahnen, dass ich mich noch nicht in Frankreich befand. Entlang der kopfsteingepflasterten *Grande Rue* waren vor den gelb und grün verputzten Häusern überall Bistrotische aufgestellt; kunstreich verzierte schmiedeeiserne Straßenlaternen warfen weit ausladende Schatten. Ich machte kurz Pause, um einen Falafel-Wrap zu vertilgen – die Preise waren immer noch auf Schweizer Niveau, so dass ich mich während dieses Teils meiner Reise überwiegend in türkischen Imbissen verköstigt hatte –, und folgte dann weiter der Straße, um der berühmten Abtei einen Besuch abzustatten. Gegründet im Jahr 515 als eine der ersten Pilgerunterkünfte nördlich der Alpen, entwickelte sie sich rasch zu einem wichtigen Zwischenhalt auf der Via Francigena, die sich von Canterbury bis nach Rom windet; und so erntete ich für die Wanderstiefel an meinen Füßen dann auch allerhand anerkennende Blicke anderer Besucher. Im Inneren der Abtei ragten Säulen so hoch wie Bäume in die Höhe, und durch die Buntglasfenster fiel rotes Licht von den Darstellungen fließenden Blutes – und davon gab es nicht wenige, denn die Glasmalereien zeigten karikaturenhaft überzeichnete

Gewaltakte: Szenen, die den Tod durch die Axt oder das Schwert zeigten, abgeschlagene Köpfe, die in die Luft gehalten wurden und aus denen noch das Blut troff, zerstückelte und zerquetschte Leiber unter trampelnden Pferdehufen. Pflichtbewusst machte ich meine Runde, blieb vor goldgewandeten Heiligen und blutenden Herzen Jesu, aus denen Flammen züngelten, stehen. Doch als ich wieder hinausging, kam ich mir wie ein Betrüger vor. Ich folgte anderen Göttern.

Ein Stück den Fluss hinunter, an einer besonders idyllischen, mit Weißbirken bestandenen Biegung, entdeckte ich an der Wand einer Scheune ein politisches Plakat: »*Oui au renvoi effectif des étrangers criminels*«, stand darauf zu lesen – »JA zur sofortigen Abschiebung krimineller Ausländer«. Als Illustration diente eine Zeichnung, die dermaßen rassistisch war, dass ich glatt zweimal hinschauen musste, weil ich es zuerst gar nicht glauben konnte: Ein schwarzes Schaf, das von einem weißen Schaf mit einem Fußtritt aus dem Bild befördert wird. Wieder einmal traten selbst an den idyllischsten Orten die übelsten Auswüchse einer Angst vor dunkelhäutigen Menschen zutage, die zu einem Dauerthema geworden war. Und doch begegneten mir im Wallis und im Kanton Waadt – der gleich hinter Saint-Maurice beginnt – mehr dunkelhäutige und südländisch aussehende Menschen als im gesamten Osten der Schweiz; und dabei handelte es sich nicht um Flüchtlinge oder kriminelle Ausländer, sondern um ganz normale Schweizer Bürger. Im Gegensatz zu den Tälern in Graubünden und dem Berner Oberland mit ihren abschottenden Bergwänden herrschte hier eine Atmosphäre der Offenheit, die sehr viel mit der Rhône zu tun hatte, dem Wasserweg, der in das kosmopolitische Genf, nach Frankreich, Westeuropa, in den Mittelmeerraum und weiter führte.

Auch im Charakter der Winde entdeckte ich Unterschiede. Der Föhn nimmt seinen Anfang im unwegsamen, gebirgigen Herz der Schweiz, von wo er durch die Täler nach außen bläst, als wolle er eventuelle Eindringlinge fortpusten; die Bise dagegen bahnt sich ihren Weg in das Land *hinein*. Ich spürte ihre Kälte in meiner Nase, als ich an terrassenförmigen Weinbergen mit ihren Pinot Noir-Rebstöcken vorbei meine letzten paar Kilometer über den staubtrockenen Schweizer Boden marschierte – bis ich in der Ferne den Genfer See schimmern sah.

An diesem Abend schlug ich mein Zelt hinter Aigle auf, einer Stadt voller gurrender Tauben und Magnolienbäume. Hier wurde sogar zwischen den einzelnen Häusern Wein angebaut, und zwischen den Weinreben wuchs Lavendel. Die von Wind und Wetter rundum glatt geschmirgelte romanische Kirche war Welten entfernt von den zum Himmel strebenden Türmen der germanischen Welt; über den konzentrisch angeordneten Weinstöcken, die aussahen wie eine Spielzeugarmee, wachte das massive Château d'Aigle. Ich feierte das Ende meiner Schweizer Reise mit einem kühlen Glas knackig frischen, trockenen Weins aus der Region.

Am Mittag des darauffolgenden Tages stand ich am Ufer des Genfer Sees.

Das Gewässer war in Nebel gehüllt; Schwäne trieben vorbei, nur schemenhaft als silbrig schimmernde Schatten zu erkennen. Die friedliche Stimmung erinnerte mich an den Bodensee, wo ich diese Wanderung an einem ähnlich windstillen Tag begonnen hatte; dass sich somit ein Kreis schloss, gefiel mir. Ich war dem Rhein gefolgt, der Reuß und der Rhône, von einem großen See zum anderen, vom Germanischen Reich in das der Gallier, von Nordosten nach Südwesten. Diese Stille zwischen zwei Winden war der rechte Augenblick, um einmal tief Luft zu holen.

~

Und was war nun mit der Bise? Ich habe sie nie wieder gefühlt, obwohl ihre Präsenz in Genf allenthalben zu spüren ist, genauso wie der Geist Johann Calvins oder die Zeit der Reformation mit ihren Glaubenskriegen. Ich verbrachte drei Tage in der Stadt und stieß überall auf ihre Spuren. Die Bise lauerte in engen Gassen, auf großen Plätzen und drängte sich in Gespräche. In den parallel verlaufenden Straßen zwischen dem Seeufer und der Altstadt trugen die Häuser Namen wie *Côté Bise* oder *Côté Vents* – der Bise oder irgendeinem anderen Wind zugewandt, je nach Standort und Lage des Gebäudes. Und damit hatte sie der Stadt ebenso unauslöschlich ihren psycho-geografischen Stempel aufgedrückt wie die Androhung von Höllenqualen in Straßennamen wie der *Rue du Purgatoire* – Straße des Fegefeuers – oder der *Rue de la Croix d'Or* – Straße des goldenen Kreuzes. Man entdeckte sie in Schmiedearbeiten ebenso wie in den Mauern, und der Genfer Schriftsteller Nicolas Bouvier vergleicht ihre Kühle mit dem strikten Protestantismus, den man der Stadt bis heute nachsagt:

»Es kann kein Zweifel daran bestehen, dass die Erfahrung des Calvinismus und das Leben mit der *bise noir* (der eisige Nordwind, der in Genf weht) den Charakter der Menschen in Genf gestählt und ihnen Widerstandskraft und Durchhaltevermögen verliehen hat. Zweifellos hat beides zu einer moralistischen, puritanischen Geisteshaltung geführt ... zu einer Stadt der Pädagogen, Wissenschaftler und Introvertierten.«

Doch ist die Bise trotz all ihrer Berühmtheit bei Weitem nicht der einzige Wind, der über den größten Schweizer See pfeift. Ich logierte bei einem sehr belesenen Kanadier namens Michael, den ich über einen Freund kennengelernt hatte und der mit seiner Hornbrille und seinem Trotzkij-Bart aussah wie ein russischer Emigrant aus Zarenzeiten. Er wohnte bereits seit fünfundzwanzig Jahren in einer eleganten, aber etwas heruntergekommenen, mit Büchern vollgestopften Genfer Stadtwohnung, in deren Salon er mir bei Zigaretten und einem guten Rotwein eine Karte mit den Winden über dem Genfer See zeichnete, die so voller kreuz und quer verlaufender Striche war, dass sie aussah wie das Schneidebrett eines Schlachters. »Die Bise, der Bornan, der Jaman, der Joran, der Séchard, der Môlan, der Vaudaire, der Maurabia, der Vent Blanc ... es gibt auf dem See so um die achtundzwanzig Winde. Die alten Fahrensleute können sie fast ziemlich auf die Minute genau vorhersagen. In früheren Zeiten wurden Güter auf der Rhône mit flachbödigen Segelbarken transportiert, und von hier ist es durch die Berge ja auch nur ein kurzes Stück bis zur Rheinquelle – also lag Genf genau am Verbindungspunkt der Handelsrouten zwischen dem Mittelmeer und dem Ostseeraum. Gute Kenntnis der Winde war unabdingbar, wenn man von einem Meer zum anderen Handel treiben wollte«, dozierte Michael, während er auf und ab schritt und die Dielen seines Parkettbodens knarrten. Außerhalb der Reichweite des Föhns schien hier also ein allgemeines Gerangel zu herrschen; ich stellte mir vor, wie die von allen Seiten kommenden Winde um die Vorherrschaft über den See wetteiferten wie rivalisierende Thronanwärter nach dem plötzlichen Tod des Königs.

So ein Aufeinandertreffen vieler Winde vertrug sich natürlich gut mit dem kosmopolitischen Charakter der Stadt; es passte zu dem selbstverständlichen Gemisch europäischer Sprachen in den Straßen, zum Hauptquartier der Vereinten Nationen und den Limousinen der *Sécurité Diplomatique*, die an den roten Ampeln warteten. Es passte zu der Gedenktafel für L. L. Zamenhof, dem Erfinder der Weltsprache Esperanto, die ich zufällig entdeckte – und die natürlich in Esperanto verfasst war –, und zu den rastalockigen Freigeistern im Parc des Bastions, die unter den missbilligenden Blicken der versteinerten Gesichter der Skulpturen von Calvin und den übrigen Vätern der Reformation auf ihren Trommeln spielten und auf einer Slackline balancierten. Genf war so unverwechselbar schweizerisch und doch so international, dass ich bisweilen total vergaß, in welchem Land ich mich aufhielt – ein wirklich angemessener Übergangspunkt zwischen zwei Etappen meiner Reise.

Die Stadt besitzt auch so etwas wie ein eigenes Anemometer, nämlich den *Jet d'Eau*, eine Wasserfontäne, die ihren Strahl einhundertfünfzig Meter hoch in die Luft spritzt. Sie war ursprünglich nur dazu gedacht, überschüssigen Wasserdruck abzubauen, und ihren heutigen Standort im Hafen von Genf verdankt sie bloß ästhetischen Erwägungen. Für ihren Betrieb sind heute im Ruhestand befindliche Angestellte der Genfer Straßenbahn zuständig. Die Richtung des Strahls gibt so zuverlässig wie ein Wetterbericht Auskunft darüber, woher der Wind weht; nur während der Zeiten der Bise wird er abgedreht, um zu vermeiden, dass er ein komplettes Stadtviertel unter Wasser setzt oder gar die an der Seepromenade vertäuten Vergnügungsboote versenkt. Dies ist Genfs eigener Turm der Winde, seine flüssige Wetterfahne, die fortwährend daran gemahnt, welche Kräfte auf die Stadt einwirken.

»Es gibt zwei Arten der Bise, die schwarze und die weiße«, setzte Michael seinen Vortrag fort. »Die weiße Bise weht häufig; die schwarze Bise ist die stürmischere, kommt aber viel seltener vor. Ich habe sie nur einmal erlebt; das war an einem heißen Tag im August, als ich eine Ausflugsfahrt mit dem Schaufelraddampfer machte. Es herrschte absolute Windstille. Und dann auf einmal – so etwas hatte ich bis dahin noch nie gesehen – eine schwarze Wolkenwand, man konnte sie heraufziehen sehen. Das hat mich glatt umgehauen. Ich hatte eine Anderthalbliterflasche Coke auf der Reling stehen, und die wurde mit einer solchen Wucht heruntergeblasen, dass sie einmal kurz vom Deck abprallte und dann sieben oder acht Meter weiter mitten durch ein Glasfenster flog. Das Schiff ist fast gekentert; aber wir hatten noch Glück. Ein anderer Vergnügungsdampfer ist an diesem Tag gesunken; es hat Tote gegeben.«

Meinen letzten Nachmittag in Genf verbrachte ich in einem Café in der Altstadt, wo ich die Route des Mistral durch den Süden Frankreichs berechnete. Am Abend führte Michael mich in die geheime Kunst der Zubereitung eines Soufflés ein – einschließlich des hochwissenschaftlichen Vorgangs, den *Roux* anzuschwitzen. Das war ein nettes Geschenk zum Abschied, denn *souffle* bedeutet im Französischen Seele, Atem – oder eben auch Wind.

MISTRAL

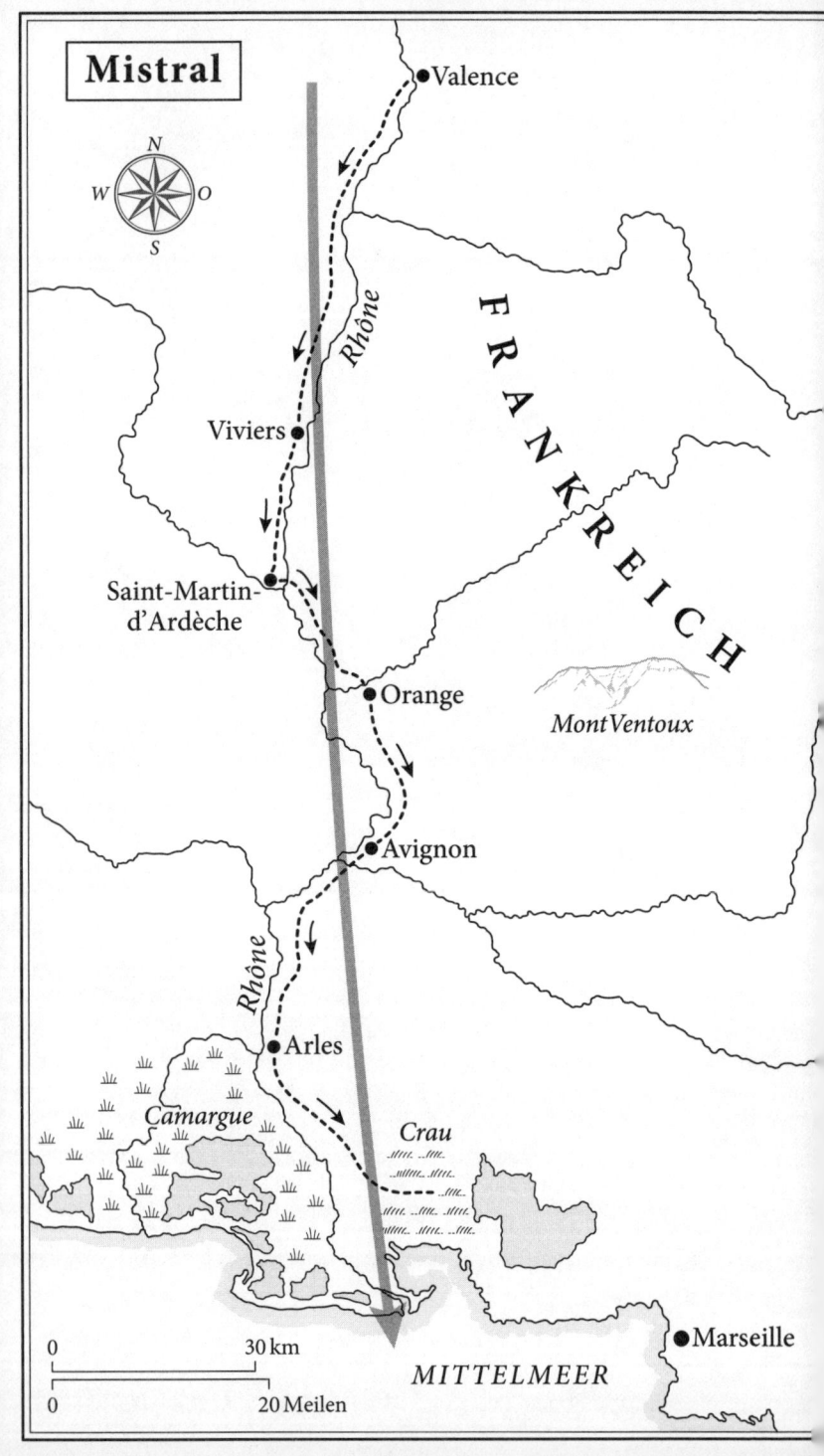

Ich habe manchmal überaus schnell gearbeitet.
Ist das ein Fehler? Ich kann nichts dafür. So habe
ich »Sommerabend« in einer einzigen Sitzung gemalt. Soll ich das Bild überarbeiten? Unmöglich.
Zerstören? Warum? Ich bin ja eigens dafür, während der Mistral blies, hinausgegangen. Suchen
wir nicht eher die Intensität der Gedanken als die
Ruhe des Pinselstrichs?

Vincent van Gogh

Der Zug folgte von Genf kommend dem Lauf der Rhône
mal durch tiefe, bewaldete Schluchten, mal an im Wind
schwankenden Riedgräsern vorbei, während die Ausläufer der Alpen immer kleiner wurden und allmählich in der
Ferne verschwanden. Und dann kamen wir zwischen den
Wänden des Tals hervor wie aus einem Flaschenhals und
tauchten in die sich wie eine verschüttete Flüssigkeit nach
allen Seiten ausbreitende Ebene des französischen Flach-
landes ein. Schon bald waren die Berge hinter uns so be-
deutungslos geworden wie die Wolken über uns. Den am
Zugfenster vorbeifliegenden Dörfern haftete eine bräun-

liche Gleichförmigkeit an, und die langen Reihen der Alleebäume, die in gleichmäßigen Abständen die schnurgeraden Chausseen säumten, waren so wenig aus dieser Landschaft wegzudenken wie die Hecken an den englischer Landstraßen. In Lyon musste ich umsteigen: Der Kaffee war besser als in der Schweiz, und Männer gaben sich bei der Begrüßung ein Küsschen auf beide Wangen. Die letzten Kilometer in Richtung Süden legte ich mit einem Bummelzug zurück.

Ich brauchte nicht lange, um den Mistral zu finden. Sowie ich in Valence aus dem Zug stieg, bekam ich von ihm eine Ohrfeige auf die dem Norden zugewandte Seite meines Gesichts.

»À Valence le Midi commence«, lautet eine populäre Volksweisheit, »In Valence fängt der Süden an«. Als »Midi« bezeichnen die Franzosen seit jeher die Südhälfte Frankreichs – von den Alpen bis zu den Pyrenäen, vom Languedoc bis nach Korsika. Das Wort bedeutet schlicht und einfach »Mittag« – weil die Sonne zur Mittagszeit im Süden steht. Aber »À Valence le Mistral commence« entspricht ebenso der Wahrheit, wird Frankreichs bekanntestem Wind doch nachgesagt, dass er in jener Stadt seinen Anfang nimmt, genauer genommen im ein Stückchen weiter oben gelegenen Pilat-Massiv – wenn nämlich Polarluft aus einem Hochdruckgebiet im Binnenland in das Tiefdruckgebiet um den Golf von Lyon strömt. Hier wird der Mistral dann in den Korridor des Rhônetals gesaugt und nimmt an Heftigkeit zu, während er den Fluss hinunter zum Meer jagt. Seinen Namen bezieht der Mistral von dem lateinischen *magistralis*, was so viel wie »obrigkeitsmäßig« oder »meisterlich« bedeutet und auch dem über Teilen der Adria wehenden Maestro zu seinem Namen verholfen hat. Ein anderer Name für den Mistral ist *mange-fange*, Schlammfresser, was damit zu tun hat, dass er ein sehr trockener Wind sein kann. Weitere zweifelhafte Ehrenbezeichnungen sind »Wind des Wahnsinns« oder »Idiotenwind«, die Gründe dafür sollten mir während der nächsten zwei Wochen klar werden.

Wie ich bei meinen Recherchen für diese Wanderung feststellte, ist der Mistral, wie auch die Bora, so etwas wie eine Berühmtheit und selbst Leuten ein Begriff, die nie von irgendwelchen anderen Winden etwas gehört haben. In den Internetforen für Provence-Reisende taucht immer wieder die besorgte Frage auf, ob der Wind einem auch nicht die Ferien verderben würde, und Radsportamateure vermeiden die Region tunlichst. Auch aus anderen Gründen war der Mistral vor ein paar Jahren durch die Nachrichten gegeistert, als die französische Regierung sich nämlich nicht so recht entschließen konnte, ob sie zwei Hubschrauberträger der Mistral-Klasse an Russland verkaufen sollte, das wegen seiner Ukraine- und Krimpolitik mit einem Handelsembargo belegt war. Diese Namensgebung ist übrigens recht bezeichnend: Während die Deutschen sich den Föhn als Bezeichnung für ihre Haartrockner zu eigen machen, borgen sich die Franzosen den Mistral aus, um ein hochmodernes Kriegsschiff nach ihm zu benennen.

Der Grund dafür blieb mir nicht lange verborgen: Dem Mistral zu begegnen war tatsächlich, als würde man bekriegt werden. Ich überquerte die Straße in leicht gebückter Abwehrhaltung, hielt mir die eiskalte Hand schützend vor die Augen und hielt gleichzeitig Ausschau nach dem nächsten Park, großspurig *Champ de Mars*, »Marsfeld«, genannt, wo die Springbrunnen zu beiden Seiten des Musikpavillons ihre Fontänen in hohen Bögen durch die Gegend spritzen ließen. An den öffentlichen Gebäuden versuchte die Trikolore mit aller Macht, sich von ihrer Fahnenstange loszureißen, und auch alle Menschen bewegten sich mit gen Süden wehenden Haaren und im Fünfundvierzig-Grad-Winkel gebeugt voran. »*C'est le Mistral?*«, fragte ich einen Passanten, um auch ganz sicher zu gehen. »*Oui*«, antwortete er, »der berühmte Wind. Dies ist der windigste Ort in Frankreich. Wenn hier mal kein Wind weht, dann kann es nicht mehr lange dauern, bis er kommt.«

Beinahe ein wenig erschrocken darüber, dass ich dem Mistral schon so rasch begegnet war, und zwar genau dort, wo er auch anzutreffen sein sollte, durchstreifte ich die Straßen der kleinen Stadt. Und der meisterliche Mistral wurde seinem Namen mehr als gerecht, ließ überall in der Stadt seine Präsenz spüren, lauerte bedrohlich in schmalen Gassen und entfaltete jäh seine Kraft auf den Flächen öffentlicher Plätze, wobei er Passanten in Schwierigkeiten und Vögel von ihrer Flugbahn abbrachte. Er ließ den Windsack auf dem Dach des Rathauses, einem typisch französischen Prachtbau, über dessen drei separaten Eingangstüren die Worte *Liberté, Égalité* und *Fraternité* verteilt waren, als müsse der Besucher sich beim Eintreten für eine der drei Tugenden entscheiden, knattern und drosch auf die Markisen der Café-Bars und der Kebabläden ein. Ein vom Winde verwehter Plastikstuhl kam über das

Pflaster geschliddert und hätte um ein Haar eine Passantin zu Fall gebracht, und sogar Autoalarme wurden ausgelöst. Diese tosende Ouvertüre hieß mich nicht bloß in einem anderen Land, sondern auch in einer vollkommen anderen Welt willkommen, was das Wetter betraf – und ich umfing beides ohne zu zögern mit offenen Armen.

Die Wege des nun vor mir liegenden Teils der Reise sollten sich nämlich deutlich von dem durch die Topografie bedingten Schlängelkurs meiner Wanderung durch die Schweiz unterscheiden – allein schon wegen der Gradlinigkeit der Richtung, in die der Wind wehte. Es gab hier keine Berge, die überquert werden mussten, und nur ein Tal – das der Rhône –, dem ich mit kaum einer Abweichung durch die Départements Ardèche, Gard, Vaucluse und Bouches-du-Rhône folgen würde, bis ich am Mittelmeer ankommen würde, wo es nicht mehr weiterging. Es war eine Strecke von insgesamt etwas über hundertfünfzig Kilometern, und meine ersten Schritte führten mich auf die Brücke, die den Fluss in westlicher Richtung überspannte. Hier blieb ich auf halbem Weg stehen, im beißenden Wind schwebend, der so gleichmäßig wie das Wasser unter mir strömte.

Auch der Name der Brücke lautete zufälligerweise *Mistral*, doch war sie nicht nach dem Wind benannt; vielmehr verdankte sie ihren Namen Frédéric Mistral, dem provenzalischen Nationaldichter, der 1904 mit dem Nobelpreis für Literatur ausgezeichnet wurde. An vielen Orten des Midi und in der Provence stößt man auf Porträts und Denkmäler dieser schillernden Persönlichkeit, die mit ihrem breitkrempigen Filzhut, dem gezwirbelten Schnurrbart und dem langen Spitzbart eher den Habitus eines extravaganten Gentleman aus dem rebellischen tiefen Süden Amerikas hatte. Gerade so als befände er sich mit seinem windigen Namensvetter in einen Wettstreit darum, wem von beiden mehr Ruhm und Ehre gebührte. Seine pastoralen Epen sind Oden an das Volksleben, die Schönheit der Landschaft, die Kultur und vor allem an die Sprache seiner Heimat – nicht Französisch, sondern vielmehr Provenzalisch, einen Dialekt des Okzitanischen, die Mistral die »erste literarische Sprache des zivilisierten Europas« nannte.

Okzitanisch – oder *lenga d'òc* – war die ursprüngliche Sprache Okzitaniens, einer historischen Region, die sich von Italien über den Süden Frankreichs bis nach Spanien erstreckte. Gesprochen wurde sie von den Troubadouren, die durch das Land zogen und Lieder über Ritterlichkeit und höfische Liebe komponierten und damit zu einer wichtigen Inspiration für die europäische Literatur des Mittelalters wurden. Der Niedergang dieser Poeten begann mit der Eroberung Okzitaniens durch Frankreich im vierzehnten Jahrhundert und dem Bemühen, Okzitanisch als gesprochene Sprache zu verdrängen. Dieser linguistische Genozid wurde von Seiten des französischen Staats über Jahrhunderte auf die eine oder andere Weise fortgeführt. Noch fünf Jahrhunderte später kämpfte Frédéric Mistral gegen eine repressive Politik seitens des zentralistischen Frankreichs, die inzwischen als *la vergonha*, die Schande, gebrandmarkt wurde. Mistrals Ambition, dem Okzitanischen wieder zu seinem früheren Rang zu verhelfen, führte zu der Herausgabe eines Wörterbuches und zur

Gründung einer literarischen Bewegung; außerdem gründete er ein ethnografisches Museum und übersetzte viele Lieder der Troubadoure. Am bekanntesten ist Mistral jedoch für *Mirèio*, ein Versepos über eine provenzalische Bauerntochter: »*Vole qu'en glòri fugue aussado / Cuome uno rèino, e carresado / Pèr nosto lengo mespresado.*« (»Ich werde ihr aus meinem Lied einen Thron erschaffen / und sie in unserer verachteten Sprache Königin nennen.«) Mistrals Bemühungen ist es zumindest teilweise zu verdanken, dass auch heute noch mehrere Hunderttausend Menschen Provenzalisch sprechen, und in weiten Teilen Südfrankreichs gibt es nach wie vor zweisprachige Straßenschilder.

Ich setzte meinen Weg über die Brücke fort. Zu meinen Füßen stand in großen schwarzen Buchstaben auf das Pflaster gesprüht: LES FLOTS M'EMPORTENT JE ME PERDS DANS LA NUIT LE VENT SOUFFLE ET ME LAISSE QU'UN SENTIMENT AMER. (»Die Wellen tragen mich fort / Ich verliere mich in der Nacht / Der Wind weht / und hinterlässt einen bitteren Nachgeschmack.«) Mistral über Mistral, schien es mir, aber es war niemand in der Nähe, den ich hätte fragen können.

Am gegenüberliegenden Rhôneufer ragte hinter einem Wäldchen aus krüppeligen Bäumen ein Fels aus schmutzig weißem Kalkstein empor, auf dem sich die Burgruine des Château de Crussol erhob, das früher einmal über den Fluss gewacht hatte und durch dessen Maueröffnungen man die untergehende Sonne schimmern sah. Drumherum erschien mir die Landschaft wie ein Ödland, in dem hinter jedem Busch ein Bösewicht lauern konnte; auf jeden Fall war sie rauer und wilder als das Frankreich, das ich bisher kannte. Ich war nun mitten im Midi, wo Kultur und Wesensart sich gründlich von der Mentalität der Menschen im Norden Frankreichs, für die Frédéric Mistral nichts als Verachtung übrig gehabt hatte, unterschieden: »Wer nur Paris gesehen hat und nicht Cassis, hat gar nichts gesehen«, schrieb er in typisch provenzalischer Trotzhaltung, und: »Wo auch immer der Mistral regiert, befindet man sich in der Provence.«

Die folgende Nacht verbrachte ich in Saint-Péray, einem verschlafenen Winzerort, der aus dem hellen Stein der Felsen erbaut war. Der Mistral pfiff und peitschte durch die hohen Bambusstauden vor meinem Fenster und machte dabei ein Geräusch, das sich anhörte, als würden Messer geschliffen. Am Morgen hatten sich im Osten ganze Divisionen von Wolken gebildet, die in Form zweier fetter Bänder genau dem Flussverlauf folgend nach Süden zogen, während der Wind unmittelbar über ihnen einen klaren blauen Korridor freiblies. Dieser himmlischen Magistrale folgend, machte ich mich auf den Weg und entdeckte an einem Laternenpfahl in der Nähe der Kirche auch schon bald das, wonach ich bereits die Augen offengehalten hatte: einen kleinen blauen Aufkleber mit einer gelben *coquille* – dem Jakobsmuschelornament, das den Apostel Jakobus symbolisieren soll, aber im Grunde mehr einem Kometen oder einem Stern ähnelt – und der mich im Übrigen anwies, mich weiter geradeaus zu halten. Es gab im Rhônetal einfach zu viele Städte und zu viele Autobahnen, und so hatte ich mir eine etwas sanftere Art des Reisens auserkoren: Ich würde auf Pilgerfahrt gehen.

Bevor ich zu Hause aufbrach, hatte ich mich über den

Chemin de Saint-Jacques informiert, einen uralten Pilgerpfad, der sich am westlichen Rhôneufer entlangwindet –
eine der vielen Routen, die später auf den etwas über-
laufenen Jakobsweg in Spanien treffen. Ich hatte einen
Freiumschlag an eine Kontaktadresse geschickt und eine
etwas hausgemacht wirkende, fotokopierte Broschüre erhalten, in der die gesamte Strecke von Valence nach Arles
an der Mündung der Rhône beschrieben wurde; beige-
legt waren außerdem ein paar handgezeichnete Karten,
mit denen ich aber kaum etwas anzufangen wusste. Wie
sich jedoch herausstellte, brauchte ich mich gar nicht an
ihnen zu orientieren: Sobald sich meine Augen erst einmal
daran gewöhnt hatten, immerzu nach ihnen Ausschau zu
halten, entdeckte ich die Aufkleber bald überall – an Later-
nenpfählen, an Zäunen, auf Hinweisschildern, auf Felsen:
gelbe Pfeile auf blauem Grund, die mich durch die Straßen
führten, über eine kleine Brücke und dann auf einen staubigen Weg zwischen Bauernhöfen hindurch in einen dichten, schattigen Wald. Und wie Hänsel und Gretel Brotkrumen auf den Waldweg streuten, um notfalls wieder nach
Hause zurückzufinden, geleiteten mich diese Aufkleber
sicher durch die dunklen Wälder.

Auf der Hügelkuppe von Crussol, unweit der Burgruine, trat ich ins gleißende Licht der Sonne hinaus. Der
Pfad führte zwischen Felstrümmern und vertrocknetem
Laub hindurch und auf der anderen Seite des Kamms wieder zu den Weinbergen und den baumreichen Tälern der
Ardèche hinunter. Es war ein grünes, sanftes Land, weit
entfernt davon, was aus der Ferne von dem größeren,
dichter besiedelten Département Drôme zu sehen gewe-

sen war – die Rhône und der Mistral bilden die Grenze zwischen den beiden Départements –, und ich verbrachte den Rest des Vormittags damit, menschenleeren Chaussen zu folgen, und wurde mit jedem Schritt glücklicher darüber, dass der Wind mich hergeführt hatte.

Die Luftströmung war so deutlich auszumachen, dass ich beinahe auf die *coquilles* verzichten und mich nur nach dem kalten Luftstrom richten konnte – wenn er mir in den Nacken wehte, führte die Straße geradewegs nach Süden, wenn ich ihn auf meiner rechten Wange spürte, nach Westen. Eine weitere Orientierungshilfe waren mir auch die sich nach den Seiten ausbreitenden Wellenmuster, die der Wind auf die Weiden zeichnete. Ich kam an einem Bauern vorbei, der mit weit ausholenden, rhythmischen Bewegungen mit einer Sense Gras mähte, und blieb stehen, um einem scheuenden Pferd zuzusehen, dessen im Licht metallisch schimmerndes Fell sich bei jedem Windstoß reflexartig gegen die Kälte aufstellte, so dass es aussah, als ginge eine Wellenbewegung hindurch. Der Mistral schien das Land zu durchdringen und nicht bloß darüber hinwegzuziehen. Irgendwo über mir sang eine Feldlerche und hielt dabei gegen den Wind ihre Position in der Luft wie eine Forelle in einem schnell fließenden Strom.

In der Nähe eines Dorfes namens Toulaud sah ich dann auch zum ersten Mal die *mas* genannten, für das Midi typischen Bauernhäuser: etwas gedrungene, aus dem soliden Stein der Region errichtete Gebäude, die sich gut geschützt hinter dicken Mauern verbargen – so resolut und autark wie die Kultur, die sie erschaffen hatte. Jedes dieser

Häuser sah aus wie eine kleine Festung, und ihre sorgsam kultivierte Selbstgenügsamkeit erinnerte mich an manche Häuser, die ich auf dem slowenischen Karst gesehen hatte – oder sogar an die Schutztürme in der Grenzregion von Cumbria. Doch mehr noch als an jenen winddurchtosten Orten war die Architektur dieser Häuser vom Wind geprägt; über die Jahrhunderte wurden sie immer mehr zu Trutzburgen gegen den Mistral ausgebaut. Ihre Terrakottadächer sind flach, damit sie dem Wind möglichst wenig Widerstandsfläche entgegensetzen, ihre Obstgärten sind umstanden von Palisaden eng nebeneinander gepflanzter Zypressen, die von Ost nach West einen natürlichen Windschutz bilden. Vor allem aber fällt auf, dass ihre nördlichen Wände praktisch fensterlos sind, wodurch sie mir als verlässliche Orientierungshilfe dienten; sah ich eine nackte Wand vor mir, wusste ich, dass ich in Richtung Süden blickte. Wenn man sich so einem Bauernhaus von Norden näherte, befand man sich im toten Winkel – bildete ich es mir nur ein, oder bellten die Hunde tatsächlich lauter, wenn ich von dieser Seite kam? Und wenn ich an dem Haus vorbei war und über die Schulter zurückblickte, sah ich die nach Süden ausgerichteten Fenster und Türen, Tableaus eines friedlichen Familienlebens, das ich auf den ersten Blick gar nicht erwartet hätte. Auf eine gewisse Weise machte mich das irgendwie unsichtbar, denn so kam ich ungesehen in jedes Dorf; ich stellte mir vor, wie die Bewohner von mir bloß meinen Rucksack und meinen sonnenverbrannten Nacken zu sehen bekamen, wenn ich mich schon wieder aus ihrem Blickfeld entfernte.

Die Menschen haben ihre fensterlosen Wände schon

seit jeher nach Norden ausgerichtet. An einer Terra Amata genannten Ausgrabungsstätte, die sich heute wegen des gesunkenen Meeresspiegels an einem Hang befindet, wo einst in uralten Zeiten ein Strand gewesen war, hat man in der Nähe von Nizza bei Ausschachtungsarbeiten Wohnstätten entdeckt, deren Feuerstellen hinter nach Nordwesten zeigenden Wänden angelegt waren, damit das Feuer vor dem allgegenwärtigen Mistral geschützt war. Diese Feuerstellen sind vierhunderttausend Jahre alt und gehören damit zu den frühesten Nachweisen für eine häusliche Verwendung von Feuer in Europa. Die in der Nähe aufgefundenen Knochen stammten übrigens nicht von Hirschen oder Wildschweinen, sondern von Mammuts mit langen Stoßzähnen, Auerochsen und Nashörnern, und bei denjenigen, die diese Mauern errichtet hatten, handelte es sich im weiteren Sinne des Wortes zwar schon um Menschen, jedoch vom Typ *Homo erectus* – der *Homo sapiens* kam erst später. Nach dem Homo erectus dürfte diese Wohnstätte von Neandertalern okkupiert worden sein, unseren entfernten oder doch nicht so weit entfernten Vettern und Kusinen aus der Evolutionsgeschichte, die sich den Kontinent einige Tausend Jahre lang mit unserer Spezies geteilt haben. Ich malte mir aus, wie die Bewohner dieser Stätte im Wechsel der Generationen tagein, tagaus ein- und demselben Mistral ins Auge geschaut und mit stoischer Gelassenheit Stein um Stein aufeinandergehäuft hatten, bis daraus diese nackten Wände entstanden waren. Um den Gedanken an einen derart unvorstellbar langen Zeitraum und die Aufeinanderfolge der verschiedenen Arten der Gattung Mensch, deren Kommen und Gehen dieser Teil der Welt gesehen hat, fortzuführen, stellte ich mir den Wind als einen kontinuierlichen Faden vor, der sich durch die Millenien zog und damit Gemeinsamkeiten in der Lebenswirklichkeit von Jägern und Sammlern aus dem Paläolithikum und der provenzalischer Lavendelbauern schuf – oder in der von Mammuts mit langen Stoßzähnen und dem Pferd auf der Weide hinter mir.

Während ich über all dies nachsann, stieß ich allenthalben auf Überreste aus den folgenden Jahrhunderten: die Ruinen des Turms vor den Toren von Soyons etwa, die aussahen, als hätten riesige Zähne ein Stück herausgebissen, oder die verlassene, längst überwucherte und somit fast vollständig vom Wald zurückeroberte mittelalterliche Stadt oberhalb von Saint-Georges-les-Bains. Am Nachmittag jedoch wurde ich unsanft wieder ins Industriezeitalter zurückgeholt: Als sich mein Wanderweg bei Beauchastel wieder mit der Rhône vereinigte, endete meine Tagesetappe bei einem Wasserkraftwerk. Über mir knisterte es in den Überlandleitungen, und der unvermindert kräftig blasende Wind heulte in hohen Stacheldrahtzäunen. Meine Reisebroschüre für den Chemin de Saint-Jacques wies in unmittelbarer Nähe einen Zeltplatz auf der langen, spitz zulaufenden Insel aus, die man über den Damm des Kraftwerks erreichen konnte, und zehn Minuten später stand ich auf der Ostseite der Insel vor einem bunt zusammengewürfelten Durcheinander von Wohnwagen und Wohnmobilen. Geleitet wurde die Chose von einem Platzwart, einem grobschlächtigen Typen mit den blutunterlaufenen Augen und der geröteten, narbigen Haut eines unverbesserlichen Säufers, dessen Hände entweder zitterten, weil er einen Drink in ihnen hielt oder weil er gerade nichts zu trinken hatte. Mürrisch wies er mir zwischen ein paar Birken einen Platz zu, an dem ich mein Zelt aufschlagen sollte, zeigte sich dann aber unerwartet entgegenkommend, als er mir nur die Hälfte der Gebühr abverlangte. Auf dem Rasen wuchsen reichlich Klee und Gänseblümchen, und im Wind wehten Kirschbaumblüten. Trotz des Summens der Turbinen des benachbarten Staudamms war es gar kein so schlechter Platz.

Der Ort Beauchastel selbst erwies sich als ein Städtchen aus alten, baufälligen Häusern, an deren von der Sonne erwärmten Mauern Blauregen wucherte, und entbehrte durchaus nicht eines gewissen Charmes. Ich folgte dem Mistral durch die menschenleeren Straßen, vorbei an dem behelmten Soldaten aus dem Ersten Weltkrieg, der über den Namen der Gefallenen Wache hielt, *Morts pour la France*, und betrat dann eine recht heruntergekommene Bar – die einzige, die geöffnet hatte. Dreißig Sekunden in dem Laden genügten, um sämtliche Illusionen, die ich mir darüber machte, dass die Franzosen gesittete Trinker seien, Lügen zu strafen. Der kleinwüchsigste und besoffenste Mann, den ich je gesehen hatte, torkelte zum schäbigen Amüsement einer Gruppe Anstreicher, die ihr Möglichstes gaben, um recht bald mit ihm gleichzuziehen, im Kreise umher. Er hängte sich sofort an mich, wie es Betrunkene scheinbar gerne taten, und als er hörte, wo ich übernachtete, wollte er idiotischerweise unbedingt den Platzwart – eben jenen anderen Säufer – anrufen, um ihm einzureden, dass er mich umsonst bei ihm zelten lassen sollte. Er ließ nichts gelten, womit ich ihn von diesem Vorhaben abzubringen versuchte, doch zum

Glück vergaß er die Angelegenheit zwischendurch immer wieder, geriet dafür in Streit mit anderen Gästen und warf Barhocker und Stühle um, wobei er einmal beinahe eine Fensterscheibe zerdeppert hätte. Schließlich gelang es ihm tatsächlich, das Telefon zu bedienen, allerdings mit einem enttäuschenden Ergebnis: Der Platzwart schlief – vermutlich nicht minder berauscht. Wenn der Gnom einmal kurz davon abließ, mir auf den Geist zu gehen, fand ich Gelegenheit, mich mit einem seiner etwas weniger bezechten Kumpanen zu unterhalten, der mir allerhand über den Mistral zu erzählen wusste. Er würde die Leute in den Wahnsinn treiben, sagte er; sie würden ganz angespannt, jähzornig, reagierten ganz merkwürdig. Auf die Einheimischen hätte der Wind diese Wirkung nicht; die wären »mit ihm in den Ohren geboren«, doch wer von außerhalb käme, den könne es ziemlich heftig erwischen; da solle ich mich bloß vorsehen, ermahnte er mich.

»Und wie steht's mit dem?«, fragte ich und wies auf den kleinen Zecher, der sich inzwischen gerade inmitten eines geradezu grotesk unbeholfen anmutenden Schlagabtausches mit jemandem befand, dem er auf den Schlips getreten war. »Liegt das am Wind, dass er so rumspinnt?«

»Nein, der ist hier aus dem Dorf. Den kennt man gar nicht anders. Ihm kann der Wind nichts anhaben; das besorgt schon der Wein.«

～

Unter dem eisigen Atemhauch des Mistrals war das Campieren im Süden Frankreichs eine deutlich kältere Angelegenheit als in den Alpen. Am nächsten Morgen glaubte ich eine Sekunde lang sogar, es hätte geschneit: Der Boden war dicht übersät mit weißen Blüten; sie sammelten sich in Mulden und anderen Vertiefungen und rings um Pfützen herum wie Frost. Es war die Zeit, in der die Vögel aus dem Süden zurückkehrten – eine pfeilspitzenförmige Formation wilder Gänse flog gerade hoch über die Rhône hinweg; tief unter ihnen war eine lange Kolonne Radfahrer ebenfalls auf ihrem Wege irgendwohin. Der Himmel war klar, aber der Mistral hatte sich fürs Erste erschöpft. Es herrscht allgemein der Glaube, er würde drei, sechs oder neun Tage anhalten – etwa so ähnlich wie die Bora oder der Föhn –, und ich fragte mich, ob das wohl mit irgendeinem Aberglauben bezüglich der Bedeutung der Zahl drei oder dem Mehrfachen dieser Zahl zu tun haben konnte. Nun, wie lange speziell dieser Mistral auch gedauert haben mochte – heute war er jedenfalls nicht mehr da, und das Einzige, was sich in Beauchastel rührte, war die *Boulangerie*, wo ich meine Tasche mit Croissants als Reiseproviant vollstopfte. Sobald ich La Volte-sur-Rhône passiert hatte, wurde die Landschaft gleich wieder menschenleerer. Bei einer Gelegenheit überrumpelte ich einen urinierenden Mann, dessen Frau – der die Sache offensichtlich höchst peinlich war –, als sie mich näher kommen sah, von ihm abzulenken suchte, indem sie wild gestikulierend zum Himmel zeigte und »*Beau!*« rief. Doch abgesehen von dieser etwas misslichen Begegnung traf ich niemanden. Die Aufkleber, die den Pilgerweg anzeigten, leiteten mich fort vom Fluss und durch die Gemeinde Saint-Julien-en-Saint-Alban und von dort einen steilen, gewundenen Pfad hinauf zum höchsten Punkt eines weiteren Felsmassivs.

Stundenlang wanderte ich im Einklang mit mir und der Welt und in seligen Tagträumen versunken dahin. In dem Vakuum, das das Abflauen des Windes hinterlassen hatte, passten sich meine Gedanken zufrieden der Langsamkeit und Ausgeglichenheit meiner Schritte an. Nichts und niemand trieb sie zur Eile. Außer dem leisen Summen von Bienen, dem gelegentlichen Geräusch eines Küchenfensters, das irgendwo in der Ferne zugeschlagen wurde, und von noch weiter her läutenden Sonntagsglocken unterbrach kaum etwas die Stille. Von einem verschlafenen Dorf mit blinden Rückwänden zum nächsten ging ich unbemerkt meines Weges und dann wieder einen steilen Pfad hinauf, diesmal mitten in einen dichten Akazienwald hinein.

Fünf Stunden später war ich immer noch nicht wieder daraus hervorgekommen. Die Berge wollten kein Ende nehmen. Auf den steinigen Serpentinenpfaden des Massif de Barre in der Sonne schwitzend trank ich meinen allerletzten Schluck Wasser und wurde bald ganz närrisch vor Durst. Dieses nicht enden wollende Gestrüpp war die Sorte Wald, die ich am allerwenigsten mochte: Eine Hölle aus verschlungenen Ästen, die, anstatt Schatten zu spenden, eher bewirkten, dass sich die Hitze unter ihnen sammelte, und in der es vor kleinen, brummenden Fliegen nur so wimmelte und man an gelblichem Staub zu ersticken drohte. Gegen Mittag setzte zudem noch der Hunger ein; doch von meinen Vorräten waren nur ein paar Croissantkrümel übrig geblieben. Irgendwo auf dem Wege hatte ich auch noch eines der Pilgerwegzeichen übersehen, daraufhin versucht, den Weg, den ich gekommen war, zurückzugehen, und mich dabei endgültig verlaufen. Überall zweigten Wege ab, führten manchmal wieder auf denselben Weg zurück. Doch anstatt stehen zu bleiben und es einmal mit scharfem Nachdenken zu versuchen, reagierte ich auf diesen Irrgarten, indem ich aus lauter Frustration immer rascher voranschritt. Der Boden war mit Schotter bedeckt, so dass ich von einem Fehltritt zum nächsten stolperte. Staub klebte an meinen Hosenbeinen und drang auch in meine Socken, so dass sich eine unangenehm klebrige Substanz bildete, die sich zwischen meinen Zehen absetzte. Aber dann tat sich vor mir plötzlich eine Lichtung auf, und zu meinen Füßen floss die Rhône. Dennoch betrachtete ich dieses Panorama mit gemischten Gefühlen, denn zwischen mir und dem Fluss erhoben sich die rauchenden Kühltürme eines Atomkraftwerks.

Es waren riesengroße, lehmfarbene Gebilde, die mit ihrer geschwungenen Form und den runden Öffnungen griechischen oder römischen Urnen ähnelten, und ihre Größe stand in einem eklatanten Missverhältnis zu allem anderen um sie herum. Weißer Dampf stieg in bauschigen Wolken senkrecht aus ihnen hervor – von keinem Wind bewegt. An den Berghängen dahinter waren durch Abbau enorme Terrassen entstanden, die aussahen wie ein Amphitheater für Riesen. Und irgendwo da unten lag der Ort Cruas, wo ich über Nacht zu bleiben vorhatte.

Sämtliche Pfade führten nun bergab. Todmüde und ziemlich benommen kam ich aus dem Wald heraus und gelangte zu einer weiteren Burgruine. Unmittelbar darunter befanden sich die mittelalterlichen Reste des dazugehörigen Dorfes – ein Wirrwarr von Terrakottadächern in unterschiedlichen Phasen des Verfalls, teilweise noch bewohnt und teilweise verlassen, mit gelben Blumen, die aus den Mauern wuchsen, und von einem nicht unangenehmen Modergeruch überlagert. Ich gab meine Hoffnung, hier etwas Essbares aufzutreiben, rasch auf. Im ländlichen Frankreich sollte man an Sonntagnachmittagen niemals damit rechnen, dass irgendwo bestimmt etwas geöffnet haben wird, und ganz Cruas lag schlummernd in einem Dornröschenschlaf aus längst vergangenen Zeiten. Ich ging auf einen Mann und eine Frau zu, die in der Nähe der Kirche auf einer Parkbank saßen, und erntete ein schallendes *non*, als ich nach einem Laden fragte. Aber der Frau schien nicht entgangen zu sein, dass ich in einer einigermaßen verzweifelten Lage steckte. Sie ging mit mir zu ihrem ein Stück weiter die Straße hinunter geparkten Auto, wo sie im Kofferraum herumwühlte und schließlich einen Laib Brot, etwas Käse, Bananen und eine Flasche Milch hervorzauberte, die sie mir allesamt in die Hand drückte. Als ich mich bei ihr bedanken wollte, schüttelte sie nur den Kopf. »*C'est normal.* Aber was führt Sie her?«

Ich wagte es, den Namen *Mistral* in den Mund zu nehmen, und erlebte zwei völlig unterschiedliche Reaktionen. Die Frau zog vor Entsetzen scharf den Atem ein, während ihr etwas älterer Begleiter, der sich uns inzwischen angeschlossen hatte, ganz aus dem Häuschen geriet und einen Redeschwall auf Französisch losließ, den sie, so gut es ging, zu übersetzen versuchte: »Er sagt, er fängt in der Nacht an … immer drei, sechs oder neun Tage … südlich von Montélimar nimmt er an Stärke zu, in Avignon hört er nie auf. Er weht nicht immerfort, es ist mehr wie … wie …« Hier hatte sie große Mühe, ein Wort für das zu finden, was der Alte uns mitteilen wollte: Er schwang die Arme heftig nach vorne und nach hinten und machte dazu Geräusche, die sich wie »wuuu, wuuu« anhörten. Alsdann begannen sie, wüst aufeinander einzureden, doch was ich für eine Auseinandersetzung hielt, war lediglich eine Diskussion über die Auswirkungen des Mistral. »Er macht uns nervös – sogar zornig. Ja, er macht uns zornig! Er *genießt* das! Er mag es, wenn die Leute in Wallung geraten! Ich, ich *hasse* ihn dafür …« Inzwischen fuchtelten sie beide mit den Armen, schrien herum, klatschten sich mit der flachen Hand gegen die Stirn, während ich mit den Armen voller Lebensmittel danebenstand und mich fragte, was ich da bloß angerichtet hatte. Abgesehen von Politik konnte ich mir kaum ein Thema vorstellen, das solche Emotionen auslöste.

Aber es gäbe ja noch die anderen Winde, versicherte mir der alte Mann mit Nachdruck: den Tramontana von Nordwesten, die Borle, die Schnee in die Ardèche bringt, den *Vent du sud*, jenen Südwind, der Sand von Afrika herüberträgt. Er war wie eine lebende Wetterfahne, drehte sich nach Norden, Süden, Osten und Westen, geriet fast außer Atem in seinem Bemühen, mir Orientierung zu verschaffen. Gegen Ende seiner Ausführungen beendete ein kräftiger Windstoß – der erste, den ich an diesem Tag verspürte – seinen Monolog, und wir bekamen alle eine Gänsehaut. »*Pas de Mistral*«, sagte er, nachdem er einen kurzen Moment lang überlegt hatte, mit einem abschätzigen

Schulterzucken. »Das ist nicht der Mistral. Der hier ist uninteressant. Der hat keinen Namen.«

Meine Glückssträhne setzte sich fort; und es sollte sogar noch besser kommen: Nachdem ich mich von den beiden verabschiedet hatte, schleppte ich meinen Proviant den Anweisungen meines Pilgerpfadführers folgend die Rue Jean Jaurès hinauf. Ich kam an einem längst nicht mehr in Betrieb befindlichen Zementwerk vorbei – erbaut in Zeiten, als man Fabrikgebäude noch viel schöner gestaltete als die meisten modernen Häuser – und stand schließlich in einem staubigen Innenhof vor einer Reihe bunt gestrichener Türen. Gemäß den Weisungen, die ich erhalten hatte, trat ich den Bimsstein beiseite, der die zweite Tür von links geschlossen hielt, und fand dahinter zu meiner großen Überraschung eine winzige Wohnung mit einem Etagenbett und einer Kochnische vor – und einem Stapel von Magazinen mit allerhand Klatsch und Tratsch aus der Welt der Schönen und Reichen. Das war also eine Pilgerunterkunft aus heutigen Tagen, abgegriffene Michael-Crichton-Thriller an Stelle einer Bibel, doch auf den gleichen Prinzipien von Vertrauen und Redlichkeit basierend wie früher: Beim Verlassen meiner Schlafstätte war ich gehalten, zwanzig Euro auf dem Tisch liegen zu lassen.

Am Ende dieses Tages saß ich in einem immer schmaler werdenden Streifen goldenen Abendlichts, verzehrte das Brot und den Käse, die ich geschenkt bekommen hatte, und ließ mich vom Dunkel der Nacht umfangen.

Am nächsten Morgen hatte der Himmel einen eigentümlichen Riss, als wäre er mit einer Axt gespalten worden. Rötliche Wolken hingen wie schwere Säcke über dem

Land, und der Wind machte in den Bäumen ein Geräusch wie Autobahnverkehr – ein stetig anwachsendes und wieder abschwellendes kraftvolles Rauschen, das gar nicht enden wollte. Ich schob den Bimsstein zurück vor die Tür und fand kurz darauf ein geöffnetes Lebensmittelgeschäft, wo ich über die vor Zuckerguss glänzenden Gebäckstücke herfiel wie ein hungriger Wolf. Dann folgte ich dem Pfad hinunter zur Rhône und wandte mich wieder gen Süden.

Der Uferweg führte an dem Kernkraftwerk vorbei, und nun entdeckte ich zu meinem Erstaunen an einem der Kühltürme eine vielleicht dreißig Meter hohe, in verblassenden Blau- und Brauntönen gehaltene Wandbemalung, die ein nacktes Kind zeigte, das Wasser aus einer Muschel vergoss – ein eigenartiges Werk des *New Age* als Dekoration, die von der tödlichen Bedrohung durch Atomkraft ablenken sollte. Die Austrittsöffnung oben am Turm stieß fleißig Dampfschwaden aus, während in seinem untersten Teil aus einem mit einem Wald von Pfeilern abgestützten Becken das heiße, ursprünglich aus dem in der Nähe vorbeifließenden Strom bezogene Kühlwasser des Reaktors mittels Düsen in den Kühlturm eingespritzt wurde – ein Zeichen für die enormen Kräfte, die im Inneren dieses Hohlzylinders kanalisiert wurden. Und der Wind heulte dazu, als wolle er einer rivalisierenden Macht zeigen, dass auch er etwas zu sagen hatte.

Es war der Südwind, nicht der Mistral, der diesem Tag seine Prägung geben sollte. Im Gegensatz zu dem ständig spürbaren Zug, an den ich mich schon gewöhnt hatte, kam dieser Wind in kurzen, abgehackten Stößen, trieb Staub und Pusteblumensamen mit sich und ließ die Bäume am

Fluss eine La-Ola-Welle vollführen… Die Wegzeichen lockten mich weiter die Rhône hinunter nach Rochemaure und Le Teil, wo sich jenseits der Brücke Montélimar ausbreitete, wohin es mir mit meinem schmerzenden Füßen aber doch zu weit war, und danach vorbei an Schrottplätzen, Rangierbahnhöfen und einem Roma-Lager mit an rostigen Traktorteilen angebundenen Schimmeln. Es war ein Tag, an dem irgendwie keine rechte Ruhe eintreten wollte, in dessen Verlauf immer wieder vereinzelte Böen aufkamen – kein Tag, der in schöner Erinnerung bleiben würde. Zum Mittagessen genehmigte ich mir allerdings in einem Restaurant den *plat du jour*, die erste richtige Mahlzeit, seit ich Genf verlassen hatte, und konnte förmlich spüren, wie die Energie in meinen Körper zurückkehrte.

Von Speis und Trank angenehm benebelt, ließ ich mich von dem Pilgerpfad weitertragen, vorbei an Feldern mit langen, puscheligen Reihen blühenden Lavendels und über unbewirtschaftete Wiesen hinweg, in denen der Hauch des Windes sich wie ein tausendfaches Atmen anhörte. Ich befand mich nun hoch über dem Fluss und auf dem Abstieg ins ferne Viviers. In der Nähe einer Sackgasse mit dem vielsagenden Namen *Impasse du Mistral* bearbeitete ein rastalockiges Mädchen, an dessen Ohren schwere Jadeohrringe baumelten, mit einer Hacke einen Haufen Erde. Als ich an ihr vorbeikam, hielt sie inne, um mir einen guten Tag zu wünschen, und schon waren wir beim Thema – dem Mistral und seiner Wirkung auf die Menschen. »Ich bin viel unterwegs, ich bleibe nie lange irgendwo«, erklärte sie, »vielleicht betrifft das nur Leute, die sich länger hier aufhalten. Hast du schon mit anderen darüber gesprochen? Es gibt viele, die echt spinnen.« Zehn Minuten später begegnete ich einem solchen Paar von Spinnern auf dem Pont Romain, der wunderschönen römischen Bogenbrücke, die den Fluss Ecoutay überspannt: zwei Jungen im Teenageralter, die abwechselnd laut johlend in die Luft hüpften, sich am Boden wälzten und wild mit den Armen in der Luft herumfuchtelten. Da der Wind das Geräusch meiner Schritte verschluckte, bemerkten sie mich erst, als ich schon fast wieder an ihnen vorbei war, und begrüßten mich peinlich berührt mit einem *bonjour*, als hätte ich sie bei einem geheimen Ritual überrascht, das nicht für meine Augen bestimmt war.

In dieser Nacht schlief ich in Viviers, einem uralten Bischofssitz mit bröckeligen Steinwänden, von denen der Putz abfiel. Dennoch war das von Mauern umgebene Städtchen aus dem dreizehnten Jahrhundert bemerkenswert intakt erhalten, denn über Generationen hatte man sich hier immer vor Zerstörung zu bewahren gewusst. So sprengte während des Zweiten Weltkriegs die Resistance die Brücke über die Rhône, so dass die Stadt jegliche strategische Bedeutung verlor und für Bombenangriffe beider Seiten kein lohnendes Ziel mehr bot. Und trotz seines etwas mitgenommenen mittelalterlichen Charmes hatte Viviers auch etwas von einer rauen Arbeiterstadt: Eingehüllt in Haschischrauch saßen junge Leute eng beieinander, und aus den Fenstern lehnten sich Männer mit Stoppelhaarschnitt, damit ihnen ja nicht entging, was sich in den Gassen tat – eben nichts.

Der obere Teil der Stadt war früher ausschließlich dem Klerus vorbehalten gewesen, während sich Handwerker,

Ladenbesitzer und die *nouveau riche* die Unterstadt teilen durften. Ich folgte dem Weihrauchduft hinauf in das alte *Canons*-Viertel, wo sich auf den Zinnen der *Cathédrale Saint-Vincent* die wasserspeienden *gargouilles* tummelten. Für einen katholischen Sakralbau war die Kathedrale in ihrem Inneren eher schlicht gehalten – mit schmucklosen, weiß getünchten Wänden, die ein langsames Weiterwandern des Lichts erlaubten. Tatsächlich war diese relative Nüchternheit stimmig, wenn man sich die religiöse Vergangenheit der Region vor Augen führte. Die Erschütterungen durch die Reformation hatten sich von Genf ausgehend bis hierher fortgesetzt, und vom sechzehnten Jahrhundert an war die Stadt eine Bastion des Protestantismus gewesen. Während der verheerenden Glaubenskriege wurde das Département Ardèche Austragungsort der Auseinandersetzungen zwischen den protestantischen Hugenotten und dem katholischen Heer des Hauses der Bourbonen, die fest entschlossen waren, den Pfuhl calvinistischen Ketzertums auszuräuchern. So wurden in der Umgebung mehrere Schlachten ausgefochten; seinen Höhepunkt erreichte das Blutvergießen jedoch im fernen Paris, als in der Bartholomäusnacht im Jahre 1572 Tausende von Hugenotten brutal niedergemetzelt wurden. Trotz der Unterzeichnung des Edikts von Nantes, das den Hugenotten das Recht zur ungehinderten Ausübung ihrer Religion zubilligte, setzte sich die Woge der Gewalt noch ein weiteres Jahrhundert fort; im Jahre 1629 wurde die Stadt Privas nach einem erfolglosen Aufbegehren gegen die königliche Macht bis auf die Grundmauern niedergebrannt. 1685 schließlich riss der Sonnenkönig

Louis XIV. das Dekret in Fetzen und führte seine Politik der *dragonnades* ein, mit der aufmüpfige hugenottische Familien unter Druck gesetzt wurden, indem man kurzerhand königliche Dragoner bei ihnen einquartierte. Derart drangsaliert, flohen Hunderttausende von Protestanten aus der Region, und dieser Bevölkerungsschwund macht sich bis heute in der Ardèche bemerkbar: In Viviers, einst eine blühende Stadt mit 30.000 Einwohnern, lebt heute gerade noch ein Zehntel davon.

Ich ließ mich auf einer Kirchenbank nieder: Die Jungfrau Maria befand sich wieder in Amt und Würden, und auch die Heiligen waren an ihre Wände zurückgekehrt. Dennoch spürte ich einen anderen Geist unter diesem steinernen Gewölbe. Draußen weinte der Wind wie ein kleines Kind. Getrennt nicht nur von Bäumen, Blättern und Gras, sondern auch von dem Gefühl des Windes auf meiner Haut, schwang für mich eine immense Einsamkeit in diesem Geräusch mit, das ein schmerzhaftes Sehnen nach den Menschen erweckte, die ich liebte, die aber fern von mir waren. Die Traurigkeit des Winds war auf einmal zu viel für mich. Ich konnte es nicht mehr länger aushalten, verließ das Gebäude in einer Art Schockzustand, mit dem Gefühl, Kirchen seien Orte des Todes. Und erst, als ich draußen stand in der frischen bewegten Luft, spürte ich, wie das Leben wieder von mir Besitz ergriff.

Von einem Aussichtspunkt auf der Stadtmauer schaute ich hinab auf die typischen Terrakottadächer und auf Zypressen, die höher waren als Kirchtürme. Der belebende Kuss des Windes ließ mich auch meine Einsamkeit vergessen. Weit unten war im Dunst vage die vorbeifließende

Rhône zu erkennen, und mein Blick fiel auf Châteuneuf und die Flussenge von Donzère. Auf einem Hügel in weiter Ferne erhob sich das Standbild des Erzengels Michael, der zaghaft seine Flügel ausbreitete, als bereite er sich auf seinen allerersten Flug vor. Dies erschien mir als einer der schönsten Orte, an denen ich je gewesen war. Ja, ich war von Gefühlen durchflutet – doch leider taten mir auch meine Füße weh.

In dieser Nacht brauchte ich mich nicht mit einer Pilgerhütte zu bescheiden – ich hatte das Glück, in einem malerischen alten Haus in der bürgerlichen Unterstadt ein Zimmer zu bekommen, wo ich mich ungleich wohler fühlte – direkt gegenüber der Renaissancefassade des *Maison des Chevaliers* mit dem Wandrelief mit vollbusigen Frauen, heranstürmenden Pferden und bärtigen Männern. Das Haus gehörte Mairie und Richard, einem französischen Paar ostasiatischer Herkunft, deren Menschlichkeit und Wärme der steinernen Leere der Kathedrale diametral gegenüberstanden. Sie luden mich ein, gemeinsam mit ihnen zu Abend zu essen, und erzählten mir bei einem Eintopf und einem Wein aus der Region Geschichten aus der Ardèche und über den Charakter ihrer Menschen – die immer noch gezeichnet seien vom Schatten des Glaubenskonflikts, wie sie es ausdrückten. Die *Ardèchois* seien in sich gekehrte, auf sich selber gestellte Menschen voller Argwohn Fremden gegenüber – was ich angesichts der Massaker, die sich hier abgespielt hatten, kaum verwunderlich fand. Während die Rhône als natürlicher verbindender Faktor von außerordentlicher Bedeutung fungierte – und vielleicht sogar die Route markiert, auf der die ersten

Menschen nach Europa eingewandert waren –, haben die Berge und Täler ihres westlichen Ufers auf Fremde stets abweisend gewirkt. Von den geografischen Gegebenheiten und ihren soliden Steinmauern doppelt gesichert, genossen die Städte ähnlich wie die *mas* eine gewisse Eigenständigkeit – waren sie doch gebaut, um Stürmen und Belagerungen standzuhalten. Dieses Land machte auf mich wirklich den Eindruck, dass es schon sehr, sehr lange her sein musste, dass seine ersten Bewohner geduldig einen Stein auf den anderen setzten und hier Wurzeln schlugen.

Mairie und Richard wohnten noch nicht lange in der Stadt, waren von Marseille beziehungsweise Paris hinzugezogen. Richard war ein echter Fahrradfreak und zeigte mir im Keller stolz seine Sammlung alter Rennräder. Mit dem Mistral kannte er sich so gut aus wie ein Seeman mit dem Wind auf dem Meer. »Es gibt nordwestlich von hier eine Stadt namens Aubenas, ein Stück weiter ins Land hinein. Die alten Leute dort behaupten, bis vor fünfzehn Jahren nie etwas vom Mistral gehört zu haben. Jetzt jedoch weht er dort regelmäßig, und zwar sehr kräftig, aber eben erst seit den letzten beiden Jahrzehnten. Niemand weiß, wieso.«

Das war nicht das erste Mal, dass ich davon hörte, dass Winde ihre Gewohnheiten änderten – in Kroatien hatten sich die Menschen nie darauf einigen können, ob die Bora nun stärker oder schwächer wehte als früher –, ein Thema, aus dem ich mich meistens herausgehalten hatte. Dass es sich bei der Meteorologie um eine ausgesprochen komplexe Wissenschaft handelte, war mir schon recht früh bewusst geworden, und Behauptungen wie »Der Wind ist nicht mehr so wie früher« sind heutzutage ohne die Beweiskraft begleitender Datenanalysen und Computersimulationen kaum noch ernst zu nehmen. Auf Hörensagen beruhende »Beweise« sind ja sowieso mit Vorsicht zu genießen, denn die Erinnerungen der Menschen daran, wie der Wind vor fünfzig oder zwanzig oder auch nur zwei Jahren geweht hat, beruhen auf ihrem subjektiven Empfinden, und das kann so schnell umschlagen wie die Winde, an die sie sich zu erinnern versuchen. Die Grenze zwischen Wetter und Stimmung ist unendlich durchlässig, wie jeder Dichter weiß.

Eines ist jedoch sicher: Wenn sich das Klima in Europa ändert, werden die uralten Routen der Winde dies auch früher oder später tun. Mit dem Klimawandel ändern sich die Temperaturen und mit ihnen der Luftdruck. In der Folge ist die Luft gezwungen, sich andere Wege zu suchen und sich ökologischen Veränderungen anzupassen – genau wie Menschen und Tiere dies tun müssen. In fünfzig oder hundert Jahren wird der Mistral möglicherweise weiter nach Osten oder Westen gewandert sein und damit jene nach Norden weisenden fensterlosen Wände zu einer veralteten Technologie degradieren. Und auch der Helm wird möglicherweise nicht mehr auf seiner angestammten Bastion, dem Cross Fell, anzutreffen sein. Auch die Bora, der Föhn, der Tramontana und die Bise werden, Klimaflüchtlingen gleich, in vollkommen andere Territorien umgeleitet werden.

Viviers erwies sich als angemessener Ort für solche Erwägungen: Eine Legende aus der Gegend warnt vor den Gefahren eines sein Verhalten ändernden Windes. Dieser

Überlieferung zufolge nimmt der Mistral nicht weit von hier in einem Sumpfgebiet seinen Anfang und bläst dann durch den Schlund einer gewaltigen Höhle. Nachdem sie jahrelang unter ihm hatten leiden müssen, kamen die in seiner Bahn lebenden Menschen endlich auf eine Idee, wie sie ihm Einhalt gebieten konnten; sie bauten aus Holz ein großes, mit Stahlbändern verstärktes Tor und nagelten es rasch an Ort und Stelle fest, um dem Mistral zuvorzukommen. Und tatsächlich tat der *Meisterliche* zwar durch sein Heulen seine Unzufriedenheit kund, fluchte und drohte, war aber ohne Hoffnung auf ein Entkommen in dem Fels gefangen.

Der darauffolgende Winter war der mildeste, den man im Rhônetal je erlebt hatte, und die Menschen, die sich nun nicht mehr mit Schnee und Eis abplagen mussten, waren zufrieden mit ihrem Werk. Mit dem Kommen des Sommers jedoch stimmte plötzlich vorn und hinten nichts mehr; die Luft wurde feuchtwarm und ungesund, verursachte Krankheiten und Seuchen. Da nun kein Wind da war, um die Felder zu trocknen, gedieh das Korn nicht, der Boden wurde morastig und das Getreide von Schimmel befallen. Das gesamte Land schwitzte vor Schwüle, und eine Insektenplage setzte ein. Als dieser Zustand unerträglich wurde, beschlossen die Menschen, den Wind wieder freizulassen, und wiesen die Bewohner des nächstgelegenen Dorfes an, das Tor aufzubrechen. Bevor sie dies taten, nahmen die Leute aus der Gegend dem Mistral allerdings das Versprechen ab, sich in Zukunft ein wenig zurückzuhalten, damit aufzuhören, ihre Felder flachzudrücken und ihre Scheunen umzupusten. Der Mistral hielt zwar Wort, hielt sich jedoch auch – wie dies bei jedem Pakt mit dem Teufel der Fall ist – buchstabengetreu an die Abmachung, anstatt das zu tun, was die Menschen sich eigentlich davon erhofften. Er verschonte die unmittelbare Umgebung, kühlte sein Mütchen dafür aber an dem weiteren Umland. Sobald er freigelassen war, jagte er heulend gen Süden, wo er sich nach seiner Gefangenschaft erst einmal austoben wollte, und wütete dabei noch verheerender als zuvor. Die Moral dieser Umweltfabel ist unmissverständlich: Greife nie in Naturgewalten ein, von denen du nichts verstehst. So unangenehm der kalte Nordwind auch sein mag, ist er doch ein Segen für das Land.

Meine nächste Tagesetappe war die letzte in der Ardèche – und die aufregendste. Nachdem ich mich von Mairie und Richard verabschiedet hatte, kehrte ich zurück zu der Römerbrücke – die Spinner vom Vortage waren nirgendwo zu entdecken – und folgte dem Muschelpfad durch die *Gorge de l'Enfer*, die Höllenschlucht, einem steilen Abgrund, der vor Urzeiten einmal der Lauf eines Flusses gewesen sein musste. Jenseits der Schlucht führte ein schmaler Pfad in ein dichteres Waldstück und dann aus diesem wieder hinaus, zwischen vom Wind platt gedrückten Feldern hindurch und schließlich auf gewundenen Wegen in das Bergdorf Saint-Montan, dessen Gassen sich ihrerseits wanden wie das Innere eines Schneckenhauses. Wie in einem solchen Gehäuse gefangen kam ich mir auch zunehmend vor, als ich die Gassen durchwanderte, die immer enger zu werden schienen, bis alles so komprimiert war, dass kein Kartograf es je würde erfassen können. Diese Unüberschaubarkeit, die jeden meiner Versuche, mich logisch zu orientieren, sinnlos machte, bot einen sehr wirkungsvollen Schutz gegen Eindringlinge und rief mir noch einmal die religiösen Wirren der Reformationszeit in den Sinn. Bei meiner Ankunft im Dorf war mir das kaum zu übersehende eiserne Kruzifix nicht entgangen, von dem Richard mir gesagt hatte, dass es in dieser Region häufig anzutreffen sei; nachdem man die Abtrünnigen niedergemetzelt hatte, waren solche Kruzifixe von den siegreichen Katholiken aufgestellt worden, um damit quasi ihr Territorium abzustecken.

Mittlerweile hatte die Gentrifizierung auch vor Saint-Moran nicht Halt gemacht, und in viele der uralten Häuser waren Crêperien oder Ateliers und Galerien eingezogen, die irgendwelche Wischiwaschi-Kunstwerke ausstellten. Doch unter der hübsch zurechtgemachten Oberfläche konnte man immer noch die Grausamkeiten erahnen, die hier früher einmal an der Tagesordnung gewesen waren.

Nachdem ich dem Labyrinth der Gassen endlich entkommen war, führte mein Pilgerweg in die nicht minder verschlungenen Pfade des Laoul, eines weitläufigen Akazienwaldgebietes, das mich für den Rest des Tages verschluckte. Es kam mir so vor, als würden sich die Höllenqualen wiederholen, die ich zwei Tage zuvor bereits auf dem Massif de Barre durchgemacht hatte: die gleiche erdrückende Hitze, die gleiche pollenstaubschwere Luft unter den Bäumen und schon wieder – ich verfluchte mich für meine Dummheit – nichts zu essen und nicht genug Wasser. In der erstickenden Enge der Hohlwege strömte der Schweiß nur so an mir herunter, und ich ahnte, dass ich gut daran täte, mich vor dem gelb flimmernden Glast eines sich langsam immer und immer höher windenden, völlig schattenlosen Wegstücks zu hüten – ich war einfach zu ausgelaugt, um mir das zuzumuten. Der Wind vermag zwar sehr wohl Wahnzustände zu erzeugen, aber das Einzige, was mich an diesem Nachmittag verrückt machte, war sein Ausbleiben. In diesen grausam endlosen Bergen versuchte ich mir vorzustellen, wie es wäre, wenn der Wahnsinn schleichend Besitz von einem ergriff – eine gemeine, kratzige, von Moskitos erfüllte Art von Wahnsinn. Ein kleines Stück nur bergab, eine winzige Brise – die wenigen kühlenden Zephyre, die so schnell wieder vergingen, wie sie gekommen waren – verliehen meinen Lebensgeistern überproportional viel neuen Mut. Der süßliche Duft der Kräuter am Wegesrand, Salbei und der purpurn blühende Thymian, erinnerte mich daran, dass ich mich nun ganz offiziell im Mittelmeerraum befand; aber in erster Linie war es die schwindelerregende Hitze, die das Klima ausmachte.

Irgendwann entließ mich der Wald dann doch aus seinen Fängen, und am Fuß des Hangs erstreckten sich graue Felder mit Olivenbäumen und Agaven. Die Schindeln auf den Dächern der Bauernhäuser waren mit »kleinen Tauben« beschwert, wie ich es auch schon in Slowenien gesehen hatte – nannte man sie hierzulande vielleicht *petites colombes*? –, bloß von einem Mistral war nichts zu spüren. Aber das Land öffnete sich mir, und ich öffnete ihm mein Herz. In Richtung Osten hatte ich einen klaren Blick auf den Mont Ventoux.

Der Name sagt schon alles: windiger Berg, auch »Gigant der Provence« genannt, der höchste Punkt, so weit das Auge reicht – der sich unerwarteterweise aus einer ansonsten ebenen Fläche erhebt. Bei starkem Mistralwind, heißt es, könne man von seiner Spitze aus Korsika sehen; aber es heißt auch, dass dies bislang ganz und gar unbewiesen sei, da sich bei starkem Mistralwind niemand auf dem Gipfel des Berges aufrecht halten könne. Es sind dort oben Windgeschwindigkeiten von über 300 Stundenkilometern gemessen worden, und die Bergstraße, die über den passenderweise *Col des Tempêtes*, Pass der Stürme, genannten Gebirgspass dort hinaufführt, muss immer wieder für den Verkehr gesperrt werden. Auf YouTube kann man sich Videoclips ansehen, in denen Bergsteiger infolge des Windes praktisch horizontal in der Luft schweben – und das unter Gegebenheiten, die eher der Oberfläche eines anderen Planeten ähneln.

Aber ich habe mich dann auch mit YouTube begnügt, ich hatte nicht vor, bis zum Gipfel hinaufzusteigen. Ein Ausflug auf den Berg und wieder hinunter würde mich für mehrere Tage von meinem Weg abbringen, und ich hatte inzwischen auch ganz andere Ambitionen. Während der vergangenen paar Wochen hatte ich mich zusehends für eine wenig bekannte Region weiter südlich im Land begeistert, dort, wo die Rhône ins Meer mündet. Diese Region befindet sich auf der anderen Seite des Flusses, gegenüber der fotogenen Feuchtlandschaft der Camargue mit ihren Scharen von Flamingos, ihren weißen Pferden und ihren *gardians*, den französischen Cowboys – es handelt sich um die geheimnisvolle Steinsteppenlandschaft der *Crau*.

Verschiedene Kräfte taten sich zusammen, um mich

dort hinzuziehen. Zum einen lag die Crau am Ende des Rhônetals, stellte also den geografischen Endpunkt der Strecke dar, die ich erwandern wollte, zum anderen hörten die Wettervorhersagen sich vielversprechend an: Für die nächsten Tage waren kräftige Winde von Nord und Nordwest angesagt, und die Crau war – als einzige Steppenlandschaft in Westeuropa, wie ich zu meiner noch größeren Begeisterung feststellte – berüchtigt dafür, in ganz besonderem Maße dem Wind ausgesetzt zu sein. Indem ich um alles, was sich dem Wind in den Weg stellte und sich damit für mein Vorhaben als hinderlich erweisen könnte, wie Berge, Täler und Dörfer, einen großen Bogen machte, konnte ich dem Mistral ungestört und ungeschützt entgegentreten. Meine Entscheidung, diesem leer gefegten Landstreifen einen Besuch abzustatten, stand fest, nachdem ich gelesen hatte, dass der vielgereiste viktorianische Vikar William S. Baring-Gould die Crau in seinem Buch *In Troubadour-Land: A Ramble in Provence* (»Im Land der Troubadoure: Eine Wanderung durch die Provence«) als »Heimat der Winde« bezeichnet.

Im Lauf der Geschichte haben viele Kulturen ähnliche Vorstellungen gehabt; besonders gern wurde angenommen, der Wind hause in Höhlen oder in den Bergen. Von Xan Fielding kennen wir eine Episode, in der der griechische Dichter Aristeas eine Reise in die von »struppigen, einäugigen Reitern« bewohnten Steppen der Skythen beschreibt, in denen es von Greifen bewachte Goldminen und einen »Heimat des Windes« genannten Spalt in einem Gebirgszug gab, der aber »von einem ständigen Federregen verdunkelt war«. Damit könnte Aristeas die als

Dschungarische Pforte bekannte Region an der Grenze von Kasachstan zu China gemeint haben – im Umkreis von Hunderten von Kilometern der einzige Gebirgspass, durch den ein Wind wehen könnte; so ähnlich wie die Schlunde der Bora in den Dinarischen Alpen. Lyall Watson weist auf eine Gemeinsamkeit zwischen Menschen in sehr weit auseinander liegenden Teilen der Erde hin: So sei den neuseeländischen Maori, den Algonquin-Indianern und den Irokesen in Nordamerika sowie dem Nomadenvolk der Batek Negrito in Malaysia der Glaube gemein, Winde würden in hoch gelegenen Gebirgshöhlen leben – die ja oft auch Göttern als deren Domizile zugeschrieben werden –, während die Bakitara in Uganda glaubten, die Winde kämen von einem heiligen Berg. Als ich mich auf die Suche nach dem Ursprung des Mistral machte, stand ich vor der Wahl zwischen Bergen und Wüsten, der Vertikalen und der Horizontalen, und entschieden habe ich mich für die Letztere. Ich hatte im Verlaufe meiner Windwanderungen bisher viel Zeit an hoch gelegenen Orten verbracht, und die ästhetische Schlichtheit des flachen Lands erschien mir jetzt erstrebenswerter als noch eine weitere Kletterpartie. Also setzte ich meinen Weg am Fluss entlang fort und überließ den Berg der Winde sich selbst.

In Saint-Martin-d'Ardèche fand ich in einer vom örtlichen Fremdenverkehrsamt betriebenen Pilgerunterkunft Quartier. Gegen einen geringen Unkostenbeitrag wurde mir der Schlüssel zu einem einfachen, aber sauberen Zimmer im Ortszentrum ausgehändigt; ich verfügte sogar über einen Herd und einen Kühlschrank. Von meinem Fenster aus schaute ich auf den Fluss – nicht die Rhône, sondern die Ardèche, die der Region ihren Namen gibt. Nach der Unzugänglichkeit der Berge empfand ich das smaragdgrüne Wasser, das sich von seiner Quelle im französischen Zentralmassiv um steinige, dicht bewachsene Inselchen herum und an mit Trauerweiden bestandenen Ufern entlang schlängelte, als einen wohltuend kühlen Anblick. Malerisch auf einem Felsvorsprung gelegen, präsentierte am gegenüberliegenden Flussufer Aiguèze, die Nachbargemeinde von Saint-Martin, stolz ihre mittelalterlichen Wehr- und Kirchtürme, wobei Letztere ihre Glocken jede Viertelstunde läuten ließen, was mit einer Sekunde Verspätung von einem Glockenklang von der anderen Seite beantwortet wurde – als würden die beiden Dörfer sich gegenseitig beruhigende Worte zusprechen. Über dem Mont Ventoux hatte sich eine rhombenförmige, rosafarbene Wolke festgesetzt, und ein Reiher flog hektisch mit den Flügeln schlagend den Fluss hinunter davon. Vor glückseliger Erschöpfung drehte sich mir alles im Kopf, und ich ließ mich auf die nächstbeste Parkbank fallen.

Ein alter Mann mit Schnurrbart und schmuddeliger Weste stand extra von der Nachbarbank auf, um sich zu mir zu gesellen. »*Pèlerin?*«, fragte er und musterte mich eingehend aus treuherzigen Augen. Ob ich Pilger wäre, wollte er von mir wissen. Ich war zwar auf dem Pilgerpfad unterwegs, doch machte mich das noch lange nicht »offiziell« zum Pilger, denn dazu bedurfte es eines amtlichen Papiers. Weil ich mir keine Blöße geben wollte, fiel meine Antwort eher ausweichend aus, doch er schien sich damit zufriedenzugeben. Mit aufgeregten Gesten wies er mich auf die Statue des Heiligen Martin hin, eines bärtigen Burschen mit einem Hirtenstab in der Hand, und ließ einen langen Redefluss auf Französisch vom Stapel. Als er merkte, dass ich nur sehr wenig davon verstand, griff er nach meinem Notizbuch. »*Je recherche initiation contre la sorcellerie*«, schrieb er mit zitteriger Handschrift hinein, was ich im ersten Anlauf mit »Ich recherchiere Initiation gegen Hexenzauber« übersetzte. Dem, was er als Nächstes äußerte, entnahm ich, dass es in der Ardèche viele Hexen gäbe, überall wären sie, und er wolle etwas dagegen unternehmen. Ob es denn auch in England Hexen gebe? »*Oui*«, antwortete ich, weil ich nicht wusste, was ich sonst hätte sagen sollen. Das schien ihn nicht weiter zu überraschen. In Deutschland gäbe es nämlich auch viele, sagte er mit finsterer Miene, vor allem in Bayern – aber auch in Österreich und in Italien; es wäre ein europaweites Problem. Er beendete seine Ausführungen mit der unmissverständlichen Bitte, ihm als seinem Geistesverwandten doch mit geistigem Beistand unter die Arme zu greifen, und sah mich dann erwartungsvoll an, wobei ich schon wieder nicht wusste, wie ich darauf reagieren sollte. »*Je recherche le Mistral*«, sagte ich stattdessen und hoffte, mich damit aus der Affäre ziehen zu können. Wir schienen beide nicht recht zu wissen, was wir voneinander halten sollten, und wenn ich heute auf die Episode zurückblicke, bin ich mir nicht recht sicher, welches unserer beiden Vorhaben das Verrücktere war.

Es ist durchaus nichts Ungewöhnliches daran, auf einer Wanderschaft Exzentrikern über den Weg zu laufen; Wanderer sind Menschen, die man leicht wieder vergisst, heute hier, morgen dort, und Exzentriker fühlen sich geradezu wie von einem Magneten unausweichlich zu ihnen hingezogen. Doch während meines Aufenthalts im Midi schienen mir mehr Exemplare dieser Spezies zu begegnen als sonst. So auf den Mistral fixiert, wie ich war, blieb es gar nicht aus, dass ich zwischen den Menschen, die ich traf, und dem Wind, dem man nachsagte, er würde in den Wahnsinn treiben, Parallelen zog. Ob es sich nun um positive Ionen, böse Geister in der Atmosphäre oder um die unaufhörlich heulende Kaltluft handelt, die immer mindestens drei Tage oder ein Vielfaches davon anhält: Wahnsinn war das verbindende Element. So hatte man mir in der Schweiz ja weisgemacht, dass dort die Richter *früher* – in einer nicht näher spezifizierten Vergangenheit also – während Zeiten des Föhns mildere Urteile zu fällen pflegten, und wenn hierzulande der Mistral neun Tage lang anhielt, galt eine am neunten Tag begangene Straftat als *crime passionell* und nicht als vorsätzlich begangen. Obwohl es wohl wiederum schwierig wäre, Beweise dafür zu finden. Aber natürlich horchte ich auf, als ich hörte, dass es im Provenzalischen den althergebrachten Ausdruck *le vent du fada* für den Mistral gibt, frei übersetzt der »Idiotenwind«. Auf Bob Dylans 1975 erschienenem Album *Blood on the Tracks* findet sich ein Song mit diesem Titel, dessen monotone, nervtötende Melodie in Verbindung mit Dylans in diesem Fall besonders nasalem, auch noch mit Bitterkeit durchsetztem Knurrgesang einem schon fast wehtut, mir aber während der nächsten Tage beim Gehen dennoch ständig im Kopf herumging.

Ich überquerte die Brücke, die von der Ardèche ins Département Gard führte – auf einem Straßenschild hatte jemand, vermutlich ein provenzalischer Nationalist, aus *À Bientôt À Bientae* gemacht – und verließ endlich den Chemin de Saint-Jacques, dem ich die ganze Zeit wie den sprichwörtlichen Brotkrumen gefolgt war. Der Weg des Pilgerpfades und der meine trennten sich fast unmerklich. Es war wie das leise Wegstehlen eines alten Freundes, der nicht gerne großes Aufhebens um sich machte. Die Straße führte an Kartoffelfeldern vorbei, auf denen Roma-Frauen mit Kopftüchern und in wehenden bunten Kleidern arbeiteten, und bei Pont-Saint-Esprit wieder über die Rhône. Diese sehr unscheinbare Provinzstadt unterschied sich recht deutlich von den Dörfern, die ich während der vergangenen Woche durchwandert hatte – es wimmelte nur so von Kleinlastwagen und Motorrädern, und auffällig viele ihrer Bewohner hatten einen leicht debilen Gesichtsausdruck und große, abstehende Ohren – darunter auch der Dorfgendarm mit seiner aus dem Mundwinkel hängenden Zigarette. Zudem herrschte eine eigentümlich angespannte Atmosphäre, in der man immerfort das unbestimmte Gefühl hatte, misstrauisch beäugt zu werden. Ich konnte nicht mit Bestimmtheit sagen, *was* es war, aber irgendwas stimmte hier einfach nicht – als würde unter der Oberfläche heimlich, still und leise etwas verkehrt ticken.

Erst später habe ich dann erfahren, dass die Stadt in erster Linie durch die Massenvergiftungen bekannt geworden ist, die sich hier im August 1951 zugetragen haben. Einem Bericht im *British Medical Journal* zufolge zählten zu den Symptomen Hitzewallungen, Schüttelfrost, Schlaflosigkeit, Übelkeit, Schwindelgefühle, extremes Schwitzen und stark erhöhter Speichelfluss, Muskelkrämpfe sowie »rätselhafte oder makabre« Halluzinationen, häufig Tiere oder Flammen betreffend. Das *Time Magazine* berichtete seinerzeit, Patienten würden »wild um sich schlagend auf ihren Betten liegen, sich lautstark darüber beklagend, dass rote Blumen aus ihren Körpern wüchsen und ihre Köpfe sich in geschmolzenes Blei verwandelt hätten.« Ein Postangestellter war felsenfest davon überzeugt, dass sein Körper am Schrumpfen wäre und dass Flammen und Schlangen sich um seine Arme wickelten. Ein weiteres Opfer wollte sich in dem Glauben, Schlangen im Magen zu haben, im Fluss ertränken, ein weiterer sprang mit dem Ausruf »Ich bin ein Flugzeug!« aus einem Fenster im zweiten Stock, und ein elfjähriger Junge soll versucht haben, seine Großmutter zu erdrosseln. Es war, als wäre eines heißen Sommertages die gesamte Stadt verrückt geworden. Hunderte von Menschen waren betroffen, fünfzig davon mussten in Anstalten eingeliefert werden, mehrere versuchten, sich das Leben zu nehmen, und ein halbes Dutzend kam zu Tode. Die Hypothesen betreffs der Ursache für dieses Massenphänomen reichten von einer kollektiven Quecksilbervergiftung bis zu einem ruchlosen Feldversuch der CIA zur Erforschung der Wirkung von LSD. (Letzteres ist gar nicht einmal so weit hergeholt, wie es sich anhört: Während des Kalten Krieges führte man im Rahmen von Erprobungen der Möglichkeiten von Gehirnwäsche weitreichende und wohldokumentierte Experimente solcher Art mit ahnungslosen Testpersonen durch.) Die weithin aber am ehesten akzeptierte Erklärung für diese Vorgänge sieht deren Ursache allerdings in einem *pain maudit*, einem

»verfluchten Brot«: Man geht davon aus, dass der Weizen im Mehl einer örtlichen Bäckerei mit Mutterkorn verunreinigt war, das eine ähnliche Wirkung erzeugt wie Lysergsäurediäthylamid – also LSD.

Das würde die Krämpfe, die Anfälle und die furchteinflößenden Sinnesstörungen erklären. Aber konnte es auch als Erklärung für den Mann herhalten, dem ich am Abend zuvor begegnet war? Im Laufe der Geschichte – vom Europa des Mittelalters bis zu den Begebenheiten, die sich im siebzehnten Jahrhundert in Salem, Massachussetts, zugetragen haben, sind Ausbrüche von Mutterkornvergiftungen immer wieder mit Hexenwerk in Verbindung gebracht worden. Und bevor man überhaupt von der Existenz dieses Pilzes wusste, führten die betroffenen Landbewohner unerklärliche Krankheitszustände – darunter Schaum vor dem Mund oder Veitstänze – darauf zurück, dass der oder diejenige von Dämonen besessen sei, was wiederum anderen Gemeindemitgliedern, von denen man glaubte, sie wären mit dem Teufel im Bunde, in die Schuhe geschoben wurde. Bei Menschen, die an die wahrhaftige Existenz von Dämonen glaubten, die sich ihrer Seelen bemächtigen wollten, muss der Ausbruch einer solchen Epidemie damals eine panische Angst ausgelöst haben. Ob es wohl möglich war, dass der alte Exzentriker ebenfalls von dem Brot in Pont-Saint-Esprit gegessen hatte und seitdem überall Hexen sah? Ein weiteres Mal zogen sich Geschichten von Wahn und Wahnvorstellungen durch dieses Land wie ein roter Faden. Mit verfluchtem Brot auf der einen und dem Mistral auf der anderen Seite hatte der gesunde Menschenverstand kaum eine Chance.

Hinter Pont-Saint-Esprit begann Vaucluse, das Département auf der Ostseite der Rhône, und ich folgte dem reizlosen Saumpfad mehrere Stunden lang, ohne auch nur einer Menschenseele zu begegnen. Die Felder hier waren größer, der Himmel schien höher, weiße Schmetterlinge vollführten in der Luft Pirouetten, als wären sie betrunken, und gelegentlich hörte man in dem vertrockneten gelben Gras eine Schlange rascheln. Der Staub des Weges setzte sich auf meiner Haut ab und mischte sich mit Sonnencreme und Schweiß zu einer Art Roux, was mich an Michaels Kochunterricht in Genf erinnerte. Auch in der Luft lag Veränderung: Das hohe Gras neigte sich nach Norden – ein Vorbote des *vent du sud*, und aus einem strahlend blauen Himmel prasselte unerklärlicherweise plötzlich Regen auf mich herunter. Er erfrischte mich, aber ich wusste gleichzeitig, dass sich da mächtig was zusammenbraute. Als ich mich kurz hinsetzte, um meinen Füßen eine Pause zu gönnen, sah ich, wie ein altmodisches Windrad, wie man es aus dem amerikanischen Mittleren Westen kennt, sich mit einem Mal unter klagendem Knarren zu drehen begann. Und dann wehte der Wind von Süden auch schon mit aller Macht, und die Wolken stoben gen Norden davon. Es war, als würde man einer Springflut zuschauen. Binnen Sekunden hatte der Himmel sich verfinstert.

Ich eilte weiter; mit dem Fallen der ersten schweren Tropfen hatte ich eine Landstraße erreicht, und überall um mich herum breitete sich ein frischer Duft aus, der in mir ein Sehnen nach meiner englischen Heimat erweckte. Der Asphalt verdunkelte sich, Pfützen liefen zusammen, und

als es mir gerade gelungen war, meinen Schirm hervor-
zukramen, ließ mich ein krachender Donner, gefolgt von
einer Kaskade weißen Lichts, zusammenzucken; unmittelbar darauf setzte ein derart heftiger Platzregen ein, dass ich
das Gefühl hatte, mit einem Schlauch abgespritzt zu werden. Schon bald stand ich mit den Stiefeln knöcheltief im
Wasser, und meine gesamte untere Körperhälfte war völlig durchnässt. Vom Wind gepeitscht watete ich durch das
weiße Tosen, das sich über mir entlud. Irgendwann konnte
ich meinen wie wild zappelnden Schirm nicht mehr halten; er klappte um und hüpfte in eine Weide neben der
Straße. Als ich über den Zaun geklettert war, um ihn mir
wiederzuholen – wobei ich mir an dem Stacheldraht auch
noch meine Hose zerriss –, war ich endgültig von Kopf
bis Fuß klatschnass. Es war kaum zu glauben, aber immer
mehr Regen prasselte vom Himmel herunter; die Straße
sah aus, als befände sie sich unter Maschinengewehrfeuer.
Jeder grelle Blitz, der den Himmel zerriss, tauchte die Welt
in ein bleiches Licht und ließ mich erstarren. Doch dann
ebbte der Zorn der Naturgewalten jäh ab, und aus dem
Guss wurde ein Sprühregen. Es war zwar immer noch ein
verhaltenes Donnergrollen zu vernehmen, aber die Ge-
witterfront war weitergezogen. Die ersten Vögel setzten zu
einem zaghaften Gesang an. Unter einer Eisenbahnbrücke
wrang ich meine Socken aus und stiefelte weiter – kein
bisschen weniger durchnässt als zuvor.

Hinter mir hörte ich das zischende Geräusch, mit dem
ein Auto auf dem nassen Pflaster abbremste. »Orange?«
rief der Mann am Steuer mir zu. Eine Sekunde lang dachte
ich, er wolle mir eine Apfelsine anbieten, aber dann setzte

mein Verstand wieder ein – Orange war die nächste Stadt, meine einzige Hoffnung darauf, jemals trocken zu werden. Binnen zehn Minuten setzte mich mein Retter an meinem Ziel ab; ohne ihn hätte ich mich mindestens noch eine weitere Stunde lang auf der Landstraße gequält. Und ehe ich noch so recht wusste, wie mir geschah, saß ich auch schon an einer Hotelbar vor einer heißen Schokolade. Als ich danach vor die Tür trat, tropfte von meiner Jacke immer noch das Wasser herunter und hinterließ kleine nasse Flecken auf dem Pflaster. Aber der Himmel war wieder strahlend blau; sämtliche Farben zeichneten sich klar und deutlich voneinander ab, und nur die übergelaufenen Abwassergullys und das schmatzende Geräusch meiner vollgesogenen Stiefel erinnerten noch daran, was sich eben abgespielt hatte.

In Orange, sagt man, weht der Mistral an einem von drei Tagen des Jahres, und im Jahre 2004 erlangte er sogar traurige Berühmtheit, weil er sechzehn Tage hintereinander nicht nachlassen wollte. Ich war an einem Tag mit *vent du sud* in der Stadt angekommen, erkannte aber anhand des grellen Sonnenscheins sogleich, dass der Schlammfresser bereits zum Gegenangriff übergegangen war. In der Stadt herrschte ein Klima, in dem man sich so vorkam wie auf einer Achse zwischen zwei entgegengesetzten Polen. Ich übernachtete in einem billigen B & B, und am Morgen schien es, als wäre die Schwüle endgültig aus der Luft verbannt. Es war knackig frisch, das goldene Licht der Sonne ließ die Gesichter der Passanten aussehen, als wären sie aus Bronze, und fiel so schräg ein, dass selbst die auf dem Pflaster herumstolzierenden Tauben lange Schatten warfen. In den Straßen machten die ersten Marktbuden auf, um Berge von Kartoffeln und Stangenbohnen, luftgetrocknete Salamiwürste von der Größe von Torpedos und Tomaten, die so prallrot waren, dass sie jeden Moment zu platzen drohten, feilzubieten. Und die durch den aufsteigenden Zigarettenrauch gefilterten Sonnenstrahlen ließen das bernsteinfarbene Bier in den Gläsern der frühen Zecher leuchten.

Und noch etwas leuchtete auffällig gelb wie eine Honigwabe – die hohe Wand eines Gebäudes, das gewaltiger und altehrwürdiger war als andere ringsumher: Die Innenstadt von Orange wurde beherrscht vom Théâtre Antique, dem zu Zeiten von Kaiser Augustus erbauten Amphitheater mit seiner bis heute erhaltenen vierzig Meter hohen Außenmauer. Louis XIV. nannte sie selbstgefällig »die schönste Mauer meines Königreiches«, obwohl sie mit ihm eigentlich gar nichts zu tun hatte. Und natürlich hat auch an ihrer fast überirdischen Wuchtigkeit der Zahn der Zeit genagt – stammte sie doch schließlich aus einem Jahrhundert, von dem es noch lange dauern sollte, bis hier die französische Sprache Einzug hielt; im Vergleich zu dieser Mauer wirkten die *Châteaux* und die Kathedralen beinahe wie moderne Bauwerke. Und doch war manches gleich geblieben: Meine Kompassnadel bestätigte mir, dass diese gigantische, fensterlose und gut zweitausend Jahre alte Fassade exakt nach Nordnordwesten ausgerichtet war, womit sie die konzentrisch angeordneten Sitzreihen hinter ihr vor dem Wind schützte – eben jenem Wind, der damals die Togen der Menschen in diesen Straßen aufwehte und die Rosshaarkämme auf den Helmen der Zenturionen sich sträuben ließ und der die Einwohner von Orange noch heute zwingt, die Reißverschlüsse ihrer Windjacken hochzuziehen.

Nachdem ich mir an einem der Marktstände einen typisch provenzalischen Strohhut gekauft hatte, um meine Augen gegen die Sonne abzuschirmen – wobei ich mir allerdings auch gleich eingestehen musste, dass wohl nur Leute über siebzig so etwas aufsetzten –, ließ ich von meinen römischen Fantasien ab und folgte der Straße, die aus der Stadt hinaus und zurück zum Fluss und gen Süden führte.

Der monotone Wanderweg entlang der Rhône entsprach weitgehend dem Teilstück, das ich am Tag zuvor gegangen war, doch anstatt dass ich vom Regen durchnässt wurde, versengte mich nun die Sonne. Trotz der kühlen Brise in meinem Rücken war die Mittagshitze unerträglich und strahlte in feindseligen Wellen von dem aufgeheizten Schotter des Wegs ab. Ich hatte mir für diesen Tag eine Strecke von knapp fünfundzwanzig Kilometern vorgenommen, doch ehe ich auch nur die Hälfte davon zurückgelegt hatte, bekam ich vom Gewicht meines Rucksacks – ich konnte mir noch so viel Mühe geben, mich von allem möglichen Ballast zu befreien, er war und blieb zu schwer – Rückenschmerzen, und außerdem fühlten sich meine Fußsohlen so an, als wären sie mit einem heißen Bügeleisen malträtiert worden. Mit jedem Kilometer wurden die Schmerzen schlimmer, so dass ich wiederholt gezwungen war, eine Pause einzulegen und dazu eine der wenigen schattigen Stellen aufzusuchen. Trotz meines Strohhuts schwirrte mir von der glühenden Sonne der

Kopf, als ich endlich die Brücke überquerte, die mich nach Avignon hineinführte. Die Stadt erschien mir irgendwie unwirklich – Mauern aus ätherisch wirkendem grauem Stein, eine goldene Figur der Jungfrau Maria, die auf dem Turm der Kathedrale in der Sonne schimmerte –, und als ich wie benommen durch das uralte Stadttor der Porte de l'Oulle gewankt kam, musste ich mich auf den Wanderstock stützen, den mir die Bäuerin in Vratarusa geschenkt hatte, um nicht hinzufallen.

In John Murrays Reisehandbuch las ich von einem mittelalterlichen Sprichwort, das lautet: »*Avenie ventosa, sine vento venenosa, cum vento fastidiosa*« – frei übersetzt: »Windiges Avignon, verpestet ohne Wind, sonst windgeplagt«. Von einem Sonnenstich halb betäubt, erschien mir Avignon verpestet und als eine einzige Plage zugleich. Obwohl es eine der schönsten Städte Frankreichs ist, habe ich Avignon im ersten Moment gehasst. Durch einen Schleier von Übelkeit hindurch sah ich zunächst nichts als Modeboutiquen, Juweliergeschäfte, Crêperien, Männer in kurzen Hosen und mit Sonnenbrillen auf den Nasen – und zu hören war auch nur lässige HipHop-Musik, die aus Eisdielen wummerte. Doch mein Zimmer für die Nacht war kühl und luftig, mit wehenden Vorhängen und strahlend weißer Bettwäsche. Es befand sich im obersten Stockwerk eines hohen Apartmenthauses, von wo man über die gesamte Stadt blickte. Mein Gastgeber war Franzose algerischer Abstammung; er bot mir Apfelsinen und eisgekühlte Limonade gegen meinen von der Hitze hervorgerufenen Erschöpfungszustand an. Schon bald ließ das Schwindelgefühl nach, und es ging mir wieder besser. Er hätte mal ein Jahr in England gelebt, erzählte er, »in der Nähe des Meeres in einem Haus, das den Namen ›Mistral‹ trug. Das ist der französische Names des Windes, der…« Ich nickte bloß und unterbrach ihn nicht. »In diesem Haus habe ich mich sehr wohlgefühlt. In England fühlte ich mich so frei. Man konnte in einen Nachtclub gehen und dabei anhaben, was man wollte, sogar im Pyjama – niemand glotzte einen blöde an. In Frankreich ist das anders, vor allem im Süden. Hier lassen sie mich wegen meiner Hautfarbe in keine Diskothek rein, auch nicht, wenn ich einen Anzug trage. Sie gucken auf meine Kleidung und sagen: ›Immer herein‹; dann sehen sie mein Gesicht und sagen: ›Leider nicht.‹ Die Leute in der Provence sind sehr kleingeistig.«

Während er sprach, war er dauernd damit beschäftigt, kleine Klümpchen Haschisch zwischen Daumen und Zeigefinger zu zerkrümeln. Als Folge davon – und vor allem auch in Kombination mit meinem Sonnenstich und meiner allgemeinen Ermüdung – hatte ich ein angenehm benebeltes Gefühl im Kopf, als ich wieder ins Freie trat. Es war später Nachmittag, und die von linden Brisen gestreichelten Straßen lagen im Schatten. Ich verlief mich augenblicklich, in halb narkotisiertem Dämmerzustand irrte ich durch verzweigte Gassen und über schattige Plätze und gelangte unverhofft zum *Palais des Papes*. Der gigantische Palast in der Mitte der Stadt war während des überwiegenden Teils des vierzehnten Jahrhunderts Residenz von nicht weniger als neun Päpsten gewesen – oder, um es genauer zu sagen, von sieben offiziell anerkannten und zwei unrechtmäßigen Gegenpäpsten, die von ihren vatikanischen Rivalen als babylonische Hochstapler gebrandmarkt wurden. Während der fast siebzig Jahre andauernden Absplitterung von Rom stellte Avignon dank dieses gewaltigen, mehr wie eine Festung denn wie ein Palast wirkenden gotischen Bauwerks die Hauptstadt der christlichen Welt dar – als Versuch der französischen Krone, dem Vatikan die geistliche Oberhoheit zu entringen. Mit seinen viereckigen Wehrtürmen und den fast drei Meter dicken Mauern war es beinahe *zu* gewaltig, als dass man es durch bloßes Anschauen hätte erfassen können; dazu müsste man seine Präsenz buchstäblich *in sich aufnehmen*, so dass ich mich in meinem reduzierten Geisteszustand dann doch lieber auf das Drumherum konzentrierte – die improvisierten Picknicks am Fuße der Mauern, die Straßenmusikanten, die Performancekünstler und die Scharen von Selfie-Sticks. Recht bald schon wandte ich mich endgültig vom Erhabenen ab und dem Profanen zu – ein Hund hatte zufällig einen massiven Haufen auf der Schwelle eines Souvenirgeschäfts hinterlassen, und sein Besitzer, eine vollständig in silberne Farbe getauchte lebende Statue, versuchte gerade unter wüsten Verwünschungen, den Schlamassel mithilfe zweier Stücke Pappe, die er zwischen seinen silbern glänzenden Fingern hielt, aufzusammeln. Ich fand, dass ich schon seit Langem nicht mehr so etwas Lustiges gesehen hatte. Wie ich da kichernd auf meiner Parkbank saß, sonnenverbrannt und ziemlich abgerissen, muss ich ähnlich lächerlich gewirkt haben wie er.

Am nächsten Tag kam ich wegen etwas noch einmal hierher zurück, wofür Avingnon – und die Provence an sich – in besonderem Maße berühmt ist, nämlich die *santons* genannten, aus Ton gefertigten kleinen Figuren, die Gestalten aus dem ländlichen Leben der Region darstellen und ursprünglich zur Ausschmückung von Weihnachtskrippen gedacht waren. Ich fand sie in ebendem Souvenirladen, den der Hund des silbernen Mannes mit seinem Geschäft beehrt hatte – eine bunt angemalte Kollektion von Bauern mit Schafen über ihren Schultern, rustikalen Burschen mit Hirtenstöcken und Laternen, Tippelbrüdern, Bettlern, eitlen Gecken, Milchmädchen, Eimer schleppenden Tölpeln, Feuerwehrleuten, Geistlichen, alten Frauen mit Hühnern und Enten zu ihren Füßen – alle in einer Art pastoralem Look des achtzehnten Jahrhunderts ... Und es war auch die Figur dabei, auf die ich es in erster Linie abgesehen hatte: Ein weißbärtiger Mann mit wehendem Cape, der gegen den bitteren Wind von Norden seinen Hut festhalten muss. Als ich Avignon verließ, trug ich ihn in meiner Brusttasche bei mir – ein Talisman für meine Begegnung mit dem Mistral. Denn vor mir lag die Ebene der Crau, die mir wie ein Ort vorkam, an dem man Gesellschaft brauchen könnte.

∿

Am Tag darauf kam ich in Arles an – im gefühlt letzten heimeligen Haus vor Beginn der Wildnis.

Die Rhône floss hier breiter als je zuvor – so breit, dass sie noch ein Attribut zugelegt hatte und aus ihr die *Grand Rhône* geworden war – und strömte behäbig vor sich hin schwappend südwärts ihrer Mündung entgegen. Irgendwo zu meiner Rechten lag das Feuchtland der Camargue, und irgendwo zu meiner Linken erstreckte sich das steinige Ödland der Crau mit dem Fluss als strenger Trennlinie zwischen diesen beiden Lebensräumen. Am Ufer lagen Steinsockel mit Löwenfiguren darauf als letzte Überbleibsel einer alten Eisenbahnbrücke, die sich einstmals an dieser Stelle über den Fluss gespannt hatte und längst den Bomben des Krieges zum Opfer gefallen war. Eine weitere Brücke, die ich fünfzehn Kilometer weiter den Fluss hinauf bei Tarascon überquert hatte, war als Ersatz für ihre Vorgängerin gebaut worden, die ihrerseits 1845 von stürmischen Winden zum Einsturz gebracht worden war. Ganz so, als wolle es an dieses Ereignis gemahnen, bemühte sich ein kleines Fährboot mit Namen *Mistral* gerade, in der starken Strömung eine Wende durchzuführen. Doch obwohl es wild entschlossen seine Maschinen aufbrüllen ließ, war nur allzu deutlich, dass es auf verlorenem Posten kämpfte. Und wenn mir der Anblick der weiten Flussbiegung irgendwie bekannt vorkam, so hatte das einen einfachen Grund: Ein Schild wies darauf hin, dass van Gogh hier seine *Sternennacht über der Rhône* gemalt hatte.

Es war nicht das erste Mal, dass mir im Midi dieser Wiedererkennungseffekt aufgefallen war, ein etwas unheimliches Gefühl des *Déjà-vu*, als hätte ich die Landschaften mit ihren Farben und deren Schattierungen wie in einem immer wiederkehrenden Traum schon einmal gesehen. Vor allem aber das Licht, das seine Klarheit dem Mistral zu verdanken hatte, weil er die Luft von Smog und anderen trübenden Dünsten reinigte und auch die Regenwolken vertrieb und so die besonders lebhafte Farbenpracht mit erschuf, die – neben der Möglichkeit, billig ein Künstlerleben im Sinne der Boheme zu führen – Generationen von Malern in den Süden Frankreichs gelockt

hatte. Vor allem die Impressionisten und Spätimpressionisten schufen hier einige ihrer bedeutendsten Werke:
Claude Monet, Edouard Manet, Pierre-Auguste Renoir,
Henri Matisse, Paul Cézanne, Paul Gauguin, Pablo Picasso
und Dutzende anderer fühlten sich von der Klarheit des
Lichts in der Provence so sehr angezogen wie Astronomen
von der Alcantara-Wüste. Sie alle haben dieses Licht in
ihren Bildern eingefangen, und manche von ihnen haben
auch den Wind und seine Wirkung mit einbezogen: Mo-
nets Meereslandschaften vom Cap d'Antibes zeigen vom
Mistral gepeitschte Bäume und eine See von einem derart tiefen Blau, dass es beinahe in den Augen schmerzt.
Kein Künstler hat sich jedoch so sehr von dem »Wind des
Wahnsinns« beeinflussen lassen wie Vincent van Gogh,
der von 1888 bis 1889, dem Jahr vor seinem Freitod, in
Arles gelebt hatte.

Die Themen der 200 Gemälde, die van Gogh während
seines Aufenthalts in dieser Stadt schuf, sind beinahe all-
umfassend – er malte Selbstporträts und Porträts anderer,
malte Stillleben, Landschaften, Bäume, Blumen, Bauers-
leute und Szenen aus dem Stadt- und Landleben. Doch
was er mit seiner Pinselführung wohl am besten eingefangen hat, ist die Ruhelosigkeit in der Luft. David Abram,
den ich schon im ersten Kapitel dieses Buches zitiert habe,
bringt es treffend auf den Punkt, wenn er schreibt: »Sogar
in den Selbstporträts steht die Luft, die Vincent umgibt,
niemals still – die charakteristischen Pinselstriche fließen
und spielen um seinen Kopf herum wie Luftbewegungen,
die man auch an seiner Kleidung und in den Zügen seines
Gesichts spürt. Die Luft zieht Kreise und fließt in Wirbeln

und Strudeln, niemals zur Ruhe kommend.« Dies erzeuge, so schreibt er weiter, eine *animistische* Stimmung:

> Auf Vincent van Goghs Leinwänden gibt es nichts, was nicht lebt, keinen Punkt in dem lichterfüllten Plenum des Himmels, der nicht seine eigene zeitliche Dynamik, seinen eigenen Rhythmus, seinen eigenen Pulsschlag hat. Die Landschaft atmet. Und alles, was wir auf seinen Bildern sehen, jeder Klumpen Erde, jeder Stein und jeder Weizenhalm befindet sich in lebhaftem Dialog mit den Dingen um ihn herum.

So, wie der Wind in seinen Bildern stets präsent ist, trifft man in Arles auch allerorts auf Motive van Goghs. Das Déjà-vu-Gefühl war hier mein ständiger Begleiter. Sowie ich auf meinen Rundgängen den alten, bis in die Zeiten der Römer zurückreichenden Stadtkern hinter mir gelassen hatte, wo man in unzähligen Läden besagte *santons*, Olivenölseife und Produkte aus provenzalischem Lavendel kaufen konnte, war es unmöglich, nicht überall van Gogh zu begegnen. Man sah ihn in dem exaltierten Blau des Himmels, in den in den Himmel ragenden Pinien und Zypressen, den wie mit dicker Ölfarbe angemalten gelb und schwarz gestreiften Rollläden; man sah ihn darin, wie das Licht der Sonne die Mauern in zwei Hälften teilte, und in den Schatten, die schwärzer waren als jede Krähe. Hinter jedem mit abblätternder Farbe gestrichenem Fensterrahmen schienen sich ein Rattansessel und eine Vase mit Sonnenblumen zu verbergen. Irgendwann kam ich auch an dem berühmten *Gelben Haus* vorbei, wo van Gogh sich in einem heftigen Streit mit seinem Malerkollegen Paul Gauguin überworfen hatte – Gauguin erklärte später, van Gogh wäre, ein Rasiermesser in der Hand haltend, auf ihn zugestürzt gekommen – und wo van Gogh sich wenig später dann ein beachtliches Stück seines rechten Ohrs abschnitt.

Mit van Goghs Geistesstörung beschäftigen sich mindestens so viele Theorien wie mit den Massenhalluzinationen von Pont-Saint-Esprit: Sie wird mit Tinnitus, Epilepsie und bipolarer Störung erklärt, aber auch das in seinen Farben enthaltene Blei und das berauschende Wermutkraut in seinem Absinth werden zur Erklärung herangezogen. Doch hier, an der Mündung der Rhône, wo der Mistral sich endlich aus den einengenden Mauern der Täler befreien und die Küste hinunterbrausen kann, um so richtig seine Kraft zu entfalten, hat der Wind dabei gewiss auch eine Rolle gespielt. »Ich habe mehrere Spaziergänge in die Umgebung unternommen, aber es ist ziemlich unmöglich, bei diesem Wind zu arbeiten«, schreibt van Gogh am 9. März 1888, kurz nach seiner Ankunft in Arles, in einem Brief an seinen Bruder Theo. »Der Himmel ist von einem harten Blau mit einer großen hellen Sonne, die fast den gesamten Schnee zum Schmelzen gebracht hat, aber der Wind ist so kalt und trocken, dass man eine Gänsehaut davon bekommt.« Und in einem Brief vom 4. Mai schreibt er: »Ich denke sehr oft an Renoir und seinen klaren, sauberen Stil. So sind die Dinge und die Figuren hier eben, in dem klaren Licht. Wir haben furchtbar viel Wind und Mistral, zur Zeit an drei von vier Tagen; dabei scheint freilich immer die Sonne, aber es ist dann schwierig, im Freien zu arbeiten.« In van Goghs Korrespondenz mit Angehörigen und Freunden findet der Mistral über vierzigmal Erwähnung; van Gogh bezeichnet ihn als »quälend in seiner Boshaftigkeit«, »verrucht«, »erbarmungslos«, bösartig«, eine »Belästigung« und »den Teufel«, und sein Heulen ist die Begleitmusik zur zunehmenden Existenznot des Künstlers: »In diesen vier Tagen habe ich in der Hauptsache von dreiundzwanzig Tassen Kaffee gelebt, und dazu Brot, das ich noch bezahlen muss... ein erbarmungsloser Mistral bläst wie verrückt das welke Laub vor sich her.«

Am 28. September beklagt er sich darüber, dass der Mistral ihn beim Malen beeinträchtige: »Dieser verfluchte Mistral ist sehr hinderlich für einen ruhigen und regelmäßigen Pinselstrich... flach aufgetragene Farben, die miteinander harmonieren, wie gefühlvoll gespielte Musik.« Bei anderen Gelegenheiten jedoch scheint er wiederum einige von van Goghs kreativsten Schüben auszulösen: »Stadt ist violett, Stern gelb, der Himmel ist grünblau; die Getreidefelder haben alle Farbtöne: altgold, kupfer, bronzegrün, rotgold, schwefelgelb, grün, rot und bronzegelb. Leinwand Größe 30«, schreibt er in einem Brief an Émile Bernard, Spätimpressionist wie er selber auch. »Ich habe das Bild draußen im Mistral gemalt. Meine Staffelei war mit eisernen Pflöcken am Boden befestigt, eine Methode, die ich dir sehr empfehle. Man steckt die Füße der Staffelei in den Boden, und dann steckt man einen fünfzig Zentimeter langen Pflock direkt daneben; schließlich bindet man alles mit einer Schnur zusammen; auf diese Weise kann man auch im Wind arbeiten.«

Dieser raffinierte Kunstgriff, der es ihm ermöglichte,

auch bei stärkstem Wind weiterzumalen – zusätzlich hatte er noch eine Möglichkeit ersonnen, die Staffelei mit Steinen zu beschweren –, erinnerte mich an die Geschichte von William Turner, der, auf der Brücke eines Dampfschiffes festgebunden, dem Sturm getrotzt hatte: Eine vom Geist eines Odysseus beseelte Gestalt, die sich in dem Versuch, die wilde Schönheit der Natur einzufangen, ohne davongeblasen zu werden, den Elementen aussetzt. Van Gogh beschritt einen ähnlichen Weg, konnte ihn jedoch nicht lange durchhalten.

Nachdem er ein Jahr lang mit äußerster Armut, depressiven Anfällen und Alkoholismus zu kämpfen gehabt hatte, lieferte man ihn nach der Selbstverstümmelung seines Ohres – an die er sich nicht erinnern zu können behauptete – im Dezember 1888 in eine Heilanstalt ein; Gauguin hat er nie wiedergesehen. Nach seiner Entlassung kehrte er in das Gelbe Haus zurück, musste es aber bald schon wieder verlassen, weil eine Petition der Nachbarschaft den Rausschmiss des *fou roux*, des rothaarigen Irren, verlangt hatte; zwei Monate später ließ er sich freiwillig in die Nervenheilanstalt von Saint-Rémy-de-Provence einweisen. Während seines einjährigen Aufenthaltes dort entstanden zahlreiche weitere Werke; van Gogh entwickelte nicht nur eine besondere Vorliebe für Zypressen, sondern auch die auffällig expressive Pinselführung, wie sie für sein *Weizenfeld mit Zypressen* und die *Sternennacht* charakteristisch ist: Mit den vom Wind gequälten Wolken, dem von Wirbeln aufgewühlten Himmel und den riesengroßen wirbelnden Sternen ist es eine Vision der Realität, die dem Betrachter beinahe zu viel zumutet. Schon bald nach Abschluss der Arbeit an dem Bild erlitt van Gogh einen schweren Nervenzusammenbruch. »Weht der Mistral in St. Rémy auch so wie in Arles?«, schreibt Theo im November 1889, aber er hätte seinen Bruder ebenso gut auch fragen können: »Bist du dort genauso verrückt?«

Im Mai 1890 verließ van Gogh den Midi und zog in ein nördlich von Paris gelegenes Dorf, um seinem Bruder näher zu sein. Zwei Monate später vollendete er sein berühmtes *Weizenfeld mit Raben*. Mit dem sich verdüsternden Himmel und den auffliegenden Vögeln ist es als Vorankündigung seines nahenden Selbstmords interpretiert worden, und tatsächlich nahm van Gogh kurz nach der Fertigstellung des Gemäldes einen Revolver und schoss sich damit in die Brust. Am Morgen des 29. Juli 1890 verstarb er in einem Krankenhausbett; seinem Bruder Theo zufolge waren seine letzten Worte »*La tristesse durera toujours*«, »Die Traurigkeit wird für immer andauern«.

Als es Abend wurde, fand ich mich am Place du Forum wieder, wo van Gogh sein Bild *Caféterrasse bei Nacht* gemalt hat – und wie kaum anders zu erwarten, war das entsprechende Etablissement denn auch längst in »Café van Gogh« umbenannt worden. Doch abgesehen von der Namensänderung hatte man sich alle Mühe gegeben, die Örtlichkeiten so zu erhalten, wie sie auf dem Gemälde zu sehen sind – über den vor die Tür und auf das Pflaster gestellten Tischen und Stühlen hing die gleiche breite gelbe Markise wie früher, und Verehrer des Künstlers versuchten, sich mit Kunstpostkarten in den Händen genau an den Punkt zu stellen, an dem damals seine Staffelei gestanden haben muss, um ein exakt dem Bild entsprechendes Foto zu schießen. Dies erschien mir als ein ziemlich unsinniges Unterfangen – lag doch der künstlerische Sinn von van Goghs Werk nicht darin, das darzustellen, was an der Oberfläche zu sehen ist, sondern vielmehr das überschäumende Leben, das sich dahinter verbirgt – etwas, was die Kamera eines Smartphones niemals würde einfangen können. Der Versuch, das Ergebnis von van Goghs lebhafter Vorstellungskraft eins zu eins wiederzugeben, konnte nur mit einer Enttäuschung enden, und so war es mir ein Rätsel, was diese Leute sich eigentlich davon versprachen. Und als ob man den Kontrast noch deutlicher machen wollte, schlossen sämtliche Cafés und Bars schon lange vor Mitternacht. Es hat sich eine Menge geändert seit van Goghs Zeiten – die Prostituierten sind von den Straßen verschwunden, und dem Absinth wird auch kein Wermut mehr zugefügt. Durch stille Gassen zog ich mich zurück; es war eine Sternennacht, aber nicht so, wie er sie gesehen hätte.

Ich übernachtete im *Maison des Pèlerins*, der Herberge für Pilger am Ende des Chemin de Saint-Jacques – Arles hatte mich und diesen Pilgerpfad ein letztes Mal zusammengeführt. Von hier zweigte die Route nach Westen ab, um sich mit dem spanischen Jakobsweg zu vereinigen. Wieder erwartete ich, Rosenkränze, Muschelschalen und zurückgelassene Wanderstiefel vorzufinden, aber in meinem Zimmer mit Etagenbetten kam ich mir eher vor wie im Schlafabteil eines Nachtexpresszuges. Ich fiel in einen kurzen, traumlosen Schlaf, der aber seinen Zweck erfüllte; schon kurz nach Sonnenaufgang war ich wieder unterwegs auf der Straße in die Crau.

Zunächst sah ich nur weit auseinander liegende Häuser, Villen, die sich hinter Zypressen duckten, und Vorstädte, die in Felder übergingen. Aber bald begann die Landschaft interessant zu werden. Etwas über einen Kilometer weit führte die Straße in Richtung Osten an einem verfallenen Aquädukt entlang, und ab dem Dorf Pont-de-Crau folgte ich dem Canal de Craponne, der sich im Gegensatz zu dem Aquädukt sehr wohl noch in Benutzung befand und der die Hauptader eines komplexen Systems kleinerer, nach links und rechts abzweigender Kanäle und Unterkanäle bildete. Reguliert wurde das Ganze von eisernen Toren, die gesenkt und wieder angehoben wurden. Dieses Bewässerungssystem hatte die Region dem Ingenieur Adam de Craponne zu verdanken, der sich im sechzehnten Jahrhundert vor die Aufgabe gestellt sah, ein als unfruchtbar und unergiebig erachtetes Ödland in eine der ertragreichsten landwirtschaftlichen Flächen Europas zu verwandeln. Dazu entnahm er dem Fluss Durance Wasser, das er in zahlreiche Zuflusskanäle umleitete. So entstanden in der Crau zwei vollkommen unterschiedliche Lebensräume: die *Crau Humide*, die feuchte Crau, und die *Crau Sèche*, die trockene Crau.

Die Erstere ist berühmt für ihr Heu, das nach ganz Europa verkauft und besonders von den Prinzen Saudi-Arabiens und der Emirate geschätzt wird, die es für ihre Rennpferde importieren. Auch hier spielt der Mistral eine Rolle, denn er lässt das Gras schnell trocknen und eliminiert damit Mikroben, was wiederum bedeutet, dass auf Konservierungsstoffe und Pestizide verzichtet werden kann – windgeprüfte organische Landwirtschaft. Das war es also, was von den im klaren Licht fast phosphoreszierend grün leuchtenden, rechteckigen Feldern zu beiden Seiten der Straße geerntet wurde. Ich jedoch war auf dem Wege in die auf Satellitenfotos als ausgeblichene gelbe Fläche erscheinende Crau Sèche, in die Craponnes Bewässerungssystem nie vorgedrungen war.

Der Versuch, einem Flecken vermeintlich wertlosen Landes mit menschlichem Sachverstand zu Leibe zu rücken, erfordert unausweichlich zunächst einmal gerade verlaufende Linien, und bei der Crau Humide verhielt es sich nicht anders. Die Landschaft wurde zunehmend gleichmäßiger, die Kanäle und Felder waren alle rechtwinklig angelegt – ein Schachbrettmuster enormer Ausdehnung. Dieser Effekt wurde zusätzlich noch betont durch die in langen monotonen Reihen gepflanzten Zypressen, und zwar immer auf einer Ost-West-Achse, um dem Ansturm des Mistrals von Norden etwas entgegenzusetzen; diese im Winde schwankenden dunkelgrünen Windbrecher begrenzten die Obstplantagen, die Wiesen und die Grundstücke der Landhäuser; und sie begleiteten die Gleise, auf denen die Züge sich ihren Weg in Richtung Aix-en-Provence bahnten. Diese strenge Linearität, bei der alles in dieser Landschaft mit einem Zollstock vermessen worden zu sein schien, ist auch durch die Alpillen bedingt, die sich nördlich der Crau entlangziehende sanft geschwungene blaue Kalksteinkette – das Einzige, was hier auch nur annähernd einer Höhenlage ähnelt. Und wieder hatte ich das Gefühl, diese Hügel schon einmal gesehen zu haben: Sie erscheinen nämlich im Hintergrund der *Sternennacht über der Rhône* und des *Weizenfeldes mit Zypressen* und auf vielen anderen von van Goghs Werken. Er war in die feuchte Crau gekommen, um zu malen – die Staffelei fest in den Boden gestemmt. Und jenseits der niedrigen Berge lag die Anstalt, in der er eingesperrt gewesen war.

In dem kleinen Ort Moules machte ich Halt, um mir in einem *bureau de tabac*, das sich *Tabac Mistral* nannte, einen Kaffee zu holen. Auf einem Fernsehbildschirm über dem Tresen waren Tränengaswolken und Protestierer zu sehen, die sich Tücher vor die Münder hielten; Polizisten schwangen Schlagstöcke: In Paris wurde eine Demonstration gegen die Arbeitsmarktpolitik der Regierung aufgelöst. Als Nächstes erschien Marine Le Pen, Anführerin der Front National, um für die im Süden Frankreichs anstehenden Départementswahlen Propaganda zu machen. Politische Umwälzungen schienen sich anzukündigen, mir kam das alles jedoch unendlich weit entfernt vor.

Gegen Mittag erreichte ich Saint-Martin-de-Crau, den Präfektursitz der Region. Es gab hier eine Kirche, einen Bäcker und eine Reihe leerer Café-Bars. Die ausgeblichenen Platanen an den Straßenrändern warfen zitternde Schatten auf das Pflaster, doch außer diesem Spiel des Lichts rührte sich weit und breit nichts. Wäre ich allerdings an einem anderen Tag hergekommen, hätte es sein können, dass es in den Straßen von Nutztieren möglicherweise nur so wimmelt: Einmal im Jahr treiben die Schäfer der Crau ihre Herden zur Kirche, weil dann die *pastrage* abgehalten wird, eine besondere Messe für die Schäfer, um die neugeborenen Lämmer zu segnen. Im Sommer sind dann die schwarzen Stiere der Camargue an der Reihe, von einer Phalanx von *gardians* – den provenzalischen

Cowboys mit ihren breitkrempigen schwarzen Hüten auf ihren weißen Pferden – mithilfe von langen Stangen getrieben, einen wildromantischen Touch in die verschlafenen Straßen zu bringen. Weiß gekleidete junge Männer spielen dann die wagemutigen Teufelskerle, indem sie vor den Stieren herlaufen und sich erst im letzten Moment durch einen Sprung über eine Absperrung in Sicherheit bringen, gerade noch rechtzeitig, um nicht aufgespießt oder zu Tode getrampelt zu werden. In Arles frönt man einem ähnlichen Spektakel: Bei der in dem Amphitheater ausgetragenen *corrida* werden Stierkämpfe nach spanischem Vorbild geboten – komplett mit Matadoren, silbernen Degen und blutigem Sand. Solche Festivals sind letzte Überbleibsel des in der Antike im Mittelmeerraum verbreiteten Stierkults und ihre Mitwirkenden späte Nachkommen der *Stierspringer*, wie sie auf viertausend Jahre alten minoischen Fresken verewigt sind – ein weiterer Hinweis darauf, dass die Region, die ich gerade durchwanderte, mehr mit Spanien am Hut hatte als mit Paris, sowohl geografisch als auch im Geiste.

Ich hielt mich lange genug in Saint-Martin-de-Crau auf, um meine Vorräte zu ergänzen: Brot, Salami, Käse, Früchte und so viel Wasser, wie ich gerade noch stemmen konnte. Dann setzte ich meine Wanderung gen Süden fort. Durch eine Zwischenzone aus Vorstädten und Industrieansiedlungen hindurch und an Stellwerkanlagen und eingezäunten Stücken Marschlands vorbei folgte ich einem weiteren schmalen Kanal, der sich zwischen gelben Binsen und gelegentlich zutage tretendem Bambus hindurchwand. Nach und nach wurde die Vegetation immer grüner; die Feigenbäume an beiden Seiten der Straße hingen voller verführerischer Früchte, und die Weiden waren mit Klee, Mohn und Wildblumen gesprenkelt. Aber Straßenschilder wie die der *Rue du Mérinos* oder der *Rue de la Transhumance* deuteten bereits an, dass sich bald etwas ändern sollte: Das erste wies auf eine Wollschafrasse hin, das zweite auf die seit Jahrhunderten bekannte Praxis, die Viehherden im Sommer, wenn das Gras zu verdorren begann, auf höher gelegene Weiden zu treiben und in der kälteren Jahreszeit wieder auf ihre angestammten Weiden zurück. Der Begriff *transhumance* ist aus dem Verb *transhumer* abgeleitet, was »das Weidegebiet wechseln« bedeutet.

Diese halbnomadische Wanderweidewirtschaft ist in der trockenen Crau nach wie vor Usus; allerdings bringt man die Tiere heutzutage mit Viehtransportern hinauf in die Berge, was in einem Tag erledigt ist, anstatt wochenlang zu Fuß mit ihnen unterwegs zu sein, wie es früher überall in Europa – von den Pyrenäen bis zum Kaukasus – üblich war. Mein heutiger Tagesmarsch stellte einen Übergang der Kulturlandschaft zur ungezähmten Natur dar, ein Dualismus, der in der Geschichte der Menschheit stets eine wichtige Rolle gespielt hat – vom Römischen Reich bis zu den kulturlosen Barbaren, von den Reisfeldern des Reiches der Mitte bis zu den Steppen Zentralasiens, von Kain – dem prototypischen Bauern wie auch dem prototypischen Mörder – bis zu seinem Bruder Abel, dem Schafhirten. Ein weiteres Beispiel dafür, wie der Weg des Windes im wahrsten Sinne des Wortes von der Zivilisation fortführt.

Parlament, Mistral und Durance
Sind die drei Geißeln der Provence

Dieser Kinderreim findet sich in Baring-Goulds Reisebericht von 1890 – wo ich zum ersten Mal von der »Heimat der Winde« gelesen hatte –, und er ging mir beim Wandern nicht mehr aus dem Kopf. Ich empfand schon einen Anflug von Stolz dabei, dass ausgerechnet der Mistral, auf dessen Spuren ich hier wandelte, als einzige der provenzalischen Geißeln die Zeitläufte überstanden hatte: »Das Parlament existiert nicht mehr, oder es ist vielmehr durch eine Nationalversammlung ersetzt worden, die eine Schande für ganz Frankreich darstellt, und nicht nur für die Provence alleine; und die Durance ist, dank Adam de Craponne, nur noch Mittel und Zweck zur Fruchtbarmachung und zum Reichtum. Der *Mistral* jedoch... sucht nach wie vor das Rhônedelta heim«, lesen wir bei Baring-Gould. Während also Parlamenten ihre Mandate entzogen werden und Flüsse von den Menschen ihren Bedürfnissen entsprechend geformt werden, regiert der *Meisterliche* als unbesiegter Champion weiter.

Gerade so, als sollte dieser Punkt explizit hervorgehoben werden, begannen die bewirtschafteten Ländereien irgendwo entlang der an dem Étang des Aulnes genannten Weiher vorbeiführenden Straße zugunsten von steppenartigen, mit Schotterflächen durchsetzten Grasgebieten zurückzuweichen, die nicht mehr von Kanälen durchdrungen waren. Mit dem Verschwinden des Wassers wurde das Grün der Landschaft immer mehr zu einem Gelbbraun. Auch die gleichmäßigen Reihen kerzengerader

Zypressen wurden nun von verschiedenen anderen Baumarten gestört, die mir wie Herolde des Chaos vorkamen: Einsame, im Fünfundvierziggradwinkel nach Süden gekrümmte Kiefern mit verwachsenen Kronen, entstellt von dem Wind, dem sie jahrelang ausgesetzt waren. Neben der brüchigen, von Flechten befallenen Borke der Steineichen fielen mir vor allem Wucherungen von Pflanzen auf, die wie eine Kreuzung aus riesigen Disteln und Kohlköpfen aussahen. In der Ferne schrie ein Esel – obwohl es sich eigentlich mehr wie eine verrostete Wasserpumpe anhörte. Und dann war mit einem Male die Straße zu Ende, und die trockene Crau begann.

~

Ich kam zu einem Parkplatz ohne Autos, von dem ein Feldweg scheinbar ins Nirgendwo führte. Eine Hinweistafel belehrte mich darüber, dass ich vor etwas stand, das sich *Peau de Meau* nannte – abgeleitet vom provenzalischen *pau de mau*, »Brunnen des Übels«. Aber selbst ein übler Brunnen wäre mir willkommen gewesen, denn die lehmgraue endlose Weite, die sich vor mir ausdehnte, hätte als Gemälde den Titel *Durst* verdient. Dies war also die einzige Steppe Westeuropas – aber mir kam sie mehr vor wie eine Wüste. Vor mir erstreckte sich, so weit das Auge reichte, eine vollkommen flache, mit Steinen bedeckte Ebene ohne jede Besonderheit. Es mussten wohl Tausende und Abertausende solcher Steine sein, einer wie der andere, von heller Farbe und alle ungefähr gleich groß, und es sah fast so aus, als wären sie sorgfältig auf der ausgedörrten, von der Sonne trocken gebrannten Erde verteilt worden, immer in schön gleichmäßigen Abständen zu einander. Dazwischen krallten sich einzelne Grasbüschel am Boden fest, seltene Sorten mit Namen wie Pfriemen-Federgras, Zypressenwolfsmilch und Ericameria austrotexana, und nur hier und da durchbrach eine verkümmerte Steineiche die Monotonie des Horizonts. Doch ansonsten gab es nur Steine, Steine und – Stille.

Ich trat einen dieser Steine mit meiner Stiefelspitze beiseite, und er ließ eine kleine Kuhle im Boden zurück. Der Stein war an allen Seiten rund, glatt geschliffen wie ein Kiesel aus einem Flussbett – und um genau einen solchen handelte es sich ja auch, man musste halt nur zeitlich weit genug zurückgehen. Vor zig Millionen von Jahren, als die Durance noch ein weit bedeutenderer Fluss war als heute, führte sie auf ihrem Weg von den Alpen diese Steine mit sich, um sie dann hier, in dem großen Delta, in dem sie ins Meer mündete, abzulagern. Meine Schritte führten mich also gerade über die ausgetrocknete Mündung eines uralten Stroms, der dieses Land lange vor Adam de Craponnes Zeiten bewässert hatte.

Dies war zumindest die eine Version der Geschichte. Der griechische Dichter Aischylos weiß dieses unwirtliche Land mit einer weiteren Großtat des antiken Helden Herakles in Verbindung zu bringen: Nachdem dieser den Nemeischen Löwen erwürgt und der Lernäischen Hydra sämtliche Köpfe abgeschlagen hatte und es ihm gelungen war, die Kerynitische Hirschkuh zu ergattern und dem Erymanthischen Eber das Handwerk zu legen, mistete er zunächst die Augeias-Ställe aus, vertrieb alsdann die Stymphalischen Vögel, brachte den Kretischen Stier zur Räson und bändigte die menschenfressenden Rosse des Diomedes, schnappte sich den Gürtel von Hippolyte und brachte sogar die Rinderherden des Geryon an sich; schließlich soll er auf dem Weg zu seinem nächsten Auftrag, dem Raub der goldenen Äpfel aus dem am äußersten westlichen Punkt der Welt befindlichen Garten der Hesperiden, hier vorbeigekommen sein. Doch lauerten ihm die Ligurer auf, die Barbaren, die diesen Teil des Landes bewohnten, so dass Herakles gezwungen war zu kämpfen, bis ihm die Pfeile ausgingen und er besiegt zu werden drohte, was ein bitterer Tod gewesen wäre, nachdem er doch so viele »Arbeiten« erfolgreich bewältigt hatte. Aber er wurde gerettet, und zwar durch göttliche Intervention, wie es damals üblich war: Zufällig hatte er nämlich Zeus zum Vater, also sandte der höchste der Götter einen Steinhagel vom Himmel, von dem die Widersacher seines Sohnes erschlagen wurden. So wurde den Ligurern der Garaus gemacht, und die Steinflut blieb bis heute an Ort und Stelle liegen und bildet nun die Schottersteppe der Crau. Wenn ich in dem gleißenden Sonnenlicht die Augen zusammenkniff, konnte ich fast vor mir sehen, wie die rundlichen Steine – die von ihrer Größe und ihrer Lage zueinander eine Gleichmäßigkeit aufwiesen, die auf seltsame Weise hypnotisch wirkte – auch Grabsteine einer riesengroßen Totenstätte sein könnten, wobei jeder einzelne von ihnen das Grab eines gefallenen Kriegers markierte.

Dieser Mythos, im Jahre 500 v. Chr. niedergeschrieben, zeigt auf bemerkenswerte Weise, wie wenig sich hier verändert hat – sowohl in Hinsicht auf den Wind als auch auf die Lage der Steine. Fünf Jahrhunderte später hat der griechische Geograf Strabon sich über die Crau als eine »steinige Ebene« geäußert und einen »ungestümen und furchtbaren Wind« beschrieben, der »Steine ins Rollen bringt, Männer von ihren Wagen hinunterwirft und ihnen ihre Kleider und ihre Waffen vom Leibe reißt«. Von Beginn der Zeitrechnung an gehörten die Crau und der Mistral zusammen, bedingten sich sogar gegenseitig, indem jeder dem anderen etwas von seiner unheimlichen Wirkung übertrug: Die baumlose Weite des Ödlandes lässt die Auswirkungen des Windes noch verheerender erscheinen, während der Wind seinerseits dafür sorgt, dass hier keine Bäume wachsen.

Ich hatte mich von dem Brunnen des Übels keinen Schritt weit fortbewegt. Meine Füße wollten nicht. Es war etwas zutiefst Beängstigendes an diesem konturlosen Land ohne jegliche erkennbaren Begrenzungen, das vor mir lag; mir war, als hätte ich Frankreich verlassen und wäre in ein zweidimensionales Reich eingetreten. Zehn Minuten lang lief ich nur hin und her, hielt mir die Hand schützend vor die Augen und wirbelte Staub auf; zwischendurch warf ich immer wieder einen Blick auf meine Landkarte, die aber so gut wie nutzlos war, denn sie zeigte die Crau nur als eine weiße Fläche ohne jegliche näheren Angaben.

Am Abend zuvor hatte ich mithilfe des Internets versucht, auf der Karte den ungefähren Verlauf dessen einzuzeichnen, was ich für Straßen hielt, aber diese Striche hatten mit nichts, was weit und breit zu sehen war, auch nur die geringste Ähnlichkeit. Es kam mir wie eine ausgesprochene Vermessenheit vor, dass ich mich in einem kartografisch nicht erfassten Raum an Bleistiftlinien zu orientieren versuchte, die ich selbst gezogen und von denen ich inzwischen keinen blassen Schimmer mehr hatte, was sie überhaupt bedeuten sollten.

Nach einer Weile hatte sich mein Blick für das, was ich vor mir sah, ein wenig geschärft. Mir war die Ebene leer und verlassen vorgekommen, wenn ich jedoch angestrengt hinsah, konnte ich Details erkennen, die mir vorher entgangen waren: Im Norden verstellte eine Reihe von Zypressen den Blick auf etwas, was eine Bahnstrecke oder eine Straße sein konnte – es vibrierte in der flimmernden Hitze und verschwand bisweilen gänzlich aus der Sicht –, und im Süden erkannte ich eine Rauchwolke wie von einem Industriebetrieb; das musste wohl die Raffinerie im Hafen von Fos-sur-Mer sein. Irgendwo in der verschwommenen Weite zwischen meinem Standpunkt und dem Hafen erhob sich das flache Dach einer Scheune. Und neben diesem Dach wiederum schimmerte etwas, das aussah wie eine Kolonne schmutziger Ameisen; doch in Wirklichkeit handelte es sich um eine Schafherde – ein weiterer Grund dafür, warum es auf dieser Ebene fast keine Bäume gab: Wenn hier etwas wachsen wollte, kamen sie ihm zuvor.

Doch das gab mir endlich einen Punkt, auf den ich mich fixieren konnte, und ich machte mich auf den Weg. Während ich immer weiter voranschritt, begann sich auch der Mistral zu rühren, baute sich von Nordwesten auf, und mit dem völlig platten Land vor mir und dem leeren Horizont dahinter kam ich mir vor wie ein Schiff, das mitten in eine gelbe See hineinsegelte. Perspektiven hatten hier keine Bedeutung – es war unmöglich auszumachen, wie groß die

Scheune war und wie weit entfernt. Und der ständig gleich bleibende Anblick der Steine erzeugte eine Art optischer Täuschung, die Illusion von unaufhörlicher Bewegung, die ein leichtes Schwindelgefühl auslöste. Mir kam der sonderbare Gedanke, dass in dieser Unergründlichkeit der Mistral wohl das Einzige war, dessen man sich sicher sein konnte.

Eine weitere Hinweistafel tauchte auf, der zufolge ich mich offenbar auf dem *Draille des Troupeaux* befand, einer alten Viehtreiberroute entlang einer noch älteren Römerstraße zwischen Arles und Istres. Unter meinen Stiefeln benutzten Wanderameisen denselben ausgetretenen Weg wie ich, schleppten Reste von Blättern oder Körperteile größerer Insekten mit sich und zwangen mich, dauernd entweder kürzere oder längere Schritte zu machen, damit ich sie nicht zertrat. Wenn ich von der winzigen Welt zu meinen Füßen wieder in die enorme Weite aufblickte, die sich um mich herum ausdehnte, drohte ich fast die Orientierung zu verlieren – die Unendlichkeit ging mir langsam auf die Nerven, und so war ich erleichtert, als ich schließlich vor einer soliden Mauer stand. Tatsächlich war es gar nicht weit gewesen bis zu dem Gebäude.

Es war ein Schafstall, lang und niedrig und am Wind ausgerichtet, seine Konstruktion folgte uralten Prinzipien. Ausgrabungen aus Römerzeiten haben gezeigt, dass man Ställe früher oft wie Schiffe gebaut hat, deren Bug nach Norden zeigte; an Land liegende Archen, die bis zu 600 Schafe aufnehmen konnten. In der Ferne waren noch mehr davon auszumachen – irgendwo in der Weite der Steppe lagen sie da wie gestrandete Kähne. Die Herde, die ich vorhin gesehen hatte, von ihren Hütehunden an beiden Seiten in die Zange genommen, war weitergezogen und zwischen den graubraunen Steinen nicht mehr zu sehen. Ich hatte mich gerade damit abgefunden, hier mutterseelenallein zu sein, als in der Tür des Stalls ein Mann erschien, der sich, seiner Gesichtsfarbe nach zu schließen, viel im Freien aufhielt.

Er begrüßte mich mit einem freundlichen Lächeln, wobei er einen schimmernden Goldzahn entblößte. Doch auf meine Versuche, ihn auf Französisch anzusprechen, erntete ich nur ein peinlich berührtes Schweigen. »*Español?*«, fragte er hoffnungsvoll; dies war zum Glück die zweite Fremdsprache, die ich beherrsche. Aber er kam überhaupt nicht aus Spanien; er war Rumäne. So konnte ich wenigstens »*Buna ziua*« zu ihm sagen, denn das erinnerte ich von einer meiner früheren Wanderungen, und davon war er so angetan, dass er mich gleich zu einem Becher Kaffee einlud.

Im Inneren des Stalls hatte er sich eine komfortable Nische eingerichtet, recht spartanisch zwar, aber dennoch von schlichter Gemütlichkeit: ein Feldbett mit Decken darauf, ein Gaskocher und ein Blechkessel neben einer alten Wasserpumpe und einem großen steinernen Waschbecken. Auf einem Tisch lagen jede Menge Pasta-Packungen, außerdem Gemüsekonserven und Instantgerichte mit Nudeln – neben ein paar überquellenden Aschenbechern. Alles stank nach Wolle und Dung, was ich aber komischerweise recht anheimelnd fand. Es tat gut, vier feste Wände um sich zu haben, denn hier ging mir mit einem Mal auf, dass wir Menschen eine Spezies sind, die gerne unter einem festen Dach lebt und mit so weiten Flächen wie der dort draußen nicht gut klarkommt.

Während das Kaffeewasser kochte, erzählte er mir in gebrochenem Spanisch seine Lebensgeschichte. Man hatte das schon oft gehört: In seiner Heimat gab es kein Geld, die Menschen waren alle gut, aber das System durch und durch korrupt; es wurden nur Hungerlöhne gezahlt, und die Politiker betrogen einen, wo sie nur konnten. Hier bekam er wenigstens eine anständige Bezahlung und ein Dach über dem Kopf. Und er wäre nicht der einzige Rumäne, der auf der Crau als Schafhüter arbeitete: »Franzosen mögen diese Arbeit nicht tun. Vielleicht haben sie vergessen, wie man das macht.«

»Wie lange bist du schon hier?«, fragte ich ihn.

»Vier Tage.«

»Sprichst du denn überhaupt etwas Französisch?«

»Kein Wort! Ich kann die Schafe besser verstehen als die Franzosen.« Seine Herde bestand aus über 200 Tieren der Rasse Arles Merino, berühmt für ihre hochwertige Wolle und ihre gewaltigen Hörner, die ihnen wie absurde Arabesken spiralenförmig aus dem Kopf wuchsen. Die kastrierten männlichen Tiere, die in der Herde die Richtung vorgaben, wurden kahl geschoren bis auf lockige vier Büschel, damit man sie von den anderen unterscheiden konnte. Er würde bei ihnen bleiben, bis es kein Gras mehr gab, sagte er, und dann auf eine Alm hoch oben in den Alpen ziehen, bis der erste Schnee fällt.

»Gibt es viel Wind auf der Crau?«

»*Si, muy fuerte!*« Der Wind wäre sehr kräftig hier, erzählte er, und hätte seither jeden Tag geweht. Man würde ihn Mistral nennen, und es wäre ein berühmter Wind. Außer *mouton* und *bonjour* wäre es das einzige französische Wort, das er bisher gelernt hätte, fügte er noch hinzu.

Ich trank zwei Becher Kaffee mit ihm und bediente mich an seinen Zigaretten. Nachdem ich mich von ihm verabschiedet hatte, trat ich aus der wohltuenden Dunkelheit des Stalles in blendendes Sonnenlicht; der Mistral hatte sämtliche Wolken davongeblasen, so dass die Ebene der Crau dalag wie von Rampenlicht bestrahlt und der Horizont sich in der flirrenden Hitze auf und ab zu bewegen schien. Mit dem Wind im Rücken folgte ich weiter dem Viehpfad, der nicht mehr war als ein von Steinen gesäumter steiniger Weg, und ließ mich nach Südosten treiben.

Verloren in der Monotonie der Landschaft war es mir unmöglich einzuschätzen, wie schnell ich vorankam oder wie weit ich schon gekommen war – oder wie weit ich noch zu gehen hatte, bis ich am Ende der Welt anlangte. Als ich mich umblickte, war der Stall des Rumänen zu der Größe des halben Dutzends der anderen, irgendwo in der Ferne verstreuten Ställe geschrumpft und somit nicht mehr von ihnen zu unterscheiden. Von lauernden Hunden, die mich nicht aus den Augen ließen, begleitete Schafherden tauchten auf und verschwanden wieder. Einmal kam auf einem staubigen Weg, der parallel zu dem meinen verlief, ein weißes Auto vorbei; als ich ein weiteres Mal aufblickte, hatte der Wagen angehalten, und auf dem Dach stand eine Frau. Ich ging weiter, blickte noch einmal auf, und das Auto war verschwunden. Warum war die Frau hergekommen? Was tat sie hier? Dies war ein Land der verlorenen Seelen.

Nun fiel mir auf, dass man an einigen Stellen Steine

zu meterhohen Haufen aufgetürmt hatte, die mich an die Grenzmarkierungen erinnerten, die ich auf dem Cross Fell gesehen hatte. Diese Gebilde dienten allerdings nicht dazu, verirrte Wanderer wieder auf den rechten Weg zu bringen; vielmehr sollten sie während des Zweiten Weltkrieges die Fahrwerke landender Flugzeuge beschädigen. Als die Alliierten 1943 mit der Invasion Südeuropas begannen, hatten die deutschen Besatzer in Frankreich die Sorge, der Feind könne die flache, praktisch baumlose Crau als Landestützpunkt benutzen, also zwang man die Einheimischen, überall in der Umgebung solche Steinberge als Hindernisse aufzuhäufen. Dabei fiel mir die Gedenkstätte am Wegesrand wieder ein, an der ich vorhin vorbeigekommen war und auf der ich unerwartet eine Reihe englischer Namen entdeckt hatte: Cunningham, Miller, Howard und Smith, allesamt RAF-Piloten, die hier in der Nähe bei Luftkämpfen abgeschossen worden waren. Der Plan der Deutschen hatte dann auch mehr oder weniger funktioniert – die Crau wurde niemals aus der Luft erobert, aber viel geholfen hat ihnen das auch nicht; die endgültige Invasion Frankreichs wurde in Le Muy gestartet, ungefähr hundertfünfzig Kilometer weiter östlich, und die Deutschen mussten sich die Rhône aufwärts in Richtung Montélimar zurückziehen. Wie die Steine des Zeus, die vom Himmel regneten, um die ligurischen Krieger zu töten, sind auch diese Steinhaufen als Zeugen einer kriegerischen Auseinandersetzung in früheren Zeiten bis heute erhalten geblieben und werden nun von den Vögeln des Steppenlandes dazu benutzt, ihre Nester darin zu bauen.

Wiesenweihen, Steinkäuze, Zwergtrappen und Spießflughühner haben es sich hier heimisch gemacht und geben sich keine allzu große Mühe, ungesehen zu bleiben; nur gelegentlich schreckte ich ein paar Rothühner auf, die aufgeregt mit den Flügeln schlagend vor mir in die Höhe flatterten. Als regelmäßige Gäste stellen sich Zugvögel wie Schmutzgeier, Schwarzbrustschlangenadler und Rotfußfalken ein und praktizieren damit ihre eigene Art der *Transhumance*. Was allerdings einheimische gefährdete Arten betraf, so hielt ich vergeblich nach den für die Crau typischen Heuschrecken und Prachtkäfern Ausschau, und es begegneten mir auch keine Gestreiften Zehnfüßler, vor deren schmerzhaftem Stich man mich im Vorfeld gewarnt hatte. Für so manche rare Spezies, deren Lebensräume anderswo bedroht oder bereits zerstört waren, bot diese einsame Ebene ein Refugium. Noch mehr verlorene Seelen, dachte ich im Weitergehen, die durchs Niemandsland zogen.

Ich war bereits mehrere Stunden gewandert, als ich über mir ein Sausen und Donnern hörte. Diesmal rührte es allerdings nicht von einem Gewitter her, sondern von Militärmaschinen, die soeben paarweise von ihrem weiter östlich gelegenen Stützpunkt, dessen Stacheldrahtzäune ich in der Ferne gerade noch ausmachen konnte, gestartet waren: Nervensägen, die sich mittels der Kraft ihres eigenen Düsenknalls in die Luft katapultierten und nun durch deren tiefer gelegene Schichten donnerten.

Dieses Erlebnis – und das Auffrischen des Mistrals – erweckten in mir neuerlich den Wunsch nach einem schützenden Dach. Soweit ich es beurteilen konnte, war ich nun in der Mitte der Crau angelangt. Weit hinten am Horizont konnte ich an grünen Streifen erkennen, dass dort wieder die Bewässerung des Landes einsetzte, während der Horizont im Süden durch die Flammen über den Fackelrohren der dortigen Raffinerien begrenzt wurde; von beidem war ich ungefähr gleich weit entfernt. Ich drehte mich langsam im Kreis und hielt dabei den Blick stur auf den Horizont gerichtet. In der Mitte der großen Leere stand ein einzelner Baum – jedenfalls der einzige Baum seit mehreren Kilometern, der mindestens so groß wie ich oder etwas größer war. Instinktiv setzte ich mich in die entsprechende Richtung in Bewegung. Seine Präsenz zog mich geradezu magnetisch an. Schon bevor ich bei ihm angekommen war, wusste ich, dass ich dort die Nacht verbringen würde.

Ein Feldhase schreckte hoch, wollte schnell wieder in Deckung gehen – ein aussichtsloses Unterfangen – und hoppelte mit den Hinterläufen trampelnd davon. Ansonsten bewegte sich absolut nichts außer den raschelnden Ästen. Es war eine verwachsene, zähe Steineiche, die etwas Schatten auf das Geröll warf. Meine Füße blieben wie von selbst stehen. Dies würde mein Ankerplatz sein.

Sorgsam auf Gestreifte Zehnfüßler achtend, verbrachte ich eine halbe Stunde damit, Steine beiseite zu räumen, um Platz für mein Zelt zu schaffen, wobei ich leider die Massenevakuierung eines Ameisenbaus auslöste. Es gelang mir aber, eine einigermaßen glatte Fläche zu schaffen, wenn auch von lauter faustgroßen Vertiefungen durchsetzt, die aussahen wie kleine Meteoritenkrater. Während ich meine eigene kleine Parzelle vorbereitete, erschütterten erneut Düsenjäger das Firmament. Als ich einen Bereich freigelegt hatte, der lang genug für meinen Körper war, streckte ich mich aus. Das Zelt konnte warten; bis zum Einbruch der Dunkelheit würde es noch dauern.

Warum hatte ich mich gerade hier niedergelassen? Am Horizont warteten grüne Weiden, Obstgärten, gepflegte Landschaften und gleich dahinter die Stadt Istres, wo es Restaurants und Hotels gab. Aber mir stand nicht der Sinn nach alledem. Es gab einen Grund für mich, hier zu sein, in diesem Land jenseits von Gut und Böse, das von den zivilisierten Menschen wegen seiner kargen Unwirtlichkeit lange gemieden worden war. Zwar hatten sich Landwirtschaft und Industrie von allen Seiten herangepirscht, wie es bei sämtlichen erhaltenen Resten von Wildnis auf dieser Erde ja nicht ausbleibt, doch hatte das Unbehauste sich irgendwie nicht unterkriegen lassen; es blieb die Domäne von Schafhirten mit Goldzähnen, gefährdeten Arten und umherirrenden Seelen. Ich hatte mein Quartier aus einem ganz einfachen Grund hier aufgeschlagen: Weil die Welt hier auf ihre Grundelemente reduziert, jeglicher verkomplizierender Faktoren benommen war. Es gab nur Erde und Himmel und die bewegte Luft dazwischen. Mehr als an irgendeinem anderen Punkt offenbarte sich nun der Sinn meiner Reise. Ich hatte den Idiotenwind gestellt, hier draußen, wo sich keiner von uns beiden vor dem anderen verstecken konnte.

Er beantwortete meinen Ruf, verwüstete Strabons steinige Ebene, drückte sämtliche Gräser in eine bestimmte Richtung, verwehte die Schatten. Er tat, was er Tausende von Jahren ohne Unterlass getan hatte und was er auch weiterhin tun würde, bis der Klimawandel abgeschlossen war. Ich blieb lange genug dort liegen, bis ich mich daran gewöhnt hatte, wie er mir in die Ohren pfiff, kühl über meine Haut strich – so lange, bis es mir fast so vorkam, als hätte ich ihn schon immer auf meiner Haut gespürt. Als ich mich wieder aufsetzte, hatte sich das verdorrte Land, das mir zuvor noch so tot vorgekommen war, durch diese Bewegung in einen Lebensraum verwandelt, dessen Millionen Grashalme winkten wie Antennen, die nur auf ein Signal warteten. Wie in van Goghs Bildern sprühte jeder Stein, jeder Schatten förmlich vor Energie. Der Wind erweckte das Land zum Leben, erweckte *mich* zum Leben.

Mein Abendessen bestand aus *saucisson sec* und Äpfeln, dazu Wein an Stelle von Wasser. Die Sonne sank in Millimeterschritten tiefer, und die Farben gingen von einer Mischung aus Grau- und Brauntönen in ein so außergewöhnliches pinkfarbenes Licht über, wie man es nur in der Wüste findet. Schatten machten Sprünge von Dutzenden von Metern in Richtung Osten, und einzelne Grashalme glänzten wie Kupferdraht. Nach einem in Blut getauchten Sonnenuntergang öffnete der Horizont seine Tore. Finsternis breitete sich über die gesamte Ebene aus, und mit ihr erwachte das Trillern, das schrille Pfeifen und das kehlige Gurren der zwischen den Steinen rastenden Vögel – es war, als würden die Steine singen.

Da ich nun nichts mehr sehen konnte, musste ich spüren. Meine Welt war noch simpler geworden. Jetzt gab es nur noch den Mistral und mich.

Die trockene Flut ebbte in Richtung Meer ab, und ich war nichts mehr als irgendein Stein, den sie mit sich trug. Zum ersten Mal während all meiner Wanderungen erfuhr ich, zumindest eine Sekunde lang, was wirklich um meinen Körper herum und unter meiner Haut vorging: Die Luftmoleküle rauschten mit ihrer Fracht geladener Ionen von Hochdruck zu Tiefdruck und richteten eine atmosphärische Balance aus, die aus dem Gleichgewicht geraten war. Was sich wie eine wüste, zerreißende Kraft anfühlte, war in Wirklichkeit die Wiederherstellung des Friedens; was mir wie eine rasende Bewegung vorkam, war in Wirklichkeit der Versuch, zu Unbewegtheit zu finden.

Wohin weht der Wind wirklich? Wo beginnt er, und wo endet er? Er ist immerzu unterwegs, aber er kommt nie an; er ist überall und doch nirgendwo. Wir schwimmen in einem unsichtbaren Meer der Atome, und wenn wir uns fragen, wo der eine Wind endet und ein anderer beginnt, ist es so, als würden wir den genauen Ort sehen wollen, an dem zwei Ozeane sich vereinigen. Auf diese Weise sind Winde ganz anders als Wanderungen, für die es einen klar definierten Anfangs- und Endpunkt gibt. Und doch sind Winde auf eine andere Weise tatsächlich Wanderern gleich. Wanderer fühlen sich in die Welt hinaus gezogen – und nicht von hinten geschoben. Denn es ist das Unbekannte, das sie anzieht, sie lockt. Es sind die Geheimnisse dessen, was vor ihnen liegt – wobei sie sich oft nicht darüber im Klaren sind, was es eigentlich ist, das sie antreibt. So reisen sie also von einem Ort zum nächsten, bis diese inneren unbekannten Kräfte im Gleichgewicht sind. Bis sie auf einer finsteren Ebene ankommen. Bis sie zu einem Punkt gelangen, an dem sie zur Ruhe kommen.

EPILOG:
ES IST SO WEIT

Ich nehme den alten Totenweg hinauf zum Cross Fell, wo mich ein Himmel voller Wolkenfetzen erwartet. Das karge Moor ist mal braun wie Torf, mal gelb wie Flechten oder grau wie Stein. Aus dem trockenen Sumpf hört man das flüsternde Rascheln der Binsen. Die späte Nachmittagssonne ist immer noch unerbittlich warm, aber es jagen auch Wolkenschatten über das weite Moor und tauchen die Umgebung für kurze Augenblicke in Dunkelheit, ehe sie sie wieder in die Helligkeit entlassen. In meiner Hand surrt das Anemometer. Nach achtzehn Monaten und drei anderen Winden bin ich wieder dem Helm auf den Fersen.

Verpasste Gelegenheiten hat es genug gegeben, und jede einzelne davon habe ich sehr bedauert. Während der vergangenen anderthalb Jahre hatte ich von einem Stall in der Nähe des High Cup Nick genannten Gletschertals unterhalb des Pennine Way gelesen, der mit sämtlichen Kühen darin vom Wind zum Einsturz gebracht worden war. Aus Renweck wurde von einem Farmer berichtet, der wegen des Winds drei Tage lang nicht die Tür seines Schuppens aufbekommen hatte; in Skirwirth und Milburn waren zweihundert Jahre alte Bäume umgestürzt. Jedes Mal erreichte mich die Nachricht zu spät; der Helm schien wahllos zuzuschlagen und war immer bereits wieder verschwunden, bevor ich in den Norden Englands reisen konnte. An einem eiskalten Tag im Oktober kraxelte ich den Great Dun Fell bis an die Wolkengrenze hoch, um einmal in einer feuchten, winddurchheulten Wolke am eigenen Leib zu erfahren, wie sich das anfühlte, wovon ich später als dem »grauen« *Helm* reden hörte, einer verfälschten, korrumpierten Variante des echten, »weißen« Helm, bei dem an Stelle der für Letzteren charakteristischen Wolkenformation Regen aus einem nebelverhangenen Himmel fällt. Widerwillig fand ich mich damit ab, dass ich dem wahren Helm wohl nie begegnen würde. Der letzte von meinen vier Winden verbliebene, sagte ich mir, würde dann wohl derjenige sein, von dem man sagen könnte: *Einer ist davongekommen.* Und weil er so schwer zu fassen war, würde er für immer sein Geheimnis wahren.

Aber war es Anfang Mai, und während der vergangenen Tage hatte es ständig bitterkalt von Nordosten geweht. Zu Beginn der Woche waren gleich zwei E-Mails gekommen, eine von Geoff Monk und eine von Peter Brown. »Immer noch auf der Ausschau nach dem Helm?«, erkundigte sich der Meteorologe. »Anhaltender Ostwind diese Woche. Zur Zeit noch keine zuverlässige Voraussage, wie stark, aber es deutet einiges auf um Donnerstag oder Freitag herum zunehmend von Ost. Inversion in Gipfellage möglich, dazu passende Temperaturverhältnisse.« Und Peter, der Ex-Polizist, schrieb: »Jetzt könnten Sie Glück haben!« Am Mittwochmorgen packte ich meinen Rucksack und fuhr mit einem Leihwagen nach Norden, quälte mich auf der M4, der M5 und schließlich der M6 erst durch den Verkehr im Süden Englands, brachte dann die schier endlosen Midlands hinter mich, bis endlich der Walrücken des Cross Fell am Horizont auftauchte.

Nachdem ich von der Autobahn abgefahren war, überquerte ich die Hochebene von Orton Scar, passierte den alten Marktflecken Appleby-in-Westmoreland – wo sich im Fluss Eden, an dessen Uferbänken die Seemöwen Hof hielten, die Sonne im Wasser spiegelte und rosa Blütenblätter, die der Wind von den Bäumen am Ufer gerissen hatte, durch die Lüfte wirbelten – und machte wieder vor dem *Masons Arms* in Long Marton Halt. Peter und Anne erwarteten mich in ihrem Häuschen bereits zum Essen und hatten auch schon ein Bett für mich gerichtet. Den Abend über gaben sie Geschichten zum Besten, wie es gewesen war, in den 1970ern in der englischen Provinz Polizist zu sein, »hat mehr Spaß gemacht damals«, und am nächsten Morgen brach ich ausgeruht und wohlgenährt ins Moor auf.

Von Dufton aus folgte ich dann wieder dem Pennine Way. Zunächst entlang Alleen von windgepeitschten Eichen, in deren Ästen sich Plastiktüten flatternden Wimpeln gleich verfangen hatten. In einer Senke zwischen verkrüppelten Bäumen stieß ich auf zwei Lämmer, die versuchten, an ihrem toten Muttertier, das auf der Seite lag, Milch zu saugen. Dem Schaf waren die Augen ausgepickt worden; auf der staubigen Erde klebte das geronnene Blut. Die Lämmer nahmen Reißaus, als ich mich näherte, und beobachteten mich aus dem Schutz des Unterholzes. Sowie ich meinen Aufstieg begann, endete der frühe Sommer.

Ein eisiger Atemhauch blies mir aus dem Hochmoor

entgegen, und mit jeder Kuppe, die ich erreichte, war die Temperatur wieder um ein paar Grad gefallen; schon bald holte ich meinen Schal und meine Mütze hervor. Beim *Knock Old Man* bot mir dieses Mal kein alter Mann von seinem Tee an, also machte ich mir selbst welchen, und als ich aus dem Windschutz des Grenzmals hervortrat, hätte es mich beinahe von den Füßen gerissen – auf jeden Fall taumelte ich mehrere Schritte nach hinten. Der Wind schien mit jeder Minute zuzunehmen. Mithilfe meines Kompasses stellte ich fest, aus welcher Richtung er wehte: Er kam von Nordosten getobt.

Es dauerte mehrere Stunden, bis ich den Great Dun Fell, den Little Dun Fell und schließlich den Cross Fell überquert hatte, auf dessen Ostseite ich meine Schritte in Richtung auf die mir inzwischen vertraute Schutzhütte unterhalb der Geröllhalde lenkte. Dort wollte ich meinen Rucksack verstauen, ehe ich mich zurück auf den Gipfel begab: Diesmal war ich nämlich besser vorbereitet und hatte Brennholz und einen Anzünder mitgeschleppt. Ich fand die kleine Steinhütte so leer und verlassen vor, wie ich sie seinerzeit zurückgelassen hatte, doch das Gästebuch gab Auskunft über das viele Kommen und Gehen, das seither hier geherrscht hatte. Ich legte Holz in den Ofen, kehrte den Steinboden und hängte meine Lebensmittelvorräte an einen Nagel an der Wand, wo die Mäuse nicht an sie heran konnten. Hier würde ich bleiben, bis der Helm kam, sagte ich mir.

Und so bin ich denn immer noch vor Ort, folge meinen eigenen Schritten zu dem windumtosten Gipfel und den brüchigen Grenzmalen des Pennine Way. Die Kälte ist beinahe unerträglich, neun Grad minus im Wind, und der Nordwestwind ist einfach zu stark, um sich ihm entgegenstemmen zu können. Gespenstische Schwaden werden mit unglaublichem Tempo übers Moor gefegt und ins Tal gesogen. Durch die über meinem Kopf gleichmäßig in Richtung Westen ziehenden Wolken hindurch sieht man die Sonne immer wieder zu einem kleinen hellen Flecken zusammenschrumpfen. Dann aber bricht sie plötzlich wieder mit einem blendend bernsteingelben Leuchten hervor und taucht den Himmel in eine neue Farbe. In diesen Momenten kommt es mir so vor, als wäre ein Stöpsel gezogen und die ganze scheußliche Kälte davongespült worden. Die Dämonen der Luft sind außer Rand und Band. Wo aber bleibt der Helm?

Bis auf die Haut durchweht und durchkühlt suche ich ein weiteres Mal Schutz zwischen den abschirmenden Armen des kreuzförmigen Windbrechers. Ich kenne dieses Gefühl inzwischen gut; ich bin darauf eingestellt. In all den Monaten, in denen ich dem Wind gefolgt bin, sind meine Haut und meine Sinne gewaschen, gescheuert, geschrubbt, erfroren, erhitzt, geprügelt, bombardiert, erheitert, enerviert, zutiefst bekümmert und wieder aufgebaut, im besten Sinne des Wortes *belebt* worden. Die unsichtbaren Ströme der Luft, von milden Zephyren bis zu heulenden Stürmen, haben sich durch die Mythologie, in Landschaften und Kulturen hinein und wieder aus ihnen herausgewunden. Ich bin den unterschiedlichen Charakteren der Winde begegnet und weiß nun, was sie mit sich bringen: die Bora unerbittliche Klarheit, der Föhn Zerstörung und Schwermut, der Mistral Anmut und Wahnsinn – und dann noch der Scirocco und der Tramontana, die ebenfalls unser Wohlbefinden beeinträchtigen. Und nun hoffe ich, wider besseres Wissen, auch recht bald den Helm kennenzulernen. Wenn sich am Himmel doch nur endlich die ihn ankündigende Wolkenformation zeigen würde – die Verbissenheit dieser Jagd erfüllt mich, treibt mich voran.

Und sie könnte mich noch viel weiter treiben, über die gesamte windige Welt hinweg, denn es gibt noch so unzählig viele andere Winde, die sich wie rote Fäden durch die Kontinente ziehen: der Rashabar von Kurdistan, der Lodos des Schwarzen Meers, der Karburan der Wüste Gobi, der Schamal des Persischen Golfs, der Sarma von Sibirien, der Harmattan von Westafrika, der Squamish in Kanada, der kaum nennenswerte Sz in China, der unmögliche Bad-i-sad-o-bist-roz, der Puelche und der Tehuano – jeder Name klingt wie aus dem Märchenland, lädt dazu ein, sich auf eine Spurensuche zu begeben – irgendwo weit jenseits dieser vorbeiziehenden Wolke.

Ich bin erneut auf Wanderschaft, werde vom Wind nach Westen getrieben und finde mich am Rand des mit Geröll und Schotter bedeckten Steilabbruchs wieder, der bis ins Tal abfällt. Die Schwaden sind vom Himmel vertrieben, und ich schaue zu, wie ein höher gelegener Wolkenschleier sich von der Troposphäre löst und einen makellos blauen Himmel freigibt. Und plötzlich sehe ich es. Es ist die ganze Zeit dort gewesen.

Das charakteristische Wolkenband hängt über dem Moor, gewaltig groß und glatt wie Marmor. Wegen seiner überragenden Höhe und der Position der Sonne erscheint seine obere Seite grau, die Unterseite dagegen strahlend weiß – genau umgekehrt wie in der Beschreibung jenes reisenden Anwalts aus dem Jahre 1797 – »mit einem Stich ins Weiße durch die Strahlen der Sonne, die auf die Oberseite treffen … und auf die tiefer gelegenen Täler eine Düsterheit wirft wie die Schatten der Nacht«. Diese Formation ist kein bisschen weniger »furchteinflößend und erhaben« als jene, die der Mann beschrieben hat. Sie schwebt absolut bewegungslos, lässt sich von dem Wind unter ihr nichts anhaben – wie eine fremdartige Himmelserscheinung, die über Eden hinwegragt. Von ihrem leuchtenden Bauch hängt etwas, was wie lange weiße Fäden aussieht, eine Mähne aus flaumigem Haar. Später wird Geoff sie als »Fallstreifen« identifizieren, einen Niederschlag in Form von winzigen Eispartikeln, die sich aus der Unterseite einer Wolke lösen, aber augenblicklich wieder verdampfen, und die die Wolke wie ein riesenhaftes Meeressäugetier erscheinen lassen, das sich in der unergründlichen blauen Tiefe aalt – das ist der Helm des Windes und das Symbol für das Ende meiner Reise. Es ist so weit.

Morgen werde ich in den hiesigen Zeitungen die Berichte lesen: »Verwunderung über ungewöhnliche Wolkenformation über Cumbria«; »Helm Bar: Seltene Wolkenerscheinung«, »Auffällig röhrenförmige Wolke«. Diese Erscheinung mit ihren Schleppen aus Eis, ihrem sonderbar zugespitzten südlichen Ende und ihrer ungewöhnlichen Position – nicht parallel zum Walrücken des Cross Fell, sondern nach Südwesten verschoben, als wolle sie den Luftraum über dem Lake District erobern – hatte tatsächlich etwas ausgesprochen Bizarres an sich, denn überall im Land wandten sich Gesichter dem Himmel zu. Bald jedoch wird sie sich in Bewegung setzen, aus dem Tal davonschweben und dabei sogar den Fluss Eden überqueren, von dem man sich seit jeher erzählt, er stelle die äußerste westliche Grenze der Reichweite des Helm dar. Und dann wird sie bald auch woanders, von Coniston bis nach Keswick, zu sehen sein, um sich schließlich majestätisch in Richtung Westen zu verabschieden, während der Wind, der sie geschaffen hat, immer noch über die Moore bläst.

Doch vorerst noch schwebt sie da, ohne sich zu bewegen, ein fester Körper am Firmament. Ich beobachte sie, bis es mir zu kalt wird und ich mir eine Zuflucht suchen muss.

Es ist nun nicht mehr weit. Ich bin beinahe am Ziel. Ein Schritt nach dem anderen. Der Helm nimmt mich tüchtig unter Beschuss, schlägt mir wahllos seine Böen um die Ohren. Um hundert Meter weit zu gehen, brauche ich so lange, dass es mir wie eine Ewigkeit vorkommt – als würde mir nicht nur die Luft, sondern auch die Zeit wegbleiben. Der Wind bläst eisig in meine Ohren, und meine Hände sind wie rosige Hummerscheren, mit denen ich vor lauter Kälte kaum etwas zu fassen bekomme. So halte ich inne, um einen letzten Blick hinauf zu werfen, doch schon hat sich ein Schleier über das Wolkenband gelegt. Ich wende mich wieder dem Wind zu und setze meinen Weg fort.

DANKSAGUNG

Mein Dank gebührt Anne und Peter Brown in Long Marton, Geoff Monk vom Mountain Weather Information Service, Vladimir Jankovic von der University of Manchester, Lionel Playford in Carrigill, Ruth Allgäuer und Markus Burgmeier in Balzers, Hans Richner, Patrick Hächler und Daniel Gerstgrasser in der Schweiz, Jonathan Ruffer und Janin Eberhardt für ihre Hilfe bei den Übersetzungen, Louis Porter, Baz Nicholas, Tomas, der mir in den Bergen weitergeholfen hat, und allen anderen, die mir unterwegs ihre eigenen Geschichten und Erinnerungen und ihre Wetterprognosen zur Verfügung gestellt haben – ob sie sich hinterher nun als korrekt erwiesen oder nicht.

Meine Windwanderungen und die Niederschrift meiner Erfahrungen wurden mir durch ein großzügiges Stipendium der Society of Authors ermöglicht. Ohne die Unterstützung, den Enthusiasmus und das Engagement von Nicholas Brealey, Nick Davies, Ben Slight, Louise Richardson, Caroline Westmore, Morag Lyall, Hannah Corbett, Yassine Belkacemi und Rosie Gailer hätte dieses Buch weder geschrieben noch veröffentlicht werden können.

Dank auch an meine Freunde vom Dark Mountain Project für ihre Inspiration.

Und schließlich besonderen Dank und all meine Liebe den äolischen Kräften, die mein Leben bestimmen: Caroline Williams, Caroline Hunt, Ron, Alisa und Isabella Hutchinson und all meinen Freunden.

LITERATUR

Abram, David: *Becoming Animal: An Earthly Cosmology*, Vintage Books, 2011

Boia, Lucian: *The Weather in the Imagination*, Reaktion Books, 2005

Bouvier, Nicolas, Gordon A. Craig und Lionel Gossman: *Geneva, Zurich, Basel: History, Culture and National Identity*, Princeton University Press, 1994

Camus, Albert: »Der Wind in Djemila«, aus dem Französischen von Peter Gan und Monique Lang, in: *Hochzeit des Lichts*, Arche Verlag, Hamburg/Zürich 2013, S. 22 f.

Chandler, Raymond: »Blutiger Wind«, in: *Gesammelte Detektivstories*, aus dem Amerikanischen von Hans Wollschläger, Diogenes Verlag, Zürich 1976, S. 318

Didion, Joan: »Los Angeles Notebook«, in: *Slouching Towards Bethlehem*, Farrar, Straus & Giroux, 1968

Fielding, Xan: *Das Buch der Winde*, aus dem Englischen von Eike Schönfeld, Greno Verlagsgesellschaft, Nördlingen 1988, S. 17 f.; 30, 118, 173, 202

van Gogh, Vincent: *Als Mensch unter Menschen*. Vincent van Gogh in seinen Briefen an den Bruder Theo, Band 2. Aus dem Holländischen, Französischen und Englischen von Eva Schumann, Henschelverlag Kunst und Gesellschaft, Berlin 1959, S. 143, 207 ff.

Harris, Alexandra: *Weatherland: Writers and Artists under English Skies*, Thames und Hudson, 2015

415

Hesse, Hermann: *Peter Camenzind*, Suhrkamp Verlag, Frankfurt am Main 1974, S. 15 ff.

Huyghe, René: *Van Gogh oder das Streben nach dem Absoluten*, aus dem Französischen von Hans Hildenbrand, Parkland Verlag, Stuttgart 1972, S. 80

Jankovic, Vladimir: »Gruff boreas, deadly calme: a medical perspective on winds and the Victorians«, in: *Journal of the Royal Anthropological Institute*, 2007

Manley, George: »The helm wind of Cross Fell«, in: *Quarterly Journal of the Royal Meteorological Society*, 1945

Márquez, Gabriel García: *Zwölf Geschichten aus der Fremde*, aus dem Spanischen von Dagmar Ploetz, Kiepenheuer & Witsch, Köln 1993, S. 164, 166

Morris, Jan: *Trieste and the Meaning of Nowhere*, Faber 2001

Spyri, Johanna: *Heidi*, ungekürzte Fassung des Originaltextes von 1880, Arena Verlag Würzburg 1995, Sonderausgabe 2004, S. 31, 53, 70

Tolkien, J. R. R.: *Der kleine Hobbit*, aus dem Englischen von Walter Scherf, Georg Bitter Verlag Recklinghausen, Neuausgabe 1971, S. 90

Wainwright, Alfred: *Pennine Way Companion*, Westmorland Gazette, 1968

Watson, Lyall: *Heaven's Breath: A Natural History of the Wind*, Hodder and Stoughton, 1984

West, Rebecca: *Schwarzes Lamm und grauer Falke. Eine Reise durch Jugoslawien*, aus dem Englischen von Hanne Gebhard, Edition Tiamat, Berlin 2002, S. 50